Heinz Schilling

Das Christentum und die Entstehung des modernen Europa

Åland-In.
Reval
Estland
Stockholm
Dagö
RUSSLAND
Ösel
KGR. SCHWEDEN
Livland
Göteborg
Gotland
Riga
Kurland
Düna
Öland
Ostsee
Wilna
Bornholm
Königsberg
Htm. Preußen
Gftm. Litauen
Rügen
Danzig
Pommern-Wolgast
Pommern-Stettin
Pripjet
Brandenburg
Weichsel
Posen
Warschau
Berlin
KGR. POLEN
Lublin
Oder
Breslau
Dresden
Elbe
Schlesien
Lemberg
Prag
Krakau
Kgr. Böhmen
Mgft. Mähren
Htm. Bayern
Donau
Pressburg
Wien
Theiß
München
Ehtm. Österreich
Salzburg
Ofen
Ebtm. Salzburg
Htm. Steiermark
Ftm. Siebenbürgen
Htm. Kärnten
KGR. UNGARN
Drau
Htm. Krain
Venedig
Save
Belgrad
REP. VENEDIG
Donau
OSMANISCHES REICH
Adriatisches Meer
Sofia
KIRCHENSTAAT
Montenegro
REP. RAGUSA
Albanien
Makedonien
Kgr. Neapel (zu Spanien)
Rom
0
200
400 km

Heinz Schilling

Das Christentum und die Entstehung des modernen Europa

Aufbruch in die Welt von heute

HERDER

FREIBURG · BASEL · WIEN

MIX
Papier aus verantwortungsvollen Quellen
FSC® C083411

Verlag Herder GmbH, Freiburg im Breisgau 2022

www.herder.de

Satz: ZeroSoft, Timişoara
Herstellung: CPI books GmbH, Leck
Printed in Germany

ISBN Print: 978-3-451-38544-5
ISBN E-Book (E-Pub): 978-3-451-82719-8
ISBN E-Book (pdf): 978-3-451-82707-5

Der hohen Theologischen Fakultät der Georg-August-Universität

Göttingen und dem Andenken ihres langjährigen Mitglieds

Prof. Dr. Bernd Moeller (1931–2020) gewidmet.

Inhaltsverzeichnis

Prolog: Religion, Kirche und Welt im lateinischen Europa

„Es heißt die Einheit der Welt verkennen, wenn man Religion und Politik für grundverschiedene Dinge hält, die nichts miteinander zu schaffen hätten noch haben dürften, so daß das eine entwertet und als unecht bloßgestellt wäre, wenn ihm ein Anschlag vom anderen nachgewiesen würde."[1]

Diese Bestimmung des Verhältnisses von Religion und Politik, die Thomas Mann in seinem Romanzyklus „Joseph und seine Brüder" mit Blick auf Altägypten vornimmt, gilt auch für das christliche Europa, jedenfalls bis in die Frühe Neuzeit. Unsere Zeit sieht es indes eher als Erzverfehlung, dass sich in Antike und Mittelalter die Kirche auf Politik, Macht und Staatsnähe eingelassen hat und in der Neuzeit die Kirchen der Reformation nicht grundsätzlich anders verfuhren. Ein solches Urteil ist ein Resultat des neueren christlichen Denkens selbst, ohne Zweifel. Bei der Bewertung von zwei Jahrtausenden Christentumsgeschichte im lateinischen Europa führt es aber in die Irre. Denn die „Welthaftigkeit" ist ein Eckstein in der Lehre des Religionsgründers selbst. Und die Allianz zwischen Kirche und Staat, zwischen Religion und Politik beziehungsweise Gesellschaft war seit den kaiserlich römischen Religionsgesetzen des vierten Jahrhunderts geistiger Kern der lateinisch-europäischen Zivilisation.

Auch die Reformation, die die Christenheit und Europa in die neuzeitliche Differenzierung katapultierte, hat das nicht grundsätzlich verändert. Sie hat die traditionelle Allianz nur von der Universalität des ideell fortbestehenden Römischen Reiches auf die Ebene der Na-

Christus Pantokrator, der segnende Allherrscher zwischen den politischen Größen des Römischen Reiches. Demonstration des Willens der Christen, die Welt mitzugestalten. Mosaik des 11. Jahrhunderts auf der Westempore der Hagia Sophia in Byzanz/Istanbul.

tional- und Territorialstaaten heruntergebrochen und sie dadurch eher gefestigt als gelockert.

Erst mit der Aufklärung und den daran anschließenden Revolutionen etablierte sich ein grundlegend neues System, in dem die alteuropäische Allianz zwischen Kirche und Staat keinen Raum mehr hat.[2] In unterschiedlicher Schnelligkeit und Intensität festigte sich in den einzelnen Staaten und Regionen die politische und rechtliche Distanz, schließlich die Trennung von Staat und Kirche. Die Religionen, auch das in der Regel noch dominante Christentum, wurden gesellschaftlich mediatisiert, wurden zu einer gesellschaftlichen Gruppe unter anderen.

Die römische Kirche, die sich in der Petrusnachfolge weiterhin als einzig wahre Verwirklichung des Christentums auf Erden verstand, stemmte sich zu Mitte des 19. Jahrhunderts entschieden gegen diese Entwicklung. In der Enzyklika *Quanta cura* mit dem anhängenden *Syllabus errorum,* einer Liste von Irrtümern und Verstößen der Neuzeit gegen den Geist des katholischen Christentums, machte Papst Pius IX. (1846–1878) am 8. Dezember 1864 gegen Neuzeit und Moderne mobil – allem voran gegen die Trennung von Staat und Kirche, den Vorrang der Staatsgesetze vor dem Kirchenrecht oder die Religionsfreiheit des Individuums.[3] Eine Lösung der von der Aufklärung aufgeworfenen Fragen an das Christentum brachte das nicht, konnte es nicht bringen. Im Gegenteil, die grundsätzliche Absage an die Moderne brachte die römische Kirche in eine Schieflage zum realen Leben. Schrittweise überwunden wurde die Entfremdung erst im Laufe des 20. Jahrhunderts.

Indes, vor den in unseren Tagen akzelerierenden Veränderungen der Moderne wird es fraglich, ob die mit staatlicher Radikalität verfochtene Trennung zwischen Staat und Kirche eine friedliche Lösung garantieren kann. Das zeigt nichts deutlicher als die Situation in Frankreich, das mit dem Prinzip der *laïcité* am entschiedensten Distanz zwischen Religion und Politik geschaffen hat und doch – oder gerade deswegen? – gegenwärtig verzweifelt um einen tragfähigen Ordnungsrahmen für den Islam ringt.

Die Integrationsprobleme des in Europa inzwischen heimisch gewordenen Islams, speziell die daraus resultierende Gewaltbereitschaft radikaler Minderheiten, sind zweifellos das vorrangige, aber keineswegs das einzige Problem, das die Zukunft der Religion(en) in den europäischen Gesellschaften bestimmt. Nicht weniger entscheidend wird es sein, wie das Christentum selbst sich in den Umbrüchen des 21. Jahrhunderts behauptet. Wird die Konkurrenz der islamischen Weltreligion, die das Christentum erstmals im Kerngebiet seiner Ausbreitung in einem solchen Ausmaß erlebt, eine spirituelle Wiederbelebung und soziale Kräftigung bringen? Oder bleibt es dabei, dass den vollen Moscheen leere Kirchen gegenüberstehen und die geistige und spirituelle Erosion der europäischen Grundreligion weiter voranschreitet? Jedenfalls legt die lutherische Pastorin Margot Käßmann den Finger auf eine schwärende Wunde, wenn sie konstatiert, dass gegenwärtig das Religionsproblem Europas nicht in vollen Moscheen, sondern in leeren Kirchen bestehe.

Das Christentum mag sich im dritten Jahrtausend bald in einer ähnlichen Situation sehen wie in den ersten Jahrhunderten seiner Geschichte, bevor ihm die Konstantinische Wende die Möglichkeit gab, in Allianz mit dem Staat den Kontinent, schließlich auch die Welt insgesamt nachhaltig zu prägen, geistig, gesellschaftlich und politisch. Natürlich drohen heute nicht Verfolgung und Martyrium. In Europa jedenfalls nicht, wenn auch immer wieder von Bedrohungen und Anschlägen zu hören ist, bemerkenswerterweise vor allem aus dem laizistischen Frankreich, wo die Christen selbst Priestermorde hinnehmen, um nicht als schlechte laizistische Republikaner verdächtigt zu werden.

Vergleichbar sind aber die Zahlen und die davon abhängige Durchdringung von Kultur und Gesellschaft: In manchen Dörfern und Städten der östlichen Bundesländer ist der statistische Anteil von Christen längst auf die Zehn-Prozent-Marke gesunken, die man für die Christen im Römischen Reich vor Konstantin wohl ansetzen darf. In den alten Bundesländern wird es nicht anders aussehen, sobald die vor 2000 Geborenen gestorben sind, für deren Eltern die Taufe ihrer Kinder noch selbstverständlich war. Wird, so ist zu fragen, ein solches Minderheitenchristentum im dritten Jahrtausend noch in ähnlicher Weise als Sauerteig wirken können wie die frühchristlichen Minderheiten, die Spiritualität, Kultur und Zivilisation des Römischen Reiches durchdrangen und mitbestimmten? Auf den Schutz oder gar die Unterstützung durch den säkularen Staat wird die christliche Minderheit des 21. Jahrhunderts jedenfalls kaum rechnen können – in Frankreich nicht, bald aber auch in den anderen europäischen Staaten nicht mehr. Zu stark ist auch in dieser Hinsicht der Druck zur Rechtsvereinheitlichung im Europa der Union.

Eine Antwort wird erst die Zukunft geben. Doch um die Möglichkeiten der zukünftigen Entwicklung abschätzen, sie eventuell auch beeinflussen zu können, erscheint es gerade in der Situation des Übergangs und der Unsicherheit geboten, sich genauer mit der Geschichte des Christentums zu befassen, und zwar nicht als Theologie- oder Kirchengeschichte im engeren Sinne, sondern als Geschichte des Christentums in der Welt. Das soll im vorliegenden Buch auf der Basis früherer Forschungen geschehen.[4] Gerichtet ist es nicht primär an den engeren Kreis der Fachgenossen, sondern an eine allgemeine Leserschaft. Schön wäre es, wenn auch die jüngere Generation erreicht würde. Denn ihr wird jenseits von fiktiven Computerspielen der Zugang zu vergangenen Lebensformen und Denkweisen kaum noch ermöglicht, zu solchen von Kirche und Religion schon gar nicht.[5] Doch gerade in Bezug auf das Christentum hat sie ein Recht darauf, aufgeklärt zu werden und mehr zu erfahren über dessen Leistungen wie Verfehlungen; über das geistige Ringen um religiöse und philosophische Wahrheit sowie um die richtige Gestaltung des individuellen und des kollektiven Lebens, ebenso von der Spannweite der Gegensätze, von den Konflikten und den tiefen Feindschaften.

Generell gewinnt man den Eindruck, dass die öffentlichen Debatten über Religion und Kirche angesichts der zunehmenden Präsenz des Islams in Europa zwar lebhafter und auch wissenschaftlich fundierter werden. Ein gesteigertes Interesse an der Christentumsgeschichte oder gar ein Bewusstsein, dass die in christlicher Vergangenheit entwickelten geistigen, kulturellen und institutionellen Grundlagen für die gute Zukunft Europas und der Menschheit insgesamt unverzichtbar sind, resultiert daraus aber nicht. Sicher, in den von Politikern gern beschworenen „westlichen Werten" und den universell postulierten Menschenrechten ist auch immer ein christlicher Traditionsstrang mitgemeint.

Das geistige Ringen und die historischen Auseinandersetzungen, die ihm zugrunde liegen, finden aber kaum Beachtung, ja werden häufig – bewusst oder unbewusst – verwischt,[6] interessieren jedenfalls letztlich nicht. Man ist in der Regel geneigt, die Leistungen, mehr noch die Verfehlungen des Christentums vorrangig aus der begrenzten Perspektive der eigenen Gegenwart zu betrachten.

Zehn-Gebote-Tafel von 1669 in der reformierten Kirche in Ligerz am Bieler See, Kanton Bern, Schweiz.

Wissenschaftlich seriös ist ein historisch fundiertes Bild vom Anteil des Christentums an der Entstehung der modernen Welt weder als Kriminalgeschichte noch als Hagiographie zu zeichnen. Beides hat inzwischen seine Innovation und intellektuelle Strahlkraft eingebüßt, die unkritische Verdammung ebenso wie die unreflektierte Verehrung.[7] Darzustellen sind die strukturellen Grundlagen, die historisch wandelbaren Umstände, samt der konkreten Wege und Instrumente. Gleichzeitig mit Lehre und Dogma, Philosophie und Kultur muss es um die Folgen der realen Verflechtung oder „Verstrickung" von christlicher Religion und Kirchen in die Welt gehen – im Guten wie im Bö-

Repräsentative Veröffentlichung der Menschenrechtserklärung der Französischen Revolution vom 26. August 1789. Schon die äußere Aufmachung verweist auf das Vorbild zeitüblicher Darstellungen der biblischen Zehn Gebote.

sen, im Heiligen wie im Unheiligen. „Kulturelle Prägung von solchen Dimensionen" wie das Wirken des Christentums auf die Welt kann „nie bloß gut oder böse gewesen sein, sie ist stets ambivalent."[8] In der Regel ist bereits das Handeln der Christen in der Welt ambivalent, denn nur sehr selten sind Heilige am Werk, schon gar nicht in den Kirchenhierarchien. Die folgende Darstellung geht daher davon aus, dass Religion, jedenfalls die christliche, nie von der Welt abgehoben existiert oder sich gar ohne Welt realisieren kann. Das gilt selbst für die große christliche Tradition mystischer Selbstversenkung. Auch sie war immer auch Reaktion auf konkrete Welt-Umstände. Zudem wurde das Wirken von Heiligen in der Begegnung mit der Realität gar zu oft pervertiert.

Dieses Verflochten- oder Verstricktsein mit der und in die Welt gilt in besonderem Maße für das westliche oder besser gesagt „lateinische" Christentum, mit dem wir uns im Folgenden beschäftigen. Denn dort war die Kirche durch den Erfolg der gefälschten Konstantinischen Schenkung selbst über Jahrhunderte hin „Staat" und handelte politisch in der Welt – mit Fürsorge für die eigenen Bürger beziehungsweise Untertanen, wie es damals hieß, aber durch Kontrolle und Gewalt Gehorsam erzwingend, nicht anders als die übrigen Staaten des Zeitalters. Und sie handelte – das wird uns ausführlich beschäftigen – auch nach außen als Akteur im internationalen System, um sich mit der Spitze des Schwertes einen Platz in der europäischen Staatengesellschaft zu sichern. Papst Julius II. ist hier das markanteste, aber bei weitem nicht das einzige Beispiel. Die Reformatoren, allen voran der Wittenberger Augustinermönch Luther, haben das zwar verurteilt und von den Päpsten den Verzicht auf Staatlichkeit und andere Formen weltlicher Herrschaft verlangt. Sie selbst gingen aber in neuen Formen Allianzen mit dem Staat ein – Luther mit den Fürsten und den Territorial- oder Nationalstaaten; Zwingli und Calvin vornehmlich mit den Stadtrepubliken. Weder das eine noch das andere bedeutet den Rückzug der Christen aus der Politik. Im Gegenteil, evangelischer Glaube sollte gerade in der Welt gelebt werden und sich dort alltäglich gestaltend bewähren.

Die Welt, die dieses Buch zu erschließen sich bemüht, ist nicht mehr die unsere und soll es auch nicht sein. Gleichwohl trug sie entscheidend zur gegenwärtigen Existenz und dem zukünftigen Entwicklungspotential Europas und der vom Christentum geprägten weiteren Welt bei. Die „alteuropäische" Geschichte des lateinischen Christentums ist nicht antiquarisch, sondern gegenwärtig und zukunftsrelevant. Das gilt vor allem für die religiöse, kulturelle und politische Differenziertheit, die sich im christlich-lateinischen Europa über die Jahrhunderte hin herausgebildet hat. Nicht Einheitlichkeit, sondern

Vielfalt, auch und gerade der religiösen Ausrichtung, ist die einzig tragfähige Grundlage des Zusammenlebens in einer Welt, die immer näher zusammenrückt, an kultureller, vor allem religiöser Verschiedenheit aber nicht ab-, sondern zunimmt.

Es macht das zukunftsrelevante Exemplarische an der Geschichte des lateinisch-christlichen Europa aus, dass es über Jahrhunderte hin um diese Differenziertheit und die daraus resultierende Pluralität gerungen, ja gewaltsam gekämpft hat. Häufig war die Feindschaft so bitter, unversöhnlich und menschenverachtend, dass ein gemeinsamer Weg zu Frieden und Versöhnung unmöglich erschien – ganz so wie heute ein dauerhafter, von allen gesellschaftlichen Gruppen getragener Ausgleich zwischen Christen und Muslimen unmöglich erscheinen mag. Und doch ist es in Europa gelungen, diese Phase tiefer Feindschaft, die immer wieder ins Chaos der Selbstzerstörung zu führen drohte, zu überwinden – nicht gegen das Christentum, sondern mit seiner Hilfe.

Auf der Grundlage der antiken und mittelalterlichen „Vorgeschichte" stehen die Jahrhunderte des Aufbruchs und der inneren Konflikte, der geistig-theologischen wie der realpolitisch-militärischen, im Zentrum des vorliegenden Buches – die Reformen und Neuerungen im Zeitalter von Renaissance und Reformation; der daraus resultierende Aufbruch in die Neuzeit in den Wirren der konfessionellen Formierung und Differenzierung mit der selbstzerfleischenden Gewalt der inneren und äußeren Glaubenskriege; schließlich die Wende zu Frieden und Akzeptanz religiöser Differenz und Andersartigkeit, die in den fundamentalen Systemwandel der Aufklärung hinleitet.

Gerade in dieser aufgewühlten Übergangszeit muss die Geschichte des Christentums beides beinhalten – Ausdeutung der Christuslehre in der jeweiligen intellektuellen, philosophischen und kulturellen Zeitkonstellation und Darstellung der realen politischen, sozialen und ökonomischen Interessen der sie vertretenden Menschen und sozialen Gruppen. Es geht weder um Anklage noch um Apologetik, sondern um ein sachgerechtes historisches Verstehen, das die zeitgenössischen Umstände berücksichtigt. Anstelle des reflexartigen Urteilens oder Verurteilens, das nicht selten die öffentliche Diskussion über Geschichte bestimmt, sollen die komplexen, häufig gegenläufigen oder gar widersprüchlichen Motive oder Tendenzen betrachtet und beschrieben werden, um zu einem reflektierten Urteil zu gelangen, einem Urteil allerdings, das mit der Vergangenheit stets auch die Gegenwart und die Zukunft in den Blick rückt. Anwalt, nicht Ankläger der Vergangenheit wollen wir sein.

Die Perspektive ist nicht die eines Theologen oder Kirchenhistorikers, sondern eines Allgemeinhistorikers, der bei allem Bemühen um ein adäquates Verständnis der innerreligiösen und innerkirchlichen Vorgänge das Ganze der historischen Kräfte ins Auge fassen will. Von einer Verwirklichung des christlichen Gottes in der Menschheitsgeschichte oder gar von seinem direkten Eingreifen in den Geschichtsprozess kann er nicht ausgehen.[9] Darstellung und Urteil muss er auf rational erfassbare, in den Quellen greifbare, zumindest aus ihnen heraus plausibilisierbare Wirkkräfte und Handlungsmotive gründen. Umgekehrt darf er die Denk- und Handlungsrealitäten der Zeit nicht außer Acht lassen, gerade wenn sie im Gegensatz zu unserer säkularen Weltsicht stehen und den gegenwärtigen Forderungen der Political Correctness widersprechen.

Wie die anderen Weltreligionen, so hatte auch das lateinische Christentum *Kernzeiten*, in denen die Einwirkung auf beziehungsweise die Verbindung mit der Welt besonders eng und folgenreich waren. Eine solche Kernzeit waren die Jahrhunderte des ausgehenden Mittelalters und der Frühen Neuzeit, also die Epoche zwischen 1400/1450 und 1700/1750. In enger Verschränkung mit der Renaissance traten ausgangs des Mittelalters und in der Reformationszeit religiöse und kirchliche Strukturen und Funktionen in den Vordergrund, und zwar in den einzelnen europäischen Ländern in zeitlich unterschiedlichen Rhythmen. Zugleich wurde auch wieder die Verknüpfung mit politischen und gesellschaftlichen Prozessen enger. Vor allem in der „Konfessionalisierung", die alle europäischen Gesellschaften in der zweiten Hälfte des 16. und im frühen 17. Jahrhundert erfasste, flossen religiös-kirchlicher und politisch-gesellschaftlicher Wandel zu einem gewaltigen Prozess der Erneuerung zusammen und verhalfen in Kirche und Religion ebenso wie in Politik, Gesellschaft und Kultur endgültig den neuzeitlichen frühmodernen Formen und Funktionen zum Durchbruch.

Das waren die entscheidenden Anstöße und Umbrüche, aus denen unsere Gegenwart hervorging. Wie in politischer, gesellschaftlicher und kultureller, so auch in kirchlicher und religiöser Hinsicht. Erst nach Durchgang durch die geistigen wie physischen Kämpfe dieser Zeit lösten sich die religiöse und die weltliche Sphäre voneinander. Und bei dieser Trennung sollte es im lateinischen oder „westlichen" Europa fortan im Prinzip auch bleiben. Diese Jahrhunderte, die man einerseits „temps des Réformes" (Pierre Chaunu), andererseits „Musterbuch der Moderne" (Winfried Schulze) oder „Vorsattelzeit der Moderne" (Heinz Schilling) genannt hat, müssen daher im Zentrum stehen, will man sich Rechenschaft über den Beitrag des Christentums an der Hervorbringung und den Funktionsweisen der modernen Welt verschaffen. Das ist zugleich die angemessene Ortsbestimmung für Möglichkeit und Grenzen christlichen Wirkens in der Gegenwart, innerkirchlich und innerreligiös wie nach außen gegenüber Staat und Gesellschaft.

Zu beschäftigen haben wir uns mit den im späten Mittelalter einsetzenden europäischen Reformationen; mit der von diesen ausgelösten Konfessionalisierung, die dem Kontinent eine mächtige Dynamisierung und Formierung, aber auch einen tiefgreifenden Schub der Differenzierung brachte und Wege zur Freiheit eröffnete; schließlich mit den Wegen und dem Instrumentarium, durch die es dem Christentum gelang, die fundamentalistische Feindschaft zu überwinden und einen Modus der Konvivialität zwischen den religiösen Weltanschauungssystemen zu finden. Religion und Kirche waren zutiefst in das Ringen um eine neue, neuzeitliche Ordnung Europas verstrickt – in den politischen und militärischen Kampf um die geistig-religiöse und die politische Vormacht in Europa ebenso wie in den Streit um den Weg zu einem gesicherten gesellschaftlichen und politischen Frieden ungeachtet der fortbestehenden Differenzen in der religiösen und weltanschaulichen Wahrheitsfrage, die zu einem Signum der europäischen Neuzeit geworden waren.

Das schier unendliche Geschehen zwischen Christentum und Welt, zwischen Kirche, Gesellschaft und Staat wird in mehreren Schritten konkret und erzählend vor Augen gestellt: Teil A skizziert in einem Längsschnitt die Hauptentwicklungslinien des lateinischen Christentums von der Spätantike über frühes und hohes Mittelalter bis hin zum Eintritt in die Konflikte um die geistige und politische Gestaltung des neuzeitlichen Europa. Das ist keine detaillierte Geschichte der antiken und mittelalterlichen Strukturen und Ereignisse, sondern dient der vorbereitenden Klärung der geistigen und institutionellen Voraussetzungen der im 14. und 15. Jahrhundert aufbrechenden Dynamik des Wandels. Es folgt im Teil B eine nähere Betrachtung von Renaissance und Reformationen als Zusammenschau zweier Epochen, die in der Regel getrennt, nicht selten sogar als gegensätzlich dargestellt werden. Daran schließt die Epoche der Konfessionalisierung an (Teil C), die in Abgrenzung zu der älteren traditionellen Sicht nicht als fader, hinter den Aufbruch von Renaissance und Reformation zurückfallender Zwischenakt begriffen wird, sondern als umstürzende erste Sattelzeit der Moderne, auf die dann deren endgültiger Durchbruch in Aufklärung und Revolutionszeit folgte. Der vierte Teil (D) verfolgt in den Erfahrungsfeldern christlichen Lebens einzelne Schneisen des Wandels. Angesiedelt „in der abenteuerlichen Zwischenzone, die vom konkreten Detail auf allgemeine Einsichten verweist",[10] berichten diese Einzelstudien teils von Zwang und Gewalt, teils von kultureller Vielfalt und Sehnsucht nach Frieden und Einheit – von dem christlichen Fundamentalismus und dem von ihm erzeugten Zivilisationsbruch der inneren wie äußeren Konfessions- und Staatenkriege; den gewaltigen transkontinentalen Migrations- und Flüchtlingswellen als Folge gewaltsamer religiöser Vereinheitlichung europäischer Staaten und Gesellschaften; der kulturellen Repräsentation des konfessionell getrennten Christentums und der irenischen Sehnsucht nach europäischer Gemeinsamkeit in darstellender Kunst und Literatur; schließlich von dem Anachronismus der Päpste, die bis in die zweite Hälfte des 19. Jahrhunderts im Innern wie nach außen als souveräne Herrscher und Politiker auftraten. Abschließend fasst der Epilog die Prägung der

Frühen Neuzeit durch das lateinische Christentum zusammen und fragt nach der Perspektive christlicher Weltgestaltung in der weitgehend entkirchlichten Gegenwart und Zukunft.

„Gott liebt die Monopole nicht“, konstatierte der Berner Theologe und Dichter Kurt Marti (1921–2017) in einem Interview.[11] Kirchenfürsten und leitende Theologen haben sich über die Jahrhunderte hin dieser Einsicht widersetzt. Doch das Christentum war von Anfang an durch Vielgestaltigkeit gekennzeichnet. Im 16. Jahrhundert wurden Differenzierung und Pluralität dann offensichtlich und unumkehrbar – zwischen den Konfessionen und Denominationen, aber auch innerkonfessionell, jedenfalls bei Lutheranern und Calvinisten.[12] Mit den globalen Migrationsbewegungen wächst diese Maxime über das Christentum hinaus, und die christlichen Kirchen werden sich endgültig daran zu gewöhnen haben, dass die Zeiten vorbei sind, in denen sie ein religiöses Monopol beanspruchen oder auch nur erträumen konnten.

A. Das Erbe der Vormoderne[1]

1. Der lateinisch-christliche Zivilisationstypus

Die Geschichte der Christenheit war stets mehr als die innere Geschichte der Kirche oder die Geschichte der christlichen Theologie und Spiritualität. Das Christentum war von Anfang an auf Weltlichkeit, also auf Wirken in und auf die Welt angelegt. Als es Anfang des 4. Jahrhunderts in der sogenannten Konstantinischen Wende eine Symbiose mit dem römischen Staat und der römischen Gesellschaft einging, begann eine Beziehungsgeschichte zwischen christlicher Religion und Gesellschaft, zwischen Kirche bzw. Kirchen und politischer Ordnung, die rund anderthalb Jahrtausende Europa prägen sollte. In den verschiedenen europäischen Ländern lief sie erst Anfang des 20. Jahrhunderts aus. In Deutschland endete das Konstantinische Zeitalter mit der Weimarer Verfassung und ihrer lapidaren Feststellung: „Es besteht keine Staatskirche", beziehungsweise mit dem Übergang der einzelnen Landeskirchen unter landesherrlichem Kirchenregiment zu „Kirchen ohne Könige".[2]

Die Welthaftigkeit und Weltoffenheit des Christentums waren ein Erbe, das weit in die vorchristliche Zeit zurückreicht. Jüdische und antike, vor allem römische Traditionen waren von Anfang an in die neuen religiösen, organisatorischen und ethisch-moralischen Prinzipien des Christentums eingegangen. Beigemischt wurden diesem Amalgam schließlich auch moralische und soziale Vorstellungen der germanischen Wandervölker, die im Zuge der Völkerwanderung in die römische Welt eindrangen und sich ganz überwiegend dem römisch-lateinischen Christentum anschlossen. Im europäischen Zivilisationstypus wirkten religiöse und profane Kräfte in einer besonderen Art und Weise zusammen. Es lässt sich von einem „religionssoziologischen Profil Alt-Europas“[3] sprechen, in dem anders als in der modernen Welt des 19. und 20. Jahrhunderts Religion und Gesellschaft beziehungsweise kirchliche und weltliche Ordnung nicht getrennte Bereiche ausmachten, sondern institutionell wie geistig-kulturell miteinander verschränkt waren.

Wie es Thomas Mann für das Alte Ägypten konstatiert, so wirkten auch in Alteuropa religiöse und weltlich-profane Institutionen und Kräfte über die Jahrhunderte hin zusammen – bis am Ende des 18. Jahrhunderts im Zuge der Aufklärung ein grundsätzlicher Systemwandel beide Bereiche auseinanderzwang. Davor, in Spätantike, Mittelalter und Früher Neuzeit, waren die Bereiche strukturell verklammert. Sakrales und Säkulares waren aufeinander bezogen, allerdings ohne dass sie eine ununterscheidbare Einheit eingegangen wären. Das religionssoziologische Muster Alteuropas basierte weder auf einer prinzipiellen Trennung noch auf einer Verschmelzung der weltlichen und religiösen Dinge. Das war kein Monismus, sondern ein Dualismus, in dem Religiöses und Säkulares, Kirchliches und Politisches schon aufgrund der römisch-rechtlichen Satzungen eng miteinander verzahnt waren, aber jeder dieser Bereiche oder Ordnungen Selbständigkeit behielt. Diese dualistische Struktur der Staats-Kirchen-Beziehungen unterscheidet das Alte Europa grundlegend von den monistischen oder gar fundamentalistischen Gesellschaften anderer Weltreligionen, die eine solche Selbständigkeit und Unterscheidbarkeit nicht kennen – mit allen kulturellen, mentalitätsgeschichtlichen, sozialen und politischen Konsequenzen, die den Europäern heute in der Begegnung mit dem islamischen Fundamentalismus fremd und gefährlich erscheinen.

Genauer gesagt gilt der religionssoziologische Dualismus nur für die „westliche“ oder besser „lateinische Christenheit“[4], während die griechisch-orthodoxen Länder schon seit dem hohen Mittelalter eigene Wege gegangen waren in dogmatischer Hinsicht, aber vor allem bei den Grundprinzipien der religiös-weltlichen und kirchlich-staatlichen

Beziehungsgeschichte. Es waren nicht zuletzt diese religiösen und religionssoziologischen Unterschiede, die seit dem späten Mittelalter die Grenze zwischen dem griechisch-byzantinischen, immer stärker dann von Russland geprägten Osten und dem römisch-lateinischen Westen Europas weiter verfestigen und beide Zivilisationen des Kontinents unterschiedliche Wege in die neue Zeit gehen ließen.

Erst die Spannung zwischen Geistlichem und Weltlichem und die daraus resultierende gesellschaftliche und kulturelle Dynamik ermöglichten überhaupt jenen fundamentalen Wandel in nahezu allen Lebensbereichen, der sich im späten Mittealter anbahnte und dann im 16. Jahrhundert im Zuge von Reformation und Konfessionalisierung zum Durchbruch kam. Denn nur die dualistische Grundstruktur von Religiösem und Weltlichem garantiert beiden Seiten selbständiges Handeln sowie Balance und gegenseitige Kontrolle. Nur so ließen sich weltliche und geistliche Gewalt, die jede für sich gar zu gern Absolutheit beanspruchten, gegeneinander austarieren. Erst die daraus resultierende Relativierung des Hoheitsanspruchs sowohl der Kirchen wie des Staates ermöglichte den Durchbruch der Freiheitsrechte des Individuums, die bis heute den lateinisch-christlich geprägten „Westen" charakterisiert und vor anderen Weltzivilisationen auszeichnet. Nur auf dieser Basis eröffnete sich der Weg in die Autonomie – in die Autonomie des Politischen, aber auch des Religiösen, das zur Sache des Einzelnen wurde, unabhängig von Staat und Gesellschaft.

Europa ist nicht nur das Ergebnis demographischer, ökonomischer, politischer oder staatlicher Wandlungen. Sein Kern wurde auch und vor allem von geistigen und kulturellen Prozessen geformt, die über nahezu zwei Jahrtausende hin ein Zentrum in der Religion besaßen. Das gilt auch für die Renaissance, in der sich eine säkulare Sicht auf die Welt anbahnte. Wer das als „Eindämmung der Religion" begreifen will, muss gleich ergänzen, dass „das Christentum an sich nicht wissenschafts- oder fortschrittsfeindlich [war und] religiöse Institutionen überragende Bedeutung für die Bewahrung und Mehrung von Wissen" hatten.[5] Erst mit der Aufklärung gewann die Säkularisation die Oberhand. In zentralen Teilen war aber auch sie eine rebellierende Tochter des Christentums.

Europa besaß stets eine bedeutende jüdische Diaspora, und auch der Islam beeinflusste es am Rande.[6] Zudem blieb die christliche Volksreligiosität stets mit vielfältigen Spuren paganen Glaubens durchsetzt, vor allem der Magie. Tonangebend war aber bis in die Moderne hinein das Christentum. Und so muss jede Geschichte Europas den Kirchen und christlichen Konfessionen gebührend Aufmerksamkeit schenken, und zwar auch den Schattenseiten – den Rivalitäten, Bruderkämpfen und Konfessionskonflikten ebenso wie den Kreuzzügen und Repressionen gegen Juden, Muslime, „Häretiker", Freigeister und andere Formen des inner- oder außerchristlichen Dissenses.

Das Christentum hat entscheidend dazu beigetragen, dass die europäische Zivilisation jene Dynamik und jenen sozialen Wandel freisetzen konnte, die heute längst den gesamten Globus erfasst haben. Diese Fähigkeit des Wandels bis hin zur grundsätzlichen Modernisierung, die sich ausgangs des 18. Jahrhunderts in der Aufklärung und den beiden atlantischen Revolutionen, der Amerikanischen und der Französischen, Bahn brach, bildete Europa nicht im grundsätzlichen Widerspruch zum Christentum aus. Diesen Anschein erweckt nur der eingangs bereits erwähnte Antimodernismus eines Pius IX. (1846–1878)[7] mit seinem antiliberalen Syllabus. Auf dem Höhepunkt des Kulturkampfes im 19. Jahrhundert war das ein Ausdruck politischer Taktik und Parteilichkeit, nicht aber des intellektuellen und theologischen Kerns des Christentums. Noch als Neuzeit und Moderne sich vom Christentum lösten oder ihm gar feindlich gegenübertraten, war das zu einem guten Teil in der Religions- und Kirchenverfassung Alteuropas angelegt. Die weltanschauliche Pluralität und die multikulturelle Vision, mit denen der Kontinent in das dritte Jahrtausend seiner Zeitrechnung eintritt, sind nicht so weit von den geistigen und religiösen Ursprüngen Europas entfernt, wie es bisweilen den Anschein haben mag.

Der erwähnte eigenständige Weg, den die östlichen Länder Europas einschlugen, hatte sich bereits im hohen Mittelalter angebahnt, als die griechisch-byzantinisch-orthodoxe Ausprägung des Christentums immer selbstbewusster gegen den Alleinvertretungsanspruch Roms auftrat. Es kam zu dogmatischen und kirchenpolitischen Reibungen, die in gegenseitigen Bannsprüchen gipfelten. Mitte des 9. Jahrhunderts brach anlässlich der Berufung des vornehmen Laien Photius zum Patriarchen von Konstantinopel ein erbitterter Disput über die Rolle von Laienpriestern in der Kirche aus. Nur das von Kaiser Basilius I. (867–886) eiligst einberufene und klug dirigierte 4. Konzil von Konstantinopel (das 8. ökumenische Konzil) vermochte den sich abzeichnenden Bruch noch einmal zu kitten. Längst war jedem Theologen und Politiker klar, dass östliche und westliche Kirchen nicht nur über Fragen des Vorranges – Rom und der Papst oder Konstantinopel und der Patriarch – stritten, sondern auch unterschiedliche, teilweise entgegengesetzte Lehrpositionen vertraten. So in der Frage der Priesterehe, des Verhältnisses von Taufe und Firmung oder des Fastengebotes. Weitere zwei Jahrhunderte Lehrstreitigkeiten und Machtkonkurrenz vor allem in der slawischen Zwischenzone ließen dann Mitte des 11. Jahrhunderts den Bruch endgültig zutage treten: Am 16. Juli 1054 legte Kardinal Humbert von Silva Candida als Gesandter Papst Leos IX. während eines Gottesdienstes auf dem Altar der Hagia Sophia, der altehrwürdigen Patriarchskirche von Byzanz, für jeden sichtbar eine Bannbulle gegen den orthodoxen Patriarchen Michael Kerullarios nieder, und im Gegenzug brachte dieser die Exkommunikation der Lateiner durch die orthodoxe Kirche und Byzanz zustande. Für die Zeitgenossen kaum bewusst, war damit jenes Schisma, also die Trennung der orthodox-griechischen von der westlich-lateinischen Kirche, vollzogen, das bis heute fortbesteht.

Theologisch kirchliche Unterschiede wie bei der Stellung des Mönchtums oder in der Trinitätslehre – ob der Heilige Geist *ex Pater Filioque,* also nach und durch den Vater *und* den Sohn oder wie diese autochthon entstanden ist – machten nur die eine Seite der Gegensätze aus. Grundverschieden war auch und vor allem die Art und Weise, wie Religion und Welt beziehungsweise Kirche und Staat zusammenwirkten. Die Ostkirchen haben nie den Grad an Selbstbestimmung erreicht, wie das der lateinische Dualismus im Westen ermöglichte. Zudem waren auch die weltlich-politischen Strukturen im Osten ganz andere als im Westen. Vor allem fehlte dort die prägende Rolle des römischen Rechts. Dörfer und Städte blieben abhängig von Adel und Staatsgewalt, während sie sich im lateinischen Bereich zu semi-autonomen Genossenschaften und Gemeinden mit Partizipationsrechten entwickeln konnten. Durch diese unterschiedlichen Rahmenbedingungen wurden die Gegensätze zwischen dem griechisch-byzantinischen, bald immer stärker von Russland und dem autokratischen Zarentum bestimmten Osten und dem römisch-lateinischen Westen immer stärker und für die jeweilige Gesellschaft prägend. Gerade in religionssoziologischer Perspektive, also hinsichtlich der Wirkung von Religion und Kirche in der Welt – in Politik, Gesellschaft, selbst in der Wirtschaft – sind daher in Europa zwei unterschiedliche, in zentralen Strukturen gegensätzliche Zivilisationstypen zu unterscheiden. Ihre Geschichte einschließlich der Folgen für die weltliche Entwicklung im lateinisch-westlichen beziehungsweise im griechisch-östlichen Europa durch die Jahrhunderte hin zu verfolgen, wäre außerordentlich reizvoll, verlangt aber ein eigenes Buch.

2. Historische Weichenstellungen

Eingetreten ist das Christentum in die Geschichte Europas als eine verfolgte, im Erleiden von Gewalt und Tod wachsende Minderheit.

Das ist eine heute nur noch wenig präsente Tatsache, die aber für das christliche Selbstverständnis in der Gegenwart durchaus von Belang sein könnte. Erst im 4. Jahrhundert änderte sich das grundlegend. Indem die Christen Mitträger des römischen Staates und der römischen Gesellschaft wurden, waren sie nicht mehr ausschließlich leidende Objekte staatlicher Zwangsmaßnahmen. Sie wurden Schritt für Schritt zu politisch und gesellschaftlich Handelnden, beteiligten sich damit aber auch zwangsläufig an Unrecht und Gewalt.

Voraussetzung hierfür waren vor allem zwei in der Sicht moderner Historiker kontingente, also mehr oder weniger „zufällige" Entscheidungen, in denen die christliche Heilsgeschichte des Mittelalters aber

Links: „Alexamenos huldigt seinem Gott“ (griechische Umschrift). Verspottung der christlichen Minderheit auf einem römischen Graffito aus dem frühen 2. Jahrhundert. Dargestellt ist der Opfertod Christi als Kreuzigung eines Esels, angebetet durch einen Christen.
Rechts: Überleben im Untergrund. In Rom, dem Zentrum der feindlichen heidnischen Welt, mussten sich die frühen Christen mit Geheimzeichen verständigen.

ein direktes Eingreifen Gottes sah. Zum einen die sogenannte Konstantinische Wende zu Anfang, ergänzt um das Dreikaiseredikt *Cunctos populos* zu Ende des 4. Jahrhunderts und zum andern der Übertritt der Franken zum römischen Christentum ein Jahrhundert später. In beiden Fällen war das realgeschichtliche Ereignis engstens mit der heilsgeschichtlichen Deutung verquickt und ist entsprechend historisch einzuordnen.

Als Konstantin am 28. Oktober 312 bei der Milvischen Tiberbrücke gleich nördlich der Stadt einen ebenso triumphalen wie überraschenden Sieg über seinen Mitkaiser Maxentius errang und in dessen Folge die eben noch unter Kaiser Diokletian (284–305) wütenden Christenverfolgungen ein Ende nahmen, deutete das die christliche Geschichtsschreibung sogleich als Folge eines Bündnisses zwischen Konstantin und dem Christengott: Dem Kaiser sei – so der Kirchenvater Laktanz – Christus im Traum erschienen und habe ihm befohlen, seinen Soldaten das Christussymbol zum Feldzeichen zu geben.

An der Milvischen Tiberbrücke, dem Zugang ins antike Rom von Norden her, fiel die militärische Entscheidung zugunsten Kaiser Konstantins. Das war zugleich die Weichenstellung für die jahrhundertelange Prägung des lateinischen Europas durch das römische Christentum.

In einer abweichenden, unter anderem auf Eusebius, den Bischof von Caesarea, zurückgehenden Version erschien dem Kaiser an der Spitze seines Heeres am helllichten Tage am Himmel ein Flammenkreuz, und mit dem bald berühmten Satz „in hoc signo vinces", „in diesem Zeichen wirst Du siegen", sei ihm der Sieg über seinen Widersacher verkündet worden.

Der historische Zusammenhang war natürlich komplexer. Konstantin, der im nordalpinen Reichsteil herrschte, hatte bereits in Gallien Kontakt zu christlichen Bischöfen aufgenommen und seine persönlichen Gottesvorstellungen waren noch lange nach der Schlacht an der Milvischen Brücke synkretistisch – teils auf den römischen Sonnengott, teils auf Christus bezogen.[8] Nicht anders verhält es sich mit der Deutung des Traumes beziehungsweise der Himmelserscheinung. Darin kam einerseits die – wohl in Konstantins guten Erfahrungen in Gallien wurzelnde – Bereitschaft, dem neuen christlichen Glauben zu trauen, zum Ausdruck. Zum anderen entsprach das der tief im antiken Götterglauben verwurzelten Übung, bei großen Entscheidungen ein *omen*, also ein Vorzeichen zur Haltung der Götter einzuholen.

Ungeachtet solcher Unentschiedenheit oder Balancesituation zwischen altem und neuem Glauben vollzog sich in den folgenden Jahren

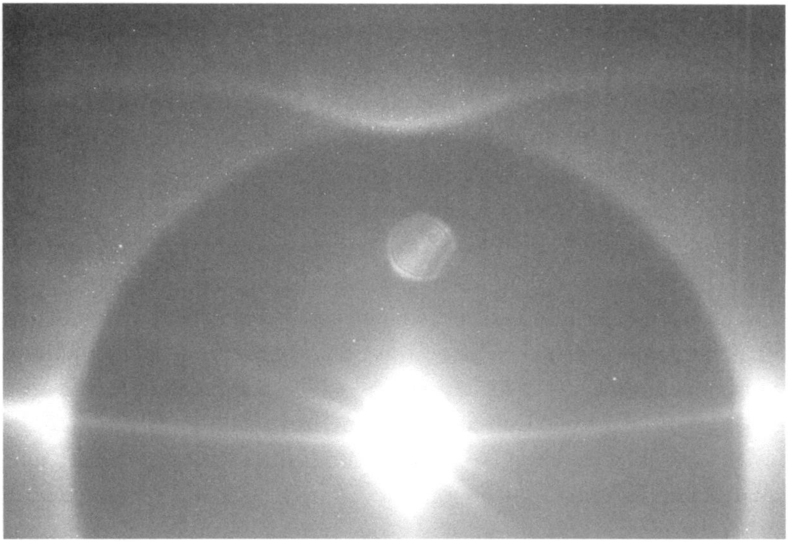

Foto eines Halos aus dem Jahr 2005. Wahrscheinlich war es eine ähnliche kosmische Himmelserscheinung, die im Frühjahr 321 Kaiser Konstantin vor der Schlacht an der Milvischen Brücke wahrnahm.

staats- und kirchenpolitisch Schritt für Schritt das, was die Kirchengeschichte zu Recht als „Konstantinische Wende“ markiert: Ein Meilenstein war das zwischen Konstantin und seinem Mitregenten Licinius in Mailand ausgehandelte und am 13. Juni 313 in der kaiserlichen Residenz von Nikomedia, dem heutigen Izmir in Anatolien, veröffentlichte Edikt von Mailand, das formell die Zeit der Christenverfolgung beendete. Die Christen erhielten im Römischen Reich nicht nur Toleranz und Glaubensfreiheit, sondern auch Bürgerrecht und Restitution aller konfiszierten Güter.

Da der skrupellose, selbst vor Morden nicht zurückschreckende Machtpolitiker Konstantin zu dem Ergebnis gekommen war, dass die Christen die beste Stütze für seine erstrebte Alleinherrschaft und ein in Ruhe und Ordnung geeintes Reich waren, machte er das Christentum kurzerhand zur Staatsreligion – der Sonntag wurde Staatsfeiertag; der Klerus erhielt weitreichende Privilegien, vor allem Befreiung von öffentlichen Abgaben und Pflichten; das Geistliche Gericht der Bischöfe trat als vollgültige Instanz neben die weltlichen Gerichte; die Kreuzesstrafe wurde abgeschafft und das Kreuz wandelte sich vom gefürchteten Instrument der Strafgerichtsbarkeit zum christlichen Symbol der Versöhnung zwischen Gott und den Menschen.

Damit waren für anderthalb Jahrtausende die Grundlagen für die christliche Prägung und Dominanz der europäischen Zivilisation gelegt. In der weltgeschichtlichen Verbindung von spirituellem Missionsauftrag des Religionsstifters und realer Indienstnahme durch den Staat für gesellschaftliche Integration, Disziplinierung und Erziehung wurde der Kontinent christianisiert. Noch im 19. Jahrhundert konnte die Romantik in Reaktion auf den antichristlichen Fundamentalumbruch der Französischen Revolution die Einheit von Kontinent und christlicher Religion postulieren – „Europa oder die Christenheit", so die berühmte Programmschrift des jungen Novalis aus dem Jahr 1799.[9]

Der römische Staat seinerseits garantierte dem Christentum rechtliche, institutionelle und nicht zuletzt dogmatische Einheitlichkeit, und zwar in langfristiger Perspektive. Die universalistische Reichweite des Staatsschutzes endete zwar mit der Reformation (konkret im Jahre 1555), auf nationaler oder – wie in Deutschland und der Schweiz – territorialer oder lokaler Ebene bestand sie aber bis ins 18., gar frühe 20. Jahrhundert fort.[10] Selbst die Kanonisierung der Bibel war ein Produkt staatlich politischer Interessen: Die erste christliche Vollbibel, wie wir sie heute kennen, gibt es seit dem 4. Jahrhundert. Nachdem das Christentum zur Staatsreligion aufgestiegen war, waren die „römischen Kaiser daran interessiert, die maßgeblichen Schriften des Christentums" zu kanonisieren, um die einheitliche Lehrgrundlage der neuen Staatsreligion zu fixieren.[11]

In unmittelbarem Zusammenhang mit der Konstantinischen Wende erfolgte eine weitere Grundsatzentscheidung, die nicht anders als die Erhebung des Christentums zur Staatsreligion die Geschichte Europas, schließlich auch der Welt über die Jahrhunderte hin bis heute mitprägte, in der Christentumsgeschichte aber selten die gebührende

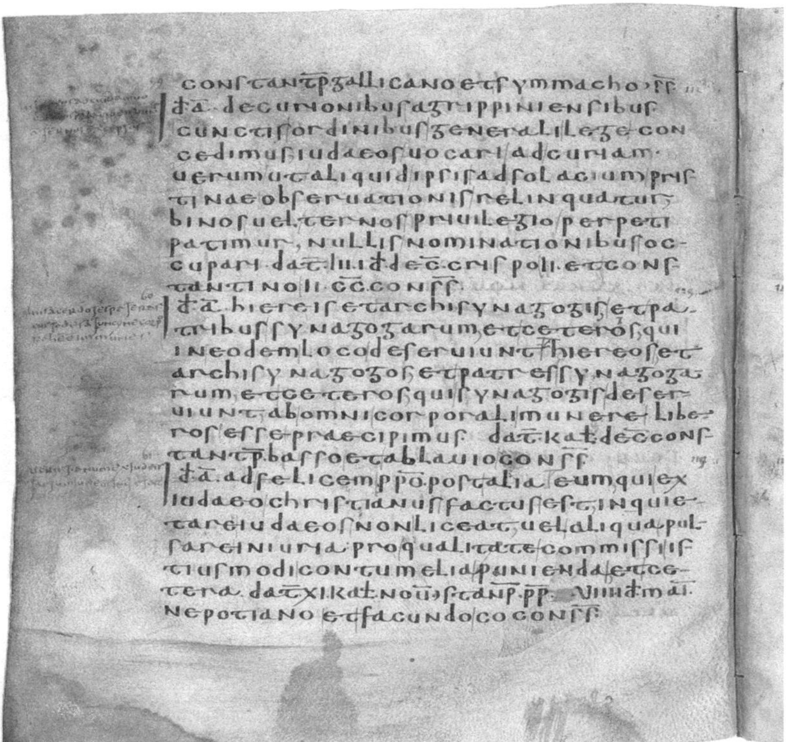

Eine einmalige Quelle zur Frühzeit der jüdischen Diaspora in Deutschland und Europa: Erlass Kaiser Konstantins vom 11. Dezember 321 an den Rat der rheinischen Bischofsstadt Köln, der die Beteiligung der Juden an der städtischen Regierung und Verwaltung verfügt.

Beachtung findet: Mit der politischen Entscheidung, das Christentum als gesellschaftlich-staatlich einigendes und stabilisierendes Glaubensband zu nutzen, war dem heidnischen Polytheismus die Existenzgrundlage entzogen. Gleiches galt aber nicht für das Judentum, das seit der Vernichtung seines Staates im Jüdischen Krieg 66 bis 74 n. Chr. in einer zahlenmäßig kleinen, aber vitalen Diaspora in Rom und seinen europäischen Provinzen präsent war und dort den Status einer *religo licita* einnahm, einer erlaubten und geduldeten Religion also. Dieser

Status wurde mit der Privilegierung des Christentums nicht beseitigt, sondern von Konstantin, der womöglich aus seiner frühen Kenntnis der Provinz Niedergermanien die Wirtschaftskraft jüdischer Diasporagemeinden zu schätzen wusste, befestigt und ausgebaut: So legte er in einem kaiserlichen Erlass für die Stadt Köln am 11. Dezember 321, also wenige Jahre nach dem Edikt von Mailand zugunsten des Christentums, fest, dass die Männer der dortigen kleinen Judensiedlung sich am Rat zu beteiligen und damit politische, fiskalische und wirtschaftliche Mitverantwortung für die dominant christliche Stadt zu übernehmen hätten. Das war gleichermaßen Privileg wie Verpflichtung auf das christliche wie jüdische Gemeine Beste zur Stabilisierung des römischen Staates.

Mit dieser kaiserlichen Entscheidung, die auch für andere Teile des Römischen Reiches galt, war die Grundlage für ein spannungs- und konfliktreiches christlich-jüdisches Zusammenleben gelegt, das von gegenseitiger[12] Ablehnung und unverhohlenem Argwohn, in bestimmten Perioden und Regionen, voran im hohen Mittelalter auf der Iberischen Halbinsel, aber auch von geglückter Zusammenarbeit zugunsten einer allgemeinen Blüte in Handel, Kultur und Wissenschaft charakterisiert war. Seit dem hohen Mittelalter herrschten dann periodisch ausbrechende Gewaltexzesse der Christen gegen die Juden vor, gipfelnd im 20. Jahrhundert in den Völkermordverbrechen des deutschen Nationalsozialismus auf der Basis des modernen, im 19. Jahrhundert entstandenen rassistischen Antisemitismus. Angetrieben, ja überhaupt erst ermöglicht wurden diese Jahrhunderte überspannenden Gewalt- und Mordexzesse durch die von Kaiser Konstantin zeitlich und sachlich parallel zur Befestigung des *religio-licita*-Status der Juden verfügte Erhebung des Christentums zur Staatsreligion, kraft derer religiös-theologische Positionen unmittelbare politische und juridische Konsequenzen hatten beziehungsweise – so später im nationalsozialistischen Deutschland – möglicher christlich-religiöser Widerstand gegen antisemitische Gewalt durch die traditionelle Staatsverbundenheit, insbesondere des Luthertums, blockiert oder doch behindert wurde.

Kehren wir zur spätantiken Geschichte zurück, so ist bereits wenige Jahre nach der staatlich-gesellschaftlichen Anerkennung eine tiefe dogmatische Spaltung der Christenheit zu vermelden, die die eben hergestellte religiös-ideologische Einheit des römischen Staates wieder in Gefahr brachte. Auslöser war die zunächst in Alexandria vertretene antitrinitarische Lehre des Presbyters Arius (260–327). Nach ihr war Gottvater „als Grund allen Seins absolut allein ursprunglos" und Jesus konnte logisch betrachtet nicht sein Sohn sein. Der Arianismus verbreitete sich in Windeseile über den gesamten Osten und eine erbitterte Kontroverse brach aus, die Kirche und Staat zu zerreißen drohte. Denn für die Mehrheit der christlichen Theologen stand unverrückbar fest, dass es zwar nur einen Gott gibt, dieser sich aber in den drei Gestalten Gottvater, Gott Sohn und Gott Heiliger Geist realisiert. Diese Trinitäts- oder Ariener Kontroverse bedrohte direkt die staatlich-politische Stabilität des Reiches und ließ den besorgten Kaiser Konstantin schnell und entschieden handeln: Er berief 325 ein Reichskonzil nach Nizäa nahe der Hauptstadt Konstantinopel ein, dessen bis heute für Katholiken, Protestanten und Orthodoxe gleichermaßen gültige Beschlüsse den Arianismus verurteilten und das Trinitätsdogma zur einzig rechtmäßigen Lehre erklärten.

Da die nun widerrechtliche bzw. häretische Lehre jedoch weiterhin zahlreiche Anhänger besaß und damit die dogmatische Basis der Staatsreligion brüchig blieb, schritten die Nachfolger Konstantins ein halbes Jahrhundert später erneut ein: 380 erließen Theodosius der Große und seine Mitkaiser Gratian und Valentinian das Dreikaiseredikt *Cunctos populos*, das aus staatlicher Autorität nochmals den dogmatischen Einheitszwang des Trinitätsdogmas von Nizäa verfügte, wie es der Pontifex von Rom Damasus I. und der Patriarch von Alexandria Petrus vertraten. Das bedeutete nicht nur den endgültigen Sieg der Trinitätslehre und die tödliche Stigmatisierung aller Antitrinitarier bis weit über die Reformation hinaus. Es zementierte auch die Position des Papstes und machte sie (staats)rechtlich unanfechtbar. Denn als knapp 150 Jahre später Kaiser Justinian seinen berühmten *Codex iuris civilis* zusammenstellen ließ, wurde darin auch das Edikt *Cunctos populos* aufgenommen. Mit der Rezeption des römischen Rechts seit dem hohen Mittelalter, beginnend mit der Rechtsschule von Bologna, waren Trinitätslehre und dogmatische Richtkompetenz der Päpste im Reichsgrundgesetz verankert. Wer sich dem widersetzte, war ein Häretiker und damit zugleich ein politischer Verfassungsfeind. Die Reformatoren, allen voran Luther, und deren Anhänger sollten das rund 1000 Jahre später zu spüren bekommen. Im Augsburger Religionsfrieden von 1555 gelang es ihnen gleichwohl, die universelle Geltung der dogmatischen Richtgewalt des Papstes zu stürzen.[13] Fortan konnten einzelne Länder, Territorial- wie Nationalstaaten, die dogmatischen Grundlagen ihres Kirchenwesens selbst bestimmen. Das Trinitätsdogma wurde aber auch von ihnen so gut wie nie angetastet. Antitrinitarier waren bis zum Ende Alteuropas tödlichen Verfolgungen ausgesetzt!

Um der antiken Grundsatzentscheidung für die trinitarische Gestalt des offiziellen christlichen Dogmas und dem Aufstieg des römischen Pontifex zum unbestrittenen Papst in der lateinisch-christlichen Welt Dauer zu verleihen, war indes noch eine zweite Entscheidung von ähnlicher Tragweite wie die Konstantinische Wende notwendig: Wieder war ein Gelöbnis im Spiel, das im Getümmel einer Schlacht abgelegt wurde und das – wie der obsiegende Feldherr sich sicher war – den Sieg gebracht hatte. Geschworen hatte es der Frankenkönig Chlodwig I. (466/67–511) während der Entscheidungsschlacht mit den Alemannen, Germanen wie die Franken. Vollzogen wurde die Taufe 498 oder 499, wahrscheinlich in Reims, und zwar – das war die ausschlaggebende Weichenstellung – katholisch beziehungsweise römisch. Die bislang als Eroberer Westroms im lateinischen Europa mächtigsten Ostgoten und deren Herrscher, allen voran Theoderich der Große (453–526), waren nämlich nicht römisch-katholischen, sondern arianischen Glaubens, also häretische Leugner der Trinität.

Trotz der Konzilsbeschlüsse von Nizäa und deren unmissverständlicher Befestigung durch die römische Staatsmacht hatte sich der Arianismus gehalten. Dieser war in den Wirren der untergehenden Antike sogar zur Offensive übergegangen und hatte mit den Ostgoten, dem gefährlichsten der jungen, gegen das Kaiserreich anstürmenden Germanenstaaten, eine politische Allianz geschmiedet. Hätte sich auch der Frankenkönig Chlodwig der antitrinitarischen Variante des Christentums angeschlossen, wäre eine Zusammenarbeit mit dem Papst unmöglich geworden. Damit konnte sich im orthodoxen Europa auch nicht die Dualität von kirchlicher und weltlicher Herrschaft, von Imperium und Sazerdotium herausbilden, die für die weitere Entwicklung Westeuropas so wichtig werden sollte.

Erst die katholisch-trinitarische Taufe des Merowingerkönigs Chlodwig machte es möglich, dass rund 300 Jahre später der Karolinger Karl der Große (742/768–814), auch er ein Franke, das römische Kaisertum restituierte und zur Grundlage des mittelalterlichen Europas machte: Nachdem Papst Stephan II. bereits 756 Pippin, den ersten Karolingerkönig, „spiritualis compater“, „geistlichen Mitbruder“, genannt hatte, krönte Papst Leo II. am Weihnachtstag 800 in der römischen Peterskirche dessen Sohn und Nachfolger Karl zum Kaiser. Damit erneuerte er die Symbiose zwischen dem politischen und dem kirchlichen Oberhaupt der westlichen Christenheit. Das zunehmend universell interpretierte Frankenreich wurde zum ersten nachantiken Römischen Reich, das schließlich selbst sakralisiert und zum *Heiligen Römischen Reich* wurde.

Damit war eine Beziehungsgeschichte zwischen Papst und Kaiser, zwischen römischer Kirche und „Staat“ eröffnet, die den Kontinent über ein Jahrtausend prägte und mit erbitterter Konkurrenz und skrupellosem Gewalteinsatz auf beiden Seiten in Atem hielt. Das war aber zugleich die Grundlage für eine schließlich erreichte Balance zwischen weltlicher und geistlicher Gewalt, ohne die die beispiellose Freiheitsgeschichte Europas kaum vorstellbar ist. Das Ringen zwischen den beiden höchsten Gewalten in der lateinischen Christenheit wurde als Geistesstreit der ethischen und politischen Ideen ausgetragen, gar zu häufig aber auch unter Einsatz von Gewalt, der militärischen wie der psychischen bis hin zur Verdammung und Absetzung des Papstes be-

Die Krönung des Frankenkönigs Karls (des Großen) zum Römischen Kaiser durch Papst Leo III. an Weihnachten 800. Ein „Anspruchsbild" der Päpste, das die realen Machtverhältnisse zugunsten Leo III. umkehrt.

ziehungsweise der Exkommunikation des Kaisers. Das ist im Folgenden in den wichtigsten Phasen und Wendepunkten zu skizzieren.

Bei der Wiederbegründung des westlichen römischen Kaisertums standen beide Gewalten von Anfang an in Kooperation wie in Gegnerschaft zueinander. Den Frankenkönig Karl den Großen als Erneuerer des westlichen Kaisertums zu feiern, ist nur die halbe Wahrheit. Es spricht sogar einiges dafür, dieses Verdienst eher Papst Leo III. zuzuerkennen.

Nicht weil er dem Frankenkönig in der römischen St. Peterkirche die Kaiserkrone auf das Haupt gesetzt hat, wohl aber, weil vorrangig er ein Interesse an der Anwesenheit eines Kaisers im lateinischen Westen hatte, nämlich als Rückhalt gegenüber den fernen griechisch-byzantinischen Kaisern im Osten, die sich kaum noch um Italien und Rom kümmerten. Kaum weniger wichtig war kaiserlicher Schutz gegenüber den stadtrömischen Parteiungen, aus deren Kreis eben im Frühjahr 799 während einer feierlichen Prozession ein Mordanschlag auf den Papst verübt worden war. Leo III. war daraufhin zu dem Frankenkönig Karl nach Paderborn geflohen, um sich seiner Hilfe zu versichern. Einzelheiten der dabei getroffenen Abmachungen über die politische Zusammenarbeit und über das Krönungsritual, das in jener Zeit von höchstem realpolitischem Gewicht war, sind nicht mehr letztgültig zu klären und dementsprechend unter den Experten strittig. Fest steht, dass die Kaisererhebung primär im Interesse des Papstes lag – im kurzfristigen Leos III. wie im langfristigen des Papsttums, das nicht als Theokratie geschaffen war und daher einen Kaiser als Wideranker benötigte. Der Frankenkönig dagegen war vom Krönungszeremoniell am Weihnachtstag 800 wenig begeistert. Es war ihm zu päpstlich-sakramental und zu römisch-antik, ohne Bezug auf die germanische Macht- und Kulturbasis. All das deutet darauf hin, dass Leo III. und die in Zeremonienfragen stets überlegenen Kurialen hinter dem Rücken des Königs die getroffenen Absprachen im päpstlich-römischen Sinne verändert hatten. Das spezifische Erhebungszeremoniell verpflichtete den neu installierten Westkaiser mit sakralen Banden auf den Schutz der römischen Kirche, genauer gesagt der Papstgewalt.

Doch ungeachtet der zeremoniellen Überrumpelung an Weihnachten 800 dominierte in der lateinischen Christenheit zunächst der Kaiser. Eindeutig gilt das für Karl den Großen selbst. Das belegt bereits die Titulatur, die er wählte: „Karl, erhabener Augustus, von Gott gekrönter großer und friedbringender Kaiser, Lenker des Römischen Reiches, der durch Gottes Gnade auch König der Franken und Langobarden ist.“ Keine Rede von den Römern als Reichsvolk und auch nicht vom Papst – Gott allein hatte ihn zum Kaiser gekrönt![14]

Bis in die Neuzeit hinein blieb Karl der Große das Idealbild des christlichen Kaisers – im Moment der Zeitenwende von Albrecht Dürer in Erinnerung gerufen und als Vorbild für die Zukunft beschwo-

Jahrhunderte nach den Weichenstellungen durch Karl den Großen schuf Albrecht Dürer um 1511/13 das bis heute gültige Urbild des Karolingers als Begründer und Patron des christlichen Europa.

ren, fast ein Bruder der mächtigen vier Apostel, dem gut zehn Jahre nach dem Karlsbild entstandenen Vermächtnis des Malers an den christlichen Rat seiner Heimatstadt Nürnberg.

Inhaltlich fußt die bis heute nicht verloren gegangene Karlsverehrung auf der Rolle, die der Frankenkönig bei den ersten, entscheidenden Schritten auf dem Weg zu einem rechtlich und institutionell wie geistlich und kulturell einheitlichen Europa gespielt hat – bei der Verschmelzung der Gentil-Religionen zur Universalreligion und der damit einhergehenden organisatorischen Zusammenfassung der stammesmäßig organisierten Teilkirchen zur lateinisch-europäischen Gesamtkirche als Gemeinschaft der christlichen Völker.[15]

Wenn es zutrifft, dass Karl in der päpstlichen Krönung eine zeremonielle Scharte gesehen hat, so hat er sie umgehend ausgewetzt. Denn als er im Herbst 813 seinen Sohn Ludwig den Frommen zum Nachfolger krönen ließ, da geschah das nicht in Rom, sondern in der Pfalz von Aachen, und zwar ohne jegliche Beteiligung der Kirche. Die tiefe Ehrerbietung, mit der Ludwig wenige Jahre später Leos Nachfolger Papst Stephan IV. empfing, machte seinem Beinamen alle Ehre. Den Anspruch auf machtpolitische Überlegenheit des Kaisers vertrat er aber nicht weniger entschieden als der Vater. Zwar bestätigte er dem Papst alle Rechte im *Patrimonium Petri*, im sich herausbildenden Kirchenstaat also, ließ sich aber im Gegenzug entscheidende Kompetenzen bei der Papstwahl zusprechen. Vor allem aber machte er sich zum Herrn über den herrschaftlichen, politischen Notstand, der in Rom die Regel, nicht die Ausnahme war. Päpste und die Heilige Stadt waren auf lange Zeit in der Hand der Franken und ihrer Könige.

Einzig im symbolischen Kapital, voran bei prachtvollen Bauten, die den himmlischen Glanz auf die Erde brachten, war der *Vicarius Christi* überlegen und vermochte so „in Zeiten der Machtlosigkeit Zeichen seiner himmlisch verbürgten Allmacht (zu) setzen, die der demütigenden Realität eine höhere Wirklichkeit gegenüberstellten, wie sie von Gott gewollt war".[16] Dieses „symbolische Kapital" sollte sich über die Jahrhunderte hin als die sicherste Voraussetzung für den Aufstieg aus der Machtlosigkeit erweisen. Wie wir sehen werden, galt das noch in der Neuzeit, als die im Westfälischen Frieden zutage getretene tiefe Schwäche des Papsttums durch eine glanzvolle Inszenierung der päpstlichen Universalität von Gian Lorenzo Bernini auf dem Petersplatz ausgeglichen wurde.

Indes, nach Ende der Karolingerzeit gelang es den Päpsten, Schritt für Schritt Unabhängigkeit und Gleichrangigkeit mit dem weltlichen Oberhaupt der Christenheit zu erringen.[17] Bereits Nikolaus I. (858–867), innerhalb der Kirche alles andere als omnipotent, beanspruchte die höchste Entscheidungsinstanz über alle sündhaften Menschen, auch über den Kaiser und die weltlichen Fürsten, und vermochte das im Scheidungsfall des fränkischen Königs Lothar II. (um 835–869), einem Urenkel Karls des Großen, sogar durchzusetzen.[18] Der Höhepunkt war dann im *Dictatus Papae* von 1075 erreicht, in dem Papst Gregor VII. (1073–1085) das Recht beanspruchte, Kaiser und Könige abzusetzen, wenn sie ein widerchristliches Regiment führten, namentlich durch eigenmächtige Bischofsernennungen in die Kirche hineinregierten. Man hat dieses Aufbegehren des *Vicarius Christi* eine „Papstrevolution" – so der Universalhistoriker und Politologe Eugen Rosenstock-Huessy – genannt und er sieht in der daraus hervorgegangenen Trennung von geistlicher und weltlicher Gewalt – konkret bei der Bischofsinvestitur die Trennung von geistlichen (Spiritualien) und weltlichen (Temporalien) Elementen des Bischofsamtes – eine „Urform der Gewaltenteilung", die „im Ansatz bereits der (säkulare) Pluralismus" gewesen sei.

Dieses politologische Urteil wird gern in gegenwartsbezogene Überblicksdarstellungen übernommen.[19] Für die vorliegende Fragestellung ist es aber wenig weiterführend. Denn zum einen übersieht es die geistliche, gestalterische Schwächung in den Aufgaben des Pontifex, die aus dieser „Papstrevolution" resultierte. Das waren Kosten, die – wie im weiteren Verlauf unserer Darstellung deutlich wird – die europäische Geschichte real nachhaltiger prägten als die fiktive „Urform der Gewaltenteilung", die anderwärts, vor allem in England, wirkungsvoller zum Durchbruch kam. Und zum anderen ist zu betonen, dass Hildebrand von Soana – Papst Gregor VII. –, so einschneidend der von ihm angestoßene Klärungsprozess auch gewesen sein mag, kein Vorkämpfer der Trennung von weltlicher und geistlicher Sphäre war, so wie rund ein halbes Jahrtausend später Martin Luther kein Vorkämpfer der Aufklärung war. Die enge Verschränkung von geistlichen mit weltlichen Dingen wurde beide Male präzisiert und konkretisiert, aber keinesfalls beendet. Im Gegenteil, die jeweils neu geregelte Kooperation stärkte den dem Christentum eingeborenen Dualismus und gab der Religion Raum zum entschiedenen Handeln in der Welt, und das nicht vorrangig auf der Basis modern-säkularer Nichteinmischung, sondern so, dass das eine in der Regel „ein[en] Anschlag vom anderen“ besaß, um nochmals Thomas Mann zu bemühen. Religion und Kirche prägten in Europa über weitere Jahrhunderte hin das öffentliche wie private Leben und sollten auch den Übergang in die Neuzeit und die moderne Welt entscheidend mitbestimmen.

Eine materielle Zementierung der Verschränkung von Religion und Welt ergab sich im lateinischen Europa insbesondere dadurch, dass die römische Kirche die Rechts- und Administrationstradition des spätantiken Römischen Reiches übernahm und fortsetzte. Die Kirche trat gleichsam in die römische Verwaltungsorganisation ein und erweiterte sie auf das gesamte lateinisch-christliche Europa, indem sie die vom Christentum erfassten oder beanspruchten Räume mit einem lückenlosen Netz von Erzdiözesen, Diözesen, Dekanaten und Pfarreien überzog. In Zentraleuropa lag der Sitz einer Diözese bezeichnenderweise immer in einer der alten Römerstädte. Die Kirche wurde zum siedlungsgeschichtlichen Träger zivilisatorischer Kontinuität und zur Brücke zwischen antiker und mittelalterlicher Zivilisation.

Vor allem wurde in den kirchlichen Foren die hochentwickelte Rechtstradition der Römer fortgeführt – in Form des Kanonischen Rechts der Kirche selbst, aber auch des Zivilrechts, da sich bis zum Aufbau eines flächendeckenden staatlichen Gerichtswesens die Menschen immer wieder an die überlegenen kirchlichen Gerichtsinstanzen wendeten, um weltliche Streitfälle zu klären. Neben, ja vor den juristischen Fakultäten der italienischen Universitäten, allen voran in Bologna, die seit dem 11. Jahrhundert die wiederaufgefundenen spätrömischen Rechtssatzungen Kaiser Justinians für den alltäglichen Gebrauch an den Gerichten bearbeiteten und bekanntmachten, waren es die Kirche und deren Rechtsgelehrte, die dafür sorgten, dass das römische Recht zentrales Merkmal des europäischen Zivilisationstypus wurde. Das gelegentlich aufgeworfene Problem, ob Europa und seine Freiheitsgeschichte eher vom Christentum oder vom römischen Recht bestimmt wurden, ist also eine falsch gestellte Frage. Es handelte sich nicht um eine Alternative, sondern um parallel verlaufende Vorgänge.

Die Päpste sollten in ihrem totalen Geltungsanspruch für die kirchliche Gerichtsbarkeit und Gerechtigkeit allerdings ebenso scheitern wie bei entsprechenden Forderungen in anderen Bereichen, vor allem ihrem totalen politischen Herrschaftsanspruch.[20]

Kaum zu überschätzen sind die alltäglichen materiellen Folgen der Verschränkung von kirchlich-religiöser und weltlicher Sphäre: Im Laufe der Jahrhunderte erlangte die Kirche durch Schenkung oder Stiftung einen immensen Grundbesitz. Vor allem über das sogenannte Seelgerät – ein testamentarisches Vermächtnis, durch das die Stifter meinten, ihre Seelen für eine gute Aufnahme im Himmel ausrüsten zu können – kamen in den Städten immer mehr Häuser und auf dem Lande ganze Dörfer und Gutsbezirke in den Besitz kirchlicher Institutionen. In den Städten waren bald bis zu einem Drittel, mancherorts fast die Hälfte der Gebäude kirchlich. Da die Kirche generell Steuerfreiheit genoss, resultierte daraus das Problem der „Toten Hand“, das in den spätmittelalterlichen Städten die Bürger belastete und zunehmend verärgerte, ja zu Aufständen trieb. Denn durch die Befreiung der an die Kirche gelangten Häuser von Abgaben konzentrierten sich Steuern und sonstige Lasten – etwa bei der Verteidigung der Stadt – auf die bürgerlichen Besitzer der wenigen nicht kirchlichen Immobilien. Auf dem Land waren die kirchlichen Grundbesitzer in das Feudalsystem integriert und damit in das Militärwesen der Zeit. Daraus ergab sich zwangsläufig die Beteiligung an Gewalt und Krieg. In manchen Schlachten stellten kirchliche Institutionen große Truppenteile, gelegentlich bis zu einem Drittel der Gesamtarmee. Komplementär zu dieser Verwicklung in kriegerische Gewalt, in gewisser Weise wohl auch als Kompensation, erhob sich im 12. Jahrhundert in Burgund eine mächtige kirchliche Friedensbewegung, die Treuga oder Pax Dei, die uns noch beschäftigen wird.

Im Anschluss an die Gregorianischen Reformen forcierten die Päpste, meist namhafte Juristen, die Tendenzen zur Herausbildung eines Einheitssystems, in dem die Trennung von Sakralem und Profanem, von Sünde und Straftat, geistlicher und weltlicher Gerichtsbarkeit aufgehoben sein sollte.[21] Einen ersten Höhepunkt erfuhr die Papstoffensive mit Innozenz III. (1198–1216), in dessen Pontifikat moderne Historiker ein „Römisches Reich der Päpste“ entstehen sehen, in dem die Kaiser nur noch nachgeordnete Autorität besitzen sollten. So postuliert Innozenz III. in seinem bald viel zitierten *Dekretale Venerabilem* von 1202 den geistigen wie politisch-rechtlichen Vorrang des Papstes über den Kaiser. Denn der Papst habe das oströmische Kaisertum nach Westen transferiert und Karl dem Großen übertragen. Dementsprechend erhoben die Päpste bis in die Neuzeit hinein den Anspruch, ein Kaiser erlange erst Legitimität, wenn seine Wahl durch die deutschen Fürsten von Rom bestätigt und er vom Papst gesalbt und gekrönt wurde. Auf dem 12. Allgemeinen Konzil der Christenheit (dem 4. Laterankonzil), zu dem Innozenz im November 1215 die bislang größte und glänzendste Versammlung von Kirchenführern im Lateran zusammenrief, wurden schließlich die geistigen und rechtlichen Fundamente gelegt, auf denen sich – wären die weltlichen Gewalten nicht dagegen aufgetreten – der größte Teil Europas „langsam, aber sicher in eine Art (kirchlich-weltlicher) Einparteienstaat“ umgeformt hätte.[22]

Innozenz III. war aber erst der Anfang. Zu einem tyrannischen Fanatismus wurde die „Papstrevolution“ unter Bonifaz VIII. (1294–1303), der auf nichts weniger zielte, als die weltliche Gewalt endgültig niederzuringen. Gleich nachdem er die Papstkrone in skrupelloser Grausamkeit an sich gerissen hatte, richtete er die päpstliche Autorität bedenkenlos gegen jegliche weltliche Gewalt, gegen den Kaiser ebenso wie gegen die Könige, Fürsten oder Stadtmagistrate: In der Bulle *Clericis Laicos* postulierte er 1296 eine prinzipielle Inferiorität und Feindschaft aller Laien gegenüber Klerikern. Die Bulle *Unam Sanctam* von 1302 ging dann aufs Ganze, indem sie die prinzipielle Überlegenheit von Kirche und Religion über das Weltliche postulierte. Die Gewalt des Papstes stehe über derjenigen von Kaisern, Königen, Fürsten und Magistraten. Die Laien wurden gesellschaftlich und geistig-kulturell ab- und die Kleriker umfassend aufgewertet. Bonifaz soll schließlich die omnipotenten Machtphantasien so weit getrieben haben, dass er vor Kardinälen und Bischöfen abwechselnd in Kaiser- und Papstgewändern auftrat und deklamierte: „Ego sum Caesar, ego sum imperator.“

Um die Konflikte und Umbrüche zu Beginn der Neuzeit zu verstehen, sind noch kurz zwei Grundlinien des mittelalterlichen Erbes zu skizzieren – die Staatswerdung des Papsttums und die Sakralisierung der weltlichen Gewalten.

Der „Kirchenstaat", der seit dem ausgehenden Mittelalter als selbstverständlicher Teil der europäischen Staatengesellschaft als politischer Akteur im Inneren wie nach außen gegenüber den andern Staaten auftritt und damit die scharfe Kritik der Reformatoren hervorrief, bildete sich zeitlich parallel zu dem geschilderten Machtringen mit den weltlichen Herrschern aus.

Territoriale Grundlage war der immense Grundbesitz, der dem Stuhle Petri in Süd- und Mittelitalien im Zuge der erwähnten Praxis, zur Sicherung des individuellen Seelenheils der Kirche Schenkungen zu machen, zugewachsen war und als *Patrimonium Petri*, als Vermögen des Petrus und seiner Nachfolger galt. Wie allenthalben in Europa die weltlichen Fürsten seit dem ausgehenden Mittelalter ihren Grundbesitz und ihre Herrschaftsrechte sammelten, konzentrierten und rechtlich-institutionell zu einem einheitlichen Territorium und Staatsgebiet zusammenfassten, so gingen auch die Päpste in Italien vor. Ja, in vielerlei Hinsicht waren sie es, die in diesem Prozess der Konzentration und Formierung voranschritten und den weltlichen Kräften als Vorbild dienten. In beiden Fällen wurde der realhistorische Vorgang mit rechtlichen und politiktheoretischen Legitimationskonstrukten abgestützt. In den weltlichen Staaten war es vorrangig die These von einer sachlich bestimmten einheitlichen Landesherrschaft, später dann die Souveränitätslehre. Das spielte auch bei der päpstlichen Staatsbildung eine Rolle. Durchschlagender aber waren historische Dokumente, mit denen Rom seine Besitzrechte belegte und dabei auf das früh aufgebaute Archivwesen der Kirche zurückgreifen konnte. Wichtigste Pfeiler waren die sogenannte Pippinische Schenkung, die im Zuge der frühen Zusammenarbeit von Papst und dem Frankenkönig Pippin III. Mitte des 8. Jahrhunderts ausgestellt wurde, und die sogenannte Konstantinische Schenkung, die die Existenz des Kirchenstaates direkt auf die Spätantike zurückführte. Diese von Kaiser Konstantin 315/17 für Papst Silvester I. (314–335) aus-

Selbstsicher, von Gott und Kaisern zur weltlichen Herrschaft berufen zu sein, haben die Römischen Päpste seit dem frühen Mittelalter in Mittelitalien Schritt für Schritt ein Herrschaftsgebiet errichtet, das schließlich als Kirchenstaat in den Kreis der europäischen Mächte der Neuzeit aufstieg.

gestellte Urkunde, die Herrschaftsrechte in Italien und dem gesamten Weströmischen Reich an die Päpste übertrug, war eine Fälschung.

Das hatte der römische Humanist Lorenzo Valla 1440 nachgewiesen. Da zu dieser Zeit aber der Schein altehrwürdiger, zudem sakral fundierter Rechte mehr zählte als wissenschaftliche Rationalität, war die Urkunde bestens geeignet, die Politik der Päpste zu fördern, und zwar sowohl die Staatsbildung im Innern als auch die Ansprüche gegenüber

Kaiser Konstantin übergibt Papst Silvester I. (314–335) die Tiara. Illustration zur „Konstantinischen Schenkung", Fresco in der römischen Basilika Santi Quattro Coronati, 13. Jahrhundert.

den anderen Fürsten und Staaten Europas. Damit war jenes Zwittergebilde geistlicher und weltlicher Herrschaft mit einem souveränen Pontifex an der Spitze entstanden, als der Kirchenstaat und das Papsttum in die Neuzeit eintraten und Herrschaft sowohl über die Seelen der Christen wie in der europäischen Staatengesellschaft beanspruchten.

Wie der römische Pontifex politisch wurde, so wurden – und das ist die zweite spätmittelalterliche Grundlinie – die weltlichen Herrscher sakral, Kaiser wie Fürsten und selbst städtische Magistrate. Vor allem Kaiser Friedrich II. von Hohenstaufen beanspruchte in der ersten Hälfte des 13. Jahrhunderts als Nachfolger König Davids Jerusalem zu beherrschen und ahmte in bis dahin unerhörter Weise sogar Christus selbst nach. Eine Sakralisierung erfuhren aber auch Könige und niedere Herrscher – im hohen Mittelalter zunächst die Könige von Frankreich und England, denen wundertätige Fähigkeiten zur Krankenheilung zugesprochen wurden, mit dem Gottesgnadentum der Frühen Neuzeit dann auch die absolutistischen Herrscher und selbst die Magistrate der Stadt-

„Gebet dem Kaiser, was des Kaisers ist, und Gott, was Gottes ist." Das Christuswort im Moment des Aufstiegs des modernen säkularen Steuerstaats, den Untertanen in Erinnerung gerufen durch Tizians „Der Zinsgroschen" (um 1516).

staaten. Mitte des 15. Jahrhunderts konnte am Niederrhein der Herzog von Kleve ebenso selbstbewusst wie offensiv proklamieren: „Dux Cliviae papa est in terris suis." Das war eine fortan für die weltliche Herrschaft in Europa durchgehend gültige Umkehrung der eben zitierten Weltherrschaftsphantasie Papst Bonifaz VIII.! Wo der neuzeitliche Staat mit seinem umfassenden Gehorsams- oder Steueranspruch in Konflikt mit Rom oder anderen kirchlichen Instanzen geriet, da kam ihm das Jesuswort „Gebt dem Kaiser, was des Kaisers ist, und Gott, was Gottes ist" (Matthäus 22,21) zu Hilfe. In Deutschland wurde das bezeichnenderweise in der Fassung der Lutherbibel zum Sprichwort.

Die Reibungen und Konflikte zwischen kirchlichen und weltlichen Gewalten brachten im späten Mittelalter und in der Frühneuzeit einen gewaltigen Schub für die politische und gesellschaftliche Differenzierung der Christenheit oder Europas in selbständige Staaten und Nationen. Schritt für Schritt errungene Mitspracherechte im Kirchenwesen ihrer Herrschaften, verbunden mit einer unverkennbaren Tendenz zur Sakralisierung der weltlichen Herrschaft stärkten die Autonomie von Königen, Fürsten und republikanischen oder städtischen Magistraten. Entscheidend gefördert wurde das durch ein weiteres weltgeschichtliches Ereignis, nämlich durch die Reformation des Wittenberger Augustinermönchs Martin Luther, die die „Papstrevolution" durch eine „Revolution" gegen den Papst ergänzte. Es sollte allerdings auch nach der Reformation noch gut drei Jahrhunderte dauern, bis europaweit weltliche und geistliche Gewalt wirklich getrennt waren – erst im Dezember 1905 konnte sich in Frankreich die moderne *laïcité* durchsetzen, und eine „Kirche ohne König" war in den deutschen Staaten sogar erst nach dem Ersten Weltkrieg möglich.

Das alles macht deutlich, dass in dem Moment, als ausgangs des 15. Jahrhunderts in Europa auf nahezu allen Gebieten des privaten und öffentlichen Lebens umstürzende Veränderungen einsetzten, aus denen Neuzeit und Moderne hervorgehen sollten, nicht die Trennung, sondern die Verschränkung von religiös-kirchlichen und weltlich-säkularen Prozessen handlungsbestimmend war. Die weltdurchdringende und weltverändernde Dynamik, die sich im 16. und 17. Jahrhundert in Europa entfaltete, war keine frühe Entkirchlichung. Im Gegenteil, sie ging mit einer gewissen Resakralisierung einher, also einer verstärkten Präsenz von Religion und Kirche in der Welt. Das macht die weltgeschichtliche Bedeutung der frühneuzeitlichen „Konfessionalisierung" deutlich, die in Teil C genauer zu betrachten ist.

3. Das lateinische Christentum als Sauerteig in der Welt

Im Anfang war nicht der Wille, in die Welt zu treten, um sie nach der Lehre Christi umzugestalten. Das lässt sich an der Geschichte des Weihnachtsfestes zeigen: Markus, der früheste Evangelist, weiß nichts über das Geburtsgeschehen zu berichten. Auch das Urchristentum kannte kein Weihnachtsfest, war vielmehr ganz auf Ostern und die nah erwartete Wiederkunft des Herrn ausgerichtet, lebte also in der Naherwartung des jenseitigen Reiches, die eine Durchdringung und Veränderung der Gegenwart überflüssig machte. Erst um 340 lässt sich ein eigenes Weihnachtsfest greifen, und zwar im westlich-lateinischen Christentum.[23] Erst damit tritt die Geburt Jesu in den Vordergrund und somit sein Wirken für die jetzt in der Welt lebenden Menschen. Anders im östlich-orthodoxen Europa, wo bis heute in der Regel das Osterfest Vorrang hat und damit die Perspektive auf das Jenseits, nicht auf diese Welt. Der Beginn des Kirchenjahres wird dort statt Weihnachten vorrangig am 6. Januar, Epiphanias, gefeiert, also am Fest der Erscheinung und Taufe des Herrn. Die Wende im lateinischen Christentum konnte sich im Übrigen auf Christus selbst berufen, der „eine am lebenspraktischen Vollzug orientierte, auf ein Ethos der Mitmenschlichkeit gerichtete Interpretation" von Thora und Propheten gefordert hatte.[24]

Diese unterschiedliche dogmatisch-rituelle Akzentsetzung hatte unmittelbare Konsequenzen für die gesellschaftliche und politische Präsenz des Christentums: Nachdem es das Bündnis mit der Staatsmacht eingegangen war, legte das westlich-lateinische Christentum den Akzent auf den in die Welt hineintretenden Christus und damit auf die Durchdringung der Welt nach Art des in den Evangelien wiederholt zitierten Sauerteigs. In der östlich-orthodoxen Kirche dagegen blieb weiterhin das Warten auf die Wiederkunft des Herrn zentral und damit nicht die Veränderung der gegenwärtigen, sondern die Hoffnung auf eine bald anbrechende jenseitige Welt, in der alle Unzulänglichkeiten der gegenwärtigen Welt von selbst geheilt sein werden. Das ist eine Situation, in der sich ein aktives Eingreifen der Christen in die aktuelle Welt erübrigt.

Das Hineintreten der Christen in die Welt wurde in spezifischer Weise in die Textur des lateinischen oder westeuropäischen Zivilisationstypus eingewoben und trug so entscheidend zu dessen politischer, sozialer und kultureller Ausgestaltung bei. Damit handelte sich das Christentum nachgerade zwangsläufig den Vorwurf ein, für das Bündnis mit weltlichen Kräften gegen die eigene Lehre und die daraus resultierende Ethik zu verstoßen oder gar selbst Macht und Wohlleben in der Welt anzustreben. Im Vogelflug betrachtet, waren es insbesondere folgende Charakterzüge des lateinischen Christentums, die die Christen veranlassten, ja zwangen, in der Welt zu wirken und sie mit zu gestalten:

Erstens – ein produktiv-dynamischer Dualismus: Das Wirken der Christen in der Welt stärkte und legitimierte den im Zuge der beschriebenen „Papstrevolution" erhobenen Anspruch der Päpste, neben, wenn nicht vor dem Kaiser die geistigen-ideellen wie materiell-realen Grundlagen der Weltgestaltung festzulegen. Das festigte den produktiven, dynamischen Dualismus zwischen Staat und Kirche, während im östlichen, orthodoxen Europa ein allein von der weltlichen Macht beherrschter Monismus bestimmend wurde. Da sie keine eigenständige und unabhängige Gewalt war, konnte die Kirche im Osten kaum politisch oder gesellschaftlich regulierend wirken.

Zweitens – Universalität als neuer Grundzug der Religion: Es war die Tat des römischen Juden Paulus, die ethnische Begrenztheit der jüdischen Stammesreligion zu sprengen, mag der Missionsauftrag „Gehet hin in alle Welt ..." nun ein authentisches Jesuswort oder erst von den Jüngern formuliert worden sein. Die tribalen Grenzen galten nicht mehr. Sie wurden durch die Taufe ins Universelle geweitet. Juden, Griechen, Römer wie jedwede andere Menschengruppe – Frau wie Mann, beschnitten oder nicht beschnitten, Heide oder Barbar – wurden in der Taufe gleichermaßen zu Christen. Die alten Ausschluss- oder Zugehörigkeitskriterien galten unter Christen nicht. Das war allerdings keine selbstverständliche Interpretation der Christuslehre. Sie wurde im Apostelkonzil von Jerusalem gegen heftige Widerstände unter den Jüngern wie in den Gemeinden erstritten. Anführer dieser „Universalisierung" war Paulus, an seiner Seite stand aber der Jesus-„Bruder" Jakobus, der auf dem Konzil allerdings nicht mit dem hebräischen Originaltext argumentierte, sondern mit der griechischen Übersetzung der Septuaginta.[25]

Drittens – Ecclesia *als Kirche eines Königs und seines Volkes oder als* domus commune *des* populus Christianus[26]: In der Vielvölkerwelt

Vorderasiens und des Römischen Reiches entstanden, vermochte sich das Christentum vorzüglich in die ethnische Vielfalt Europas einzupassen. Daraus resultierten Chancen der Ausbreitung und Selbstbehauptung, aber auch eine dauerhafte Bindung an jene tragenden politischen Kräfte des Kontinents, aus denen die Nationen hervorgingen, und damit auch an deren Geschichte der Freiheit wie der Gewalt. Nationalismus im Sinne des 19. Jahrhunderts bedeutete das nicht. Im Gegenteil, der einflussreiche angelsächsische Benediktiner Beda Venerabilis (672/73–735) entwickelte die „Leitvorstellung „... einer *gens*, die teilhat an der *ecclesia gentium* (Kirche der Völker)“.[27] Selbst das von Gewalt und Herrschaft über andere Stämme bestimmte Frankenreich war kirchen- und religionsgeschichtlich gekennzeichnet durch den Übergang von einem *gentil-religiösen* zu einem *universal-religiösen* Verständnis von Kirche und gilt daher als Schöpfer der Völker und Stämme übergreifenden *christianitas*, also Europas.[28]

Die Verbindung mit den Völkern bedeutete somit für die *ecclesia Christi* nicht den Zwang, die politischen und militärischen Gegensätze der europäischen Stämme und Nationen zu übernehmen, sondern gab ihr im Gegenteil die Möglichkeit, diese in eine friedliche, nachbarschaftliche Internationalität einzubinden. Auf diese Vision sollte anfangs des 16. Jahrhunderts noch Erasmus von Rotterdam seine Hoffnung setzen, als er 1517 in seiner Friedensschrift „Querela Pacis“ die zerstrittenen Europäer beschwor, sich auf die Kirche als allen gemeinsames Haus und Christus als allen gemeinsamen Herrn zu besinnen.[29] In diesem geistigen Umfeld versuchte Kaiser Karl V., für den die Friedensschrift übrigens verfasst wurde, Europa ein letztes Mal mit einem christlichen Einheitskonzept zum Frieden zu zwingen. Als dann aber die mittelalterliche römische *christianitas* infolge der Reformation unwiederbringlich auseinanderbrach und die europäischen Partikularstaaten das Feld beherrschten, nahm die Verbindung von Christentum und Nation eine neuzeitliche Form an. Die Nationen, die sich nun als Volk Gottes definierten, betonten nicht mehr die Gemeinsamkeit aller Völker unter dem Wort Gottes, sondern beanspruchten jeweils als *auserwähltes Volk Gottes* einen Vorrang vor allen anderen.

Viertens – Gleichheit der Menschen: Das Gesamtmenschliche der christlichen Botschaft, die im Keim eine Botschaft der Menschenrechte war, ist verankert in der christlichen Vorstellung von der Seele als dem unzerstörbaren und nicht veräußerbaren Sitz von Gleichheit und Freiheit des Menschen. Den Gläubigen stand sie real vor Augen, in frommen Erzählungen und Berichten, vor allem aber visualisiert in bildlichen Darstellungen, auf denen die Seele als kleine Figur im Moment des Todes aus dem Mund des Sterbenden hervortritt und entweder zum Himmel, dem ewigen Sitz der Erlösten, auffährt oder in die Hölle zu den Verdammten hinabgestoßen wird. Konstituiert in der jedem Menschen zustehenden Taufe überwölbte diese geistige Gleichwertigkeit eines jeden Menschen über nahezu zwei Jahrtausende die real fortbestehenden krassen sozialen Unterschiede ebenso wie diejenigen zwischen Mann und Frau. Eine irritierende Diskrepanz, die heute manchen an der prägenden Kraft der christlichen Lehre zweifeln lässt. Doch war der Keim des universellen Menschseins nun einmal in der Welt und das Gleichheitspostulat musste langfristig auch in der Realität Wirkung zeigen – im Verhältnis der Geschlechter ebenso wie bei den sozialen Unterschieden. Nicht als Triumph einer Idee, sondern in der Realität des Alltags, als Anpassung oder Konfrontation.

Mann und Frau wurden in die Ehe eingebunden, die ihre Beziehungen sozial und rechtlich, vor allem aber als Träger legitimer Reproduktion monopolisierte. Einerseits war das eine „Notgemeinschaft“, und zwar in den unteren wie in den höchsten Schichten der Gesellschaft. Fürsten und Adligen ging es um die standesgemäße Sicherung der Dynastie beziehungsweise der Adelsfamilie. In ähnlicher Weise war die christliche Ehe für die städtischen Eliten eine Sicherung von Status und politischem Einfluss; für Handwerker und Bauern schließlich eine Notwendigkeit, um den Betrieb alltäglich aufrechtzuerhalten und von Generation zu Generation zu sichern. Andererseits ist aber auch zu erkennen, dass sich zwischen den Eheleuten eine durch das Christentum freigesetzte emotionale Innerlichkeit und Aufrichtigkeit entfaltete. Darauf werden wir bei der Behandlung der konkreten Entwicklungen im Zuge von Reformation und Konfessionalisierung zurückkommen.

Eingeschlossen in die Beziehungen von Mann und Frau waren die Kinder, deren Lebens- und Fürsorgerecht im Christentum von Anbeginn außer Frage stand. Das bedeutete eine Hinwendung und Emotionalisierung. Angesichts der geringen Aufmerksamkeit, die Antike und Mittelalter Kindern zumaß, kam auch das über die Jahrhunderte hin real kaum zum Tragen. In der Grundsubstanz ging jedoch das Wissen um die Gotteskindschaft eines jeden Neugeborenen nicht verloren.

Seelenqualität eines jeden Menschen und egalitärer Taufakt lagen quer zu einer ganzen Reihe realer Gegebenheiten in der alteuropäischen Gesellschaft – in der Spätantike vor allem zur Institution der Sklaverei, im Mittelalter zur Leibeigenschaft, zu den Privilegien des Adels, zu den sozialen Gegensätzen, wie sie sich insbesondere in den Städten ausbildeten, schließlich auch zum besonderen Heilsstatus der Kleriker. Gegen jede dieser Ungleichheiten gab es ein christlich motiviertes Aufbegehren – die mönchische Armutsbewegung insbesondere der Franziskaner; den wohl erstmals bei einem englischen Bauernaufstand im 14. Jahrhundert zu hörenden Spottvers „Als Adam grub und Eva spann, wo war denn da der Edelmann“, der im frühen 16. Jahrhundert zum Fanal eines sozialen Umsturzversuches wurde; die Delegitimierung des heilsmäßig definierten Klerikerstandes durch Luthers Lehre von der Priesterschaft eines jeden Getauften; spät schließlich auch den Widerspruch zu Sklaverei, bei dem bereits Christentum und Aufklärung zusammenwirkten.

Der späte Widerspruch gegen die Sklaverei und die noch spätere Abschaffung (Abolition) – bezeichnenderweise zuerst in der Quäkerkolonie Philadelphia 1758 – lassen besonders deutlich die Verzögerung zwischen Lehre und Anspruch des Christentums und wirtschaftlichen Interessen der christlichen Gesellschaften erkennen. Denn schon in der Frühzeit der christlichen Expansion wurde das Seelen-Postulat auf die neu entdeckten Menschen übertragen und hat selbst den Unterschied zwischen Getauften und Nichtgetauften nivelliert – auch Nichtgetaufte waren Menschen und hatten entsprechende „Menschen-Rechte“. Wie Mission und Sklavenfrage in einem Spannungsverhältnis standen, wird konkret am Wirken des Dominikaners Bartolomé de Las Casas in Mittelamerika zu zeigen sein.

Fünftens – „Gatten-zentrierte-Ehe und Familie" statt Unterwerfung unter die Sippe: Mit dem Sieg des Christentums ging die für die antike Gesellschaftsordnung konstitutive „Familie als eigenständige Kultureinheit unter".[30] Es entstand ein neuer Familientyp auf anderen geistigen und sozialen Grundlagen. Die Gatten-zentrierte-Ehe mit ihrer Kernfamilie trat ihren Siegeszug an. Clan-Strukturen als Bauprinzip traditionaler Gesellschaften widersprachen und widersprechen dem Christentum und wurden daher langfristig geschwächt. In den „westlichen", ehemals christlichen Gesellschaften erstarkten sie erst wieder infolge des globalen Migrationsgeschehens. Die allgemeine Etablierung des neuen, christlichen Familientypus erfolgte durch Reglementierung und Zwang: Indem das 2. Laterankonzil 1139 die Ehe zum Sakrament erhob, wurde alles Sexuelle außerhalb der Ehe zur Sünde und verfolgt – wie wir sehen werden, systematisch vor allem im Calvinismus, für den die Ehe kein Sakrament mehr ist.

Gerade in Bezug auf die Sexualität sind wir heute geneigt, die Wirkung von Kirche und Christentum in der Welt als Hemmnis menschlicher Freiheit, wenn nicht als eine humane Verderbnis zu betrachten. Dabei lassen wir aber das spezifische Wissen der Zeit über Sexualität und Reproduktion des Menschen außer Betracht, vom Wissen um die Praxis der Empfängnisverhütung und dem Vorhandensein dazu notwendiger pharmazeutischer oder technischer Mittel ganz zu schweigen. Was uns inhuman erscheint, mag in Zeiten davor geeignet oder gar notwendig gewesen sein, um gerade das Humane in den Beziehungen zwischen Mann und Frau zu sichern.

Sechstens – Rationalität, Bildung und Wissenschaftlichkeit als prägende Kräfte christlicher Durchdringung Europas: Als kulturelle Ausdrucksform der hellenistischen und römischen Antike waren Denken und Lebensformen des Christentums von deren Rationalität und Wissenschaftlichkeit geprägt, die es über die Zivilisationsbrüche der Spätantike hinweg sicherte und als Grundzug an das nachantike Europa vermittelte. Institutionell geschah das durch Kloster-, Bischofs- und

Kathedralschulen, später dann vor allem in den Universitäten, die bis in die Neuzeit hinein einen klösterlichen Charakter behielten. Intellektuell war insbesondere das hohe Theorie- und Methodenbewusstsein der Scholastik prägend. In Gestalt der Hohen Schule von Salamanca sollte es noch die neuzeitliche Durchdringung und Ordnung der außereuropäischen Welt in philosophischer, moralisch-ethischer und rechtlich-politischer Rationalität vorantreiben.

Siebtens – Säkularisation als In-die-Welt-Treten der Religion: Bereits Paulus schwor die frühen Christengemeinden auf ihre Freiheit zur Gestaltung der Welt ein: „Denn wir sind Gottes gehülffen (in der Welt) / Ihr seid Gottes ackerwerck / und Gottes gebew", so die Übersetzung Martin Luthers.[31]

Das Wirken in der Welt als Werk unter der Leitung Gottes bedeutete im Kern Säkularisation durch das Christentum. Daraus resultierte aber kein linearer Prozess, sondern eine Wellenbewegung oder ein Auf und Ab von Phasen beschleunigter Säkularisation und solchen, in denen die Verzahnung erneut enger wurde und die Allianz wieder im Vordergrund stand. Es dauerte Jahrhunderte, bis in der Neuzeit beide Bereiche in Staats- und Gesellschaftsentwürfen tatsächlich getrennt gedacht werden konnten und in der Praxis wirklich autonomes Handeln auf dem einen wie auf dem anderen Feld möglich wurde.

Rückblickend lässt sich aber erkennen, dass Europa auf Säkularisation und geistige wie politische Autonomie angelegt war, oder – alles zusammennehmend und mit dem bedeutenden Historiker und Soziologen Max Weber gesprochen – auf Rationalität und Modernität. Entscheidend ist dabei die Erkenntnis, dass die Säkularisation nicht ausschließlich, ja nicht einmal hauptsächlich als Oppositionsbewegung gegen Religion und Kirche ablief, sondern entscheidend von religiösen Impulsen mitgeprägt wurde, wurzelnd in der Renaissance, durchschlagend dann in der Reformation. Es war auch nicht ein Vorgang, der dem Aufgehen der Sonne vergleichbar überlebte Schatten religiös-kirchlicher Unmündigkeit vertrieb und – wie die Aufklärung es sah – erst dadurch den Menschen in Europa wirklich die Freiheit brachte. Die Säkularisation war im lateinischen Europa dadurch charakterisiert, dass sie immer wieder entscheidende Impulse aus der Kirche selber oder durch religiöse Bewegungen erhielt. Ehemals religiös-sakrale Impulse und Kräfte wurden in das weltliche Umfeld überführt und wirkten dort in spezifischer Weise fort. Das war ein dialektischer Prozess, der die religiöse Dynamik nicht kappte, sondern ins Weltliche hineinnahm und dadurch Durchschlagskraft und Legitimität politischen und gesellschaftlichen Handelns entscheidend stärkte. So etwa im erwähnten Falle des Herzogs von Kleve, wenn er sich bei innenpolitischen Reformen auf seine quasi päpstliche Autorität beruft.[32]

Der Überblick über die Grundzüge christlichen Wirkens in der Welt lässt ein Doppeltes erkennen: Zum einen, dass die im 4. Jahrhundert erfolgte enge Verzahnung des Christentums mit Politik und Gesellschaft unvermeidbar zu Denk- und Handlungsweisen führte, die Gegner, aber auch und meist schärfer innerkirchliche Kritiker als Verrat an den geistig-spirituellen Grundlagen des christlichen Glaubens werteten und sie zu Opposition und Widerstand veranlassten. Und zum anderen, dass ungeachtet aller Verfehlungen – oder christlich gesprochen „Sündhaftigkeit“ – und trotz aller Kompromisse mit den widerchristlichen Kräften der Sauerteig, der mit der Lehre des Religionsgründers in die Welt gekommen ist und von seinen Jüngern, allen voran dem römischen Juden Paulus, bewahrt, weitergegeben und kulturell wie sozial gestaltet wurde, nie verloren ging. Er wirkte auch in den finstersten Zeiten unchristlichen Denkens und Handelns fort, in einzelnen Menschen wie in religiösen oder sozialen Bewegungen.

Wie jede andere Geschichte ist Christenheitsgeschichte ein Ort des Kampfes, des Versagens und der Bewährung. Dem hätte das Christentum nur zu entgehen vermocht, wenn es eine Existenz außerhalb der Geschichte gewählt hätte, wenn es also den von Kaiser Konstantin eröffneten Weg zur offiziell anerkannten „Staatsreligion“ verweigert und die Existenz einer weltabgewandten Minderheit mit dem Ideal von Eremiten, Säulenheiligen und Mönchen bevorzugt hätte. In die Welt eintreten und diese aktiv mitgestalten bedeutete die Ideale und Ansprüche christlicher Lehre und christlichen Lebens von Generation zu Generation der historischen Realität auszusetzen und den Widerspruch zwischen revolutionärem Anspruch einerseits und Kompromiss mit dem weit dahinter zurückfallenden Alltag andererseits zu ertragen und möglichst produktiv umzusetzen. Über die Jahrhunderte hinweg kam es zwangsläufig zu Rückschlägen, heuchlerischer Verfehlung, Pervertierungen, selbstsüchtiger Ausbeutung, Betrug und Gewalt. Die Defekte des Handelns in der Welt standen offensichtlich im Widerspruch zur evangelischen Lehre des Ursprungs. Diese Aporie wurde aber eingefangen durch die Vorstellung von der prinzipiellen Unzulänglichkeit des Menschen, die theologisch als Sünde erscheint, sowie vom Bild des Paradieses als wirksame Repräsentation eines idealen Lebens ohne Bedrohung und Versuchung – nicht in der Zeit, sondern in der Ewigkeit, also außerhalb, vor und nach der Geschichte.

4. Wissenschaftliche, kulturelle und soziale Prägungen

Das In-die-Welt-Treten des Christentums bedeutete nicht nur Ringen um Macht und politischen Einfluss. Nicht weniger wichtig waren die vielfältigen wissenschaftlichen, kulturellen und sozialen Prägungen, die Europa durch Christentum und Kirchen erhielt: Literarische Bildung wurde in den ersten Jahrhunderten ausschließlich von der Kirche vermittelt, zunächst in den Klosterschulen der Benediktiner,[33] berühmt diejenigen auf den Britischen Inseln, in Mitteleuropa die auf der Reichenau, in St. Gallen, Fulda oder Melk. Mit dem Aufstieg der Städte traten die Dom- oder Kathedralschulen an ihre Seite, teils auch an ihre Stelle, führend die französischen in Orléans, Reims, Paris, Chartres, im ostfränkischen Reich vor allem in Utrecht, Köln und den übrigen rheinischen Bischofsstädten, im Osten vor allem Magdeburg. Vorrangig ging es natürlich um die Klerikerausbildung. Doch auch Knaben, die nicht Priester werden wollten, wurden aufgenommen. Zudem waren die an Kloster- oder Domschulen ausgebildeten Kleriker keineswegs ausschließlich oder vorrangig als Priester innerhalb der Kirche tätig. Viele waren als Kanzlisten oder Räte mit den weltlichen Angelegenheiten der Fürsten und Adligen beschäftigt und hatten führenden Anteil an den politischen und gesellschaftlichen Entwicklungen.

In der „Reformation des zwölften Jahrhunderts"[34] kam es zu philosophisch-theologischen wie institutionellen Umbrüchen, die die methodische Rationalität der Scholastik, das freie Studium und die europäische Universität hervorbrachten. Diese wie viele weitere geistige und institutionelle Innovationen waren in erster Linie dem Mönchtum und Ordenswesen zu verdanken. Anders als in der orientalischen war in der lateinischen Christenheit das Mönchtum seit Anbeginn auf die *vita activa* angelegt, wenn auch nicht unbedingt in der Welt, so doch für sie. *Ora et labora*, „bete und arbeite" war die Maxime des 529 von Benedikt von Nursia im italienischen Monte Cassino gegründeten Benediktinerordens, der sich bis in unsere Tage durch die geistig-intellektuelle Arbeit des Denkens und Schreibens auszeichnet und auch in der Mission tätig ist. Nicht weniger welt-wirksam waren die ausgangs des 11. Jahrhunderts im burgundischen Cîteaux entstandenen Zisterzienser. Sie überzogen Europa mit einem weiten Netz von Niederlassungen, um es im Wortsinn zu kultivieren, nämlich durch Ackerbau, Viehzucht, Rodungen, Trockenlegungen und andere landwirtschaftliche Praktiken.

Zuvor hatten bereits die Cluniazenser, eine vom französischen Cluny, nordwestlich von Mâcon, ausgehende streng asketische, benediktinische Reformbewegung, die Kirche neu geordnet. Vor allem ihr Kampf gegen die Simonie, die Käuflichkeit kirchlicher Ämter, wurde zum Fanal. Zusammen mit dem südfranzösischen Laienklerus waren die Cluniazenser auch die Hauptträger der Pax Dei oder Treuga Dei, jener mächtigen Gottesfriedensbewegung des ausgehenden 10. und 11. Jahrhunderts, die den Armen und Schwachen, vor allem Frauen, Kindern und allen Unbewaffneten, Schutz vor der Gewalt der Mächtigen und Reichen gewähren wollte. Zu diesem Zweck wurde Waffenruhe von Mittwochabend bis Montagfrüh sowie in der Weihnachts-, Oster- und Pfingstzeit geboten und jeder Verstoß mit dem Kirchenbann belegt. Pro Jahr blieben nur 90 Tage legitimen Kampfes – eine frühe, kirchliche Friedensbewegung, die in Deutschland beziehungsweise dem Heiligen Römischen Reich erst Jahrhunderte später von der staatlichen Landfriedensgesetzgebung eingeholt wurde.

Im späten Mittelalter waren es die stadtsässigen Bettelorden – Franziskaner, Dominikaner und Augustiner vor allem –, die gleichzeitig mit der Erneuerung der Kirche die Welt verändern wollten, gestützt vor allem auf die Städte und das aufstrebende Stadtbürgertum: Der an Reichtum und Wohlstand gewohnte norditalienische Kaufmannssohn Franziskus erfuhr am 24. Februar 1208 in der Kirche zu Assisi seine *conversio* oder Umkehr vom Mitglied einer ausschweifenden Jeunesse dorée hin zu einem Leben als Asket und Büßer. Er sammelte eine zunächst noch kleine Schar von Gleichgesinnten um sich und zog mit ihr predigend und betend durch das Land. Für diese „viri poenitentiales de civitate Assisi", also „büßende Männer aus der Stadt Assisi", oder „Fratres minores", „Minderbrüder", arbeitete Franziskus eine vom Papst approbierte Ordensregel aus. Damit war ein neuer Typus von Orden entstanden, der rasch Nachahmer fand, namentlich die Augustiner-Eremiten, die Karmeliter und vor allem die Dominikaner. Dieser von dem Spanier Dominikus (1170–1221) begründete Predigerorden, *Ordo fratrum praedicatorum*, fand bereits 1216 päpstliche Anerkennung, also nur wenige Jahre nach den Franziskanern. Die Dominikaner stiegen rasch zum Wächter und Garanten dogmatischer Reinheit auf und erhielten vom Papst schließlich formell die Inquisition übertragen. Das gab ihnen Macht und Einfluss; das religiöse Ansehen steigerte es aber nicht unbedingt.

Einbezogen waren auch die Frauen, die im Zuge des kulturellen und wirtschaftlichen Aufschwungs der Städte an Selbstbewusstsein und gesellschaftlichem Handlungsspielraum gewonnen hatten. So hatte sich bereits im 12. Jahrhundert parallel zum Aufbruch der Franziskaner eine religiöse Frauenbewegung formiert mit dem Ziel, Reichtum und Familie zu entsagen und ein asketisches Leben im Dienste Gottes zu führen. Vor allem nördlich der Alpen verlangte die ständig wachsende Zahl weiblicher Religiosen nach Nonnenklöstern, die formell als Bettelorden nach der Regel der Franziskaner oder Dominikaner verfasst sein sollten. Da Töchter des Adels und des städtischen Patriziats, aber auch des aufblühenden Handwerkerstandes an die Spitze dieser Klöster traten, gelang es den Frauen, sich Gehör zu verschaffen. Unterstützung fanden sie zuerst bei der Kurie. Nach einigem Hin und Her und ungeachtet anhaltenden Widerstands der Mönche setzte sich die Eingliederung der Nonnen in die Bettelorden durch.

Die Bettelorden, und zwar auch und gerade die Frauenkonvente, haben das religiöse, geistige und soziale Leben des späten Mittelalters tief beeinflusst. Sie haben wichtige Weichen für die Erneuerung der Christenheit gestellt und auch dazu beigetragen, dass der Ruf nach einer Reform der Kirche nicht verhallte. Neben der religiösen Idee der radikalen Christusnachfolge auf der Basis des evangelisch-asketischen Apostolats war es vor allem eine institutionelle Neuerung in Organisation und Lebensführung der Mönche und Nonnen, die den Typus der Bettelorden kennzeichnete und seine Dynamik ausmachte: Im Gegensatz zu den Mönchen des frühen und hohen Mittelalters lebten die spätmittelalterlichen Mendikanten nicht fernab der Zentren des Alltags, sondern mitten in der Stadtgesellschaft. Sie waren für die Armen und Kranken tätig und prägten das alltägliche Bild der Straßen und Plätze. Durch ihre Beziehungen zu Rats- und Magistratsfamilien ebenso wie zu Handwerks- und Gewerbekreisen nahmen sie Einfluss auf die Politik und auf das politische Selbstverständnis der Bürger. Damit trugen sie maßgeblich dazu bei, dass sich ausgangs des Mittelalters die europäischen Bürgergemeinden als geistig und sozial geschlossenes *corpus christianum*, als christliche Körperschaft und kollektive Heilsgemeinschaft verstanden. Darauf ist im Zusammenhang mit dem Wandel der mittelterlichen *christianitas* in die neuzeitliche Christenheit der Konfessionen zurückzukommen.

5. Gewalt und Kontrolle

Die intellektuellen und gesellschaftlichen Leistungen von Kirche, speziell des Mönchtums, dürfen nicht vergessen lassen, dass mit dem strukturell vorprogrammierten Ausgreifen der lateinisch-christlichen Religion in die Welt auch großes Leid und eine im Rückblick drückende Schuld verbunden waren: Die Kreuzzüge des 11. bis 13. Jahrhunderts, die nicht nur religiös, sondern auch durch eine Überbevölkerung in der Mitte des Kontinents verursacht wurden, ließen die christlichen Heere im Zuge des sogenannten *bellum iustum*, des gerechten oder präziser des kirchenrechtlich gerechtfertigten Kriegs zur Befreiung der heiligen Stätten aus der Hand der Muslime, schwerste Gewaltexzesse und Verstöße gegen die simpelsten Gebote der Menschlichkeit begehen. Vor allem die erste Erstürmung Jerusalems am 15. Juli 1099 erfolgte mit einer tierischen Grausamkeit, die die christlichen Ritter geradezu als Antichristen erscheinen lässt. Dieser Gewaltexzess, dem später im Zusammenhang mit der europäischen Expansion ähnliche folgen sollten, bleibt ein Versagen christlicher Moral und Zivilisation, auch wenn sich die islamischen Verteidiger und der Islam generell mit genau denselben Gräueltaten befleckten. Ebenso wenig ist die Erkenntnis moderner Historiker entlastend, die in den Kreuzzügen eine positive Begegnung zweier Weltzivilisationen sehen, so bedeutsam der damit eingeleitete Austausch von Waren und Ideen zwischen christlicher und islamischer Welt für die weitere Entwicklung Europas auch gewesen sein mag.

Ein weiterer unheilvoller Zusammenhang resultierte aus der christlichen Begeisterung für die Befreiung der heiligen Stätten: die Leidensgeschichte der jüdischen Minderheiten, die bislang allenthalben in Europa weitgehend unbehelligt mit den Christen zusammengelebt hatten. Der Umschwung hing auch mit dem Aufblühen der Städte zusammen, deren wirtschaftendes Bürgertum in den Juden zunehmend Konkurrenten sah. Religiöser Eifer, Wirtschaftsneid und Habsucht flossen zu dem grausamen Gemisch zusammen, das von den frühen Pogromen der Kreuzzugsheere über die spätmittelalterlichen Verfolgungen wegen angeblicher Ritualmorde, Hostienschändungen oder Brunnenvergiftungen sowie dem Antisemitismus der spanischen Reconquista bis hin zu den osteuropäischen Pogromen der Frühen Neuzeit reichte. In säkularisierter Form setzte sich diese Linie im gesamteuropäischen Antisemitismus des 19. und dem Vernichtungswahn der deutschen Nationalsozialisten des 20. Jahrhunderts fort.

In den Zusammenhang christlicher Gewalt- und Kontrollexzesse gehört schließlich auch die europäische Expansion nach Übersee, insbesondere auf den bislang den Europäern unbekannten amerikanischen Kontinent. Das gilt für die frühe Kolonisierung durch katholische Portugiesen und Spanier ebenso wie für die spätere der reformierten Niederländer und Engländer. Erstere können immerhin für sich in Anspruch nehmen, dass sie über die durch Zwangschristianisierung, Ausbeutung der Indios und Versklavung von Schwarzafrikanern begangenen Unmenschlichkeiten bereits im 16. Jahrhundert eine ernsthafte, wenn auch letztlich erfolglose öffentliche Debatte über humane Grundprinzipien der Kolonialpolitik geführt haben. Dafür steht nicht nur der Dominikaner Bartolomé de Las Casas (1474–1566), sondern auch Kaiser Karl V.[35]

Ambivalent erscheint auch die lange Reihe innerchristlicher Oppositionsbewegungen gegen Rom. Die Päpste begriffen sie als Häresie, Luther und die Kirchen der Reformation dagegen feierten sie als *testes veritatis*, als Zeugen des wahren Glaubens, wobei sie allerdings ihrerseits im eigenen Lager Abweichler stigmatisierten und verfolgten – sie der *damnatio memoriae* oder auch nur dem Geschichtsvergessen auslieferten.[36] So oder so betrachtet, auf jeden Fall gehören die Oppositionsbewegungen zum Wesen des Christentums, weil sie sich aus seinem Kern, der Suche nach der reinen und wahren Kirche, ergaben. *Ecclesia semper est reformanda*, die Kirche muss immer reformiert werden – dieser Grundsatz war auch den meisten Päpsten heilig. Gestritten wurde allerdings über die Mittel und Wege. Solange die Päpste und ihre Kurie die Macht hatten beziehungsweise die weltlichen Gewalten auf ihre Seite bringen konnten, konnte der Widerspruch als Häresie kriminalisiert und vernichtet werden.

Das war das Schicksal der Katharer und Waldenser, als sie im 12. Jahrhundert zum ersten Mal seit den Arianern des 6./7. Jahrhunderts den römisch-päpstlichen Machtanspruch wieder grundsätzlich in Frage stellten. Denn in Italien und Frankreich bauten sie geheime, vom urchristlichen Armutsideal durchdrungene, von Laienpredigern geführte und einem entschiedenen Biblizismus anhängende „Alternativ-Kirchen“ auf. Vor allem die Albigenser, der südfranzösische Zweig der Katharer, traf zwischen 1209 und 1229 ein gnadenloser Vernichtungsfeldzug des Papsttums in Allianz mit der französischen Krone. Nur in den abgelegenen Dörfern Piemonts überstanden waldensische Untergrundgemeinden alle Verfolgung, bis sie im Schutze der Reformation, vor allem im benachbarten Genf, wieder an die Öffentlichkeit treten konnten. Anfang des 19. Jahrhunderts erlebte die Waldenser Kirche sogar eine gewaltige Erweckungsperiode, so dass sie heute nicht nur in ihrer frühen alpinen Rückzugsbastion blüht, sondern auch in Uruguay und in vielen Großstädten Italiens. In Rom unterhalten die Waldenser sogar ihre eigene theologische Hochschule. Im Zentrum des Weltkatholizismus wird damit alltäglich demonstriert, dass die Auflösung der mittelalterlichen Einheit des lateinischen Christentums im 13. Jahrhundert einsetzte, als sich die Vorfahren der heutigen Waldenser gegen alle Verfolgungen zu behaupten wussten.

Den Sieg über die katharische und waldensische Häresie nutzte Rom zu folgenschweren Weichenstellungen im Kampf gegen jegliche Art von Opposition von außen, aber auch innerhalb der Kirche. War die Kurie im hohen Mittelalter der in den Volksrechten wurzelnden Gewohnheit, Häretiker zu verbrennen, noch entgegengetreten, so drängte sie nun die politischen Gewalten, staatliche Ketzergesetze zu erlassen. Kaiser Barbarossa erklärte daraufhin Häresie zu einem Staatsverbrechen, und die Krone Aragons verfügte sogar direkt die Todesstrafe. Die Kirche selbst gründete im frühen 13. Jahrhundert die Inquisition als eine formelle, behördenmäßige Einrichtung, die dem Papst höchstpersönlich unterstand und bald so gut wie ausschließlich in die Hand des eben entstandenen Dominikanerordens gelangte. Dem Ansatz nach ein auf sachlich-rationale Untersuchung und Urteilsfindung ausgerichtetes juristisches Prozessverfahren zur Bekämpfung häretischer Bewegungen, wurde die Inquisition zu einem frühen Instrument der Überwachung, vergleichbar den Staatssicherheitsdiensten moderner totalitärer Systeme. Das Auf- und Nachspüren und die damit verbundene Verbreitung von Angst und Terror gewannen die Oberhand und das Beobachtungsfeld dehnte sich auf alle möglichen Bereiche des menschlichen Denkens und Handelns aus – neben der Häresie, in der Frühen Neuzeit vor allem der Protestantismus, wurden zunehmend magische und volksreligiöse Praktiken ins Blickfeld gerückt und zum Tatbestand der Hexerei gebündelt, des Weiteren das Verhalten von Juden, auf der Iberischen Halbinsel auch der islamischen Morisken. Da Staat und Kirche auf dem für beide wichtigen Feld der Kontrolle besonders eng kooperierten, geriet leicht auch politisch unbotmäßiges Denken oder Handeln unter Verdacht.

Doch auch dieses moderne Instrument der Kontrolle und Vernichtung des Widerspruchs musste in dem Maße an Wirkung verlieren, in dem der genannte Prozess der Säkularisation voranschritt und Europa einen politischen Differenzierungsschub erfuhr, der die mittelalterliche Aktionsgemeinschaft von Papst und Kaiser aufhob oder doch entscheidend schwächte. Der Engländer John Wyclif (1320–1384) und der Prager Magister Jan Hus (1370–1415) erfuhren zwar noch die grausame Effizienz der römischen Ketzergerichte: Hus wurde 1415 unter Bruch des zugesagten sicheren Geleits auf dem Konstanzer Konzil verbrannt. Wyclif starb zwar eines natürlichen Todes, doch seine Gebeine wurden exhumiert, verbrannt und in die Themse gestreut. Aber bereits die Tatsache, dass sich ihre Anhänger, die englischen Lollarden und die Hussiten in Böhmen, über den Tod ihrer Gründer hinaus als religiöse, politische und soziale Bewegung zu behaupten wussten und später teilweise in der Reformation des 16. Jahrhunderts aufgingen, zeigt, wie brüchig das römisch-päpstliche System war, wenn regionale oder gar – wie im Falle der Hussiten – protonationale Kräfte zusammenwirkten. Darauf ist im Zusammenhang mit der Reformation zurückzukommen, die Anfang des 16. Jahrhunderts in Wittenberg ausgelöst wurde.

B. Renaissance und Reformationen – ein doppelter Aufbruch in die Neuzeit[1]

1. Das Christentum im Umbruch zur Neuzeit

Wyclif und Hus und die von ihnen ausgelösten religiösen und sozialen Bewegungen gehören bereits zu jener langen Übergangsepoche vom Mittelalter zur Neuzeit, in der in Europa die Tür zur modernen Welt aufgestoßen wurde. Das war ein säkularer Umbruch nahezu aller Bereiche des öffentlichen und privaten Lebens. Erinnert sei nur an den kulturellen Aufbruch von Renaissance und Humanismus, die Entstehung des frühmodernen Staates und des europäischen Staatensystems, den Früh- oder Handelskapitalismus, vor allem aber an das Ausgreifen Europas in die „weitere Welt“ und das damit verbundene Einströmen eines „neuen Weltwissens“ (Heinz Schilling), das seinerseits die Veränderungen in Europa mitbestimmte.[2] Hinzu kam die erste machtpolitisch wie ideologisch radikale Konfrontation zweier neuzeitlicher Weltmächte und Weltanschauungssysteme, zwischen dem islamischen Osmanen-Reich und dem christlichen Weltreich Kaiser Karls V. Das war ein Jahrzehnte währendes Ringen, das die Menschen in den südöstlichen Grenzzonen und an den europäischen Küsten des Mittelmeeres in Angst und Schrecken versetzte. Auch die nicht direkt betroffenen Regionen des Kontinents waren beunruhigt, so dass Europa eine apokalyptische Zeit durchlebte. Albrecht Dürers berühmter Kup-

Das apokalyptische Bewusstsein der Menschen auf der Wende vom Mittelalter zur Neuzeit kommt in Albrecht Dürers bald sehr populärem Kupferstich „Ritter, Tod und Teufel" (1513) zum Ausdruck.

ferstich „Ritter, Tod und Teufel" von 1513 ist nur eine unter zahllosen Manifestationen dieses Lebensgefühls.

Das Christentum stand mitten in diesem Grundsatzwandel, war dessen Teil. Es hat die Veränderungen nicht ausgelöst, war aber auch nicht unerschütterlicher Garant der herrschenden Verhältnisse oder

Hemmschuh des Wandels. Vielmehr war es der Ort, an dem sich entscheiden musste, ob sich das Alte zementieren würde oder die neuen Ansätze behaupten konnten. Denn die Entscheidungen über Religion und Kirche betrafen den Kern der lateinisch-europäischen Kultur und Vergesellschaftung, wie er sich über die Jahrhunderte hin in dem eingangs beschriebenen Dualismus von Staat und Kirche, Religion und Welt herausgebildet hatte. Es war gleichsam eine neuzeitliche Kernspaltung nötig, um die seit Jahrhunderten festgefügte Grundeinheit aufzuheben und eine Basis für neuzeitliche Verhältnisse zu schaffen. Eine solche Kernspaltung war aber nur durch die Kräfte des Christentums selbst zu leisten.

Das lateinische Christentum war an dem spätmittelalterlichen Aufbruch in doppelter Weise beteiligt: Einerseits keimte an mehreren Orten Europas radikaler Widerspruch gegen die herrschende Lehre auf. Rom erklärte diese Bewegungen sogleich zur Häresie, mit der der teuflische Widersacher die Kirche verderben wolle und die daher gnadenlos auszurotten sei. Andererseits brachen allenthalben innerkirchliche Neuansätze auf, die im 14./15. Jahrhundert das religiöse Leben aufblühen ließen, die Laien selbstbewusst machten und die kirchlichen Institutionen in Bewegung brachten.

Nach der hochmittelalterlichen Erschütterung durch Katharer und Waldenser formierte sich die häretische Bewegung vor allem unter der Führung von zwei Theologen, die häufig als „Vorreformatoren" bezeichnet werden – dem Engländer John Wyclif (1320–1384), der einen radikalen Biblizismus predigte und gleich seinem berühmten Nachfolger Martin Luther den Papst zum Antichristen erklärte, und dem Prager Magister Jan Hus (1370–1415), der zwar in Konstanz auf dem Scheiterhaufen endete, aber dennoch oder gerade deswegen zum Begründer der ersten separatistischen Nationalkirchenbewegung wurde, des Hussitismus, der in Böhmen während des 15. Jahrhunderts protonationale und revolutionäre Kräfte in Politik und Gesellschaft freisetzte.

Parallel zu diesen „Vorreformatoren" traten innerhalb der Kirche selbst soziale Gruppen und geistig-religiöse Strömungen auf, die den

Neuerungen des 16. Jahrhunderts den Boden bereiteten, den protestantischen wie den katholischen. Mit den bereits erwähnten Mendikanten trat das Mönchtum aus seiner früh- und hochmittelalterlichen Isolation heraus und begab sich mitten in die Gesellschaft. Streng genommen verdienen sie gar nicht mehr die Bezeichnung Mönch oder Nonne: Sie galten und gelten vielmehr weithin als *fratres* oder *sorores*, Brüder oder Schwestern auch und gerade der einfachen Christenmenschen in Stadt und Land. Mönch und Nonne waren aus den Klostermauern hervorgetreten, um in Seelsorge und geistiger Arbeit – die Männer vor allem als Prediger – den Menschen zu dienen und den Laien, wo diese schon nicht alle dem Ruf zu absoluter Armut und Askese folgen konnten, den Weg zum rechten Christentum in der Welt zu zeigen. Anders als Benediktiner, Zisterzienser oder Karthäuser lebten Franziskaner, Dominikaner und Augustiner mitten in der Welt. Sie gehörten zum alltäglichen Bild in den Städten und Dörfern, und sie prägten auch das Bild der Straßen und Wege.

Die Bettelorden des späten Mittelalters waren die Lehrer, Berater und Seelenführer des aufsteigenden Bürgertums. Ihre Präsenz in den mittelalterlichen Städten ist auch heute noch erlebbar – in Florenz und Venedig ebenso wie in Antwerpen, Amsterdam oder im abgelegenen Leeuwarden. Dort und in zahllosen anderen Städten beherrschen die großen Predigerkirchen der Franziskaner und Dominikaner die Silhouette. Mächtigen gestrandeten Raumschiffen gleich ragen sie dort, wo moderne Hochhäuser das alteuropäische Stadtbild nicht zerstörten, über die Dächer der Bürgerhäuser in den Himmel.

Man kann die Bettelmönche geradezu als Propheten eines ersten bürgerlichen Zeitalters bezeichnen. Ihr Ideal der Erneuerung im Zeichen urchristlicher Weltentsagung, apostolischer Seelsorge und evangelischer Hochschätzung der Bibel weist voraus in die Neuzeit. Nicht erst die Protestanten des 16. Jahrhunderts haben die Predigt als gewaltigen Gottesdienst des Wortes ins Zentrum abendländischen Christentums gerückt, sondern die Bettelordensmönche des 13., 14. und 15. Jahrhunderts. Nicht erst die Reformation hat das neuzeitliche Ideal geistig-sittlicher Disziplin, gezügelter Lebensführung und ziviler

Vervollkommnung durch Erziehung und Bildung geweckt, sondern die Bettelmönche des späten Mittelalters. Erst als auch diese Reformbewegung erlahmte und der verschlagene und lüsterne Bettelmönch der „Carmina Burana“ das Bild prägte, war der neue Anlauf der Reformation unausweichlich, der aber bezeichnenderweise aus der Tradition der Bettelorden hervorbrach, getragen von dem Wittenberger Augustinermönch Martin Luther.

Die spätmittelalterliche Kirche war im Aufbruch. Allenthalben experimentierte man mit neuen religiösen Sozialkonfigurationen und Formen der Frömmigkeit oder Volksreligion, diskutierte das rechte Verhältnis zwischen Laien und Klerikern, und als Basis für allen in der Kirche wie im religiösen Leben anstehenden Wandel entfaltete sich eine Spiritualität oder Mentalität, die durch fromme Lebensführung, Berufsethos, Rationalität und Hochschätzung christlich-antiker Erziehungsideale gekennzeichnet war. All dies ist in Europa insgesamt zu beobachten. Besonders ausgeprägt war der Aufbruch in den burgundischen Niederlanden und in Spanien.

In Spanien waren die von Erzbischof Francisco Jimenez de Cisneros vorangetriebenen Reformen der Kirche nicht zuletzt Ausdruck der neuen Dynamik, die den iberischen Königreichen durch die Vereinigung der Kronen von Kastilien und Aragonien sowie durch die Formierung einer frühen Nationalkirche zugewachsen waren. Cisneros hatte begierig die neuen religiösen Ideen reformerischen und mystischen Charakters aus dem Ausland aufgegriffen, insbesondere Gedanken Savonarolas, Katharinas von Siena und von Erasmus von Rotterdam. Um die Verbreitung der Reform zu beschleunigen, förderte der Erzbischof gezielt den Buchdruck und gründete 1499 die Universität von Alcalá, die dem neuen Geist humanistischer Wissenschaften eine Heimstatt bot. Für die nächsten Jahrzehnte lag in der Complutense, wie die Universität nach dem römischen Namen Alcalás, *Complutum*, genannt wurde, das Zentrum des geistigen und religiösen Aufbruchs, mit dem der Erzbischof den christlichen Glauben auf den Grundlagen der neuesten wissenschaftlich-humanistisch-philologischen Kenntnisse zu festigen bestrebt war. 1517, im Jahr von Luthers 95 Thesen, wurde nach Jahrzehnten editorischer Arbeit in Alcalá die Complutensische Polyglotte abgeschlossen, Altes und Neues Testament. Spanien hatte die erste Gesamtausgabe der Bibel auf dem Stand der neuesten philologischen Erkenntnisse hervorgebracht.[3] Das bedeutete einen Meilenstein in der frühmodernen Bibelwissenschaft.

Im Unterschied zu Spanien waren die Erneuerungs- und Reformtendenzen in den Niederlanden von unten her aufgebrochen, aus der breiten Laien- und Klerikergesellschaft. Die burgundischen Provinzen[4] südlich und nördlich der großen Mündungsströme von Rhein und Maas waren die Heimat der *Devotio moderna* mit all ihren Schattierungen in Spiritualität und Sozialformen zwischen Kirche und Welt. Und sie waren die Heimat des nordalpinen Humanismus, für Zeitgenossen wie für die Nachwelt vertreten durch Erasmus (1469–1536), den Humanistenfürsten, dessen Name untrennbar mit seiner Geburtsstadt Rotterdam verbunden ist. Voraussetzung für beide, für die *Devotio* wie für den Humanismus, waren die Wirtschaftsblüte und der hohe Verstädterungsgrad der Niederlande. So waren Spiritualität, Mentalität und Lebensidee der Devoten ebenso wie der Humanisten zutiefst antifeudal und städtisch-bürgerlich. Ein Leitsatz der Devoten war „met het boekje in het hoekje“, also sich mit einer erbaulichen oder belehrenden Lektüre in eine Ecke zurückzuziehen, um sich selbst ein Urteil über Gott und die Welt zu bilden. Nicht das Kloster, das Leben in der Welt sollte Selbstvervollkommnung und Gottesnähe bringen. Eine frühe, von Individualität und Innerlichkeit geprägte Emanzipation der Laien von priesterlicher und amtskirchlicher Gängelung.

Es entstanden ganz neue Lebensformen zwischen Mönchtum und Bürgerwelt. So vor allem die Beginen und Begharden, religiöse Frauen- beziehungsweise Männergemeinschaften ohne bindendes Gelübde, die die Kirche bereits zu Beginn des 13. Jahrhunderts als Reaktion auf die Herausforderung durch die Albigenser und Waldenser zugelassen hatte. Die Frauen beziehungsweise Männer wohnten unter geistlicher Führung eines Klerikers oder einer Klostergemeinschaft in eigenen Wohnungen in Höfen zusammen, wo sie mit Gottesdienst, Lektüre und Handarbeit ein gottgefälliges Leben führten. Noch heute sind in Brügge, Löwen, Amsterdam oder Groningen solche Beginenhöfe zu besichtigen, häufig bewohnt von modernen Frauen- oder Altengemeinschaften. Auch der Klerus und mancher Mönchskonvent erprobten neue religiöse Lebensformen. So die Windesheimer Kongregation, eine 1386 von dem Augustiner-Chorherrenstift Windesheim bei Zwolle begründete Vereinigung reformwilliger Konvente, die eine Welle von Ordensreformen anführte. Mit Schwerpunkten in den Niederlanden, Oberitalien und Spanien entstand europaweit ein Netz von Mönchs- und Nonnenkonventen, die dem heftig kritisierten Verfall des Ordenswesens Einhalt gebieten und zu den ursprünglichen Idealen ihrer Gründer zurückkehren wollten. Das gilt für die Franziskaner-Observanten ebenso wie für die toskanischen Dominikaner, denen Girolamo Savonarola, Prior im Kloster San Marco in Florenz, den Weg zur Buße und Rückbesinnung wies. Nicht zuletzt gilt es für die Augustiner-Observanten unter Leitung von Johann von Staupitz, dessen Biblizismus die so viel weitergehenden Reformforderungen seines Mitbruders Martin Luther geistig vorbereitete.

Wichtiger noch für die Ausbreitung des Reformwillens und der neuen Frömmigkeits- und Lebensformen in der Gesellschaft waren die Brüder und Schwestern vom Gemeinsamen Leben. Diese Bewegung, die modern gesprochen auf eine Art fromme Wohngemeinschaft für Weltkleriker und gottergebene Laien hinauslief, war in den 1380er Jahren in der niederländischen Ijsselstadt Deventer von Geert Groote (1340–1384) und seinem Schüler Florius Radewyns als ein Freundeskreis begründet worden, der durch fromme Arbeit und Lebensführung sich selbst und der Welt dienstbar sein wollte. Die Brüder, die in den Niederlanden und Nordwestdeutschland bald ein ganzes Netz von Häusern aufbauten, beschäftigten sich zunächst vornehmlich mit dem Abschreiben von Büchern – eine gleichermaßen fromme und den Geist schärfende wie einträgliche Tätigkeit. Die Brüder ebenso wie die in gleicher Weise organisierten Schwestern vom Gemeinsamen Leben pflegten die seit dem 12. Jahrhundert im lateinischen Christentum aufgeblühte Mystik als persönlich erlebte Gotteserfahrung. Mit dem Humanismus wandten sich die Brüderhäuser der Erziehung zu und gründeten bald hoch angesehene Schulen. Vor allem in den Niederlanden hatte mancher, der zu Anfang des 16. Jahrhunderts in Kirche, Kultur oder Politik etwas zu sagen hatte, eine von den Brüdern beeinflusste Schule besucht und dort sowohl die Wissenschaften als auch das Ideal eines frommen, verantwortungsvollen Lebens kennengelernt. Das gilt – um nur einen herausragenden Kopf zu nennen – für Adriaan Florensz aus Utrecht, Erzieher Kaiser Karls V. und 1522/23 für eine knappe Zeitspanne als Hadrian VI. auf dem Stuhl Petri, der in Deventer die Brüderschule besuchte und wenig später für einige Jahre im Augustiner-Chorherrenstift Stein bei Gouda lebte.

Doch nicht nur in den Niederlanden, sondern europaweit waren zahlreiche der führenden Kräfte in der Jugend in der einen oder anderen Weise von der devoten Unterweisung und Erziehung beeinflusst worden – Rudolf Agricola, Nikolaus von Kues, Jakob Wimpfeling, Nikolaus Kopernikus, Martin Luther, Huldrich Zwingli, Johannes Calvin, Ignatius von Loyola, Petrus Canisius und viele mehr, die Liste ist ebenso illuster wie beeindruckend.

Das Devotentum war so etwas wie eine stadtbürgerliche Aufstiegsbewegung durch Erziehung und Bildung. Vor allem Erasmus entwickelte auf dieser Basis ein Bildungs- und Erziehungsideal, das über Jahrhunderte als Richtschnur galt: Der Mensch kann sich selbst vervollkommnen durch Bildung und Erziehung. Nichts kann dem jungen, noch nicht festgelegten Menschen auf diesem Weg besser dienen als die Beschäftigung mit der Antike und mit der christlichen Offenbarung, die zusammengenommen humane, also auf den Menschen bezogene Bildung exemplarisch aufzeigten und garantierten. Im Sinne des Erasmus zivilisiert die Bildung den Menschen und eröffnet ihm zugleich den echten, evangelischen Glauben. Es ist dieses Antike und Christentum optimistisch zusammenbindende Bildungsideal des Erasmus, das *reformatio ecclesiae* und *reformatio vitae*, also kirchlich-institutionelle und geistig-religiöse Erneuerung, zusammenführte und mit dem die katholischen Reformer die Kirche in die Neuzeit führen wollten. Das entfaltete eine Dynamik, die nicht mehr vorwiegend Kleriker, bald auch nicht mehr ausschließlich Angehörige der höheren weltlichen Stände erfasste, sondern den Menschen als Mensch.

Wohlgemerkt, es war keineswegs so, dass alle Welt von diesem Geist der Erneuerung erfasst war, schon gar nicht die kirchliche Hierarchie. Im Gegenteil, die Alltagswirklichkeit der christlichen Kirche war zu Ende des Mittelalters sehr komplex und in manchem eher durch Zuflucht zu traditionellen Frömmigkeitsformen und durch Unwillen oder gar Unfähigkeit zur Reform beherrscht. Vor allem in Bezug auf Mitteleuropa, wo Luther auftreten und die Massen seiner Anhänger finden sollte, konnte man das späte 15. Jahrhundert sogar „eine der kirchenfrömmigsten Zeiten des Mittelalters" nennen. Dort habe die Neigung vorgeherrscht, in der aufgebrochenen Unsicherheit „Antwort und Ruhe im Alten und Heiligen" zu suchen, und zwar auf Wegen, die gegensätzlicher nicht sein konnten – in der „bis zur Gewalttat wilden Erregtheit [und der] Neigung, das Heilige zu simplifizieren und gemein zu machen" oder im „zarten Individualismus, dem Hang zur stillen Innerlichkeit und innigen Schlichtheit".[5] Die Zahl der Messstiftungen, in denen Einzelne oder ganze Familien versuchten, sich den heilsbringenden Schutz der Kirche vertraglich zu sichern, schnellten ebenso hoch wie die Teilnahme an Massenwallfahrten oder die Mitgliedschaft in religiösen Bruderschaften. Die Heiligen hatten Konjunktur und wurden dem eigenen, alltäglichen Leben immer näher gerückt. Wer es sich leisten konnte, jagte hinter Reliquien her – Friedrich der Weise von Sachsen zum Beispiel, der sich und seinem Land einen weithin bewunderten Heiligtumsschatz in der Schlosskirche zu Wittenberg schuf, oder, weit erfolgreicher noch, der Kardinal Albrecht von Brandenburg, Erzbischof von Mainz und Magdeburg, dessen gewaltige, in der Residenz zu Halle aufbewahrte Sammlung von Heiligenreliquien Ablass für nicht weniger als 39 Millionen Jahre gewähren sollte, genau genommen sogar für 39 245 120 Jahre. So war dann auch der Aufschwung des Ablasshandels alles andere als nur Manipulation durch einen geldgierigen Papst, bot er doch dem einfachen Gläubigen in der Art eines Aktienhandels Gelegenheit, wie die reichen und hohen Herren vom Heilsschutz der Kirche zu profitieren und sich – dem eingesetzten Geldbetrag entsprechend – entweder ganz oder teilweise von den Sündenqualen des Fegefeuers freizukaufen. Das war eine frühkapitalistische Vorstellung ohne Zweifel, aber auch eine gewaltige Popularisierung, wenn nicht Demokratisierung in der Welt des Sakralen.

Diese Kirchenfrömmigkeit ging einher mit einem nicht weniger massenhaft auftretenden Antiklerikalismus. Vor allem in den Städten, zu einem nicht geringen Teil aber auch in den Dörfern verachteten und verspotteten die Menschen die ungebildete, unzivilisierte oder moralisch verkommene Klerikergesellschaft – vom Klerikerproletariat der Altaristen über die vagierenden Mönche, die sich allen Ordensreformen entzogen, bis hin zu den Pfarrern, Stiftsherren oder Kanonikern, deren Konkubinen man Papenhuren schimpfte. Hinzu kam, dass die kirchliche Hierarchie vor Ort ebenso wie die Kurie in Rom sich jedem Veränderungsdruck aus dem Kirchenvolk mit Zähnen und Klauen widersetzte und Reformen im Großen wie im Kleinen durch Finten, Verzögerungen oder Intrigen zu Fall zu bringen wusste. Das war zwar Ausdruck der soeben erreichten Konsolidierung im Zeichen des päpstlichen Monarchismus, der sich von der Basis nichts mehr vorschreiben lassen wollte. Den Klerikern, Mönchen und Laien, die ihre Ideen und Visionen von einer geistig erneuerten, von den „Basisgruppen" oder der Gemeinde her erneuerten Kirche verwirklicht sehen wollten, war das aber unverständlich. Eins jedoch sollte sich als Zeitbombe erweisen, deren Zündung Rom als Zentrum der einen, universellen Kirche hinwegfegte: Das Zögern und Hinhalten musste alle Kritik auf den Papst konzentrieren, der sich soeben noch gegenüber den Ansprüchen des Konzils als unbestrittenes Haupt der Christenheit durchgesetzt hatte. Rom erstrahlte im Glanz des Renaissancepapsttums, und doch bedurfte es nur des Anstoßes, um den Vorwurf der Albigenser und Wyclifisten wiederaufleben zu lassen, in Rom säße die Hure Babylons, ja der Antichrist.

2. Gegensatz oder Komplementarität von Renaissance und Reformation?

Der Aufbruch in die Neuzeit hat in Europa zwei Namen – Renaissance und Reformation. In der Regel werden beide als Gegensätze dargestellt, vor allem wegen ihres angeblich diametral unterschiedlichen Verhältnisses zum Christentum. Für Reformationshistoriker, insbesondere in Deutschland, dem Ursprungsland der Reformation, stand seit Leopold von Ranke (1795–1886) und Georg Wilhelm Friedrich Hegel (1770–1831) fest, dass allein Luthers Tat und die von ihr ausgelöste Reformation den weltgeschichtlichen Umbruch vom Mittelalter zur Neuzeit gebracht hatte. Für Adolf von Harnack, den protestantischen Leittheologen und führenden Wissenschaftsorganisator der Weimarer Republik, war noch am Vorabend der aufziehenden Nazibarbarei ganz selbstverständlich: „Die Neuzeit hat mit der Reformation Luthers ihren Anfang genommen, und zwar am 31. Oktober 1517; die Hammerschläge an der Tür der Schloßkirche zu Wittenberg haben sie eingeleitet.“[6] Selbst die marxistischen Historiker der DDR stellten sich in diese historiographische Tradition des 19. Jahrhunderts und machten aus dem theologischen einen gesellschaftlichen Umbruch, aus der Reformation eine „frühbürgerliche Revolution“.[7]

„Renaissance“ hatte im protestantischen Umfeld, insbesondere bei Reformierten und Calvinisten, einen negativen, fast anrüchigen Klang – die damit bezeichnete Epoche ebenso wie das Wort selbst.[8] Grund war die geradezu axiomatisch angesetzte Opposition von Renaissance und Christentum – ein sich ausschließender Gegensatz zwischen der in Italien, vor allem auch an der Kurie, gepflegten angeblich paganen, also unchristlich heidnischen Kultur und Philosophie einerseits und dem Evangelium in seiner urchristlichen Form andererseits. Den Renaissancegeist sittlicher und religiöser Verirrung habe erst Luther zum Schweigen gebracht und damit dem evangelischen Christentum wieder die angemessene Alleingeltung gesichert.[9]

Kontrapunktisch zu diesem weltgeschichtlichen Umbruchsgestus der Reformationshistoriker sahen Renaissancehistoriker – zwei Wissenschaftlergruppen übrigens, die weitgehend getrennt voneinander operierten und kaum je die Sicht der anderen Gruppe rezipierten, von Kooperation ganz zu schweigen – den „Morgen der Welt" nicht Anfang des 16. Jahrhunderts in Wittenberg, sondern Generationen früher in Italien anbrechen – begründet mit der neuen Wissenschaft des Humanismus und dem Gestus der Renaissance, der die Autonomie des Individuums als Mensch, der sich selbst erschafft in Kunst und Philosophie, reklamiere. Dem Christentum wurde dabei kaum eine Rolle zugebilligt, der Geist der Renaissance vielmehr als heidnisch begriffen. Eine kürzlich vorgelegte brillante Neuvermessung der Renaissance versteht die Epoche als eine „Vorgeschichte einer zwiespältigen Moderne". Der Religion wird darin aber keine irgendwie beachtenswerte Rolle zugestanden. Im Gegenteil, die „Eindämmung der Religion" wird zur tragenden Säule der Renaissance erklärt.[10]

Inzwischen sind sowohl „Hammer-Reformation"[11] wie „Pagan-Renaissance" als Fehlinterpretationen des 19. Jahrhunderts erkannt und der Blick auf die historische Realität befreit worden: Der hammerschwingende Augustinerrebell, der am 31. Oktober 1517 die Neuzeit einhämmerte, wird kaum noch als reale historische Figur verstanden, sondern gilt vielmehr als Mythos oder „lieu de mémoire", Erinnerungsort im Sinne der französischen Metageschichte. Ungeachtet der unzweifelhaft mit der Tat Luthers verbundenen welthistorischen Konsequenzen hat die Geschichtswissenschaft die dramatische Sicht der Wittenberger Ereignisse abgelegt und interpretiert Luthers Wirken nun als „Gipfelpunkt eines Temps des Réformes" oder als „normative Zentrierung von Religion und Gesellschaft". Was in der traditionellen Interpretation auf die wenigen Jahre der engeren Reformationszeit, also von 1517 bis etwa 1530/35 oder gar nur – so für die Vertreter der „frühbürgerlichen Revolution" – bis zum Bauernkrieg von 1525 zusammengedrängt war, wird in der neueren Sicht in eine große Epoche eines langfristigen Wandels vom späten Mittelalter bis ins ausgehende 16. bzw. frühe 17. Jahrhundert eingeordnet, mit akzelerierender Wandlungsdynamik in den 1520er Jahren im Umkreis der Reformation selbst und insbesondere im Zuge der Konfessionalisierung in den Jahrzehnten um 1600, die man daher als „Vorsattelzeit der Moderne“[12] bezeichnet.

Eine vergleichbare Wende in der Renaissanceforschung selbst lässt erkennen, dass die pagan-heidnische Deutung unsachgemäß die ideologisch verkürzende Sicht der Aufklärung auf eine Epoche überträgt, die den Grundgegensatz zwischen Religion und Welt nicht kannte. Es gab eine scharfe antikirchliche, antiklerikale, auch antipäpstliche Kritik, wie sie die späteren Reformatoren schärfer kaum je formulierten. Eine pagane, antichristliche Bewegung war die Renaissance aber nicht: „Selbst die enthusiastischsten Verehrer der Antike hielten selbstverständlich am Vorrang der christlichen Lehre fest, die für sie allerdings nicht im Widerspruch, sondern im Einklang mit den großen philosophischen Systemen der Antike ... stand.“[13] Diese christlich-philosophische Zusammengehörigkeit wurde erst durch die Aufklärung verwischt. Im 19. Jahrhundert waren es dann die von dieser aufklärerischen Sicht geprägten Eingriffe der Archäologen, Kunsthistoriker und Historiker, die den religiösen Kontext zerstörten.

Das zeigt beispielhaft eine jüngere Interpretation der sogenannten Heldenbilder der Villa Carducci bei Florenz, eines Freskenzyklus ruhmreicher Persönlichkeiten, sechs Männer und drei Frauen, der von der Wand genommen heute in den Uffizien ausgestellt und in diesem „unnatürlich“ musealen Zusammenhang zwangsläufig säkular und individualistisch gelesen wird. Der zeitgenössische Kontext erscheint jedoch in einem ganz anderen Licht, wenn man zur Kenntnis nimmt, dass über den neun Porträts die Madonna mit dem Jesusknaben auf dem Schoß thronte. Die scheinbar modern individualistischen „Helden“ unterstehen dem Schutz der Gottesmutter und ihres Sohnes. Das Handeln in der Welt wird ermöglicht durch die christliche Heilssicherheit, und zwar auch und gerade, sofern es einschneidende Veränderungen hervorruft. Der „Renaissance-Mensch“ – wenn man diesen auf Jakob Burckhardts „Cultur der Renaissance in Italien“ von 1860 zurückgehenden Begriff verwenden will –, so gewaltbereit egoistisch er sich auch darstellt, blieb eingebunden in einen christlichen Heilszusammenhang, der seinem oder ihrem Handeln Sicherheit, Stärke und Legitimität gab. Zudem intensivierte sich die theologische Diskussion über das *bonum commune* und die dem entgegenstehenden Interessen des Individuums: „Von dem Neuheidentum, das den Renaissance-Humanisten von manchen Klerikern ihrer Zeit und von konservativen Historikern des 19. Jahrhunderts unterstellt wurde, [findet die moderne Renaissanceforschung] weder in humanistischen Texten noch in den Bildern der Renaissance eine Spur." Die großen Taten, die den Umschwung vom Mittelalter zur Neuzeit herbeiführten, verrichteten die „großen Männer und Frauen mit Hilfe der göttlichen Gnade, in göttlichem Auftrag und zum höheren Ruhm Gottes. Daß sie sich damit auch auf Erden unsterbliche Verdienste erwerben, steht im Einklang mit der herrschenden Theologie."[14]

Damit erweist sich auch der Gegensatz zwischen einer paganen Renaissance und einer christlichen Reformation, der seit dem 19. Jahrhundert die Forschung prägte, als Missverständnis. Ebenso die konfessionellen Feindschaften, die nach dem Zusammenprall von Reformatoren und Renaissancepäpsten ein halbes Jahrtausend lang den Blick auf die historischen Zusammenhänge geleitet oder gar verstellt haben. So kann heute der Frage nach dem Verhältnis von Renaissance und Christentum unvoreingenommen nachgegangen werden: mit einer doppelten Zielsetzung – um die Renaissance historisch sachgerechter einzuordnen und um die 2017 beim 500. Reformationsgedächtnis beschworene bessere Verständigung zwischen beiden Konfessionen kunst- und kulturgeschichtlich zu vertiefen.

Renaissance, Humanismus und Reformation, die großen europäischen Aufbruchsbewegungen, die die Jahrhunderte des Übergangs vom Mittelalter zur Neuzeit prägten, lassen sich als komplementär verstehen. Gemeinsam haben sie Neuzeit und Moderne hervorgebracht, nicht zuletzt, weil sie, wenn auch mit unterschiedlichen Instrumentarien, es förderten, dass das Christentum noch tiefer in die Welt eindrang. Die Tendenz der Säkularisierung, die dem Christentum eingeboren war, erhielt dadurch eine neue, eine neuzeitliche Dynamik. Die Moderne ist nicht ein von der Reformation verschuldeter Betriebsunfall, sondern wurde auch dem neuzeitlichen Katholizismus bereits vorreformatorisch eingepflanzt.

3. Renaissance und Christentum

Die Bedeutung, die einzelne Künstler oder Philosophen der Renaissance der Religion zumaßen, und die Methoden und Zugangsweisen, mit denen sie sich der Gottesfrage näherten, waren im Einzelnen verschieden und lassen sich nicht auf einen Nenner bringen. Unverkennbar ist aber, dass die im hohen Mittelalter in Italien aufbrechende Renaissanceepoche von Anbeginn auch von einem religiösen Geist beseelt war. Die mit der Reformation im protestantischen Raum aufgekommene Abwertung der Renaissance als eine heidnische und allenfalls oberflächlich religiöse Kultur gilt nicht mehr, seitdem solche konfessionalistischen Wertungen an Strahlkraft verloren haben.[15]

Francesco Petrarca (1304–1374) verstand seine Dichtkunst als Gottesdienst: „Die Poesie steht durchaus nicht im Gegensatz zur Theologie. Fast möchte ich sagen, die Theologie sei Dichtung von Gott: Wenn Christus bald Löwe, bald Lamm, bald Wurm heißt – was ist das, wenn nicht Poesie?“ Petrarcas hohes dichterisches Selbstbewusstsein zeugt zugleich von dem Willen der Renaissance, die Religion nicht einfach den Theologen und Kirchenmännern zu überlassen. Indem sie Künste und Wissenschaften zu Instrumenten der Gottesverehrung und Gotteserklärung erhob, sprengte sie die herkömmlichen Räume dogmatischer Religiosität und stellte das seit Jahrhunderten weitgehend unbestrittene Deutungsmonopol der Theologen in Frage. Damit trat das Sakrale in die Welt hinaus und befähigte den Menschen zu einer religiös legitimierten eigenständigen Aneignung der Natur wie des Geistes in seiner ganzen Vielfalt.

Die Renaissance setzte auch in der bildenden Kunst mit einem emphatisch christlichen Thema ein: Giotto di Bondones (1266–1337) naturnah-realistisch gemalte Christusfigur auf dem Tafelkreuz in Santa Maria Novella in Florenz versetzt den Betrachter ins Schmerzenszentrum der christlichen Heilsgeschichte. In der facettenreichen Geschichte der Christusfrömmigkeit weist das zugleich zurück ins Mittelalter wie voraus in die Neuzeit.[16] Das gilt selbst für die *solus-Christus*-Theologie Luthers. Als Gegenbild zur protestantischen Christuszentriertheit lässt sich Giottos Kruzifixus jedenfalls nicht lesen. Die Wende von dem mittelalterlichen Weltenrichter-Christus, der noch den Wittenberger Augustiner tief schreckte, hin zum neuzeitlichen Erlöser-Christus ist hier bereits imaginiert. So erstaunt es nicht, dass diese Christusfrömmigkeit auch die nachreformatorische katholische Spiritualität Kaiser Karls V. bestimmte, der auf dem Sterbebett bei einem einfachen Kruzifix den letzten Seelenfrieden fand.[17]

In der weiteren Entfaltung der Renaissance rückten Religion und Christentum in einen spezifisch geistigen und spirituellen Zusammenhang. Den Höhepunkt brachte das Florentiner Quattrocento, das theoretisch wie kunstpraktisch neue Wege einschlug. Motor war eine vertiefte Rezeption antiker Philosophie und Kunst, angeregt durch im lateinischen Westen bislang unbekannte Manuskripte und andere Zeugnisse der Antike, die griechische Wissenschaftler nach der türkischen Eroberung von Byzanz nach Italien gebracht hatten. Gefördert von den großen Medici-Mäzenen Cosimo il Vecchio und Lorenzo dem Prächtigen (1389/1434–1464 bzw. 1449/1469–1492), die als „Erste Bürger" Florenz regierten und einen protohöfischen Kreis um sich versammelten, gingen Philosophen und Künstler daran, die neuen Zeugnisse antiken Geistes zu studieren und sie mit der bisherigen Tradition, die ihrerseits ja bereits von der Antike, namentlich Aristoteles, mitgeprägt war, zu einem stimmigen System zusammenzufügen. Der Neuplatoniker Marsilio Ficino (1433–1499) erhob diese – je nach Standpunkt – Antikisierung des Christentums oder Christianisierung der Antike zu einem theoretisch-philosophisch begründeten System, das der bislang herrschenden Scholastik an Geschlossenheit und Stringenz in nichts nachstand.

Das diesem System entsprechende Menschenbild entwarf Pico della Mirandola (1463–1494), Freund und Kontrahent Ficinos, in seiner berühmten Rede „De hominis dignitate" („Über die Würde des Menschen"). Konstitutiv ist die Verbindung von menschlicher Freiheit und göttlichem Geschenk. Gott selbst erklärt Adam dieses Wunder: Während er die Natur der übrigen Geschöpfe fest bestimmt und begrenzt habe, „sollst du (Adam) dir deine Natur ohne jede Einschränkung und Enge, nach deinem Ermessen, dem ich dich anvertraut habe, selbst bestimmen. Ich habe dich in die Mitte der Welt gestellt, damit du dich von dort aus bequem umsehen kannst, was es auf der Welt gibt. Weder haben wir dich himmlisch noch irdisch, weder sterblich noch unsterblich geschaffen, damit du dein eigener, in Ehre frei entscheidender, schöpferischer Bildhauer dich selbst zu der Gestalt ausformst, die du bevorzugst."[18]

Das ist eine Bestimmung der menschlichen Freiheit, die zweifellos andere Akzente setzt als die in weit unmittelbarerer Weise an Gott zurückgebundene lutherische Freiheit des Christenmenschen. Gleichwohl wird man auch Mirandolas sich in Freiheit selbst entwerfenden Bildhauer-Menschen den religiösen Ursprung seines Denkens und Handelns mit entsprechender Ausstrahlung in die Welt schwerlich absprechen können.

Die von den Philosophen verkündete Verschmelzung von christlicher und vorchristlich antiker Wahrheit und das in kosmischer Freiheit verankerte Menschenbild[19] wurden von den Künstlern ins Bild gesetzt und prägten Glauben und Spiritualität des Zeitalters. Allerdings in unterschiedlicher Intensität – stark in Italien, verzögert in Mitteleuropa einschließlich der Niederlande, wo der spätmittelalterlich-frühneuzeitliche Aufschwung von Glauben und Frömmigkeit unter deutlich anderen Prämissen erfolgte. Erinnert sei nur an die verinnerlichte Laienfrömmigkeit der *Devotio moderna*.

Die Gleichrangigkeit von Antike und Christentum mit dem gottbeseelten freien Menschen „in der Mitte der Welt" repräsentiert nichts so nachdrücklich wie das Œuvre Sandro Botticellis, der im unmittelbaren Umfeld von Pico und Ficino lebte und arbeitete. Zwar stehen antike und christliche Motive eher nebeneinander, als dass sie zu einer Synthese zusammengeführt würden, auch und gerade in Bezug auf die Auftraggeber beziehungsweise Abnehmer – die antiken Themen für die höfische, die Madonnen für die Spitzen der bürgerlichen Welt. Doch zeigen die dem Meer entsteigende Venus ebenso wie die Flora und die Grazien des Primavera-Festes einen gottbeseelten Ausdruck, der Schönheit und Anmut, ob christlich oder pagan, zu einer tief religiösen und frommen Erfahrung macht. Die Madonnen sind von einer klassischen Serenität, die die Marienverehrung ihrer meist bürgerlichen Besitzer zu einem alltäglichen Fest innerlicher Religiosität und in die Welt hinausstrahlenden Glaubens werden ließ. Von dieser auf die Mutter des Erlösers konzentrierten Renaissancefrömmigkeit spannt sich später der Bogen hin zur bürgerlichen Barockfrömmigkeit des tridentinisch erneuerten Katholizismus. Um den Familienvater Josef ergänzt, rundet sich das Madonnenmotiv ab zur Heiligen Familie, der in den katholischen Regionen Europas eine ähnliche innerweltliche Wirkkraft des Religiösen zukam wie der protestantischen Pfarrerfamilie im Kulturkreis der Reformation.[20]

Bemerkenswerter noch ist die geistig-spirituelle Verbindung zwischen der Madonnenbesessenheit der Hochrenaissance[21] und der Reformation selbst: Dadurch, dass das Großbürgertum der italienischen Städte, allen voran in Florenz, Rom, Venedig, in eigenen Formen auch Neapel, die Gottesmutter in Tausenden von Gemälden direkt in den Alltag hineinbrachte, hatte sich in Italien ein ganz ähnliches In-die-Welt-Treten des Christentums vollzogen, wie es wenig später das transalpine protestantische Europa auf der Basis der reformatorischen Theologie Martin Luthers erleben sollte. Übrigens, wie sich gleich zeigen wird, auch unter Rekurs auf die Gottesmutter und davon inspirierten Marienbildnissen.

Botticelli ist auch als Person für die Spannweite im Verhältnis von Religion und Renaissance aufschlussreich: Sein ihm wenig freundlich gesinnter Biograph Giorgio Vasari nennt ihn in seinen zu Mitte des 16. Jahrhunderts verfassten Künstlerbiographien „einen solchen Parteigänger Fra Girolamo Savonarolas, dass er das Malen aufgab ... und fast vor Hunger gestorben wäre".[22] Als der dominikanische Bußprediger zur Reinigung der Stadt von heidnischem Geist und lüsterner Sittenlosigkeit ein „Feuer der Eitelkeit" veranstaltete, sollen die Flammen auch Gemälde Botticellis verschlungen haben, hineingeschmissen vom Künstler selbst als Zeichen seiner religiösen Umkehr.

Doch Botticelli fuhr nach der Hinrichtung Savonarolas mit der Produktion christlicher wie antiker Gemälde fort. „Die Geburt Christi“ vom Frühjahr 1501 feiern Kunsthistoriker als Höhepunkt seiner „Poesie, Zartheit und mystische(n) Innigkeit“, die „den Willen des Meisters verraten, zur alten, geheiligten Bildordnung des Mittelalters zurückzukehren“.[23] Bedenkt man die anhaltende religiöse Erregtheit jener Zeit, wird man die Akzente anders setzen: Dieses als einziges signierte und datierte, also vom Künstler persönlich in Anspruch genommene Bild belegt, dass die Spiritualität Savonarolas nach seinem Tod fortwirkte, auch wenn – was wahrscheinlicher ist – das Bild dem Wunsch eines Florentiner Auftraggebers geschuldet ist: Engelchöre im Himmel; drei Engel, die auf dem Dach der Krippe sitzend die Schrift lesen; im Vordergrund Engel und Menschen, die Bruderküsse tauschen; zur Bedeutungslosigkeit geschrumpfte kleine Teufel, die im Innern der Erde Zuflucht suchen – all das prophezeit eine von Florenz ausgehende evangelische Erneuerung, die dem von Kriegen erschütterten Italien den ersehnten Frieden bringen sollte.[24]

Die „Geburt Christi“ und der etwa gleichzeitige „Schmerzensmann Christus“ mit seinem Nimbus aus Engeln, die *Arma Christi* (Leidenswerkzeuge) in Händen haltend,[25] lassen sich als ein Brückenglied von der Florentiner Frührenaissance zum Evangelismo[26] der 1520/30er Jahre lesen. Die italienischen Reformkreise standen nicht im Widerspruch zur Renaissance. Sie setzten deren religiöse Visionen in ein Programm spiritueller Erneuerung um, das aber nicht auf den Sturz des Papsttums, sondern dessen Reinigung abzielte. Ihre Sehnsuchtsfigur war der *pastor angelus* oder *papa angelus*, der engelsreine Papst, dessen nahes Erscheinen die visionäre Mailänder Augustinernonne Arcangela Panigrola (1468–1525) und der franziskanische Apokalyptiker Giorgio Benigno Salvati (1448–1520) in ebenjenen Jahren verkündeten.[27]

Inzwischen herrschten in Rom die Hochrenaissance der Päpste Julius II. und Leo X. und das grandiose Programm ästhetischer und philosophischer Verschmelzung von Antike und Christentum. Vor allem die Raffael-Fresken „Schule von Athen“ und „Triumph der Religion“ in den Stanzen des Papstpalastes zeigen die ästhetische Spiritualität der Renaissancereligion auf ihrem Höhepunkt. Sie setzten den programmatischen Anspruch der Renaissancepäpste ins Bild, als Erbe der antiken wie der christlichen Kultur die Einheit von Glauben und Vernunft zu verkörpern.

So großartig die künstlerische Leistung, so angreifbar für diejenigen, die Religion und Kirche aus evangelischen Wurzeln erneuern wollten. Sie sahen hier die Religion zu einer Arabeske von Philosophie und Kunst degradiert, die christliche Heilsgeschichte zu einem Vehikel des päpstlichen Herrschaftsanspruchs veräußerlicht. Kaum verwunderlich, dass genau in diesem Moment in Wittenberg „an der Grenze der Zivilisation“ der Gegenschlag erfolgte, der anders als noch die Angriffe Savonarolas zwei Dezennien zuvor nicht auf die sittlichen und simonistischen Verfehlungen eines einzelnen Papstes, konkret Alexander VI. (Rodrigo Borgia), sondern auf das Papsttum als Institution gerichtet war.

Zur klassischen Renaissance gehört aber auch die verinnerlichte Religiosität eines Michelangelo, der nach seinem Biographen Asconio Condivi unter dem Eindruck Savonarolas eine intensive Lektüre der Heiligen Schrift begonnen habe.[28] Die Verankerung in einer persönlichen Biblizität ist in den religiösen Werken Michelangelos stets präsent, sosehr sie dem antiken Schönheitsideal verpflichtet sind. In den Fresken der Sixtinischen Kapelle ebenso wie in der Pietà und in der gewaltigen Christus-Skulptur in Santa Maria sopra Minerva, die zu Unrecht als „heidnisch“ charakterisiert wird.

Ähnlich seine Dichtung, die die Wende „vom neuplatonischen Dichten seiner sechziger Jahre zur entschiedeneren Christlichkeit seines hohen Alters“ ohne gewaltsamen Bruch vollzieht. Der neuplatonischen Vorstellung „von der Emanation der Seele aus Gott und ihrer Heimkehr zu ihm“ fügt Michelangelo die Lehre „von der Rechtfertigung allein durch den Glauben und ... die Verwerfung der freien Entscheidung“ hinzu.[29] „Wühlende Selbstanklage“, „Schuldgefühl", „Innewerden der eigenen Unzulänglichkeit", „flehentlicher Erlösungswille" und „Aufruhr gegen den Himmel", die nach Hugo Friedrich die Religiosität in Michelangelos später Poesie ausmachen,[30] weisen auf den frühen Einfluss Savonarolas zurück, zeigen aber auch Anklänge an Zustände des um sein Heil ringenden frühen Luther.

Die letzte dem Leben und Werk des überragenden Renaissancekünstlers gewidmete magistrale Deutung aus der Feder des Kunsthistorikers Horst Bredekamp zeigt in minutiösen Stilbeobachtungen auf, wie „tief Michelangelo in die theologischen und psychologischen Konflikte verstrickt war, die den Künstler bedrückten und teils verzehrten".[31] Befreiung suchten seine Seelenqualen in der Mutilation (Verstümmelung) der Florentiner Pietà.[32] Mit der Mutter und Sohn überragenden und hinterfangenden Figur des Nikodemus, der Michelangelo die eigenen Gesichtszüge gegeben hatte, stand dieses Spätwerk dem Geist der Spirituali und ihrem Verlangen nach religiöser Erneuerung und Vertiefung besonders nahe.[33]

Michelangelos Gewaltakt gegen den selbst in Stein gemeißelten Gottessohn war eine besondere Ausprägung des im lateinisch-christlichen Europa des 16. Jahrhunderts endemischen Bildersturms. Nicht weil hier der Künstler selbst sein Werk zerstörte. Das war in der frühen Reformation häufig der Fall, wie Hermann Heimpel in seinem klassisch gewordenen Satz „die Bilderstürmer waren die Bilderstifter" festhielt. Das religionsgeschichtlich Besondere[34] liegt vielmehr darin, dass anders als im protestantischen, vor allem calvinistischen und täuferischen Bildersturm Michelangelo seine Bildzerstörung nicht auf die Zertrümmerung der kirchlichen Institutionen und der von ihnen legitimierten weltlichen Herrschaft richtete. Sie war vielmehr ganz seelisch-spirituell begründet: „Wenn Michelangelo durch seine eigenen Zweifel zum Ikonoklasten wurde, dann ist vorstellbar, dass er dem kryptoprotestantischen Zugriff der Spirituali auf seine Weise als Bildhauer, der die Skulpturen zerstört, entsprochen hat." Institution oder Personal der Papstkirche wollte er damit nicht zertrümmern, auch keinen Glaubenswechsel vollziehen.

Im zweiten Drittel des 16. Jahrhunderts, im Übergang zu Manierismus und Gegenreformation, zeigt Lorenzo Lotto (1480–1556) eine Religiosität, die in eigentümlicher Weise zwischen protoprotestantischer und dominikanischer Spiritualität oszilliert.[35] Die ausgeprägte spirituelle Sensibilität seiner Gemälde gibt eine innere Anteilnahme an den religiösen Reformdebatten zu erkennen. Er entwarf das Frontispiz der – später dem Index verfallenen – Bibelübersetzung des notorischen Häretikers Antonio Brucioli (1498–1566). In seinem seit 1538 geführten „Kontobuch" findet sich eine Notiz über „ein kleines Gemälde von Martin Luther und seiner Frau". Zudem sind mehrere Inquisitionsverfahren gegen seinen engsten Verwandten- und Freundeskreis überliefert. Indes, in Lorenzo Lotto einen Lutheraner zu sehen, würde in die Irre führen. Seine Spiritualität ist vielmehr Ausdruck der spezifischen Geistes- und Kulturgeschichte Venedigs und des Veneto, die besonders lange dem Quattrocento und dem Renaissancegeist verpflichtet blieb. Seine Religiosität war nicht kryptisches Luthertum, sondern Fortwirkung der Reformsehnsucht der Florentiner Renaissance. Für deren Anhänger war Luther nichts anderes als der Vollender Savonarolas.[36]

Dem entspricht Lottos Verbundenheit mit den Dominikanern, dem mit Luthers Augustinereremiten zutiefst verfeindeten Orden. Für deren Klosterkirche SS. Giovanni e Paolo in Venedig malte er 1542 das Altarbild „Elemosina di Sant'Antonino", die Almosenverteilung des eben kanonisierten Dominikanerheiligen Antonius Pierozzi (1389–1459), Erzbischof von Florenz. Der in Ganzfigur dargestellte Heilige dominiert das Bild; sein unteres Drittel nehmen zwei einfache Kleriker und die Masse der in Halbfigur gemalten Armen ein. Auf den ersten Blick mag man hier „eine eindrucksvolle psychologische Studie zwischenmenschlicher Beziehungen"[37] sehen. Bedenkt man Lottos persönlichen Anteil am Reformverlangen der Zeit, erkennt man aber den überlegten, antiklerikalen Stoß gegen die reformunwillige Kirche: Die Menschen, die die Arme nach Almosen ausstrecken, sind auf dem untersten Bildrand zusammengedrängt und durch eine hohe Steinbalustrade von der oberen Welt des Klerus getrennt.[38] Eine vom einfachen Kirchenvolk abgeschirmte, ihre Privilegien argwöhnisch hütende

Kirche, das war ganz und gar nicht das Idealbild der Reformer für die zwischenmenschlichen Beziehungen unter Christen!

Zu Ende seines Lebens zog sich Lotto in die Abgeschiedenheit des Wallfahrtsortes Loreto zurück. Auf dem Totenbett gab er Anweisung, ihn im Habit eines Dominikaners zu beerdigen. Auch wenn er damit einer hochmittelalterlichen Tradition folgte, ist das nicht zwangsläufig als Umkehr und Buße für Häresie zu interpretieren.[39] Bestimmend war die für den Renaissance-Evangelismo Italiens typische Reformsehnsucht, die bei aller Kirchenkritik anders als die deutsche Reformation die Hoffnung letztlich weiterhin auf die ungeteilte Papstkirche setzte.[40]

In den nordalpinen Zonen brach bekanntlich eine ganz andere Kirchenreform hervor. Doch auch die Reformation war keineswegs nur ein Kontrapunkt zur Renaissance. Luther selbst war seinem Charakter nach durch und durch Renaissancemensch, der mit Wissenschaft und Kunst lebte und davon träumte, ein neuer Äsop zu werden.[41] Wie die Renaissancewissenschaft griff er auf antike Formen und Wahrheiten zurück, nämlich auf die antiken Quellen des Urchristentums. Friedrich der Weise, sein Landes- und Schutzherr, verkörpert die deutsche Variante des Renaissanceherrschers, wie es die Bronzebüste des Florentiner Bildhauers Adriano Fiorentino von 1498 eindrücklich zeigt.

Albrecht Dürer, einer der frühen Anhänger Luthers, schlägt ganz ähnlich wie Petrarca eine Brücke zwischen Kunst und Theologie: „Dy kunst ist gros, schwer und gut, und wir mügen und wöllen sy mit grossen eren jn das lob gottes wenden." Und da die Kunst der Antike in ihrer klassischen Schönheit unübertrefflich sei, könne die christliche Kunst Christus dem Apoll, Maria der Venus, Samson dem Herkules etc. nachbilden.[42] Dürers „Vier Apostel", die als Inkarnation des reformatorisch erneuerten Christenmenschen gelten, waren im Angesicht des Züricher und Wittenberger Bildersturms eine Mahnung an den Nürnberger Rat, dass „die Bildkunst auch unter den neuen, auf ‚das Wort' als wichtigstes Medium der Heilsvermittlung ausgerichteten theologischen Prämissen tauglich [sei], religiöse Wahrheit weiterzugeben".[43]

Der Reformator war derselben Ansicht: „So werden myr auch meyne bildstürmer eyn crucifix odder Marien bilde lassen müssen, ... das ichs trage odder ansehe." Indem er hinzufügt, „sofern ichs nicht anbete, sondern eyn gedechtnis habe"[44], kritisiert er zwar die spätmittelalterliche Bild- und Heiligenverehrung, die religiöse Welthaftigkeit der Renaissance wollte er damit aber keineswegs zurücknehmen. So konnte die Renaissancemalerei bruchlos die Verkündigung protestantischer Theologie und Spiritualität übernehmen, die die herkömmlichen Räume dogmatischer Erörterungen sprengt und dem Deutungsmonopol der Kleriker das Priestertum aller Getauften entgegensetzt und damit auch Künstler zu theologischen Aussagen ermächtigt. Vor allem Lucas Cranach der Ältere, Luthers Freund und „Gevatter", setzte die reformatorische Theologie ins Bild. Vom konfessionalistischen Antagonismus befreit, erscheint Cranach fast wie ein deutscher Botticelli mit einer Themenpalette, die wie diejenige des Florentiners antikpagane Mythologie, Christliches und Porträts von Zeitgenossen umfasst. Wie bei Botticelli kann man ihm die typisierten Frauen auf den ersten Blick zuordnen, gleichgültig ob eine Venus,[45] Judith oder gar eine Maria. Cranachs große, in engem Austausch mit den Reformatoren, vor allem Philipp Melanchthon, geschaffenen Reformationsbilder – die Graphik der Wittenberger Bibel ebenso wie die Altargemälde – zeigen dieselbe Gleichzeitigkeit von biblischem Heilsgeschehen und Auftritt zeitgeschichtlicher Persönlichkeiten wie Botticellis „Anbetung der Könige" mit den Medici-Prinzen.

Die Nähe von Tradition und Erneuerung in der Kunst belegt in ganz eigentümlicher Weise Cranachs d. Ä. Muttergottesdarstellung aus den späten 1530er Jahren: Über den Dresdener Hof als Geschenk an Erzherzog Leopold V. zunächst nach Passau, dann in die Pfarrkirche St. Jakob (heute Dom) nach Innsbruck gelangt, wurde das Bild seit Mitte des 17. Jahrhunderts mit zahlreichen Kopien im Alpenraum zum katholischen Gnaden- und Maria-Hilf-Bild schlechthin.[46]

Inhaltlich entscheidend für das in die Gegenwart hineingenommene Heilsgeschehen ist die Konzentration auf Christusszenen als bildgewordene *solus-Christus*-Theologie – so die Taufe Christi im Jordan oder das Altarbild der Wittenberger Pfarrkirche mit dem predigenden Luther. Aber auch dies war keine ausschließlich protestantische Schöpfung. Eine Generation später malte Jacob Seisenegger Kaiser Ferdinand I. bei einer Predigt des päpstlichen Nuntius in der Augustinerkirche in Wien mit genau derselben hinweisenden Geste des Predigers auf Christus. Das war sicherlich eine Reaktion auf Luther, belegt aber auch die Fortwirkung älterer Christusverehrung des Mittelalters und der Renaissance.

Der Bruch mit der Renaissance erfolgte im konfessionellen Zeitalter, und zwar auf beiden Seiten. Die katholische Kunsttheorie zog eine strenge Linie zwischen Heiligem und Profanem. Die antike Nacktheit wurde aus den Sakralräumen verbannt – Plastiken entfernt, Fresken übermalt.[47] Ähnlich im Protestantismus – etwa in Augsburg der Kampf gegen die „Nacktheit antiker Wassergötzen“[48] oder der Wechsel von Cranachs Renaissancewelten zu Rembrandts Barockbiblizismus. Doch auch in der neuen Formsprache vermittelten die Künstler die Religion in die Welt, wo sie zu einem wichtigen Motor kultureller, politischer und sozialer Dynamik wurde. Das gab zugleich der im Kern des Christentums angelegten Säkularisierung eigentümliche, nämlich durch die Religion mitbestimmte Impulse. Ob man das als „Entzauberung“ oder „Verzauberung der Welt“ begreifen will,[49] ist letztlich nachrangig.

4. Wittenberg und die europäischen Reformationen

Die Reformation kam nicht aus heiterem Himmel. Wie wir gesehen haben, war sie langfristig vorbereitet worden durch die mittelalterlichen Häresien und die Vorreformatoren, vor allem aber durch das Aufblühen erneuerter Frömmigkeit und neuer religiöser oder semireligiöser Lebensformen. Um 1500 war die lateinische Christenheit voller Widersprüche, die sich mancherorts zu einer glühend apokalyptischen Atmosphäre verdichteten.

Ausgangs des 15. Jahrhunderts war die lateinische Christenheit allenthalben voller Unruhe und Erwartung. Es war eine Zeit der Spannungen und Kämpfe zwischen Beharrendem und Vorwärtsdrängendem, voller Frömmigkeit und Gottvertrauen, aber auch voller Sorgen und Ängste. Aber nicht die Sorge um die materielle Sicherheit in diesem Leben trieb die Menschen um. Eine solche Sicherheit kannten sowieso nur die allerwenigsten. Vielmehr stand im Zentrum aller Unsicherheit das Heil der Seele in der Ewigkeit. Und da das jeden Einzelnen betraf, resultierte daraus eine kollektive Verunsicherung und um sich greifende soziopsychische Nervosität.

In Florenz rief der Dominikaner Girolamo Savonarola in leidenschaftlichen Predigten die Christen zu Umkehr und Buße auf, das Volk nicht anders als die Herrschenden. Mitte der 1490er Jahre etablierte sich in der Arno-Stadt eine religiös wie politisch leidenschaftlich glühende Bürger- oder Volksrepublik auf evangelischen Grundlagen. In einer aufgeladenen eschatologischen Endzeitstimmung erzwangen radikalisierte Gruppen die religiöse, geistig-moralische und sozial-politische Reinigung und Umschmelzung des Gemeinwesens in eine christlich-sozialistische Kommune. Zweimal, Anfang 1497 und Anfang 1498, loderte auf dem Rathausplatz ein Scheiterhaufen, der alle Zeugnisse von Prunk und Eitelkeit, Laster und sittlicher Verwerflichkeit verschlang. Es sollte sich aber rasch zeigen, dass Italien politisch wie kulturell zu aufgewühlt war, um einer grundlegenden christlichen Erneuerung, sei sie radikal wie in Florenz, sei sie gemäßigt, sicheren Boden zu gewähren. Als sich innerstädtisch und vor allem außenpolitisch die Machtkonstellationen verschoben und Papst Alexander VI. Savonarola als Häretiker und Schismatiker exkommunizierte, brach die evangelische Bürgerrepublik in sich zusammen, Savonarola endete auf dem Scheiterhaufen und die Medici kehrten an die Herrschaft zurück.

Florenz war nur ein Vorspiel. Der weltgeschichtliche Umbruch selbst sollte sich auf einer Bühne nördlich der Alpen abspielen[50] – in Deutschland, das dem unmittelbaren Machtzugriff des Papstes entzogen war und wo die politischen Verhältnisse den Rebellen nicht ver-

Wie der frühe Reformator Jan Hus 1415 in Konstanz, so wurde der Dominikaner Girolamo Savonarola im Mai 1498 auf der Piazza della Signoria von Florenz als Häretiker verbrannt. Wie jener wurde er zum Idol einer geistigen, auf Reform bedachten Bewegung und damit zum Stachel im Fleisch der Päpste.

schlingen, sondern ihm vielfältigen Schutz und Hilfe bieten würden. Der Mann, der den Kampf um die Reform von Kirche und Christenheit aufnahm, griff anders als Savonarola nicht als Tribun in die öffentlichen Angelegenheiten ein, sondern als ein Christenmensch, der selbst zutiefst am eigenen Seelenheil verzweifelt war. In die Öffentlichkeit trat er nicht mit dem Ziel, das Gemeinwesen zu verändern oder eine neue, gerechtere Gesellschaft zu begründen, sondern als jemand, der für sich selbst den Ausweg aus allen Ängsten gefunden hatte und sich verpflichtet fühlte, diesen Weg der Rettung allen Christen zu eröffnen. Zum Rebellen gegen Papst und Kirche wurde er erst, als diese sich gegen seine Heilsbotschaft sperrten und weiterhin die Menschen auf dem Weg ins ewige Verderben bestärkten. Ähnlich präsentierten sich die politischen und gesellschaftlichen Veränderungen – sie waren nicht Luthers Anliegen, sondern die Konsequenz der strukturellen Verzahnung von Religion und Politik.

Die bedingungslose Konzentration auf die Frage des individuellen Seelenheils war zugleich das Geheimnis seines Erfolges, der zunächst in Deutschland und bald auch im übrigen Europa Millionen Menschen zu Anhängern der Reformation werden ließ: Es waren nicht primär politische oder soziale Parteiungen, wie etwa in Florenz, die Luthers Predigten und Schriften begeistert aufnahmen, sondern Individuen, die begriffen, dass es hier um ihr ganz individuelles Seelenheil ging – Bauern ebenso wie Grundherren, Handwerker wie Patrizier, Fürsten wie Untertanen, Gelehrte wie Analphabeten, nicht zuletzt Kleriker, Mönche und Nonnen.

Die Unsicherheit des eigenen Seelenheils, die die Menschen in Deutschland in den Jahrzehnten um 1500 offensichtlich tiefer beunruhigte als anderswo in Europa, etwa im mediterranen Süden, war ganz existentiell bestimmend für Luthers Lebensweg. Ein gewaltiges Gewitter, das den jungen Jurastudenten auf offenem Feld in Todesangst versetzte, veranlasste ihn, ins Kloster einzutreten, um dort Seelenfrieden zu finden. Doch weder religiöse Versenkung noch Erfüllung kirchlicher Gesetze und Rituale – strengstes Fasten oder Bußübungen bis zu blutiger Selbstgeißelung – konnten Bruder Martin mit Gott versöhnen und ihm Gewissheit über sein Seelenheil geben.

Den Weg aus Verzweiflung zu befreiender Sicherheit fand er in der Bibel – in eindringlicher Lektüre, die er im Erfurter Kloster begonnen hatte und in Wittenberg als Bibelprofessor an der eben gegründeten Universität intensiviert fortsetzte. In die Öffentlichkeit trat er als Seelsorger. Genauer gesagt, er sah sich zum Einschreiten aufgerufen, als ihm in der Beichte, die er regelmäßig neben der Professorentätigkeit abnahm, zu Ohren kam, dass ein von Rom und dem Erzbischof von Mainz legitimierter Ablassprediger seine Zertifikate mit dem Werbeslogan „Die Seele in den Himmel springt, wenn die Münze in dem Kasten klingt" verkaufte. Nach seinen in der Bibellektüre gewonnenen Erkenntnissen verstieß das gegen die heiligste Pflicht der Kirche. Wurde der sündige Mensch damit doch nicht zur Buße geführt, sondern im Gegenteil auf einen Weg der Selbstsicherheit, der ihm unausweichlich das ewige Verderben brachte.

Anders als über Jahrhunderte in der protestantischen Luther-Heroisierung dargestellt, legte Luther seinen in 95 Thesen formulierten Widerspruch jedoch höchst wahrscheinlich nicht in revolutionärer, hammerschwingender Geste ein.[51]

Luther in der Geste des hammerschwingenden Revolutionärs, wie sie die deutschen Protestanten des 19. Jahrhunderts liebten und in den großen nationalen Ausstellungen des Jubiläumsjahres 2017 wiederbelebt wurde. Gemälde von Ferdinand Pauwels, 1872.

Vielmehr offenbarte er seine theologischen Einsichten seinem Ortsbischof Hieronymus Schulz in Brandenburg und dem für ihn zuständigen Erzbischof Albrecht von Mainz. In einem geradezu ehrfurchtsvollen Schreiben wies er sie auf den Missbrauch hin, der eingerissen sei durch theologisch unhaltbare Predigten der Ablassverkäufer – übrigens meist Dominikaner und damit Konkurrenten der Augustiner. Um seine Beschwerde theologisch-wissenschaftlich zu untermauern und einen Weg zur Austragung eventueller Meinungsverschiedenheiten zu weisen, fügte Luther dem Schreiben 95 Disputationsthesen bei.

Die Reformation begann demnach nicht mit der Geste des herausfordernden Revolutionärs, sondern in bedachter Sorge um das Wohl der ihm anvertrauten Menschen. Bei aller Selbstgewissheit geschah das mit Respekt vor denjenigen, die in der Kirche hohe Ämter bekleideten. Der Luther, der am 31. Oktober 1517 seine Erkenntnis kundtat, war ein Mönch und Seelsorger, der in Bescheidenheit seiner Kirche dienen wollte, indem er sie auf Irrtümer aufmerksam machte und um Abstellung bat.

Diese neuen Erkenntnisse stellen die Dramatik der Reformation nicht in Frage. Im Gegenteil, die neue Sicht der Wittenberger Ereignisse, der zufolge Luther seine Thesen nicht an die Tür der Schlosskirche angeschlagen hat, macht das Versäumnis oder – wenn man so will – die Schuld der kirchlichen Hierarchie noch deutlicher. Denn sie hatte ja alle Möglichkeiten, die Vorwürfe zu prüfen, auch mit dem Mönch zu reden, bevor die Sache zu einem öffentlichen Skandal wurde. Auch die von Luther und Wittenberg ausgegangene Dynamik wird in der neuen Version nicht verkleinert: Als die kirchliche Hierarchie nicht reagierte, gaben Freunde oder Kollegen des Wittenberger Mönchs, die dieser um Rat gebeten hatte, die 95 Thesen in Druck. Etwa gleichzeitig kamen in Leipzig, Nürnberg und Basel Flugblätter mit den Thesen auf den Markt und fanden rasch eine aufnahmebereite Öffentlichkeit. Der keineswegs einfach zu erfassende theologische Text wurde in Gelehrtenstuben ebenso wie in Bürgerhäusern, in Gaststätten und auf öffentlichen Plätzen lebhaft und mit großer Zustimmung diskutiert – zunächst im Reich, sehr rasch aber auch andernorts in Europa.

Auch in einer langfristigen Perspektive bleibt Luther der Geistes- und Glaubensheros, der für seine Anhänger mit einem Streich alle Unsicherheiten und Unklarheiten beseitigte. Seine unerschütterliche Gottesgewissheit und der darauf beruhende Mut ließen das „Mönchlein“ den asymmetrischen Kampf gegen die etablierten Mächte der Welt, Papst und Kaiser, aufnehmen und bestehen.

Verkehrte Welt: Nicht der „Häretiker“ brennt auf dem Scheiterhaufen, sondern der Häresie-Bann des Papstes zusammen mit den das freie Denken bedrohenden Büchern des Kanonischen Rechts. Kolorierter Holzschnitt von 1557.

In diesem ungleichen Streit wurde er schließlich nahezu zwangsläufig aggressiv und respektlos in Sprache, Schrift und Gestik. Das verschreckte aber nur einige wenige Schöngeister und Intellektuelle, allen voran den stets auf Ausgleich bedachten Humanisten Erasmus von Rotterdam. Die breiten Schichten waren begeistert und scharten sich zu Tausenden hinter dem Rebellen: Nach Einschätzung des päpstlichen Gesandten Hieronymus Aleander waren bald neun Zehntel aller Deutschen Lutheranhänger – ein Erfolg, der auf Luthers neuem, reformatorischen Verständnis von Glauben basierte, das jedem Menschen die existentielle Kraft der Religion vor Augen stellte. Das fand gerade bei den nicht oder wenig gebildeten Schichten in Stadt und Land Anklang, die zur „raffinierten“ Ästhetik und Philosophie der Renaissancereligiosität keinen Zugang hatten. Die Glaubenssehnsucht und die vielen Neuansätze im religiösen Leben des späten Mittelalters hatten den Boden bereitet. Nun schlugen sie um in eine immer tiefgreifendere Kritik an den Verhältnissen in der Kirche, die den so dringend erwarteten Reformen immer noch im Wege standen.

Durch Fehleinschätzungen, Versäumnisse, bewusste oder unbedachte Gewalt, physische wie verbale, auf beiden Seiten wurde aus dieser theologischen und seelsorgerischen Kontroverse, die sich bei gutem Willen anfänglich vielleicht doch friedlich hätte beilegen lassen, jenes weltgeschichtliche Ereignis, das wir Reformation nennen. In seiner Folge wurden Kirche, Staat und Gesellschaft tief umgepflügt, und es entstanden in Europa neue, neuzeitliche Verhältnisse. Das ist für den theologisch-kirchlichen wie für den staatlich-gesellschaftlichen Kontext zu skizzieren:

Für Theologie und Kirche waren es, lässt man Sekundärfolgen beiseite, die erst später die Gräben zwischen „alter“ und den „neuen“ Kirchen markierten, drei Kernprinzipien lutherischer Theologie, die die Fundamente der reformatorischen Kirchen und Gesellschaften ausmachten: Die *Rechtfertigungslehre,* die dem Menschen das ewige Heil durch drei *solus*-Prinzipien verhieß, *sola gratia, sola fide* und *solus Christus* – allein durch Gnade, den Glaube und durch Christus –, und damit all die vielen Trostpflästerchen der mittelalterlichen Rechtfertigungstheologie als wertlos entlarvte, die Werkfrömmigkeit ebenso wie die Heiligengläubigkeit, quälerische Entsagung und Selbstbestrafung ebenso wie all die vielen Bußübungen, wie sie der Reformator selbst in seinen Klosterjahren so pflichtbewusst erbracht hatte. Aus dieser Wende von der Werk- zur Gnadenrechtfertigung ergaben sich die *Freiheit des Christenmenschen* und das *allgemeine Priestertum* eines jeden Getauften, womit ein jeder Christenmensch von der Vermittlung durch die Amtskirche oder die Klerikerkaste entbunden war. Und schließlich resultierte aus alldem ein *neuer Kirchenbegriff,* der unter Beibehaltung der ideellen Einheit als unsichtbare Kirche die Ortsgemeinde ins Zentrum stellte und diese in die Kirche eines Gemeinwesens einfügte, sei es eine Stadt, ein Land, ein Fürstentum beziehungsweise eine Nation. Damit war der Vormachtanspruch Roms gebrochen. Ja, in der Hitze der bald zügellos ausgetragenen Auseinandersetzung erklärte der Reformator den Papst zum Antichristen: „Wir hier in Wittenberg“, verkündete er bereits 1520 selbstgewiss, „haben erkannt, dass der Papst der Antichrist ist!“[52] In Rom saß nicht der von Christus selbst legitimierte Nachfolger Petri, sondern die „Hure Babylon“, ja der Widersacher Christi selbst, nicht der Hüter, sondern der Verderber der Kirche. Das war eine Umkehrung von anderthalbjahrtausend Jahren Kirchengeschichte, die bis heute fortwirkt und eins der größten Hindernisse auf dem Weg zu einer wahrhaft christlichen Aussöhnung ist. So ist es konsequent, wenn eine katholisch-evangelische Initiative zur Rücknahme des 1521 ausgesprochenen päpstlichen Bannfluchs gegen Luther zum 500. Jahrestag im Januar 2021 von den Protestanten die formelle Distanzierung von dieser Papstverfluchung verlangt.[53]

Die Zeitgenossen nahmen Luthers biblische Erkenntnisse auf wie eine neue Offenbarung. Vor allem die Rechtfertigungslehre, über die heute ökumenisch nachgedacht wird, ob sie nicht im Kern „urkatholisch“ sei, war für die Zeitgenossen eine Befreiung aus weltlichen wie überweltlichen Ängsten. Klerikern wie Laien, Mächtigen wie Schwachen, Gebildeten wie Ungebildeten, Frauen und Männern in Stadt und Land, nicht zuletzt auch der in sich vielfältig differenzierten Klerikergesellschaft selbst öffnete diese Botschaft schlagartig die Augen: Alles, was die Kirche ihnen als Instrumente der Heilsfindung angeboten hatte, warfen sie weg wie der geheilte Lahme die Krücken – die Wallfahrten und Prozessionen ebenso wie die Seelenmessen und frommen Stiftungen, Ablässe und guten Werke, Reliquienkult und Fürbitte der Heiligen.

Die Rinnsale der Kirchenreform beziehungsweise der mittelalterlichen Reformationen wurden binnen weniger Jahre zum gewaltig anschwellenden Strom der Reformation, zumal andere Theologen, die durch eigenes Denken zu ähnlichen Ergebnissen gekommen waren, dem Wittenberger zur Seite traten. Für die Ausbreitung der Reformation nach Westeuropa besonders wichtig waren der Leut- und Messpriester am Züricher Großmünster Huldrych Zwingli und – eine knappe Generation später – Johannes Calvin in Genf. Jetzt brachen die Dämme, die Rom und die kirchliche Hierarchie gegen das Verlangen nach religiöser Erneuerung und kirchlichen Reformen errichtet hatten. Jetzt schäumten die Kanäle über, in welche die Kirche die Armutsbewegung des späten 12. und des 13. Jahrhunderts geschickt geleitet hatte. Denn jetzt wurde die Reformbewegung zur Revolution gegen Rom, und die Anführer kamen aus dem Kleriker- und Mönchsstand selbst.

Auch in der Überwindung der Ängste und in den Wegen, die er für seine und die Rettung aller Mitchristen einschlug, war Luther Kind seiner Zeit. Er konnte an einen bereits gefestigten Willen zur Kirchenreform anknüpfen, und auch die Vision von der Freiheit eines Christenmenschen, die den Laien Raum für eine eigene religiöse Lebensgestaltung innerhalb der Kirche gewährt, war dem Zeitalter keineswegs unbekannt. Wie sehr das Geschehen des frühen 16. Jahrhunderts dem vorangehenden Aufbruch des späten Mittelalters verpflichtet war, zeigt nichts deutlicher als die Tatsache, dass die Reformation eine Art Rebellion der Augustinereremiten war. Viele der ersten Anhänger Luthers, die das neue Evangelium in die Städte und Dörfer trugen, waren Bettelmönche. Die Dominikaner allerdings standen im Gegenlager – wegen ihrer traditionell engen Verbindung zum Papst und zur Inquisition und aus Konkurrenz zu den Augustinern. Selbst die ersten Märtyrer des Protestantismus waren Bettelmönche – Hendrik Voes und Jan van der Esschen aus dem Antwerpener Augustinerkonvent, die am 1. Juli 1523 in Brüssel auf dem Scheiterhaufen starben.

Die staatlich-gesellschaftliche Situation: Die mit dem Auftreten Luthers aufgebrochenen religiös-kirchlichen Konflikte waren von vornherein aufs Engste verwoben mit dem säkularen Ringen um die staatlich-gesellschaftliche Ordnung Europas, das im Spätmittelalter einsetzte und Angang des 16. Jahrhunderts einen Höhepunkt erreicht hatte. Es war gekennzeichnet durch zwei gegenläufige Tendenzen: den immer entschiedener und kraftvoller vorgetragenen Aufstieg von Einzel- oder Partikularstaaten, die gleichzeitig mit der politischen Autonomie Verfügungsrechte über das Kirchenwesen ihrer Territorien reklamierten, einerseits und der dadurch bedingten Krise der Universalgewalten andererseits, für die in der Bedrängnis durch die Partikulargewalten die Sicherung der kirchlichen Einheit schlicht existentiell war, der geistigen wie politischen, für den Papst nicht anders als für den Kaiser.

Auch die organisatorische Partikularisierung der europäischen Christenheit in Einzelstaaten und Regionalkirchen hatte ihre Wurzeln im Mittelalter. Auf den Hussitismus in Böhmen haben wir bereits hingewiesen. Anderwärts verlief die Entwicklung weit weniger dramatisch – etwa in den deutschen Fürstentümern, zum Beispiel in dem niederrheinischen Herzogtum Kleve, wo der schon zitierte Rechtssatz galt „*Dux Cliviae est papa in territoriis suis*", der Herzog von Kleve ist in seinem Gebiet Papst.[54] Im 15. Jahrhundert wurde diese Partikularisierung und Territorialisierung innerhalb der Universalkirche durch territoriale oder nationale Konkordate vorangetrieben, also durch Verträge zwischen den einzelnen Fürsten und dem Vatikan, die den weltlichen Herrschern besondere Rechte gegenüber der Kirche ihres Landes einräumten. Widersinnigerweise waren es gerade der Sieg des Papsttums über die konziliare Bewegung und der Triumph der papalen Monarchie über die Oligarchie der Bischöfe, die den vorreformatorischen National- und Territorialkirchen Auftrieb verliehen. Denn um die konziliare Opposition während des Konzils von Basel abzuwehren, war Papst Eugen IV. (1431–1447) auf die Unterstützung der Könige und Fürsten angewiesen gewesen. Dafür musste er zahlen, indem er ihnen wichtige Rechte in der Kirche des jeweiligen Herrschaftsbereiches abtrat und damit der Aufteilung der Universalkirche in Territorial- beziehungsweise Nationalkirchen Vorschub leistete, was die Könige und Fürsten zu nutzen wussten. Ab Mitte des 15. Jahrhunderts folgte ein Konkordat dem nächsten: 1448 wurde zwischen Papst Nikolaus V. und dem deutschen König Friedrich II. das Wiener Konkordat abgeschlossen, das sich aber nicht auf das Reich insgesamt, sondern nur auf die Erbterritorien des Habsburgers bezog. Die Fürsten trafen in den folgenden Jahrzehnten je eigene Absprachen mit der Kurie, so dass sich in Deutschland keine Nationalkirche herausbildete, sich vielmehr eine Territorialisierung und – in den Reichsstädten – Kommunalisierung der Kirche sowie des christlichen Lebens insgesamt ergab. In den meisten anderen europäischen Ländern leiteten die Konkordate in eine mehr oder weniger ausgeprägte Nationalisierung der Kirche unter Dominanz der weltlichen Herrscher über – in England, wo bereits im 14. Jahrhundert der Einfluss der Kurie zurückgedrängt wurde und der König die Kirche wie eine ihm persönlich zugehörige Eigenkirche regierte; ausgeprägt in Frankreich, wo sich auf der Basis des zwischen Papst Leo X. und König Franz I. 1516 geschlossenen Konkordats von Bologna der Gallikanismus als eigenständiges Kirchensystem herausbildete; ähnlich in Spanien nach den Konkordaten von 1482 mit Kastilien und Aragon. Den Abschluss bildeten im 16. Jahrhundert die Konkordate mit Polen und Ungarn sowie den skandinavischen Reichen. Bereits am Vorabend der Reformation war die lateinische Christenheit nur noch der Idee nach in einer einheitlichen Kirche organisiert. In der Realität hatten die Konkordate deutlich voneinander abgegrenzte, weitgehend eigenständige Partikularkirchen geschaffen, seien es Nationalkirchen wie im Falle des Gallikanismus und Spaniens, seien es Landeskirchen wie im Falle der deutschen Fürstentümer.

Als dann mit der Reformation Luthers, Zwinglis und Calvins auch die Lehr- und Glaubenseinheit der lateinischen Christenheit zerbrach, wurden die zum Protestantismus übergetretenen Länder völlig unabhängig von Rom. Unter der Oberherrschaft der jeweiligen weltlichen Gewalt – König, Fürst oder Stadtrat – entstanden dort die separaten und autonomen National-, Landes- oder Stadtkirchen von England, Schweden, Dänemark oder der niederländischen Republik, der deutschen Territorien wie Sachsen oder Brandenburg, der Reichsstädte wie Nürnberg oder Augsburg sowie der Schweizer Kantone oder Stadtstaaten wie Basel, Bern, Zürich oder Genf. Da die Päpste im Angesicht der Reformation mehr noch als zu Zeiten des Konziliarismus des 15. Jahrhunderts auf die Hilfe der weltlichen Herrscher angewiesen waren, beschleunigte sich auch auf dem Boden der katholischen Universalkirche bzw. in den Gebieten, die ihr geblieben waren, die Territorialisierung und Regionalisierung von Organisation und Verwaltung, und zwar vor allem bei der Einsetzung von Bischöfen und der Kontrolle des Klerus allgemein. Der neuzeitliche Gallikanismus in Frankreich ist nur das bekannteste Beispiel. Auch in der spanischen Kirche oder in den katholisch gebliebenen deutschen Territorien, allen voran im Herzogtum Bayern, dem Bollwerk des alten Glaubens in Süddeutschland, sorgten die weltlichen Herrscher energisch dafür, dass sie entscheidende Worte mitzureden hatten bei der Besetzung der Bistümer, der Verwaltung und Nutzung des Kirchengutes, der Disziplinaraufsicht über den Klerus, in den kirchlichen Bildungs- und Erziehungsanstalten, den Universitäten ebenso wie den Kollegien, den kirchlichen Sozial- und Krankenanstalten etc.

Wie spätmittelalterliche und reformatorische Tendenzen zur Unabhängigkeit von Rom bruchlos ineinanderflossen, wird vor allem am englischen Beispiel deutlich: Der Anglikanismus war längst auf dem Weg, bevor er – bekanntlich eher aus zufälligen, vom persönlichen Lebenswandel König Heinrichs VIII. bedingten Gründen – ins protestantische Fahrwasser einlenkte: Bereits im späten 14. Jahrhundert stellten die *Acts of Provisors and of Praemunire* die Appellation an auswärtige Gerichtshöfe unter Strafe, was insbesondere gegen die Einmischung der Kurie bei der Vergabe von Kirchengut durch weltliche Grundbesitzer gerichtet war, auch und vor allem durch die Krone. Als 1516 zwei konkrete Fälle, nämlich diejenigen des Kaufmanns Richard Hunne und des Mönchs Henry Standish, zu heftigen Kontroversen mit den Geistlichen Gerichten und Rom führten, soll König Heinrich VIII. den Anspruch formuliert haben, dass englische Monarchen „never had any earthly superior but God".[55] Heinrich war zu diesem Zeitpunkt noch ein enger Allianzpartner Roms, und in den bald darauf einsetzenden Herausforderungen durch die Reformation setzte er sich so entschieden für den Papst ein, dass dieser ihm die Goldene Rose verlieh, die höchste Anerkennung Roms für weltliche Herrscher überhaupt. Als es dann aber wegen der vom Papst verweigerten Scheidung zum politischen Bruch mit Rom kam, bauten Heinrich VIII. und das englische Parlament die eben genannte Basis einer spätmittelalterlichen römisch-katholischen Nationalkirche zum neuzeitlichen, schließlich reformatorischen Anglikanismus aus, gipfelnd in dem *Act concerning the King's Highness to the Supreme Head of the Church of England and to have authority to reform and redress all errors, heresies and abuses in the same* von 1534.[56]

Der kirchlich-religiösen Partikularisierung Europas entsprach die politische, also der Aufstieg der Partikularstaaten und die Herausbildung eines internationalen Systems. Die Universalmächte Papst und Kaiser verloren Schritt für Schritt an politischer Bedeutung. Bei den protestantischen Staaten hatten sie schließlich auch keine Reputation mehr. Auch für diese Parallelität von kirchlicher und politischer Partikularisierung der lateinischen Christenheit sind England und Heinrich VIII. das beste Beispiel. Denn gleichzeitig mit dem Anspruch, Papst in der englischen Kirche zu sein, erklärte sich Heinrich auch zum Kaiser seiner Länder, indem er feststellte, „that this realm of England is an empire, ... governed by one supreme head and king having the dignity and royal estate of the imperial crown of the same".[57]

Politisch wie kirchlich von den nach moderner Souveränität verlangenden Herrschern, Könige wie Fürsten und republikanische Magistrate, in ihrem universellen, Europa übergreifenden Führungsanspruch in Frage gestellt, sahen sich Kaiser und Papst in eine eiserne Interessenallianz gezwungen, so unterschiedlich oder gar gegensätzlich ihre politischen Ziele im Einzelnen auch waren. Die mit der Kaiserkrönung Karls des Großen eingeleitete spannungs- und konfliktreiche „gemeinsame" Herrschaft von Papst und Kaiser über die lateinische Christenheit fand unter Kaiser Karl V. (1519–1556) ihren tragischen Schlusspunkt. Tragisch, weil der emphatisch antipäpstliche Gestus des deutschen Reformators, verbunden mit dem politischen Partikularismus der ihn stützenden Reichsfürsten, den Handlungsspielraum Karls entscheidend einengte und zusammen mit dem unbeugsamen Widerstand der Könige von Frankreich ihn schließlich zu Resignation und Rückzug aus dem Kaiseramt zwang.[58]

Karl V. stand bereits bei seiner ersten Begegnung mit Luther 1521 auf dem Reichstag zu Worms klar vor Augen, dass der Sieg der Reformation gleichzeitig mit der geistlich-päpstlichen auch den Niedergang der weltlich-kaiserlichen Universalmacht bringen würde und damit einen schmerzhaften machtpolitischen Einbruch für seine europaüberspannende „internationale" Dynastie. Karls „Ringen um Reinheit und Einheit des Christentums"[59] richtete sich daher stets zugleich gegen die religiös-kirchliche wie gegen die politisch-weltliche Differenzierung Europas in autonome Konfessionskirchen und Partikularstaaten ohne Bezug auf das Kaisertum. Zusammen mit Leo X., Klemens VII. und vor allem Paul III. trat der Kaiser den in Deutschland, also mitten im Heiligen Römischen Reich, aufgebrochenen Ideen evangelischer Erneuerung entschieden entgegen. Konkret taten das beide Seiten auf je eigenständige Weise, die es ihnen nicht nur erlaubte, eine im Detail unterschiedliche Kirchen- und Reformpolitik zu betreiben, sondern auch wiederholt diplomatisch und militärisch gegeneinander anzutreten. Da komplementär zur erbitterten Einheitspolitik der Universalmächte die Partikularkräfte zusammen mit dem Ausbau ihrer weltlichen Herrschaft eigene National-, Landes- oder Stadtkirchen errichteten, war dem Universalismus des lateinischen Europas der Todesstoß versetzt. Realgeschichtlich gelangte damit die neuzeitliche Partikularität zum Durchbruch. Da aber eine säkulare Deutung der Welt nur bei kleinen Randgruppen Anklang fand – religiös etwa bei den Täufern, politisch etwa in einigen Adelsherrschaften –, die dominanten Großkonfessionen aber eine jede für sich Universalität und Totalität des von ihr repräsentierten Glaubens in Anspruch nahmen, trat Europa ausgangs des 16. Jahrhunderts in eine Phase von Glaubens- und Bürgerkriegen ein, die, wie im nächsten Teil zu zeigen ist, die Durchbruchkrise der Neuzeit markieren.

In einem aber war die Reformation des 16. Jahrhunderts ganz und gar nicht mehr mit den mittelalterlichen Vorläuferbewegungen vergleichbar: Der rund zwei Generationen zuvor erfundene und eben aus seiner Wiegenzeit herausgetretene Buchdruck machte die Diskussionen für oder gegen Luther zum ersten großen Medienereignis der Weltgeschichte.[60] Erstmals wurde so der Kreis von Theologen und Religiosen durchbrochen, der sich von jeher mit theologischen Fragen befasste. Nun sah sich Herr Jedermann – oder, wie ihn die Flugblätter nannten, „Herr Omnes" – direkt angesprochen. Ob er oder sie lesen konnten, tat nichts zur Sache – Vorleser fanden sich genug, die auf Marktplätzen, in Wirtshäusern oder Herbergen aus Einblattdrucken und Traktaten vortrugen.

Mit der Reformation schnellte überall in Europa die Zahl der Drucke in die Höhe. Allein in Deutschland schoss 1519 die Kurve gedruckter Titel von zuvor gut 200 Stück pro Jahr auf fast 900 empor, und sie sollte sich in den nächsten Jahren noch höher hinaufschwingen. Die Buchdrucker rissen den Reformatoren jedes Manuskript aus der Hand und warfen es auf die rasch expandierenden europäischen Buchmärkte. Allein in Wittenberg waren bald nicht weniger als sieben Buchdruckerwerkstätten mit der schier unerschöpflichen literarischen Produktion Luthers und seiner Mitarbeiter beschäftigt, darunter so bedeutende Offizinen wie die von Melchior Lotter (1470–1549) und Hans Lufft (1495–1584), zugleich Ratsherr und Bürgermeister, der 1534 die erste Lutherische Gesamtbibel und zwischen 1539 und 1559 die erste Werkausgabe des Reformators herausbrachte. Ähnlich sah es in Erfurt, Nürnberg, Augsburg, Straßburg und in Dutzenden der kleineren Druckorte im ganzen Reich aus.

Aus Basel schrieb Anfang 1519 Johannes Froben, Betreiber einer Druckerei von europäischer Geltung und berühmter Verleger des Erasmus, an Luther, er habe sich auf der letzten Frankfurter Buchmesse durch einen Leipziger Buchhändler mehrere seiner Schriften besorgen lassen, um sie rasch nachzudrucken. „Sechshundert Exemplare haben wir nach Frankreich und Spanien gesendet. Und nun werden sie zu Paris verkauft ... Auch hat der Buchhändler zu Pavia, Calvus, ein sehr gelehrter und wissenschaftlicher Mann, ein gut Teil solcher Büchlein nach Italien bringen lassen und will sie in allen Städten ausstreuen ... Meine Exemplare sind bis auf zehn alle verkauft, und ich habe noch niemals bei irgendeinem Buche glücklicheren Verkauf erfahren.“[61]

Zwar schrumpften Buchdruck und Öffentlichkeit ab Mitte des 16. Jahrhunderts erheblich, weil die Zensur der Konfessionsstaaten alle Publikationen auf – wie wir heute sagen würden – „Political Correctness“ überprüfte. Das Niveau blieb jedoch deutlich über demjenigen vor der Reformation. Vor allem aber hatte das Buch eine neue Funktion erhalten: Im Mittelalter und noch in der Frühzeit der Wiegendrucke hatte es der Überlieferung und der Aufbewahrung des Wissens gedient und war nur wenigen Eingeweihten vorbehalten geblieben. Seit Luther und der Reformation waren Buch und Flugschriften zum Träger von Meinungen geworden, die prinzipiell an jeden gerichtet waren, auch an den des Lesens Unkundigen. Diese unverkennbar neuzeitliche Qualität der Meinungsbildung hat das Buch nicht mehr verloren.

Dem Medienereignis „Reformation" folgte die Reformation als Volksbewegung auf dem Fuß. Denn das Gemeindechristentum, wie es Luther nicht anders als Zwingli in Zürich lehrte, sprach in Stadt und Land jedermann an. Jedem, Mann oder Frau, wurde das allgemeine Priestertum jedes Gläubigen zugesprochen. Jeder konnte nun gewiss sein, kraft göttlicher Gnade, die ihm als Person direkt galt und der Vermittlung durch Heilige, Priester oder sonstige Instanzen der Amtskirche nicht mehr bedurfte, zum Heil zu gelangen, besaß er nur den rechten Glauben. Wie bei enger Verschränkung von Kirche und Welt in Alteuropa nicht anders zu erwarten, ergab sich aus diesem Wissen um die religiöse Freiheit ein nicht minder dramatisches Verlangen nach gesellschaftlicher und politischer Freiheit. Der deutsche Bauernkrieg der Jahre 1525/26 und die Bürgerbewegungen, die bis in die zweite Jahrhunderthälfte hinein Hunderte Städte vor allem Mittel- und Westeuropas durchfuhren, zeugen davon, aber auch manche Ständebewegung gegen den aufziehenden fürstlichen Absolutismus, die wie die niederländischen Geusen, die englischen Puritaner oder die französischen Hugenotten in der Forderung nach religiöser Freiheit ihren Ursprung nahm.

Indes, die Volksbewegungen wurden entweder unterdrückt oder mündeten in verfassungsgemäße Bahnen ein. So waren für die Behauptung der Reformation letztlich die frühmodernen Staaten entscheidend, also die Fürsten und ihre juristischen oder theologischen Berater, die Stadträte oder entsprechende ständisch-republikanische Instanzen wie die Provinzial- und Generalstaaten in den Niederlanden oder das Parlament in England. Wie bei den Bürger- und Bauernbewegungen spielten auch bei den Obrigkeiten religiöse wie weltliche Motive eine Rolle – die Verantwortung für das eigene Seelenheil wie für dasjenige der ihnen von Gott anvertrauten Menschen, aber auch das Streben nach Festigung der Macht und Konsolidierung des Staates. Unter diesem Aspekt ergibt es keinen Sinn, die „Volksreformation" zu feiern und die „Fürstenreformation" zu verdammen. Richtig ist, dass in dem Moment, als die Obrigkeiten an die Spitze der Bewegung traten, die theologisch wie gesellschaftlich extremen Positionen der über Luther, Zwingli und Calvin hinausgehenden Radikalreformatoren keine Verwirklichungschancen mehr hatten. Die fürsten- oder ständestaatliche ebenso wie die städtische, gelegentlich auch kommunale Neuordnung des Kirchenwesens, also die Reformation im institutionellen Sinne, erfolgte auf der Basis eines genau definierten Lehrkanons und kirchenrechtlich abgesicherter Ordnungen der lutherischen oder der reformiert-calvinistischen Kirchen. Individuen und Gruppen, die diesen schließlich in Bekenntnisschriften oder *Confessiones* festgelegten Rahmen sprengten, wurden in den Ländern der Reformation kaum weniger entschieden bekämpft als in den katholischen. Allerdings bildeten sich im 17. Jahrhundert zuerst im Protestantismus Toleranzstaaten heraus, so in den Niederlanden und England, aber auch – häufig übersehen – in Brandenburg-Preußen.

Allgemeingeschichtlich wird man diesem Prozess alle Plausibilität zusprechen. Gleichwohl gewinnt man in einer Zeit, in der die meisten der in der Reformationsepoche existentiell umkämpften Probleme ihre Bedeutung verloren haben, den Eindruck, dass die Kontrahenten in vielem sich näherstanden, als ihnen bewusst war oder sie sich eingestehen wollten. Das behandelt das nächste Kapitel in historisch-ökumenischer, vergleichender Perspektive.

5. Ökumenische Narrative: Am Anfang waren Luther, Loyola und Calvin[62]

Über Jahrhunderte hin wurde der deutsche Reformator Martin Luther glorifiziert oder verteufelt: Von den Anhängern glorifiziert als *Herkules Germanicus*, der mit einer mächtigen Keule die hergebrachten Traditionen und überlebten Autoritäten zerschmettert, um dem Neuen den

Weg zu bahnen; von seinen Gegnern in Rom oder Spanien verteufelt als Urheber der *Pestis Germaniae*, der deutschen Pest am Körper der abendländischen Christenheit. Historiker und Politiker des 19. und 20. Jahrhunderts verehrten und monumentalisierten ihn als Urheber nationaler Identität und Freiheit der Deutschen, oder sie prangerten ihn an als Ahnherrn der nationalsozialistischen Verbrechen. Parallel dazu verlief die wissenschaftliche Erschließung seines Werkes und seiner Biographie: Zahllose Aufsätze und Monographien sowie die große Weimarer Ausgabe seiner gesamten Schriften machen Luther zu einer der am besten erforschten Gestalten der Weltgeschichte.

Ob Glorifizierung, Verteufelung oder wissenschaftliche Objektivierung – eines war und ist diesen traditionellen Luther-Bildern gemeinsam: Sie sehen in der religiösen Existenz und kirchenpolitischen Tat des Wittenbergers etwas unerhört Einmaliges, einen weltgeschichtlichen Aufbruch, ohne den die Geschichte Europas ganz anders verlaufen wäre. „Am Anfang war Luther", auf diese Sentenz ließe sich überspitzt die gängige Deutung der Reformation und ihrer epochemachenden Wirkung bringen.

Nimmt man jedoch die aufgezeigten Reformansätze des 15. und frühen 16. Jahrhunderts ernst und stellt auch die evangelischen Reformationen aus nichtlutherischer Wurzel in Rechnung, so bietet sich an, die Geschichte des neuzeitlichen Christentums und seiner Wirkung in der Welt nicht mit der konfessionellen Fundamentalfeindschaft zu beginnen, die als Ergebnis der engeren Reformationsepoche in Europa aufzog, sondern nach den historischen Gemeinsamkeiten zu fragen, die im Moment der Trennung vorhanden und eventuell noch handlungsleitend waren. Nachdem seit der Reformation die Geschichte der europäischen Glaubensgemeinschaften – also des Luthertums, des Calvinismus und des Katholizismus, um nur die großen zu nennen – über Jahrhunderte hin als Konkurrenz- und Abgrenzungsgeschichte geschrieben wurde, sollte die Zeit reif sein für eine Zugangsweise, die die Gemeinsamkeiten in den Vordergrund rückt. Stehen die christlichen Kirchen Anfang des 21. Jahrhunderts doch vor ganz anderen Herausforderungen, vor denen interne dogmatische Abgrenzungen eher als Ärgernis denn als Pflicht erscheinen. Im Folgenden geht es um eine vergleichende Betrachtung von Leben und theologisch-religiösem Werk Martin Luthers, Ignatius von Loyolas und Johannes Calvins, der drei großen Theologen also, auf die sich die drei Konfessionskirchen der Neuzeit immer wieder berufen haben.

Rein äußerlich betrachtet scheinen kaum größere Kontraste möglich: Hier der Mönch, Einwohner einer ostelbischen Ackerbürgerstadt in der kulturellen Randzone Europas, außerhalb des Römischen Reiches und daher unberührt von der antiken Zivilisation. Schössling des kolonialen, spät zivilisierten Bodens hat Herbert Schöffler ihn und seine Reformation genannt. Kaiser Karl V. meinte nach der ersten Begegnung auf dem Wormser Reichstag abschätzig: „Der soll mich nicht zum Ketzer machen.“[63] Dort der Angehörige eines baskischen Adelshauses, bewandert in militärischen und höfischen Dingen, noch in der tiefsten Selbsterniedrigung ganz der spanische Grande, der Gehorsam und unbedingte Gefolgschaft verlangt. Schließlich wieder ganz anders Calvin, Spross einer französischen Beamtenfamilie, Jurist der Ausbildung nach, Bürger von Weltstädten – Paris, Straßburg, Basel, Genf, jede eine Metropole im Vergleich zum armseligen Wittenberg. Hier das religiöse „Originalgenie“, dessen *sola-fide-*/Allein-durch-den-Glauben-Maxime einer kopernikanischen Wende in der europäischen Religiosität gleichkommt. Dort zwei eher durch Willen und Ratio geleitete Männer, große Organisatoren und Systematiker ohne Zweifel, an religiöser Kraft aber doch wohl kaum dem deutschen Reformator an die Seite zu stellen.

Versuchen wir, gleichsam mit Röntgenaugen durch die Oberfläche zum Lebens- und Glaubenskern vorzudringen, und entziehen wir uns dem „Zwang zu falscher Entgegensetzung“, der seit der Reformation eine objektive Betrachtung erschwert, dann treten bald erstaunliche Gemeinsamkeiten zutage: Falsch ist zum Beispiel, in Luther nur den nach vorn, in die Moderne gerichteten Reformator zu sehen und in Loyola den rückwärtsgewandten, restaurativen Gegenreformator. Beide waren dem Denken, Empfinden und Streben des späten Mittelalters verpflichtet. Ihre Nöte waren die Nöte des zutiefst frommen, aber auch zutiefst verunsicherten Zeitalters der Geißler und Flagellanten, der Wallfahrer und Wundergläubigen, der religiösen Reformbewegungen, die gar zu oft in die Nähe von Heterodoxie und Häresie gerieten! Und auch die aus der Krise herausführende Tat – die Glaubens- und Gemeindekirche bei Luther, die unbedingte Christusnachfolge in priesterlicher Lebensgemeinschaft bei Loyola – war in beiden Fällen den Reformen des späten Mittelalters verpflichtet. Für Luther konnte man das so lange nicht erkennen, wie eine im Denken des 19. Jahrhunderts verwurzelte Geschichtswissenschaft den Wittenberger Thesenanschlag zum Auftakt der Neuzeit oder der frühbürgerlichen Revolution erklärte. Ähnliches gilt selbst für Calvin, der – 1509 geboren und damit 26 beziehungsweise 18 Jahre jünger als Luther und Loyola – gemeinhin als rationaler Organisator und selbstgewisser Systematiker gesehen wird. Inzwischen ist Calvins Psychogramm nahe an die Seelenverfassung Martin Luthers herangerückt und an den Zweifel des Ignatius in den Monaten und Jahren vor seiner *conversio*. Auch der Genfer Reformator war offensichtlich tief von den Ängsten und Unsicherheiten geprägt, die aus den Krisen und Umbrüchen des 15. und 16. Jahrhunderts resultierten.[64]

Direkt neben der mittelalterlichen Prägung standen allerdings bei allen drei Reformern, wenngleich in je unterschiedlicher Einfärbung, Mentalitäts- und Verhaltensweisen, die der ohne Typisierung nicht auskommende Historiker als neuzeitlich, wenn nicht gar modern kategorisiert. Überraschend ist das wiederum vor allem bei Calvin, und zwar nicht die Modernität als solche, die wird ja traditionell eher überbetont, sondern deren individualpsychologische Basis. Im Gegensatz zu Luther und Loyola war Calvin nämlich auch nach der *conversio* trotz radikaler Glaubens- und Gesetzestreue ein zutiefst unsicherer und getriebener Mensch, der selbst in der evangelischen Gewissheit keine dauernde Lebensgelassenheit fand. Zeit seines Lebens war er mit Vorkehrungen gegen Ängste beschäftigt, vor allem gegen deren tiefste, die zugleich typisch neuzeitlich ist, nämlich die Angst vor einer offenen, geistig wie praktisch nicht mehr beherrschbaren Zukunft. Luther und Loyola fürchteten die Mächte der Finsternis, und zwar – hierin ganz unmodern – in sehr konkreter Gestalt von Teufel und Dämonen. Von existentieller Unsicherheit indessen blieben sie nach ihrer *conversio* verschont. Ihre „Modernität" ist somit woanders zu suchen als in der andauernden psychischen Unbehaustheit eines Calvin. Etwa in der Individualität der persönlichen Glaubensentscheidung im Falle Luthers oder in einer diszipliniert rationalen Seelen- und Lebensführung, wie sie sich Loyola antrainierte und wie er sie in seinen Anleitungen zu täglichen geistigen Übungen, den berühmten Exerzitien, seinen Anhängern weiterempfahl.

Falsch ist des Weiteren die in der nationalen deutschen Geschichtsschreibung beliebte Entgegensetzung von kreativer religiöser Kraft als Ausdruck germanischer Seelentiefe bei Luther und bloßem kirchenpolitischen Taktieren als Ausdruck westlich-romanischer Oberflächlichkeit bei Ignatius, in gewisser Weise auch bei Calvin. Nicht nur der Deutsche, sondern auch die beiden Westeuropäer waren je auf ihre Art *homines religiosi*, deren Denken und Handeln im Dollpunkt religiöser Seelen- und Welterfahrung Energie und Dynamik gewannen. Für Ignatius von Loyola hat das der Kieler Kirchenhistoriker Gottfried Maron gezeigt, indem er in dessen Theologie auffallende, bislang aber verdeckte Entsprechungen zu den drei erwähnten *sola*-Exklusiv-Formeln bei Luther aufwies, also genau dort, wo angeblich das religiöse Originalgenie Luther zum Durchbruch gelangte.[65] Das sind keine identischen, wohl aber analoge Qualitäten und damit vergleichbare Ecksteine im theologischen Fundament der protestantischen und katholischen Konfession: Dem *sola-Christus*-Prinzip der Reformation entspricht die jesuitische Jesustheologie, wobei Luther eine Wort-Christus-, Loyola aber eine Gestalt-Jesu-Theologie entwarf. Dem *sola-scriptura*, der Bibellektüre, die allein den Glauben eröffnet, entspricht bei Loyola die seine reformerische Wende herbeiführende Lektüre mittelalterlicher Erbauungsbücher, vor allem der „Vita Christi" des Ludolf von Sachsen und der „Imitatio Christi" des Thomas a Kempis. Allerdings ist auch der Unterschied unübersehbar: Für den Spanier gibt es neben der Bibel weitere Traditionen der Schriftoffenbarung Christi, und er setzt auf die

Christusversion, die aus dem Hören des Wortes folgt; Luther und Calvin dagegen verharren beim bloßen Hören des Wortes.

Selbst für das *sola-fide-*/Allein-durch-den-Glauben-Prinzip, das stets als das Proprium des Protestantismus galt, lässt sich bei Loyola eine Entsprechung erkennen. Ausgangspunkt ist jeweils die Bibelstelle Römer 10, Vers 17: „fides ex auditu", der Glaube entsteht durch das Hören. Luther baute darauf seine reformatorische Glaubens- und Worttheologie auf, Ignatius die in den Gründungsformula des Jesuitenordens festgeschriebene Verpflichtung auf das *verbi ministerium*, auf den Dienst am Wort, durch den der Glaube gefestigt und verbreitet werden muss. Unterschiedlich ist wiederum die Explikation dieses theologischen Axioms: Für Luther nicht anders als für Calvin ist der durch das Hören des Wortes ausgelöste Glaube berechtigt, ja verpflichtet, die konkrete Ordnung der Kirche auf ihre evangelische Rechtmäßigkeit zu prüfen und gegebenenfalls zu verwerfen. Ignatius dagegen bindet den „evangelischen" Glauben unlösbar an den Gehorsam gegenüber der Kirche, an die *oboedientia ecclesiae.*

Nimmt man den skizzierten biographischen und theologiegeschichtlichen Befund ernst, so lassen sich Luther und Loyola heute nicht mehr als Antipoden begreifen. Sie gingen von einem „nahezu gemeinsamen Fundament" des Glaubens aus, schlugen bei der Erneuerung der Kirche dann aber eigene Wege ein. Daraus entstanden unterschiedliche, ja sich radikal bekämpfende Konfessionskirchen. Aus der historischen Distanz einer säkularisierten und teilweise entchristlichten Welt erscheinen uns heute diese unterschiedlichen konfessionellen Traditionen jedoch nicht mehr als sich ausschließende Glaubensprinzipien, sondern – so die Charakterisierung durch den katholischen Theologen Hans Urs von Balthasar – als zwei „Glaubensweisen", die zusammengehören wie die im 5. Buch Moses nebeneinandergestellten religiösen Seinsweisen „Prophet" und „Priester".[66]

Wie sahen die Konsequenzen aus? Spielten die Konfessions- und Weltanschauungssysteme, die von den drei Reformern begründet wurden oder gar ihren Namen tragen, eine vergleichbare Rolle für den Aufstieg des neuzeitlichen Europa? Auch bei diesen Fragen dürfen wir uns nicht von den äußerlichen Erscheinungsweisen täuschen lassen, also von den offenkundigen Unterschieden in den religiösen Ausdrucksmitteln und der Spiritualität. Vielmehr ist auf die Strukturen der Konfessionalitäten und deren Funktionen innerhalb des gesellschaftlichen und politischen Wandels zu achten.

Allgemein gilt es heute unter Frühneuzeithistorikern als ausgemacht, dass nicht nur die Reformation, sondern auch die spätmittelalterlichen religiösen Bewegungen und die katholische Erneuerung des 16. Jahrhunderts modernisierend wirkten. Die arg deutschprovinziell und protestantisch wirkende Vorstellung vom befreienden Einbruch des revolutionär Reformatorischen in eine verrottet altmodische, nicht wandlungsfähige römische Kirche wird geradezu auf den Kopf gestellt, wenn die jüngere Ordensforschung zu dem Ergebnis kommt, dass das in den religiösen Bewegungen des 14. und 15. Jahrhunderts aufgebrochene Neue „durch die Reformation zunichtegemacht wurde".[67] Entschiedener noch sind die neuen Erkenntnisse aus römischen Archiven, in deren Licht die deutsche Reformation nicht primär als Modernisierung erscheint, sondern umgekehrt als „Reaktion auf eine Modernisierungskrise", nämlich auf die Krise, die ausgelöst worden war durch den „Gestaltwandel, den Kurie und Papsttum seit der Mitte des 15. Jahrhunderts erlebt hatten und der nördlich der Alpen Verstörung und Befremden erregte".[68] Nach Überwindung des Reformationsschocks konnte die katholische Erneuerung seit Mitte des 16. Jahrhunderts hieran anknüpfen und gleichsam aus dem Stand mit der protestantischen Formierung mitziehen. Dabei bediente sie sich sowohl der Instrumente der spätmittelalterlichen Ordensmodernisierung, etwa beim Einsatz der Franziskaner in Europa und Übersee, als auch der Spiritualität und Organisationsformen des neuen Jesuitenordens.

Diese und ähnliche Beobachtungen haben das Axiom der klassischen Religionssoziologie ins Wanken gebracht, dem zufolge nur der Protestantismus, und zwar hier wiederum vorrangig die calvinistisch-reformierten Spielarten, positiv und aktiv an der politischen und gesellschaftlichen Modernisierung Europas beteiligt waren. – Richten wir den Blick zunächst auf die politische Modernisierung, also die Durchsetzung von politischer Beteiligung der Untertanen bis hin zur Demokratie. Neuere Forschungen machen skeptisch gegenüber der klischeehaften Entgegensetzung von demokratischem Calvinismus einerseits und obrigkeitsstaatlichem Luthertum oder autokratisch absolutistischem Katholizismus andererseits. Die historische Realität war differenzierter. So wurzelt zum Beispiel die calvinistische Widerstandslehre, die für die demokratischen Traditionen Westeuropas und Nordamerikas mitbestimmend war, in der theologisch und politiktheoretisch begründeten Opposition lutherischer Theologen gegen den Versuch Kaiser Karls V., die lutherische Stadt Magdeburg zu unterwerfen und zu rekatholisieren. Und auch die katholische Konfessionalisierung entwickelte eine Widerstandslehre, nämlich die Theorie der sogenannten Monarchomachen, die das Widerstands- und Revolutionsrecht gegen den Absolutismus vertraten bis hin zum Tyrannenmord.

Umgekehrt findet sich in Deutschland die obrigkeitliche Variante der Reformation am reinsten in der sogenannten zweiten Reformation der 1580er und 1590er Jahre, die unter reformiert calvinistischem Vorzeichen gegen das Luthertum gerichtet war. Sozialgeschichtlich gesehen, waren es bis ins 17. Jahrhundert hinein nicht die reformierten oder gemäßigt lutherischen Theologen, sondern die orthodoxen Lutheraner, die am entschiedensten auf Konfrontationskurs mit Staat und Obrigkeit gingen. Diese und ähnliche Beobachtungen machen skeptisch gegenüber der seit Ernst Troeltsch beliebten Formel: Luthertum gleich Pathos des Gehorsams; Calvinismus gleich Pathos der Freiheit.

Es lässt sich über diesen politiktheoretischen Befund hinaus verallgemeinern, dass die historischen Wirkungen der neuzeitlichen Konfessionen und Denominationen nicht durch spezifische religiöse und theologische Qualitäten festgelegt waren. Sie waren historisch kontingent, d. h. sie hingen weitgehend von dem gesellschaftlichen und politischen Umfeld ab, in dem sie sich zu behaupten hatten. Legt man das Klischee vom prinzipiell rückständigen Katholizismus ab, dann zeigt sich rasch, dass der im Sinne Loyolas reformierte Katholizismus oder – wie ihn der französische Sozialhistoriker Louis Châtellier genannt hat – der „catholicisme moderne“ ganz ähnliche gesellschafts-

und mentalitätsgeschichtliche Wirkungen wie der Calvinismus hatte. Kardinalagenten dieser katholischen Modernisierung waren die Jesuiten, die der Ordensgründer Loyola auf eine systematisch-rationale Methodik ebenso wie auf eine neuzeitliche Psychologie und radikale Selbstdisziplinierung eingeschworen hatte. Auf dieser Basis waren sie ganz ähnlich wie die calvinistischen Kirchenräte rastlos bemüht, die neuzeitlich formierten Denk- und Verhaltensnormen des erneuerten Katholizismus in allen Gesellschaftsschichten durchzusetzen: Jesuitische Beichtväter, Gymnasiallehrer und Professoren beeinflussten über Generationen hin Einstellung und politisches Handeln der Fürsten, des Adels und der bürokratischen Eliten des frühmodernen Staates. In den Städten waren es die von ihnen geführten Marianischen Kongregationen, die „genügend Neues in die Familie, die Gesellschaft und in das religiös-kirchliche Leben brachten, um die Kräfte der Tradition zu beunruhigen". Ziel war die „Reform der Welt" im Sinne der neuen konfessionalistisch formierten Sitten- und Glaubensnormen; Instrument war das marianische Apostolat, das Kleriker gleichermaßen wie Laien zu sozialem und politischem Engagement verpflichtete. Das streng geregelte Gemeinschaftsleben der Marianer sowie die persönlich individuelle Selbsterforschung und Selbstlenkung, zu der jedes Mitglied der Bruderschaft verpflichtet war, förderten – hierin der calvinistischen Kirchenzucht vergleichbar – die Verbreitung des bürgerlichen Ethos strenger geistiger wie körperlicher Disziplin, Arbeitsamkeit und Selbstlenkung zugunsten eines christlich sozialen Lebens der Verantwortlichkeit in und für die Gemeinschaft in Familie, Bruderschaft und städtisch-bürgerlicher Öffentlichkeit.

Am Anfang[69] des neuzeitlichen Europa, so ist festzuhalten, stand nicht der Wittenberger Glaubensheros allein, sondern auch Loyola und Calvin sowie eine ansehnliche Gruppe weiterer „Reformatoren", die im historischen Gedächtnis des europäischen Christentums keine ähnlich spektakuläre Position errungen haben. Denn sie zählen nicht zu den Gründungsvätern einer der Großkonfessionen, wurden von diesen vielmehr verfolgt oder auch „nur" totgeschwiegen, jedenfalls aus dem historischen Gedächtnis verdrängt.[70]

6. Dogmatischer Antagonismus statt Ökumene – der Weg in die frühmoderne Fundamentalfeindschaft der Konfessionen[71]

„Eine Last der Vergangenheit hat das Reformationsjahr 2017 leider nicht beseitigt: die Last des *Namens* der Konfessionen. Aus vielen ... Darstellungen konnte man den Eindruck gewinnen, dass im Reformationszeitalter von Anfang an ‚Katholiken und Protestanten' streitig und konfliktfreudig gegenübergestanden hätten. Aber Katholiken und Protestanten gibt es erst *seit* bzw. *nach* der Reformation ... ‚Katholisch' war zur Reformationszeit ganz selbstverständlich ein Kirchenattribut – und ist es noch lange geblieben –, aber keinesfalls eine Konfessionsbezeichnung. Zur Konfessionsbezeichnung verengte sich das Wort ‚katholisch' erst spät und zögerlich. ... Wann hört man endlich auf, durch die Jahrhunderte, auch die vorreformatorischen, hindurch von ‚Katholiken' und ‚Protestanten' zu reden?"[72]

Diese kritische Anmerkung von Hans Maier zu der auch für ihn insgesamt eher positiven Bilanz des 500. Reformationsjubiläums benennt trefflich das Problem, das im Folgenden kurz zu skizzieren ist, nämlich den Prozess, der aus der gemeinsamen Wurzel spätmittelalterlichen Reformverlangens im lateinischen Europa nicht zwei nebeneinander existierende Formen frühneuzeitlichen Christentums hervorbrachte, sondern ein vergiftetes Gegeneinander von „Katholiken" und „Protestanten". In der Tat: Es gab und gibt keine vorreformatorische katholische oder protestantische Tradition. Diese Tradition wurde im Verlaufe des 16./17. Jahrhunderts gemacht, auf beiden Seiten angetrieben durch eine Manie, die Gegensätze zu schärfen und sie antagonistisch gegeneinanderzustellen.

Die von Luther und der Reformation ausgelöste Veränderungsdynamik erfasste schließlich auch Rom. Da Luther den Schutz des erstarkenden frühmodernen Staates erhielt und daher anders als frühere Kirchenkritiker nicht ausgeschaltet werden konnte, wurde er zum Stachel im reformunwilligen Fleisch des Renaissancepapsttums. Papst

Paul III. sah sich gezwungen, ein Reformkonzil einzuberufen, das im oberitalienischen Trient zusammentrat. Das war allerdings nur noch nominell ein allgemeines Konzil, da inzwischen rund ein Drittel der lateinischen Christenheit dem Papst den Gehorsam aufgekündigt hatte. Die zwischen 1545 und 1563 erarbeiteten Reformdekrete waren die Antwort der Papstkirche auf die vorangegangene evangelische Reformation. Sie legte damit die Grundlagen für die katholische Konfessionskirche der Neuzeit, die nicht anders als die Konfessionskirchen der Reformation eine neue Kirche war. Wie jene funktionierte auch die neue römische Kirche als frühmodernes Kultur- und Weltanschauungssystem, das ähnlich wie die protestantischen Systeme den Weg Europas in die Neuzeit wesentlich mitprägte, allerdings auf andere, eigene Weise.

Als der Wittenberger Augustiner Ende Oktober 1517 gegen den Ablasshandel protestierte, war angesichts des weit verbreiteten Reformverlangens die von ihm angestrebte „Reformation" der Gesamtkirche durchaus möglich. Diese Chance wurde vertan, weil die deutsche und römische Kirchenhierarchie keine adäquate Antwort auf Luthers theologisches Anliegen gab, in ihrer damaligen Verfassung wohl auch gar nicht geben konnte, ohne sich selbst aufzugeben. Die Folge war, dass sich Wittenberg sachlich und polemisch radikalisierte und die rhetorische Begabung des Reformators Zuspitzungen hervorbrachte, die die Fronten überdeutlich hervortreten ließen, zur ausweichenden Überdeckung der Gegensätze nach Art des erwähnten Dissimulierens der Juristen aber ganz und gar ungeeignet waren.

Erst der damit in Gang gekommene Prozess der Abgrenzung, ja Antagonisierung trieb die Reformbewegung der spätmittelalterlichen Kirche in zwei alternative Richtungen des religiösen und kirchlichen Aufbruchs – in den radikalen Systembruch der „evangelischen" Reformatoren Wittenbergs, Zürichs und Genfs einerseits und in die systemkonforme und systemstabilisierende Tridentinische Reform der römischen Kirche andererseits. In der Christentumsgeschichte formierte sich eine Epochenscheide, die Gegensätze heraufbeschwor, die in der Perspektive des Jahres 1517 inhaltlich-sachlich noch unbegründet schienen.

Die in den Geschichtsbüchern übliche Abfolge von „Reformation" und „Gegenreformation" entspricht somit nicht dem wirklichen Ablauf des Geschehens. Es handelt sich vielmehr um zwei Ausprägungen oder Konkretisierungen des in der lateinischen Christenheit lange vor Luther aufgebrochenen Reformverlangens, die unter dem Druck der Ereignisse – von Entscheidungen und Fehlentscheidungen beider Seiten – zu antagonistischen Entwürfen einer neuen Ordnung in Kirche und Gesellschaft wurden. Die Folge waren antagonistische Systemkonkurrenz und Fundamentalfeindschaft zwischen den frühneuzeitlichen Konfessionskirchen, die die europäischen Staaten und Gesellschaften über Generationen hin in Atem hielten.

Antagonisierung katholischer und protestantischer Konfessionalität: Wie das konkret theologisch ablief, zeigt die Spaltung in der Gnadenlehre: In Italien hatten sich eben in jenen Jahren, als in Deutschland der Weg in die Reformation eingeschlagen wurde, die italienischen Reformströmungen in der Bruderschaft des Oratorio del Divino Amore konkretisiert, zunächst in Genua, dann auch in Rom und anderwärts. Diese Reformgruppe, meist Kleriker, stellte nicht fromme Werke zu Gunsten des eigenen Seelenheils ins Zentrum, sondern das Ideal gelebter, die Person durchdringender *caritas*, die sie als eine von Gott geschenkte Gnade begriff – eine Distanz zur herrschenden Werkfrömmigkeit also, wie sie im selben Jahr auch in den Ablassthesen des Wittenberger Augustiners zum Ausdruck kam. Aus ihrer jeweiligen Gnadenlehre zogen der Wittenberger Mönch und die Oratorianer aber unterschiedliche Konsequenzen: Die Italiener setzten auf den Klerus selbst, der durch Verbesserung seiner Bildung, Frömmigkeit und Disziplin den Laienstand gleichsam organisch nach sich ziehen und damit die Priesterkirche wieder auf den Stand der Reinheit bringen sollte. Luther dagegen entwickelte aus seiner Gnadenlehre die These vom Priestertum aller Getauften und machte damit einen zur Vermittlung des göttlichen Heils notwendigen Priesterstand überflüssig.[73]

Wie jüngst die „Gemeinsame Erklärung zur Rechtfertigungslehre" von Lutheranern und Katholiken beweist, war selbst die Gnaden- und

Rechtfertigungslehre als der innerste theologische Kern der reformatorischen Botschaft sachlich nicht unbedingt kirchentrennend. Der Zwang zur Kirchentrennung war zu einem nicht geringen Teil historisch kontingent, also nicht primär sachlich-theologisch bedingt, sondern den historischen Umständen geschuldet. In ihrer Gegnerschaft blieben protestantische und katholische Konfessionskirchen eng aufeinander bezogen – je radikaler die evangelischen Reformatoren die Papstkirche attackierten, umso entschiedener setzten die katholischen Reformer auf Abgrenzung und alternative Wege der institutionellen wie spirituellen Erneuerung.

Wie diese antagonistische Dynamik Gegensätze heraufbeschwor, die 1517 noch ganz und gar nicht vorhanden waren, zeigt sich bereits an der Einschätzung der Bibel:[74] Wenige Monate vor Luthers Ablassthesen war – wie uns bereits bekannt – in der spanischen Universitätsstadt Alcalá die sogenannte Complutensische Polyglottbibel zum Abschluss gebracht worden. Das war eine von Francisco Jimenez de Cisneros (1436–1517), Erzbischof von Toledo, mächtigster Kirchenmann Spaniens und zugleich Kopf der Reformer, veranlasste und geförderte Gesamtausgabe der Bibel in den Originalsprachen. Die Reformkreise Spaniens hatten damit die erste große Bibelausgabe auf dem Stand der neuesten philologischen Erkenntnisse hervorgebracht. Hätte man 1517 unter europäischen Gelehrten eine Umfrage gemacht, wo das aktuelle Zentrum der modernen Bibelwissenschaft läge, wäre mit Sicherheit nicht Wittenberg, sondern Alcalá genannt worden, daneben wohl noch Basel, wo 1516 Erasmus das griechische Neue Testament vorgelegt hatte.[75] Die Reformer forderten auch bereits die Verwendung volkssprachlicher Ausgaben im Gottesdienst, so in einem Leo X. 1513 bei seiner Thronbesteigung vorgelegten Gutachten zweier führender Kamaldulenser-Theologen.[76]

Im Zuge der genannten Antagonisierung setzte sich die Hochschätzung der Bibel nur im Protestantismus fort und wurde zu dessen Markenzeichen. „Luther hat den Christen die Bibel gebracht“, dieses Lob hört man im Zusammenhang mit dem 500. Reformationsjubiläum selbst aus katholischem Munde. Mit Blick auf die 1517 abgeschlossene spanische Polyglott-Bibel ist dieser Satz der Ergänzung bedürftig: Luther brachte dem einen Teil der lateinischen Christenheit die Bibel und nahm sie dem anderen Teil. Denn wenn im katholischen Bereich die Hochschätzung der Bibel abbrach, jedenfalls als Lektüre für jeden Christenmenschen, dann war das in erster Linie eine Reaktion auf die Reformation.

Das Beispiel der Bibel lässt ein generelles Muster im nachreformatorischen Verhältnis der Konfessionen erkennen, nämlich die Funktion von Antagonismen und kommunizierenden Röhren: Wie in der Einschätzung der Bibel, so lässt sich ein solcher Antagonismus auch in der Einschätzung Mariens erkennen: Die Abwertung der Gottesmutter setzte nicht mit Luther ein – erinnert sei nur an seine Magnificat-Auslegung.[77] Die mir in den 1950er und 1960er Jahren in Köln noch sehr präsente Selbstidentifizierung der Protestanten als diejenigen, für die Maria keine Rolle spielt, war erst die antagonistische Reaktion auf die Blüte der katholischen Marienfrömmigkeit im Barockkatholizismus. Inzwischen haben die protestantische Theologie und mit ihr viele protestantische Gemeinden Maria als Vorbild eines christlichen Lebens längst wiederentdeckt. Gleichwohl wirkt die Dichotomisierung des konfessionellen Zeitalters noch fort – etwa in einer oberhessischen Gemeinde, die sich schwertat mit einem Marien-Wandbehang, den ihr eine Frauengruppe der katholischen Nachbargemeinde als Geschenk überreichte.

Ähnlich gelagert war das Problem der Priesterehe. Vorreformatorisch war das quasieheliche Leben im Pfarrhaus fast die Norm, und es lässt sich kaum abschätzen, wie die Entwicklung ohne Luther weiter verlaufen wäre. Der Zölibat als Kernbestand der katholischen Kirche erscheint daher dem Historiker des 16. und 17. Jahrhunderts als Reaktion auf die Ehe des frühmodernen protestantischen Pfarrers. Wie er umgekehrt bei den Protestanten fast so etwas wie einen Zwang zur Ehe und Familie ausmacht, durch die sich der protestantische Pfarrer als solcher beweisen und von einem katholischen Priester absetzen musste.

Selbst die Kirchenverfassung unterlag einem solchen Mechanismus: Die Papstverfassung der römischen Kirche war nach und durch

Luther weit gefestigter als zuvor. Man denke nur an die scharfen Attacken des Erasmus von Rotterdam, und zwar nicht nur auf den Kriegspapst Julius II., sondern auf das Papsttum generell, allerdings in klandestiner Baseler Runde. Erst die ungebärdigen Angriffe Luthers auf den römischen „Antichrist", die den humanistischen Feingeist als „pöbelhaft" abstießen, veranlassten den damals unbestrittenen Meinungsführer des lateinischen Europa zu einer Kehrtwende hin zur Solidarität mit der Papstverfassung der römischen Kirche. Es war Luther, der dem Papst das Überleben als souveräner Pontifex sicherte, und zwar selbst über den Systembruch der Französischen Revolution hinaus.

Schließlich die *solus-Christus*-Lehre, der dogmatische Kern der Reformation. Auch sie wurde erst Mitte des 16. Jahrhunderts exklusiv protestantisch, von katholischen Konfessionalisten dazu gemacht. Das zeigt die Sterbeszene Kaiser Karls V., Luthers großem Gegenspieler.[78] Karl wie sein Beichtvater Erzbischof Caranza lebten noch in der vorkonfessionellen Christusfrömmigkeit, die auch der Wurzelgrund der Christuslehre Luthers war. So reichte der Seelsorger Caranza dem Sterbenden ganz selbstverständlich ein Kruzifix, um ihm Trost und Zuversicht zu spenden. Erst der Häresieprozess, den Angehörige der jungen, konfessionalistisch denkenden Generation im spanischen Klerus gleich nach der Beisetzung gegen Caranza und fast gegen den Kaiser selbst anstrengten, repräsentierte die neuzeitliche protestantisch-katholische Dichotomie in der Christusfrömmigkeit. Wenn rund fünf Jahrhunderte später ein deutscher Papst wenige Jahre vor dem 500. Reformationsgedächtnis als sein theologisches Hauptwerk eine mehrbändige Christusdarstellung vorlegt, so lässt sich das auch als Ansatz zur Überwindung der konfessionellen Antagonisierung und als Hinweis auf den Katholiken wie Protestanten gemeinsamen Wurzelboden in der spätmittelalterlichen Christusfrömmigkeit verstehen.

„Kirchenspaltung" versus kulturelle und weltanschauliche Differenzierung. Die womöglich wichtigste Folge der Reformation, die die europäische, später auch die globale Neuzeit tief prägte und auf die heute kaum jemand verzichten möchte, ist die kulturelle und weltanschau-

liche Differenzierung. Das war aber nicht das Ergebnis lutherischer Theologie. Diese blieb dem traditionellen Denkmuster der Einheit von bürgerlicher und kirchlicher Gemeinde verhaftet. Entscheidend war, dass sich Luther im Unterschied zu früheren Reformern behaupten konnte und sich mit Hilfe der zum Bruch mit Rom bereiten Obrigkeiten neue, oder besser gesagt alternative christliche Kirchen etablieren konnten. In der Perspektive der Christenheitsgeschichte ist das als „Kirchenspaltung“ negativ konnotiert; allgemeingeschichtlich aber wird man das als einen gewaltigen Differenzierungsschub und damit positiv bewerten. Die kirchliche Pluralisierung des Christentums war eine wesentliche Voraussetzung dafür, dass in der Neuzeit die weltanschauliche, kulturelle und politische Differenzierung Europas entschieden voranschritt, und zwar weit über den religiösen und kirchlichen Bereich hinaus bis hin zur pluralistischen und säkularen Zivilgesellschaft der Gegenwart.

Das war allerdings ein Ergebnis, das sich kein Theologe des 16. Jahrhunderts vorgestellt hatte. Entscheidend war, dass mit der Etablierung weiterer Kirchen neben der römischen der von den Theologen beider Seiten weiterhin erhobene absolute Wahrheitsanspruch samt der ebenfalls aufrechterhaltenen religiös-ideologischen Einheitsidee zur Fiktion geworden war und sich die Menschen in Europa – oder die Christenheit, was noch lange synonym blieb – Zug um Zug daran gewöhnten, in der Realität mit mehreren Wahrheiten zu leben und die normativ verpflichtende Einheitsidee durch die Idee der Freiheit zu ersetzen.

Welthaftigkeit der Religion und Säkularisierung. Allein, es gab auch eine tiefe inhaltliche Prägung der europäischen Kultur/Identität infolge der Reformation, und zwar letztlich nicht nur für die protestantischen, sondern auch für die römisch-katholischen Gebiete Europas wie anderer Kontinente: Durch Luther kam es zur Reaktivierung von Religion als heilsgeschichtlich gerichtetem, existentiell gelebtem und daher tief in die Gesellschaft hineinwirkendem Glauben. Mit der Reformation setzte nicht – wie Kritiker vor allem aus katholischem Umfeld gelegentlich noch heute behaupten – die neuzeitliche Verweltlichung im

Sinne von Religionslosigkeit ein. Vielmehr kehrte Religion mit ganzer Macht als Leitkraft in das private und öffentliche Leben Europas zurück.

Der christliche Glaube wurde „welthaft", das heißt, er wurde in die Welt hineingetragen. Dort hatte er sich im alltäglichen Handeln der Christenmenschen zu bewähren. Wichtigster und vornehmster Ort für den Glauben und das von ihm generierte Handeln waren nicht mehr Klöster, Abteien, Stifte oder andere Orte separierter Sakralität, sondern es war der Alltag in der Welt. Indem Luthers eschatologische Theologie Glaube und Welt zusammenbindet und die Welt als Ort des Heilsgeschehens begreift, wurde das Weltliche zu einem Teil der Heilsordnung. Ehe, Sexualität, Beruf, Politik wurden aufgewertet und erhielten eine neue Legitimität. Das setzte im privaten wie im öffentlichen Leben eine Dynamik frei, die unter der Herrschaft der mittelalterlichen Leistungsfrömmigkeit der Welt entzogen gewesen war. Glauben ohne Wirken auf die Welt war ebenso Sünde und Gottferne wie Handeln in der Welt ohne Glauben. Auf dieser Grundlage wurde Religion über die Jahrhunderte hin zu einer gestaltenden Kraft der Neuzeit.

Von dieser lutherischen Zentrierung auf die Religion profitierte schließlich auch die römische Kirche. In der Tridentinischen Reform wurde der aus der mittelalterlichen Kirche hervorgewachsene päpstliche Zweig des neuzeitlichen Christentums zu einer „neuen" Kirche, zur katholischen Konfessionskirche der Neuzeit. Religion stand wieder im Zentrum, so dass auch die römische Konfessionskirche einen spezifischen Beitrag zur frühmodernen Dynamisierung leisten konnte. Mit der katholischen Konfessionalisierung setzte „in Familie und Gesellschaft wie im religiösen Leben genügend Neues" ein, um „ein modernes Christentum" zu begründen, das auch in den katholischen Regionen Europas „die Entstehung der bürgerlichen Kultur förderte".[79]

Diese neuzeitliche Welthaftigkeit des Katholizismus folgte ohne Zweifel dem von Arnold Toynbee aufgestellten weltgeschichtlichen Prinzip von „challenge and response" – von reformatorischer Herausforderung und römischer Antwort. Sie war aber auch ein Fortwirken der vorreformatorischen Renaissancereligion und deren Verbindung von Christentum und antiker Welthaftigkeit, konkret der „Entzauberung der Welt", die zugleich eine Ästhetisierung und frühe Rationalisierung des Christentums gebracht hatte.[80]

Die tiefe kulturelle und gesellschaftliche Prägung des neuzeitlichen Alltags durch das Christentum wurde von allen neuzeitlichen Konfessionskirchen vorangetrieben, protestantischen wie katholischen. „Modernität" kann daher nicht länger als Monopol des Protestantismus gelten, wie es in der Nachfolge von Max Weber bei Sozialwissenschaftlern und Journalisten immer wieder zu lesen ist. Umgekehrt ist die Säkularisierung kein allein von den Protestanten zu verantwortender Sündenfall, sondern Ergebnis der gemeinsamen Christentumsgeschichte. Denn recht betrachtet war die frühneuzeitliche Säkularisierung nicht ein Prozess, der die Religion aus der Welt verbannte. Im Gegenteil, in der Konsequenz der betonten Welthaftigkeit des neuzeitlichen Christentums wurde die Religion zu einem Hauptakteur und Gestalter der Welt, im katholischen wie im protestantischen Umfeld.

Die großen Erfolge, die die Päpste seit Johannes Paul II. mit ihren Inszenierungen des Religiösen vor allem bei der Jugend feiern, wären ohne die von Luther gegen das Renaissancepapsttum erzwungene Wende zurück zur existentiellen Religiosität des Christentums kaum vorstellbar. Luther als Garant neuzeitlicher Religiosität, das wäre ein Ansatz für eine positive Würdigung von katholischer Seite. Etwa die von Luther leidenschaftlich geforderte Trennung des Papstamtes von politischer und militärischer Macht, die doch heute kein Katholik klaren Sinnes in Frage stellen würde. In den Augen eines Allgemeinhistorikers wäre es ein wichtiger ökumenischer Schritt, wenn die römisch-katholische Kirche sich die infolge der Reformation entstandene neuzeitliche Differenziertheit Europas positiv zu eigen machte: Die im 16. Jahrhundert vollzogene Differenzierung der Christenheit in ihrem strukturellen Kern, also in den theologischen, spirituellen und kirchenrechtlichen Grundlagen, sollte nicht länger als sündenbehafteter Betriebsunfall gewertet werden. Auch nicht als Beginn neuzeitlicher Säkularität, die per se als Verfallsgeschichte erscheint. Von der

Das in zahlreichen katholischen Kirchen Süddeutschlands angebetete Mariahilf-Votivbild von Lukas Cranach ist beides – ein hervorragendes Zeugnis katholischer, auch gegenreformatorischer Marienverehrung und Dokument überkonfessioneller Frömmigkeit. Hier das heute im Innsbrucker Dom verehrte Original.

konfessionalistischen Fundamentalfeindschaft früherer Jahrhunderte befreit, lässt sich heute die Vielfalt christlichen Glaubens, christlicher Kultur und Lebensweisen als Freiheit begreifen, die dem Christentum eingeboren war und ist.

Das befreit auch von der Utopie, moderne Ökumene sei nur als „Suche nach der verlorenen Glaubenseinheit" denkbar.[81] Im Gegenteil, die Differenzierung auch des Glaubens und der Kirchen ist ein Signum der christlich-europäischen Neuzeit, das den Christen Freiheit des Blickes und der Selbstbestimmung gegeben hat und unverzichtbar zu unserer religiösen Kultur gehört. Auf einer solchen Basis ökumenisch-historischen Verstehens löst sich die Klage über die Trennung auf in der Freude am religiös-spirituellen wie kulturellen Reichtum der europäischen Christenheit – der Katholiken an Johann Sebastian Bach und dem protestantischen Kirchenlied oder der Protestanten an der barocken Marienfrömmigkeit. Diese Gemeinsamkeit, aber auch die sie verdeckenden Kräfte mag uns ein Beispiel aus der bildenden Kunst vor Augen stellen: Die vielleicht bekannteste Mariendarstellung, das Gnadenbild „Mariahilf" des Innsbrucker Doms, das im süddeutsch-alpinen Raum in zahlreichen Kopien verbreitet ist, wurde von Lukas Cranach d. Ä. gemalt, also von dem protestantischen Maler schlechthin![82]

Im Licht unserer allgemeingeschichtlichen Analyse könnte sich die katholisch-protestantische Freude am Reichtum christlichen Lebens heute bereits auf Ehen zwischen Angehörigen beider Konfessionskirchen als schönste Keimzelle ökumenischer Zukunft erstrecken. Ja, sie könnte selbst die Spannweite zwischen zölibatärer Priesterkirche und protestantischer Frauenordination überbrücken, vorausgesetzt, beide Seiten verzichten darauf, ihr jeweiliges Verständnis als die einzig mögliche Auslegung von Christi Hirtenauftrag zu propagieren.

C. Die Epoche der Konfessionen als „Vorsattelzeit der Moderne"[1]

1. Konfession als Modernisierung – die andere Sicht auf einen „faden Zwischenakt"

So widersinnig es auf den ersten Blick erscheinen mag – die „weltgeschichtlichen" Konsequenzen aus Renaissance und Reformationen kamen erst seit Mitte des 16. Jahrhunderts in einer Epoche zum Durchbruch, die lange als finsterer, verengender Gegenschlag gegen den Optimismus von Renaissance und Humanismus beziehungsweise die Aufbruchstimmung der Reformation galt. Man bewertete diese Epoche als eine geistige Wüste, einen „faden Zwischenakt" (Marc Venard), eine Zeit des geistigen und politischen Stillstands. Eine neue Dynamik sah man erst anbrechen, als im Laufe des 17. Jahrhunderts die absolutistischen Herrscher das Heft in die Hand nahmen und zusammen mit Staat und Gesellschaft auch die National- oder Landeskirchen unter ihre Kontrolle brachten. Philosophie- und geistesgeschichtlich sah man erst mit Descartes wieder die Stufe der progressiven Freiheit des Denkens erreicht, die verloren gegangen sei, als Luther die in der Renaissance bereits säkulare Kultur Europas zurück in religiöse und theologische Diskurse gezwungen habe.[2]

Ähnlich sah es bereits Friedrich Nietzsche: „Die Deutschen haben Europa um die letzte große Kultur-Ernte gebracht, die es für Europa heimzubringen gab – um die der *Renaissance* … (nämlich) die *Umwertung der christlichen Werte.* … Ich sehe eine *Möglichkeit* vor mir von einem vollkommen überirdischen Zauber und Farbenreiz – ... *Cesare Borgia als Papst* ... Versteht man mich? ... Wohlan, *das* wäre der Sieg gewesen, nach dem *ich* heute allein verlange –: damit war das Christentum *abgeschafft*! – Was geschah? Ein deutscher Mönch, Luther, kam nach Rom. Dieser Mönch, mit allen rachsüchtigen Instinkten eines verunglückten Priesters im Leibe, empörte sich in Rom *gegen* die Renaissance ... Statt mit tiefster Dankbarkeit das Ungeheure zu verstehn, das geschehen war, die Überwindung des Christentums an seinem *Sitz* –, verstand sein Haß aus diesem Schauspiel nur seine Nahrung zu ziehn. Ein religiöser Mensch denkt nur an sich. – Luther sah die *Verderbnis* des Papsttums, während gerade das Gegenteil mit Händen zu greifen war: die alte Verderbnis, das *peccatum originale,* das Christentum saß *nicht* mehr auf dem Stuhl des Papstes! Sondern das Leben! Sondern der Triumph des Lebens! Sondern das große Ja zu allen hohen, schönen, verwegenen Dingen! ... Und Luther *stellte die Kirche wieder her:* ... Die Renaissance – ein Ereignis ohne Sinn, ein großes *Umsonst*! – Ah diese Deutschen, was sie uns schon gekostet haben!"[3]

Wenig später sollte dann aber eine große, von Max Weber und Ernst Troeltsch angestoßene religionssoziologische Debatte[4] zeigen, dass die dogmatischen Fixierungen des Zeitalters nur vordergründig eine gesamtgesellschaftliche Stagnation bedeuteten. Vielmehr brachte der Prozess der Herausbildung konkurrierender Konfessionskirchen, in den das Ringen um die Reformation der lateinischen Christenheit zu Mitte des 16. Jahrhunderts einmündete, in Deutschland wie in Europa insgesamt eine Welle des verstärkten Wandels in den Kirchen ebenso wie in Kultur, Politik und Gesellschaft. Stärker als die Reformation im engeren Sinne war das konfessionelle Zeitalter ab Mitte des 16. Jahrhunderts eine Zeit des Aufbruchs. Die erneute Konzentration auf Theologie und Religion samt der daraus resultierenden Herausbildung von unterschiedlichen, in der Wahrheitsfrage tief verfeindeten konfessionellen Kirchen- und Weltanschauungssystemen war nicht ein Rückfall in vormoderne, vorsäkulare Zustände, die durch Humanismus und Renaissance „an sich" schon überwunden waren. Schon gar nicht wirkte sie als anachronistischer Hemmschuh gegen den kulturellen und sozialen Wandel. Im Gegenteil, die kirchlich-religiöse Spaltung Europas vollzog einen entscheidenden Systemwandel und ebnete damit den Weg in eine Moderne, in der schließlich der Anspruch einer einheitlichen dogmatischen Weltsicht überwunden wurde und differenzierte rationale Weltinterpretationen zum Durchbruch gelangten.

Die tiefgreifenden Veränderungen, die mit den religiösen und kirchlichen Erneuerungen des 16. Jahrhunderts verbunden waren, waren offensichtlich nicht das Resultat einer bestimmten konfessionellen Ausprägung des neuzeitlichen Christentums. Vielmehr ergaben sie sich aus dem Prozess der Konfessionalisierung als solchem. Lutherische, calvinistische und katholische Neuformierung der kirchlichen und weltlichen Kräfte konnten in bestimmter historischer Konstellation modernisierende Impulse setzen und haben das auch tatsächlich getan, wenn auch in unterschiedlichem Ausmaß und durch je spezifische Trägergruppen und Instrumente. Mit der Verfestigung der neuzeitlichen Konfessionen seit Mitte des 16. Jahrhunderts ist die geistige Konfiguration „Europa“ durch eine unreduzierbare Vielfalt religiöser und kirchlicher Traditionen gekennzeichnet.

Dabei tritt immer deutlicher zutage, dass sich die Differenzierung und die Veränderungsdynamik keineswegs auf die drei Großkonfessionen beschränkten, die im Folgenden im Zentrum stehen. Mit oder neben ihnen, wenn auch über Generationen hin noch von ihnen verfolgt und verdeckt wirkend, waren zahlreiche christliche Denominationen – Täufer, Böhmische Brüder, Mystiker, Antitrinitarier und Individualdenker wie Jakob Böhme – und natürlich auch das Judentum an der Herausbildung der europäischen Religionskultur der Neuzeit beteiligt, und damit auch an der Prägung der europäischen Normen und Werte.[5]

„Konfessionalisierung“ meint einen gesellschaftlichen Fundamentalvorgang,[6] der in meist gleichlaufender, bisweilen auch gegenläufiger Verzahnung mit der Herausbildung des frühmodernen Staates, mit der Formierung einer neuzeitlich disziplinierten Untertanengesellschaft – die anders als die mittelalterliche Gesellschaft nicht personal-fragmentiert, sondern institutionell-flächenmäßig organisiert war – sowie parallel zur Entstehung des modernen kapitalistischen Wirtschaftssystems das öffentliche und private Leben in Europa tiefgreifend umpflügte. In langfristiger Perspektive gesehen, gehörte die Konfessionalisierung zu den Antriebselementen jenes frühneuzeitlichen Transformationsprozesses, der die ständische Welt Alteuropas in die moderne demokratische Industriegesellschaft umformte. Die Konfessionalisierung Europas als kirchlich-religiösen und politisch-gesellschaftlichen Fundamentalvorgang der Frühen Neuzeit zu sehen, überwindet die Dichotomie zwischen Vorgängen auf dem Feld der Ideen und realen Entwicklungen in Politik, Gesellschaft und Wirtschaft, die zu lange die Darstellungen von Reformation und ihren Folgen für den Aufbruch Europas in die Neuzeit bestimmt und eingeengt hat. Kirchlich-religiöse, politische, soziale und ökonomische Kräfte gelten als jeweils eigenständige Wirkfaktoren, die nach Art eines Syndroms, also im Zusammenspiel und in wechselseitiger Beeinflussung, gemeinsam die Gesamtrichtung des Wandels bestimmen. Zugleich eröffnet sich eine explizit vergleichende Perspektive auf die konkrete Ausprägung christlicher Spiritualität und Kirchlichkeit und deren Konsequenzen für das Hineinwirken des lateinischen Christentums in die Welt im Moment des Aufbruchs in Neuzeit und Moderne – innerchristlich, aber auch interzivilisatorisch, als Vergleich mit anderen Weltzivilisationen, allen voran den islamischen. Erst eine solche historisch abgesicherte, vergleichende Gesamtanalyse der auf die Reformation folgenden Jahrhunderte verschafft der Rede von der „Geschichte des Westens" und den „westlichen Werten", die bei Zeithistorikern und Politikern gegenwärtig Konjunktur hat,[7] eine sichere Grundlage.

Die vergleichende Perspektive ist auch für die folgenden Überlegungen und die sie ergänzenden Erfahrungsfelder christlichen Lebens bestimmend. Dabei sind die staatlich-politischen wie die kirchlich-religiösen Zusammenhänge und Entwicklungen gleichrangig ins Auge zu fassen. Denn in der frühneuzeitlichen Formierungsphase gilt als ausschlaggebend, dass die dem Christentum seit jeher inhärente, mit Reformation und Gegenreformation verfestigte Verschränkung von

Sakralem und Säkularem sich nochmals entscheidend vertiefte. Konfessionskirchen und frühmoderne Staaten traten in eine fast unlösbare Interessenallianz, mit der sie das private wie öffentliche Leben europaweit veränderten und neuen, neuzeitlichen Formen zuführten.[8]

Mit dem Konfessionalismus erlebte Europa den schlimmsten Feuersturm der Selbstzerfleischung vor dem 20. Jahrhundert, und das mit einem guten christlichen Gewissen, das sich auf allen Seiten der Fronten zum Endkampf um die religiöse Wahrheit aufgerufen wähnte. Doch ist bei genauer Betrachtung unübersehbar, dass zu Mitte des 16. Jahrhunderts ein neues Zeitalter anbrach. Es war nicht mehr Mittelalter und auch nicht mehr Übergangszeit, sondern die Epoche, die mit einem gewaltigen Formierungswillen die Grundlagen für die Neuzeit, in längerer Sicht auch für die Moderne in all ihrer Freiheit und Zerrissenheit schuf. Das aus den Brüchen der Reformationszeit hervorgegangene neuzeitlich differenzierte Christentum hat diesen tiefgreifenden Wandel entscheidend mitgestaltet.

Schließlich hat die Konfessionalisierung Europas auch die Ausbreitung des Christentums in den anderen Teilen der Welt nachhaltig beeinflusst. Für die katholischen Kolonialmächte Spanien und Portugal war die Missionierung der neuen Untertanen in Übersee selbstverständlicher Teil der Integration der eroberten Gebiete in ihr Staats- und Gesellschaftssystem. Das war mit brutaler Gewalt verbunden, die Millionen von Menschenleben forderte, aber auch mit leidenschaftlichem Ringen um das seelische und körperliche Wohlergehen der indigenen Bevölkerung und deren Erziehung im Sinne christlich-europäischer Bildungsideale. In der Tradition mittelalterlicher Asienmissionen vor allem der Franziskaner[9] waren es in erster Linie Ordensmänner, die diese Aufgabe übernahmen – Franziskaner, Dominikaner, zunehmend auch Mitglieder der neuen konfessionalistischen Orden, vor allem Jesuiten. Anders aber als bei der mittelalterlichen Mission waren die Aktivitäten der Orden vom Willen der Herrscher und Staaten abhängig, und damit auch von den sich wandelnden Mächtekonstellationen der europäischen Konfessionsstaaten. So brach die von dem Dominikanerpater Bartolomé de Las Casas beeinflusste nachdenkliche Indios-Politik Karls V. abrupt ab, als der Kaiser Mitte der 1540er Jahre in den Entscheidungskampf mit den Protestanten eintrat. Darauf und auf die skrupellose Ausbeutungs- und Christianisierungspolitik im Zuge der konfessionalistischen Wende Spaniens unter Philipp II. ist noch zurückzukommen. Selbst die Päpste konnten diese Machtdynamik der Staaten nicht steuern. So verfügte zwar Paul III. 1537 in der Bulle *Sublimis Deus,* dass die Indios wie alle übrigen noch zu entdeckenden Völker „vernunftbegabte Wesen mit einer Seele seien", die nicht versklavt noch ihres Besitzes beraubt werden dürften. Vielmehr seien sie „durch Predigt und gutes Beispiel zum christlichen Glauben" und zur freigewählten Taufe einzuladen. Doch vor Ort scherten sich die Siedler und Konquistadoren nicht darum, zumal die spanische Regierung die Publikation der Bulle verhinderte.[10]

Die katholische Konfessionskirche profitierte gleichwohl von der energisch-skrupellosen Politik der katholischen Kolonialmächte. Denn im Protestantismus entstand erst ein gutes Jahrhundert später eine vergleichbare Mission: Luther und seine Lehre waren von den Ereignissen in Übersee ganz unberührt geblieben, und die meisten lutherischen Länder, zumal die deutschen Territorien, waren kontinental, nicht maritim ausgerichtet. Erst mit der im 17. Jahrhundert einsetzenden Kolonialpolitik der calvinistisch oder reformiert geprägten maritimen Länder Holland und England entstand eine protestantische Mission. Sie erreichte aber nie die religiös-politische Geschlossenheit und Dynamik der katholischen Mission – vor allem, weil sie sich nicht auf eine Gruppe von Akteuren nach Art der katholischen Orden stützen konnte. Dasselbe gilt für die pietistisch-lutherische Spätmission, die im 18. Jahrhundert im Umkreis der Franckeschen Stiftungen in Halle und der Herrnhuter Brüdergemeine des Grafen Zinzendorf einsetzte und als quasi zivil-bürgerliche Missionsgesellschaft ohne staatliche Steuerung ein lockeres Netz von christlichen Gemeinden in Afrika und Asien gründete. Die Papstkirche dagegen konnte sich bereits Mitte des 17. Jahrhunderts mit dem Berninischen Petersplatz machtvoll als Weltkirche darstellen, die sie bis heute trotz aller Krisen und Widersprüche geblieben ist. Auch darauf ist zurückzukommen.[11]

In Europa konnten sich weder Wittenberg und die anderen europäischen Reformationskirchen noch Rom und seine Parteigänger durchsetzen, um die lateinische Christenheit einheitlich nach ihrem jeweiligen Konzept zu reformieren. Daher war in der Christenheitsgeschichte zu Mitte des 16. Jahrhunderts, spätestens mit Abschluss des Tridentinischen Konzils im Dezember 1563, ein neues Zeitalter aufgezogen. Erst jetzt schlugen die Konsequenzen von Luthers 95 Thesen aus dem Jahr 1517 kirchen- wie allgemeingeschichtlich voll durch. Wie bei der Kettenbewegung, die der Fall des berühmten ersten Dominosteins auslöst, war ein vor Jahrzehnten eingeleiteter Prozess an ein Ende gelangt. Die scheinbar festgefügte Reihe der Dominosteine lag am Boden und gab dem Neuen Platz.

Das mittelalterliche Christenheitseuropa, das – so spannungsreich es im Einzelnen auch war – immer durch Integration oder Vernichtung des Abweichenden die Gemeinsamkeit des Glaubens gesichert hatte, war endgültig zerbrochen, zerbrochen an den umstürzenden Veränderungen in Kirche, Staat und Gesellschaft, die sich zwangsläufig ergaben, als eine Vermittlung zwischen den in der Reformation zutage getretenen Glaubensdifferenzen unmöglich geworden war. An die Stelle des einheitlichen Christenheitseuropa trat das neuzeitliche differenzierte Europa – differenziert im Glauben in zwei, die Reformierten gesondert gerechnet drei Varianten christlicher Wahrheit und kirchlich-gemeindlicher Institutionalisierung. Damit war der Differenzierungsschub aber nicht beendet. Vielmehr sollte die Christenheit ausgangs des 18. Jahrhunderts eine Vielfalt von Glaubensrichtungen und Kirchtümern umfassen.

Neuzeitlich formiert und differenziert wurde im Zuge der Konfessionalisierung auch die europäische Staatenwelt. Das galt bereits für die engere Reformationszeit, als sich die Einzelstaaten – im Reich Territorialstaaten oder Stadtrepubliken – nicht mehr bereit gezeigt hatten, sich einem universellen Willen zu unterwerfen, weder politisch noch kirchlich, weder dem Kaiser noch dem Papst. Das gilt für Kurfürst

Friedrich den Weisen von Sachsen (1463–1525) ebenso wie für die Stadträte von Zürich, Genf, Straßburg und Nürnberg. Dutzende von Königen und Fürsten, aber auch unzählige Stadträte, Niederadlige, Bürger und Bauern traten für die Reformation ein, wie sie der Wittenberger Augustinermönch Martin Luther (1483–1546), der Züricher Leutpriester Huldrich Zwingli (1484–1531) und der französische Jurist und Genfer Pasteur Jean Calvin (1509–1564) vertreten hatten. Auch auf katholischer Seite waren es die Fürsten, die den Bestand des römischen Kirchenwesens garantierten – auf europäischer Ebene vor allem Kaiser Karl V., aber auch sein Erzrivale König Franz I. von Frankreich und seine Nachkommen; in Deutschland vor allem Karls Habsburgerbruder Ferdinand und die Herzöge von Bayern.

Die „Konfessionsstaaten" gingen auf Generationen hin eine Allianz mit den unterschiedlichen Kirchen und ihren sich gegenseitig ausschließenden Glaubenswahrheiten ein.[12] „Die hochorganisierten theologisch-weltanschaulichen Konfessionssysteme ermöglichten und stützten die gesellschaftliche Verdichtung, die die frühmodernen Staaten anstrebten – durch eine alle Bereiche des öffentlichen und privaten Lebens umgreifende sinngebende Welt- und Lebensanschauung; durch ein umfassendes System von Werten und Normen, gerichtet auf die Steuerung des privaten und öffentlichen Verhaltens; durch eine differenzierte, von den Amtsträgern der jeweiligen Konfessionskirche verwaltete Kasuistik von Sanktionen und Gratifikationen in diesem und vor allem im zukünftigen Leben, die geeignet waren, jenen Werten und Normen Geltung zu sichern." In der Formierungsphase, in der die neuzeitlichen Staaten noch schwach und unterentwickelt waren, stellten die Konfessionen die vorrangigen Träger der gesellschaftlichen Integration und die wichtigsten Garanten innerer Stabilität dar. Das war für die politische und gesellschaftliche Formierung Europas umso wichtiger, als die Umbildung der mittelalterlich „feudalen" (also auf personaler Loyalität basierenden) Herrschaftssysteme zu frühneuzeitlichen, durch souveräne Herrschaft, formelles Rechtswesen und bürokratische Verwaltung charakterisierte Staaten von heftigen inneren Konflikten und Spannungen begleitet war. Wer sich in diesem Ringen zwischen den Vertretern des alten, personal ständisch bestimmten und dem neuen, sachlich-staatlich geprägten Staats- und Gesellschaftsmodell die Unterstützung der Konfessionskirche und ihres Personals sicherte, konnte seine Legitimität festigen und den Spielraum politisch-gesellschaftlichen Handelns entscheidend ausbauen. In der Regel waren das die Träger des neuzeitlichen Staates, also Könige, Fürsten und republikanische Magistrate. Nicht selten verbündeten sich die Konfessionen aber auch mit den oppositionellen Kräften und stärkten deren Widerstand. So waren es die „feurigen Calvinisten", die den niederländischen Freiheitskampf gegen die katholische Fremdherrschaft der Spanier anführten. Ebenso in Böhmen den – gescheiterten – Aufstand gegen die katholischen Habsburgerherrscher.[13]

In der Koalition mit den Konfessionskirchen gewannen die frühmodernen Staaten innere Stärke und erschlossen sich neue, bald als typisch neuzeitlich und modern verstandene Aufgabenfelder, die zuvor überwiegend in der Verfügungsgewalt der Kirche gelegen hatten – in Schule und Bildungswesen, dem Kultus, der Sozialfürsorge, im Personenstandswesen; und nicht zuletzt bei der Disziplinierung der Untertanen und deren Integration in einen einheitlichen Staatsverband. Dem Zugewinn an Kohärenz und Macht standen als Kosten eine je nach den Gegebenheiten mehr oder weniger starke Abhängigkeit der Konfessionsstaaten von ihrer jeweiligen katholischen oder protestantischen National- oder Landeskirche gegenüber. Das bedeutete eine ideologische Gefangenschaft, die die Herrscher oder Stadtmagistrate sowohl im Innern gegenüber Untertanen und Bürgern wie nach außen gegenüber anderskonfessionellen Staaten zur Unterstützung der Theologen und ihrer auf beiden Seiten weiterhin universellen Ansprüche zwang – bis hin zu militärischen Aktionen, die das konfessionelle Europa schließlich in den großen Religions- und Staatenkrieg stürzen sollten. Aus dieser Allianz vermochte sich der frühmoderne Staat erst seit Mitte des 17. Jahrhunderts Zug um Zug zu befreien.

Die politischen und kirchlichen Gegensätze des konfessionellen Zeitalters bedeuteten zunächst tiefe Zerrissenheit und Fundamentalfeindschaft bis hin zu einem gegenseitigen Vernichtungswillen, der über Generationen hin Gewalt und Leid über die Menschen brachte. Längerfristig entstand daraus aber eine kreative Konkurrenz innerhalb des Christentums, schließlich auch mit anderen Religionen und nichtreligiösen Weltanschauungen als Grundvoraussetzung für die neuzeitliche Freiheitsgeschichte Europas und anderer von diesen Entwicklungen innerhalb des Christentums mitgeprägten Weltregionen.

2. Vom Scheitern der Irenik zum Europa der Konfessionen

In einem bedeuteten Luther und die von ihm und den westeuropäischen Reformatoren ausgelösten Bewegungen nun doch einen radikalen Bruch mit anderthalb Jahrtausend europäischer Geschichte: Die bislang trotz aller Schismen und Häresien aufrechterhaltene religiös-kirchliche Einheit des lateinischen Europa ging zu Ende und sollte trotz aller bis weit ins 17. Jahrhundert hinein beschworenen Wiedervereinigungsabsichten nie wieder hergestellt werden. Denn sollte die im 20. Jahrhundert erwachte und Anfang des 21. Jahrhunderts neu an Fahrt gewinnende Ökumene wirklich einmal zu einer Vereinigung der christlichen Kirchen führen, dann wäre sie etwas ganz anderes als die vorreformatorische Universalkirche.

Seit Mitte des 16. Jahrhunderts entstanden die neuzeitlich formierten, organisatorisch wie „ideologisch" scharf voneinander abgegrenzten Konfessionskirchen – lutherische, calvinistisch-reformierte, tridentisch-katholische, schließlich die anglikanische, wenn man sie von den beiden protestantischen Formen abheben und eigens zählen will. Das waren geistig-kulturelle wie politisch-gesellschaftliche Weltanschauungssysteme, die bis rund 1650 das öffentliche wie private Leben in Europa tief bestimmten und auch danach weiterwirkten. In manchen Aspekten wirken sie bis in unsere Tage – etwa im Verhalten (bei Wahlen zum Beispiel) und in der Lebens- und Denkart der Menschen, vor allem aber bei der kulturellen Prägung bestimmter Landschaften Europas, die jeder mit offenen Augen Reisende unschwer als katholisch oder protestantisch geprägt erlebt.

Die Zeit des mittelalterlichen Universalismus war endgültig vorbei. In Theologie und Kirche behielten Reformatoren wie römische Kirche den exklusiven, universellen Wahrheitsanspruch bei. Realgeschichtlich waren sie aber allesamt zu Partikularkirchen geworden, auch die Papstkirche, die sich bis heute nicht von ihrem universellen Anspruch gelöst hat. Deutlicher noch der Paradigmenwechsel in Politik und Staat: Kaiser Karl V. (1500–1559) war mit seinem universellen Kaiserkonzept gescheitert und bekundete das im Winter 1555/56 in Brüssel mit seinem Amtsverzicht öffentlich. Seine Nachfolge regelte er dann ganz auf der Grundlage des neuzeitlichen Konzepts souveräner Partikularstaaten: Spanien und nicht das Heilige Römische Reich sollte die Herrschaftsbasis seines Sohnes Philipp sein. Sein Vorrang in Europa und in der Welt sollte nicht die universelle Kaiseridee begründen, sondern das Hegemonialkonzept der Neuzeit, also die von keinem anderen Staat zu übertreffende politische und militärische Stärke Spaniens.[14]

Mit dem Europa der Staaten bildete sich das neuzeitliche Europa der Kirchen aus. Dazu hatten die Reformatoren die Voraussetzungen geschaffen,[15] die geistig-theologischen ebenso wie die organisatorisch-institutionellen in den neuen Landes- oder Stadtkirchen. Allerdings bedurfte es noch Jahrzehnte des Übergangs, ehe sich die Konkordanz zwischen dem Europa der Staaten und dem Europa der Konfessionen etabliert hatte. In der zweiten Hälfte des Reformationsjahrhunderts traten immer wieder Fürsten mit ihren Räten und Theologen auf, die einen dritten Weg zwischen Katholizismus und Protestantismus einschlugen oder zumindest versuchten, der aufziehenden Polarisierung durch Irenik entgegenzutreten, also durch Friedensschriften und Friedenspredigten, die zwischen den theologischen Positionen vermitteln wollten. Die geistig-intellektuelle Grundlage war vorstaatlich gesamteuropäisch, nämlich der Humanismus, der noch in der Zeit des „gemeinsamen christlichen Hauses“ (Erasmus) entstanden war und sich in der reformatorischen Entscheidungskrise eine die Konfessionen übergreifende Geistigkeit und ein internationales Netzwerk äußerst intensiver Korrespondenzen hatte bewahren können. Und da folglich Humanisten in allen Konfessionsblöcken vertreten waren, war auch die frühneuzeitliche Irenik überkonfessionell, wenn auch in den einzelnen Konfessionen unterschiedlich stark ausgeprägt.

Im Luthertum vertraten der Humanist Melanchthon und seine Schüler, unter ihnen bemerkenswert viele Juristen und Regierungsräte, eine solche Vermittlungsposition. Ihre Handlungsspielräume verengten sich aber seit Mitte des 16. Jahrhunderts zusehends, weil ihre orthodox lutherischen Gegner sie als Verräter und Kryptocalvinisten in Misskredit brachten. Ein ähnliches Schicksal erfuhr die keineswegs kleine Gruppe von Humanisten, die sich für den Verbleib in der römischen Kirche entschieden hatten. Nachdem ihr prominentester Vertreter, Erasmus von Rotterdam, vom Trienter Konzil auf den Index gesetzt worden und in den gegenreformatorischen Ländern der *damnatio memoriae* verfallen war,[16] standen sie und ihre irenischen Schriften unter Häresieverdacht. Ihre transkonfessionellen Kontakte bargen daher ein hohes persönliches Risiko. Deutlich freier konnten sich Irenik und Vermittlungstheologie im reformierten Lager entfalten. Das war der Nähe der Reformierten beziehungsweise Calvinisten zum Humanismus zu verdanken, aber auch der besonderen rechtlichen und politischen Situation dieser Konfession, die nirgends einen vergleichbaren staatlichen Rückhalt besaß wie Luthertum oder Katholizismus und daher staats- und mächtepolitisch besonders ausgesetzt und angreifbar war.

Trotz dieser Schwierigkeiten blieb das überkonfessionelle Netz der Humanisten – Theologen, Juristen, Politiker und zahlreiche Mediziner – bis Ende des Reformationsjahrhunderts, teilweise auch darüber hinaus, intakt und erstaunlich aktiv. Die Initiative ging immer wieder von reformierter Seite aus, wie es die europaweite Korrespondenz und die politischen Aktivitäten des reformierten Juristen und Politikers Hubert Languet (1518–1581) konkret dokumentieren.[17] Wo immer er antispanische und antigegenreformatorische Allianzen schmiedete, konnte er sich auf humanistische Zirkel stützen, die ungeachtet ihrer formellen Zugehörigkeit zu einer der Konfessionskirchen an geistig-theologischer oder politischer Vermittlung arbeiteten – in England und Kursachsen ebenso wie in der Pfalz und der niederländischen Republik. Selbst am Kaiserhof in Wien und in Köln stieß er auf Gleichgesinnte, also selbst in den katholischen Zentren.

Köln war die einzige größere Reichsstadt, deren Magistrat keine reformatorische Bewegung zugelassen und sich bereits früh auf die offensiv katholische Machtpolitik der Spanier verpflichtet hatte, die von den benachbarten Niederlanden her den gesamten Nordwesten des Reiches zu kontrollieren bestrebt waren. Dennoch konnte in der Reichsstadt noch im letzten Jahrhundertdrittel ein Zirkel von katholischen Humanisten und Publizisten tätig sein, der die rheinische Bischofsstadt zu einem Zentrum der irenischen Vermittlungsliteratur im Reich und zum Knotenpunkt des jungen Nachrichtenwesens werden ließ. Im Zentrum dieses sehr kleinen Kreises am Rand der reichsstädtischen Gesellschaft standen der in der Freigrafschaft Burgund geborene Jurist Jean Matal (1517–1571) und der aus einer spanischen Exulantenfamilie in den Niederlanden stammende Theologe Petro Ximénez. Ihr Europa überspannendes Netz soll hier in groben Umrissen skizziert werden, um die Weite des geistigen Austausches und der politischen Korrespondenz dieser an überkonfessioneller Verständigung arbeitenden Humanistenzirkel erahnen zu lassen:[18] Enge Verbindungen bestanden zu Professoren ihres ehemaligen Studienortes Löwen, ungeachtet der Tatsache, dass die Universität längst streng gegenreformatorisch verfasst war und jede Art von Verständigungstheologie als Häresie verfolgt wurde. Ähnlich die Kontakte zu den Humanisten in dem weltumspannenden Handelsimperium Antwerpen, namentlich zu dem Verleger Christoph Plantin und dem Geographen und Kartographen Abraham Ortelius, die unabhängig von der rasch wechselnden formellen Konfessionszugehörigkeit der Stadt bestanden. Eingebunden waren auch gleichgesinnte irenische Kreise der reformierten Schweiz, namentlich Theodor Zwinger in Basel. 1579 weilte Hubert Languet, wie Matal aus der Freigrafschaft Burgund stammend, in Köln. Über ihn und den kursächsischen Rat Andreas Paull, einen

Schüler Melanchthons, gingen die Kontakte nach Kursachsen, wo die reformierten Theologen und Juristen um Einfluss rangen. Eingebunden waren des Weiteren Gleichgesinnte im Umkreis Kaiser Maximilians II., auch er an konfessioneller Verständigung interessiert, in Wien und Breslau, namentlich Andreas Dudith und Jakob Monau. Schließlich liefen Verbindungslinien nach England und in die Niederlande, an den Hof Wilhelms von Oranien und zu der jungen Universität Leiden, allen voran zu ihrem bald berühmten Philosophieprofessor Justus Lipsius.

Über den zeitweilig in Köln wohnenden Theologen Georg Cassander (1513–1566), Professor am Gymnasium Illustre in Duisburg und herzoglich-jülicher Rat, Verfasser eines an Kaiser Ferdinand I. gerichteten Gutachtens zur möglichen Wiedervereinigung der Konfessionen, waren die Kölner Ireniker mit dem Machtzentrum des großen niederrheinischen Reichsterritoriums Jülich-Kleve-Berg verbunden, das gerade in jenen Jahrzehnten um die machtpolitische Selbstbehauptung gegenüber den in diesem Raum politisch wie kirchlich immer aggressiver auftretenden Spaniern kämpfte. Kirchenpolitisch setzten Herzog Wilhelm V. (1539–1592), der Reiche, und seine Räte – neben Cassander vor allem sein Leibarzt und Vorkämpfer gegen die Hexenverfolgungen Georg Witzel – auf die *via media*, einen dritten Weg humanistisch bestimmter Spiritualität und Kirchlichkeit, der sich weder auf den römischen noch auf den protestantischen Konfessionalismus festlegen lassen wollte. Mit einem solchen dritten Weg, den man nicht – wie gelegentlich vorgeschlagen – als eine „humanistische Variante der Konfessionalisierung“ begreifen kann, wollte man auch dem Zwang zur mächtepolitischen Parteinahme entgehen, der sich in ebenjenen Jahren im Nordwesten des Reiches aufgebaut hatte – zwischen dem gegenreformatorisch-katholischen Block der Spanier einerseits und den protestantischen Allianzbestrebungen andererseits, wie sie angesichts der drohenden militärischen Offensive der Katholiken vor allem von Calvinisten und Reformierten betriebenen wurden.

Versuche eines solchen Mittelweges hat es auch anderwärts gegeben – in einigen Territorien des Reiches (neben Jülich in Kurpfalz und

Kurbrandenburg),[19] in der niederländischen Republik und selbst in Schweden, das schließlich zum Exponenten des orthodoxen Luthertums werden sollte. All diese Versuche wurden aber durch die konfessionelle Polarisierung beendet, die seit Mitte des Reformationsjahrhunderts mit Macht einsetzte. Nach dem Tod des Jülich-Klevischen Herzogs Wilhelm V. 1592 trat in Düsseldorf eine spanische Kamarilla die Herrschaft an, die alle irenischen Experimente beendete und die Niederrheinterritorien politisch wie kirchlich dem offensiv katholischen Block zuführte. In Kursachsen hatte es nach dem Tod Kurfürst Augusts 1586 zwar einen Moment lang den Anschein, als würde die humanistische Irenik die Oberhand gewinnen. Als Christian I. (1586–1591) aber die Balance verlor und in Landeskirche wie im Territorium eine Wende zum Calvinismus drohte, kam es zu einer gewaltsamen Reaktion, die für Kursachsen endgültig die lutherische Konfessionalität festlegte.[20] Ein Desaster auch in der Kurpfalz. Dort trat die reformierte Vermittlungs-Irenik im Überlegenheitsbewusstsein über das Luthertum mit dem Anspruch des Vollenders der evangelischen Reformation auf[21] – provozierte damit die Abgrenzungsstrategie der Lutheraner und verleitete den jungen und wegen seiner purpurgeborenen englischen Gemahlin Elisabeth Stuart reputationssüchtigen Kurfürsten Friedrich V. (1596–1632), nach der Krone Böhmens zu greifen. Die Folge war die Mutation der konfessionellen Konfrontation zum großen europäischen Staaten- und Religionskrieg, die Eroberung Heidelbergs und der Rheinpfalz durch die katholischen Bayern beziehungsweise Spanier. Friedrich sah sich als „Winterkönig" verspottet und zum Leben als Exulant gezwungen.

Wie sehr die schroffe konfessionelle Abgrenzung kirchlich wie staatenpolitisch ein Zwang der Zeit war, wird besonders deutlich an der Religionspolitik König Johanns III. von Schweden (1568–1592): Von Historikern meist den Extremen zugeordnet, entweder zum Agenten der katholischen Reaktion oder eines umstürzlerischen Calvinismus erklärt, erscheint er im Lichte der beschriebenen Tendenz zur Umgehung eindeutiger konfessioneller Festlegungen als Vertreter ebenjener *via media*, die versucht, eine gemeinsame Basis bei den Kirchenvätern zu finden und den Ritus der schwedischen Kirche mit der mittelalterlichen Tradition in Einklang zu bringen. Ziel war die Sicherung der innen- wie außenpolitischen Handlungsspielräume, die einem strengen Konfessionalismus verschlossen bleiben mussten. Wenn der König in diesen Bestrebungen total scheiterte, so ist das einerseits dem Widerstand der orthodox lutherischen Geistlichkeit und andererseits dem seines Bruders Herzog Karl von Södermanland zuzuschreiben. Wichtiger war aber wohl die allgemeine Zeitsituation, die in diesem Moment in Schweden wie in Europa offensichtlich „nicht den Ausgleich, sondern die möglichst schroffe Abgrenzung von der anderen Konfession brauchte".[22] Und so lenkte Schweden nach dem Tod Johanns III. 1592 und der Königserhebung seines Bruders, des Herzogs von Södermanland, 1604 als Karl IX., entschieden in lutherisches Fahrwasser ein. Schweden wurde zu dem Paradefall lutherischer Nationalidentität, als welches es uns im nächsten Teil nochmals ausführlich beschäftigen wird. Auf der anderen Seite wurde Polen, wo seit 1587 Sigismund III., ein Sohn des Schwedenkönigs Johann III. und der polnischen Jagiellonenprinzessin Katharina, regierte, unter der neuen, katholischen Wasadynastie (1587–1668, auf Sigismund folgten 1632 sein Sohn Wladyslaw und 1648 dessen Bruder Johann Kasimir) zum Inbegriff einer katholischen Nation. Zuvor hatte Polen die konfessionalistische Entschiedenheit vermieden und war wegen seiner Freiheitsrechte für den Adel zur Zufluchtsstätte aller Dissenters geworden, die dem anderwärts in Europa herrschenden Zwang zur Konfessionalisierung entgehen wollten – Mystiker, Täufer, Böhmische Brüder, Sozianer, Antitrinitarier.

Einen Sonderfall bildete die niederländische Republik der sieben Nordprovinzen, die 1579 mit der Utrechter Union Unabhängigkeit von Spanien erlangt hatte. Wie in den benachbarten Niederrheinterritorien waren auch dort die Humanisten und die Vermittlungstheologen stark. Im Zuge der Konfrontation mit Spanien traten aber auch hier die Konfessionalisten, und zwar die entschiedenen Calvinisten, in den Vordergrund und wurden in Allianz mit den Statthaltern aus dem Haus Oranien bestimmend für den Unabhängigkeitskrieg. Die humanistische Vermittlungsposition hat aber nie ganz an Einfluss verloren, weder unter Theologen noch unter Politikern. Theologisch stand die Bewegung der Arminianer, Anhänger des Amsterdamer Prädikanten und Leidener Professors Jacobus Arminius (1560–1609), für eine offene, liberale, vermittlungsbereite Spielart des Reformiertentums, die schließlich jede Bekenntnisverpflichtung ablehnte. Politisch wurde diese Position insbesondere durch das holländische Handels- und Regentenbürgertum vertreten, allen voran durch Johan van Oldenbarnevelt (1547–1619), den Regierungschef der Schlüsselprovinz Holland.

Als sich bei Ausbruch des großen europäischen Glaubens- und Staatenkrieges auch in den Niederlanden die Konfrontation verschärfte, war die Niederlage der Gemäßigten unvermeidlich: In einem Zusammenspiel von Moritz von Oranien und rigiden Calvinisten verurteilte die Dordrechter Synode (1618/19) die Lehre des Arminius und zwang seine Anhänger in den Untergrund. Parallel dazu wurde Johan van Oldenbarnevelt gefangen gesetzt und nach einem Schauprozess enthauptet – im damals sehr hohen Alter von 71 Jahren! Die konfessionalistische Allianz zwischen Oranier-Statthalter und orthodox-calvinistischen Theologen war aber stets der Kritik vonseiten des liberalen, häufig humanistisch gebildeten Bürgertums ausgesetzt. Das vor allem in der Schlüsselprovinz Holland starke Handels- und Bildungsbürgertum kritisierte den politischen Einfluss der calvinistischen Dominees/Prädikanten scharf als *domineesheerschappij* und papistische Unrechtsherrschaft.[23] Sobald der militärische Druck auf die Niederlande nachließ oder gar Friedensverhandlungen in Aussicht standen, nutzten diese antikonfessionellen Kreise die Chance und entledigten sich der Oranier und mit ihnen der calvinistischen Orthodoxie. So in den 1650er Jahren unmittelbar nach dem Münsteraner Frieden mit Spanien. Zwei Jahrzehnte später sollte sich aber die Konstellation von Beginn des Jahrhunderts wiederholen: In höchster militärischer Bedrohung, dieses Mal durch das katholische Frankreich, formierte sich die bewährte Krisenallianz aufs Neue. Wilhelm III. von Oranien wurde in die Herrschaft berufen, Johan de Witt, Ratspensionaris van Holland, unter dem sich das Land einer fast 20-jährigen Friedens- und

Wie geschlachtete Schweinehälften werden die Leichen der Brüder Johan und Cornelis de Witt auf diesem Gemälde von Jan de Baen dem Betrachter präsentiert (ca. 1672–1675). Für uns heute ein tief irritierender Beleg, dass sich selbst in dem als tolerant geltenden Holland konfessionspolitische Gegensätze zu Fanatismus und unmenschlicher kollektiver Gewalt zuspitzen konnten.

Toleranzpolitik erfreut hatte, gefangen gesetzt und im Sommer 1672 zusammen mit seinem Bruder Cornelis de Witt vor der Gevangenenpoort unmittelbar gegenüber dem Regierungssitz durch einen von der Oranierpartei aufgestachelten calvinistischen Mob gelyncht und in Stücke zerrissen.

Zu Ende des Reformationsjahrhunderts hatte der konfessionalistische Entscheidungsdruck auch die Humanisten eingeholt. Sie sahen sich zwischen den Fronten zerrieben und zu konfessioneller Eindeutigkeit gezwungen. Das belegt kein Geringerer als der erwähnte lateinische Philologe, Philosoph und Jurist Justus Lipsius, 1547 bei

Brüssel geboren und 1606 in Löwen gestorben. Geprägt vom unorthodoxen Katholizismus seiner Familie und den späthumanistischen Kreisen seines Studienortes Löwen, war er jahrzehntelang ein Wanderer zwischen den Fronten, ohne aber seinen katholischen Glauben abzulegen. Er hatte Kontakt zu den Humanisten am Wiener Hof Kaiser Maximilians II., zu den Kölner Irenikern, zu Melanchthonschülern in Sachsen, wo er 1572 für kurze Zeit in Jena Professor für Rhetorik war, übernahm 1576 eine Professur im heimischen Löwen, das er aber wenig später wegen Spannungen mit Vertretern der katholischen Orthodoxie wieder verließ. Über die liberale, weltoffene Hafenstadt Antwerpen ging er nach Leiden, wo er an der eben von den niederländischen Aufständischen gegründeten calvinistischen Universität von 1578–1590 die Geschichtsprofessur und mehrmals auch das Amt des Rektors bekleidete. In diesen Jahren muss ihm klar geworden sein, dass seine Existenz zwischen den konfessionellen Lagern nicht mehr den Anforderungen der Zeit entsprach. Denn 1591 publizierte er die Schrift „De una religione", die ähnlich wie die erwähnte Maxime *religio vinculum societatis* der Reichsjuristen die Notwendigkeit der Religionseinheit in Staat und Gesellschaft begründete. Verlegt wurde sie in der Officina Plantiniana, der Leidener Universitätsdruckerei, die Christoph Plantin (1520–1589) gegründet hatte – auch er Humanist und Wanderer zwischen den konfessionellen Lagern, der bis zu seinem Tod Verlage sowohl im belgisch-katholischen Antwerpen als auch im revolutionär calvinistischen Leiden betrieb. Die Leidener Offizin übernahm sein Schwiegersohn Franciscus Raphelengius, der zugleich die Hebräischprofessur an der Universität innehatte. Seine Familie war gemischtkonfessionell – seine Frau und zwei Kinder katholisch, er selbst und zwei seiner Söhne reformiert. Lipsius wechselte 1592 an die katholische Universität Löwen, wo er bis zu seinem Tod 1606 die Geschichtsprofessur versah. Seine Schrift „De una religione" wurde zu einer Art Grundgesetz der Konfessionsstaaten.

Spätestens Anfang des 17. Jahrhunderts war aus der lateinischen *christianitas* des Mittelalters das neuzeitliche Europa der Konfessionen und

Denominationen geworden. Europa war nicht mehr von einer Universalkirche, sondern von mehreren Partikularkirchen mit Universalanspruch bestimmt. Der Kontinent war zerfallen in Partikularstaaten und Partikularkirchen, deren jede aber den Anspruch aufrechterhielt, als einzige die evangelische Wahrheit zu vertreten und in diesem Sinne Universalkirche zu sein. Der Kontinent war in Zonen unterschiedlicher Kirchlichkeit zerfallen: Wo sich die Reformation durchgesetzt und behauptet hatte, herrschte fortan eine der protestantischen Konfessionen – im Norden und Osten Mitteleuropas sowie in Skandinavien das Luthertum, in großen Teilen der Nord- und Westschweiz, den Niederlanden und auf den Britischen Inseln der Calvinismus beziehungsweise besondere Formen der reformierten Konfession, wie der Anglikanismus im Falle Englands. Südeuropa war katholisch geblieben, Süddeutschland mit Österreich, Ungarn, Böhmen und Polen, auf anderer Grundlage auch die südlichen Niederlande, heute Belgien und Nordostfrankreich, wurden seit dem ausgehenden 16. Jahrhundert rekatholisiert. Es ist jüngst noch einmal durch eine akribische Archivstudie nachgewiesen worden, dass König „Sigismund I. (1506–1548) und die überwiegend katholische politische Elite (des Königreiches Polen) Lutheraner akzeptierten, weil man sie nicht als eine Gefahr, sondern noch als Teil der universellen, katholischen Kirche ansah".[24] Ähnlich verhielt es sich in Teilen Süd- und Nordfrankreichs, wo im Toleranzedikt von Nantes den reformierten Hugenotten Religionsfreiheit zugesagt worden war.

Deutschland und die Schweiz waren multikonfessionell, allerdings auf gleichsam föderaler Basis, da die einzelnen Territorien beziehungsweise Kantone im Innern weitgehend einheitlich konfessionalisiert waren, entweder katholisch oder protestantisch. Eine im echten Sinne multikonfessionelle, bald sogar weltanschaulich pluralistische Gesellschaft bildete sich nur in den nördlichen Niederlanden heraus, doch auch dort gab es eine bevorrechtigte Öffentlichkeitskirche, nämlich die calvinistische.

Diese neuzeitliche Kirchen- und Religionsmorphologie Europas war das Ergebnis der Konfessionalisierung, die in dem schon früh einsetzenden Bestreben der Protestanten, dann auch der Katholiken wurzelte, ihre Lehre und die daraus resultierenden Grundprinzipien der Kirchenverfassung durch formelle, dogmatisch ab- und ausgrenzende Bekenntnisse gegen Missverständnisse oder Abweichungstendenzen im Innern und nach außen gegenüber den Konkurrenzkirchen abzusichern. Durch *Confessiones*, wie diese Bekenntnisse lateinisch genannt wurden. Daher die Bezeichnung der uns hier interessierenden historischen Entwicklung als „Konfessionalisierung“.

Während Juristen und Politiker die aufziehende Konfrontation durch das Rechtsinstrument der *Dissimulation* zu mäßigen versuchten, also durch „doppeldeutige Formulierungen“ zur Vermeidung konfliktträchtiger präziser Definitionen und scharfer Abgrenzung,[25] waren die Theologen bei der Formulierung der Bekenntnistexte gerade umgekehrt bemüht, selbst an den Rand- und Übergangszonen der Glaubenswahrheit unmissverständliche Grenzmarkierungen zu errichten: „In casu confessionis seu scandli non est adiuaphoron“ – „im Fall des Bekenntnisses und des Anstoßes [nämlich das Wort Gottes zu verleugnen, H. Sch.] kann es keine Nebensächlichkeit geben.“[26] Selbst die sogenannten *Adiaphora,* also sekundäre Riten oder Lehraussagen, die nicht zum theologischen Kern der jeweiligen Konfession zählten, wurden in diesem Abgrenzungsvorgang „zum Schibboleth“, an dem „Bekennen oder Verleugnen Christi“ ablesbar ist.

Am Anfang stand 1530 die *Confessio Augustana*, formuliert von Luthers Kollegen Philipp Melanchthon, in der die Wittenberger ihre Lehre zusammenfassten, um sie auf dem Reichstag von Augsburg vor Kaiser und Reich zu vertreten. Die eigentlichen Confessiones, die teilweise dicke Bekenntnisbücher füllten, wurden aber nach der Jahrhundertmitte ausgearbeitet, nachdem klar war, dass sowohl Luther und die anderen Reformatoren mit ihrem Anspruch auf Reform der Gesamtkirche als auch Rom mit seinem „Alleinvertretungsanspruch“ gescheitert waren und man das eigene Kirchenwesen aufbauen beziehungsweise absichern musste. Für das Luthertum geschah das im Konkordienbuch von 1580. Die Reformierten und Calvinisten legten eine ganze Serie teils regional gültiger Bekenntnisse vor – die *Confessiones Helveticae* (1536 und 1566), den *Consensus Tigurinus* (1549), die *Con-*

fessiones Gallica und *Belgica*, den *Heidelberger Catechismus*, schließlich die *Dordrechter Canones* (1619), die für die meisten reformierten Kirchen richtungweisend wurden. Bei den verwandten Anglikanern hatten das *Book of Common Prayer* (1549) und die 39 *Articles* (1563) Bekenntnisfunktion. Schließlich zog auch die römische Kirche mit, die sich weiterhin die katholische, also allgemeine nannte, obgleich auch sie nun nur noch eine partikulare Konfessionskirche auf der Basis der Traktate der Konfessionsbeschlüsse war.

Denn es ist ebenso ein Mythos, dass die antike und die mittelalterliche Kirche oder einzelne Länder Europas katholisch blieben, wie der Anspruch der Protestanten, umbrechend Neues gebracht zu haben, ein Mythos war. Die katholische Kirche der Neuzeit ist ebenso das Produkt der Konfessionalisierung des 16. Jahrhunderts wie ihre protestantischen Konkurrenzkirchen. Ein heute allenthalben als urkatholisch geltendes Land wie Bayern und selbst Österreich oder Städte wie Köln, Aachen und Antwerpen blieben nicht katholisch, sondern wurden seit Mitte des 16. Jahrhunderts katholisch gemacht, nämlich im neuzeitlichen Sinne auf der Basis des sogenannten Tridentinismus. Diese Beschlüsse des Konzils von Trient, das mit Pausen zwischen 1545 und 1563 tagte, waren die Reaktion der römischen Kirche auf die reformatorische Sturmflut. Sie bedeuteten ebenso eine Reformation wie der Aufbau der lutherischen oder reformierten Kirchen. Alle drei knüpften an die spätmittelalterlichen Reformen an und setzten sie neuzeitlich um, systematisierend und formierend. Dass die römische Kirche sich nun endlich auch zu einer solchen Modernisierung, die mehr als die Modernisierung des kurialen „Apparates" war, bereitfand und damit erst überlebensfähig wurde, verdankte sie eigentlich ihrem Erzgegner Luther, auf dessen Herausforderung sie reagieren musste. Die Gesetze des Konzils von Trient, vor allem die *professio fidei Tridentina* von 1564, und weitere päpstliche Verlautbarungen wurden zur neuzeitlichen Partikularkonfession des römisch-tridentinischen Katholizismus.

Auf der Basis dieser Bekenntnisschriften formierten sich die drei – Lutheraner, Reformierte und tridentinische Katholiken – mit den Anglikanern vier Großkonfessionen zu institutionell, personell und

„ideologisch" ausdifferenzierten Weltanschauungssystemen mit Totalitätsanspruch, sowohl nach innen gegenüber den Angehörigen des eigenen Bekenntnisses als auch nach außen gegenüber den anderen Konfessionen. Das war die kirchlich-religiöse Entsprechung zum weltlichen und politischen Differenzierungsschub, der ausgangs des Mittelalters in Europa eine Vielzahl frühmoderner Einzelstaaten entstehen ließ, die immer argwöhnischer auf Selbständigkeit und immer egoistischer auf Durchsetzung ihrer individuellen Staatsrechte aus waren. Jede der Konfessionskirchen ging eine Allianz mit dem aufsteigenden frühmodernen Staat ein, wenn auch in unterschiedlicher staatskirchenrechtlicher, politischer und gesellschaftlicher Konfiguration. Dank der Zwangsgewalt des Staates konnte der innere Formierungswille weitgehend freien Lauf nehmen, wenn auch die Erfolge häufig hinter dem Angestrebten zurückblieben. In der Konfessionalisierung des späteren 16. Jahrhunderts erreichte die spätmittelalterliche Tendenz zur Herausbildung territorialer oder nationaler Teilkirchen unterhalb des übergreifenden Daches der römischen Universalkirche einerseits ihren Höhepunkt, andererseits erhielt sie erst jetzt eine neuzeitliche Qualität, insofern jene Universalität nun ein für alle Mal im Kirchlichen wie im Weltlichen überwunden war. Der Vorrang von Papst und Kaiser, den beiden universalen Kräften des Mittelalters, galt realgeschichtlich nicht mehr, wenn der Anspruch auch noch lange nicht aufgegeben wurde.

Zuerst und vor allem wurden die Kirchen und die Religion selbst neu organisiert und formiert. Das heißt, die kirchlichen Institutionen und das kirchliche Personal wurden den neuen konfessionellen Normen entsprechend aufgebaut und ausgerichtet. So entstanden frühneuzeitliche Kirchendiener-Gesellschaften, die die Abgrenzung besonders augenfällig werden ließen. Auf der einen Seite handelte es sich um die protestantischen Pfarrer, Pastoren oder – im reformierten Bereich – Prädikanten. Da ihr Recht auf Ehe faktisch ein Zwang zur Ehe war, waren diese in der Regel verheiratet und standen mit ihrer zumeist kinderreichen Familie in ganz anderer Weise mitten in der bürgerlichen Welt. Auf der anderen Seite stand die zölibatäre katholische Priesterschaft, die sich erst jetzt im Zuge der konfessionellen

Abgrenzung formierte und daher ebenfalls als neuzeitliche Sozialformation zu gelten hat.[27]

Im Protestantismus formierte sich eine frühmoderne Geistlichkeit, die in Herkunft, Selbstverständnis und Sozialhabitus sich eindeutig von der mittelalterlichen Priesterkaste unterschied, gleichgültig ob, wie im Luthertum und im Anglikanismus, eine Amtshierarchie vom Pfarrer über den Superintendenten hin zum Generalsuperintendenten, Präses oder Bischof erhalten blieb, oder wie im Calvinismus eine prinzipielle Gleichheit der Prädikanten galt. Mit dem heilsmäßig qualifizierten Priesterstatus waren auch die Sonderstellung in der Gesellschaft und die besondere politische Vertretung im Ständestaat aufgehoben. Protestantische Geistliche waren Bürger und Untertanen wie ihre Gemeindemitglieder.[28] Anders als bei den Katholiken mit ihren weiterhin qualitativ-heilsmäßig aus dem ordinären Christenvolk hervorgehobenen Priestern war bei den Protestanten der Kirchendienst zu einem Beruf geworden, der eine formalisierte Ausbildung voraussetzte und den Normen einer Laufbahn unterworfen war. Die damit gegebene Tendenz zur Professionalisierung war insofern theoretisch und strukturell verankert, als das Amtsprofil des protestantischen Geistlichen durch Predigt und Verwaltung des Wortes bestimmt war und die Fähigkeit dazu durch ein Studium zu erlangen war. Seine Amtsgewalt erhielt der protestantische Geistliche durch Prüfung und Ordination; in Staatskirchen wie der englischen und den skandinavischen oder in den Landeskirchen des Reiches besaß er einen beamtenhaften Status, der ihn auf die obrigkeitliche Politik festzulegen drohte und ihn leicht zum Vertreter des Staates im Dorf oder in der Stadt werden ließ. Diese Tatsache und der hervorgehobene Bildungsstand förderten die Entstehung eines Corpsgeistes, der vor allem bei der Dorfgeistlichkeit häufig eine unüberbrückbare Distanz zur Gemeinde schuf.[29] Dem entsprach eine soziale Nähe zu Inhabern vergleichbarer akademischer Berufe, in den deutschen Territorien namentlich zu den bürgerlichen Juristen und Beamten. Ungeachtet des eindeutig höheren Sozialprestiges der Letzteren bildeten vor allem in den Städten Juristen und protestantische Geistlichkeit eine häufig auch durch Konnubium verbundene

Eliteformation, die als frühmodernes Territorialbürgertum charakterisiert werden kann.

Neben den ordinierten Kirchendienern gab es im Protestantismus die Laienvertreter. Auch sie waren ein Teil der frühmodernen „Kirchendiener-Gesellschaft". Streng genommen trifft das allerdings nur für den Calvinismus zu, wo neben den Prädikanten auch Älteste, Diakone und die für die Auslegung der Schrift zuständigen Doktoren, Kollegen, Akademien oder Hohen Schulen offiziell Diener der Kirche waren.[30] Laienbeteiligung gab es aber auch bei Lutheranern und Anglikanern, wenn auch auf institutionell und theologisch schwächerer Basis. Zudem besaßen sie keine allgemeine Leitungs-, sondern nur eine Spezialkompetenz – die Finanzaufsicht über Kirchengebäude und Armenvermögen im Fall der lutherischen Kastenherren oder Kirchenprovisoren; im Fall der jährlich durch Pfarrangehörige und Geistliche gewählten anglikanischen Kirchenältesten darüber hinaus noch die Mitwirkung bei Visitationen und bischöflichen Gerichtstagen.

Im Zuge der tridentinischen Konfessionalisierung wurde auch die katholische Geistlichkeit neu formiert. Da das Tridentinum gerade in der sazerdotal-priesterlichen Grundlage des Kirchendienstes entschieden an die altkirchliche Tradition anknüpfte und sich darüber hinaus – wie vor allem beim Zölibat – bewusst von der Reformation absetzte, erscheint die nachtridentinische Priester-Geistlichkeit idealtypisch gesehen in nahezu allen genannten Punkten als Gegenbild zur protestantischen Amts-Geistlichkeit. Abgesehen von Zölibat und sazerdotalem Heilsstand sowie den daraus unmittelbar resultierenden sozialen und standesmäßigen Folgen verlieren diese Unterschiede bei einer genauen real- und sozialgeschichtlichen Analyse erheblich an Bedeutung. Es kommt dabei allerdings auf die richtige Vergleichsebene an: Den protestantischen Pfarrern entsprachen der Seelsorge-Klerus der Orden und die parochiale Weltgeistlichkeit, nicht aber die Prälaten und der Episkopat der Adelskirche, die bis zum Ende des *Ancien Régime* ihren vormodernen, feudalen Charakter nicht abstreiften, vor allem im Reich nicht, wo die Adelskirche untrennbar mit der Fürstenherrschaft verbunden blieb.

Allerdings waren auf der Ebene des Gemeindedienstes die Unterschiede zwischen protestantischen und katholischen Geistlichen weniger deutlich: Der Professionalisierungsgrad der protestantischen Wort-Geistlichkeit war in der Realität häufig sehr gering. Für den Lebensunterhalt ihrer meist großen Familien mussten sich viele Dorfpfarrer nebenher als Bauern betätigen, was der Integration in die Dorfgemeinschaft, kaum aber der theologischen Gelehrsamkeit förderlich sein mochte. Dagegen wurde die katholische Ordens- und Weltgeistlichkeit immer häufiger auf Universitäten und Seminaren professionell auf die Ausübung ihres Berufes vorbereitet, so dass neben ihre traditionelle Sakral- die moderne Wissensqualifikation trat. Selbst für die Kurie, die gemeinhin als Hort traditionell „feudaler" Personalstruktur gilt, ist gezeigt worden, dass sich bereits im 16. Jahrhundert die Professionalisierung mit dem Typus des „Laufbahnprälaten" durchsetzte.[31] Die politische und soziale Einbindung des protestantischen Pfarrers in den Staat und die Untertanengesellschaft hinderte ihn keineswegs prinzipiell an kritischer Distanz und Opposition,[32] wie umgekehrt der formell vom Staat unabhängige, weil letztlich der episkopalen und papalen Hierarchie verantwortliche Priester in der Realität in durchaus ähnlicher Weise als Vertreter der weltlichen Obrigkeit und ihrer Ordnung auftrat.

Selbst die Beteiligung von Laien am Kirchendienst markiert funktional und struktural gesehen keinen prinzipiellen Gegensatz. Denn einerseits gaben in den calvinistischen Presbyterien und auf den Synoden in der Regel nicht die Laienvertreter, sondern die Theologen den Ton an, in Genf nicht anders als in den Niederlanden, wo sich – wie bereits dargelegt – der Vorwurf der *domineesheerschappij* und neuer *papisterij* regte. Andererseits förderte die katholische Konfessionalisierung durchaus zwar nicht die Laien-Mitregierung, wohl aber ein entschiedenes Laien-Engagement. Neben der bereits im Mittelalter üblichen Beteiligung an der Finanzverwaltung sowie der Hilfe bei Visitationen und beim geistlichen Gericht war dieses Laienengagement besonders ausgeprägt bei den Marianischen Kongregationen der Jesuiten, wobei deren Leitung allerdings fest in der Hand von Priestern blieb.

Was den Grad anbelangt, in dem es real gelang, die Laien für die Kirche zu mobilisieren und dadurch die Konfessionssysteme zu festigen, so scheinen die katholischen Priester-Geistlichen erfolgreicher als die protestantischen Amts-Geistlichen gewesen zu sein, etwa durch Wallfahrten oder durch Kongregationen wie die Marianischen Bruderschaften der Jesuiten. Schließlich gilt es, eine weitere fundamentale Gemeinsamkeit bei der konfessionellen Formierung der frühmodernen Kirchendiener-Gesellschaft zu betonen: die prinzipielle Wahrung des Männermonopols bei gleichzeitiger Integration der Frauen. Bei den Protestanten sind die Damenstifte und teils mehrkonfessionell-simultane Chorfrauen und das Diakonenamt für Frauen in einigen frühen Calvinistengemeinden sowie vor allem die neue Sozialkonfiguration der Pfarrfrau zu nennen, die faktisch am Dienst ihres Mannes teilhatte. Der katholische Konfessionalismus wurde spirituell tief mitgeprägt durch Ordensfrauen wie Teresa von Ávila sowie – auf sozial breiter Basis – durch das weibliche Semireligiosentum, neuzeitliche Frauenkongregationen mit „weltlich-geistlicher Lebensform“ ohne traditionelle Ordensgelübde, und nicht zuletzt durch die Ehefrauen und Töchter der Mitglieder der Marianischen Bruderschaften.[33]

3. Ausweitung und Intensivierung kirchlicher Aktivitäten

In enger Abstimmung mit den Konfessionsstaaten intensivierten die Konfessionskirchen ihre Aktivitäten auf dem Gebiet der sogenannten *res mixtae*, der Zwischendinge zwischen kirchlich-religiöser und staatlich-weltlicher Zuständigkeit. Das betraf Ehe und Familie, die Armen-, Alten-, Waisen- und Krankenfürsorge und schließlich auch die Erziehung. Ins Zentrum des kirchlichen Interesses trat zunehmend die Bildung und Ausbildung der nächsten Generation – der Unterricht in der Familie, in den Elementarschulen, in den Lateinschulen und den Kollegien bis hin zu den Universitäten. Vor allem in den deutschen Territorialstaaten, aber auch anderwärts in Europa bildete sich der besondere Typus der Konfessionsuniversitäten aus, am augenfälligsten wohl in Gestalt der Jesuitenuniversitäten und der Hohen Schulen der Reformierten. An diesen Lehranstalten wurden Theologen, Juristen, Mediziner und Lehrer in konfessioneller Orthodoxie und Disziplin ausgebildet und auf den Dienst in der rasch anwachsenden Staatsdienerschaft der frühmodernen Staaten vorbereitet.

Parallel zu diesem Engagement in Erziehung, Eheangelegenheiten und Armenfürsorge vollzog sich in allen Konfessionskirchen der Aufbau von Steuerungs- und Kontrollkapazitäten zur Durchsetzung christlicher Normen im Glauben, Denken und Verhalten der Menschen. Die dabei eingesetzten Mittel waren einerseits durchaus ähnlich, wie etwa im Fall der Katechismen, die keineswegs, wie häufig angenommen wird, ein rein protestantisches Phänomen waren. Andererseits entwickelte jede Konfession ihre eigenen Institutionen und Instrumente.

Besonders breit und ein Beleg für die geringe Zentralitätskraft des neuzeitlichen Papsttums war das Spektrum im Katholizismus. Dort lag die Überwachung des religiösen und sittlichen Lebens bei mehr oder weniger regelmäßigen Visitationen und Synoden, bei den geistlichen Gerichten der Dekanate, Diözesen, Erzdiözesen und der römischen Kurie selbst, bei der vor allem in Spanien und Italien omnipräsenten Inquisition, schließlich auch bei den Nuntiaturen, die das katholische Europa netzartig überspannten. In dieselbe Richtung wirkte der erzieherische und selbst- wie fremddisziplinierende Elan der Orden. Institutionell und psychologisch besonders ausgefeilt war das System der Jesuiten, die ein Europa und seine Kolonien umspannendes Netz von Niederlassungen, Gymnasien, Universitäten, Kongregationen und Einzelagenten, etwa den fürstlichen Beichtvätern, aufbauten.

Abgesehen vom Kirchenbann und den quasibürokratischen Kontrollen durch Visitatoren, Superintendenten und Konsistorien bildete das Luthertum nur in Sonderfällen wie in den Untergrundgemeinden im katholischen Rheinland eigenständige Institutionen der Überwachung und Kontrolle aus. Formierung und Disziplinierung der Gläubigen erfolgten über Predigt und Seelsorge des Pfarrers, zudem über staatliche Verordnungen und Beaufsichtigung, denen die Normen des lutherischen Konfessionalismus zugrunde lagen. Ähnlich verhielt es sich beim Züricher Modell des Reformiertentums in der Ost- und Nordostschweiz und Teilen Südwestdeutschlands. Dort waren die weltlichen Magistrate bestimmend sowohl im Chorgericht, das Ehe- und allgemeine Sittenfälle behandelte, wie auch in der Synode, die für Disziplinarfälle der Geistlichkeit zuständig war.

Im Anglikanismus bestand eine deutliche institutionelle Kontinuität mit der mittelalterlichen Kirche, insofern formell die Bischöfe und Erzbischöfe für Visitationen und kirchliche Gerichte verantwortlich waren. Die königliche Kirchenpolitik bemühte sich aber um Zentralisierung, Nationalisierung und Kontrolle, nicht zuletzt auch des Katechismus und seiner Volkserziehung. Zudem spielten jetzt bei der konkreten Durchführung in den Parochien die gemeindlichen Laienvertreter eine wichtige Rolle, nämlich die Kirchenältesten, die jährlich neu von den Geistlichen und den Pfarrangehörigen (*parishioners*) gewählt wurden. In dieser Hinsicht bestanden durchaus Berührungspunkte mit den Puritanern, die aber eine gemeindeautonome Kirchenzucht nach Genfer Vorbild verlangten.

Ungeachtet ähnlicher Ansätze bei Luther, Zwingli, a Lasco und Buzer war es dieses von Calvin errichtete Genfer Modell, das theologisch, institutionell und personell die tragfähigste Basis für eine umfassende Beeinflussung der Gesellschaft im Geist des neuzeitlichen Konfessionalismus und seiner Denk- und Verhaltensnormen legte. Wichtigste Steuerungsinstanz war das *Consistoire*, das sich aus meist durch Kooptation gewählten Ältesten und den Pastoren zusammensetzte. Es tagte in der Regel allwöchentlich, um neben der kirchlichen Regierungs- und Verwaltungsarbeit die Kirchenzucht auszuüben, die Calvin im Anschluss an Matthäus 18,15–18 in seiner *Institutio* zum tragenden Pfeiler reformierter Kirchlichkeit gemacht hatte. Einige calvinistische Kirchenordnungen, so namentlich die *Confessio Gallicana* und die *Confessio Belgica*, erklärten sie sogar zur dritten *nota ecclesiae*, neben Predigt und Verwaltung der Sakramente.

Allen Konfessionen ging es um die Durchsetzung der neuen konfessionalistischen Normen im Glauben, Denken und Verhalten. Neben dem Einfluss auf Politik und Gesellschaft, über den noch zu sprechen ist, wurden durch diese Disziplinierung und Kontrolle auch die Kirchen und die Religion selbst tiefgreifend verändert. Es lässt sich mit Jean Delumeau von einer neuzeitlichen Welle der „Christianisierung“ sprechen. Denn die territorial flächenmäßige Durchsetzung der konfessionell normierten Religiosität der konfessionellen „Hochkirchen“ verdrängte oder schwächte entscheidend ältere, vorkonfessionelle Formen der Volksreligiosität, die auf einem animistisch-magischen, teils noch dem Heidentum entstammenden Weltbild gründeten. Solche magischen Vorstellungen bezogen sich auf Naturereignisse, auf den Jahreszyklus von Säen und Ernten, auf Riten und Feste des individuellen und familiären Lebenszyklus – Geburt, Mannbarkeit, Hochzeit und Tod – und schließlich kamen sie auch in der auf Tiere und Menschen bezogenen Volksmedizin zum Ausdruck. In Zusammenarbeit mit dem frühmodernen Staat gingen die neuzeitlichen Konfessionssysteme daran, das kirchlich-religiöse Leben in ihrem Sinne zu reinigen, zu normieren und zu vereinheitlichen. Dabei schlug jede der Großkonfessionen durchaus eigene Wege ein. Denn die Fähigkeit, volksreligiöse Elemente zu integrieren, war bei ihnen recht unterschiedlich ausgeprägt. Am stärksten war sie beim tridentinischen Katholizismus, in Ansätzen auch beim Luthertum, das etwa den Bedürfnissen der bäuerlichen Bevölkerung nach visueller Vergegenwärtigung des Religiösen durch Ausmalung der Kirchen, durch Beibehaltung von Heiligenstatuen, Hochaltären und Wetterläuten nachzukommen vermochte. Nur sehr begrenzt, wenn überhaupt vorhanden, war die Assimilationskraft des Calvinismus, weil dessen Zug zur Rationalität und zum Purismus einen Kompromiss mit den sinnenfrohen Formen der Volksreligiosität ausschloss.

Bei allen Konfessionen lässt sich eine Erziehungs- und Bildungsoffensive erkennen. Intensiver und nachdrücklicher noch gilt das auch für den antikonfessionellen Pietismus und die „Christen ohne Kirche“

(Leszek Kołakowski). Man denke nur an Johannes Amos Comenius (1592–1670), den Bischof der Böhmischen Brüder, der mit seinem Denken und Wirken in Polen und den Niederlanden den Weg in die moderne Pädagogik wies. Die Konfessionskirchen gingen teils eine Allianz mit dem frühmodernen Staat ein, so insbesondere in Deutschland, teils wirkten sie eher unabhängig, wie namentlich in Frankreich.[34] In einzelnen „Bildungslandschaften" konnten sie an den Aufschwung des späten Mittelalters anknüpfen. So namentlich im Nordwesten des Kontinents an die Schul- und Erziehungsarbeit der *Devotio moderna*.

Träger der Bildungsoffensive waren in den katholischen Gebieten insbesondere die frühneuzeitlichen Schulorden der Jesuiten und der Ursulinen – der eine mit der gelehrten Ausbildung von Jungen und Männern, der andere mit der erstmals systematischen und umfassend konzipierten Grundausbildung von Mädchen befasst. Die Ursulinen waren in der zweiten Hälfte des 16. Jahrhunderts in Norditalien als freier Zusammenschluss weiblicher Devoten ohne Ordensregel und Gelübde entstanden und hatten sich unter Förderung des Mailänder Bischofs Carlo Borromeo rasch über die katholischen Länder Europas ausgebreitet. Vor allem dort, wo wie in Frankreich sich der Katholizismus einer nicht zuletzt im Bildungswesen überlegenen Konkurrenz des Protestantismus ausgesetzt sah, sollten „die ursulinischen Dévotes durch die Erziehung von Mädchen zur Stärkung der katholischen Position beitragen". Schwerpunkt war die „Christenlehre, religiöse Inhalte also. Hinzu kamen aber weltliche Fächer: in den sogenannten ‚niederen Schulen' die Elementarfächer Lesen, Schreiben, Rechnen, in den ‚höheren Schulen' all das, was ein Mädchen von Stand wissen und können mußte. Die Idee war, daß nur solche Frauen, die religiös gefestigt und auf das weltliche Leben gut vorbereitet waren, in einer Welt, die von religiösen und politischen Spannungen und Konflikten geprägt war, ihre Frau stehen und dann als Multiplikatorinnen für die katholische Sache fungieren konnten."[35] Die Schul- und Bildungsarbeit der Ursulinen ist geradezu ein Paradebeispiel für die weitgreifenden säkularen, lebensweltlichen Impulse, die aus der religiös-kirchlichen Konkurrenz des Konfessionalismus resultierten!

In den protestantischen Ländern und Territorien waren es die Mahnungen der Reformatoren, für die Bildung eines jeden Christenmenschen, Junge oder Mädchen, zu sorgen, die dem Aufbau eines frühmodernen Schul- und Bildungswesens zugrunde lagen: Luthers Flugschrift „An die Ratsherren aller Städte deutsches Lands", Calvins *Institutio*, die durchgehend mit Erziehung befasst ist, und Philipp Melanchthon, als *Praeceptor Germaniae* bis weit ins 19. Jahrhundert Vorbild der Bildungspolitiker. In den protestantischen Territorien Deutschlands sorgte „Luther's House of Learning" (Gerald Straus) für die christliche Erziehung der Kinder, die immer auch Erziehung zu guten, dem Gemeinwesen nützlichen und verantwortlichen Untertanen sein sollte. Mancher Fürstenstaat und manche Stadt wurden zu einem „Schulstaat", so namentlich Sachsen-Gotha unter Herzog Ernst dem Frommen und seinem Justiz- und Konsistorialrat Veit Ludwig von Seckendorff.[36]

Auch die höchste Stufe des Bildungswesens, die Universitäten und Hohen Schulen, waren aufs Engste mit den Konfessionssystemen verzahnt. Katholische Konfessionsuniversitäten entstanden unter anderem im herzoglich-bayrischen Ingolstadt mit der Übernahme der mittelalterlichen Universität durch die Jesuiten und in der Neugründung Dillingen, der Zweitresidenz des aus der lutherischen Reichsstadt verdrängten Bischofs von Augsburg. Lutherische Universitäten entstanden im schaumburg-lippischen Rinteln an der Weser und im braunschweig-wolfenbüttelschen Helmstedt. Calvinisten und Reformierten blieb in der Regel ein formelles Universitätsprivileg durch den katholischen Kaiser oder gar den Papst unerreichbar. Ihre nach dem Genfer Vorbild gegründeten Akademien oder Hohen Schulen – Herborn im westdeutschen Nassau-Dillenburg, Franeker und Groningen in den Niederlanden, Saumur, Sedan oder Montauban in Frankreich oder Debrecen und Eperies/Prešov in Ungarn – standen gleichwohl hinter den Universitäten der konfessionellen Konkurrenten nicht zurück.

Europa war im 17. Jahrhundert von einem engen Netz solcher Konfessionsuniversitäten überspannt. Das führte später in mancher

Kleinstaatsuniversität zu Stillstand und geistiger Verödung. Vorherrschend aber war die fruchtbare Konkurrenz der konfessionellen Bildungssysteme. So waren in manchen Städten oder entlegenen Regionen wie etwa im Eichsfeld die Jesuitengymnasien attraktiv auch für protestantische Bürger oder Kleinadelige. Hinzu kam der Austausch mit den Bildungsinitiativen des nichtkonfessionellen Christentums, allen voran des Pietismus. Die calvinistische Hohe Schule Herborn etwa beeinflusste mit den Arbeiten des Rechtsprofessors Johannes Althusius die politische Theorie und das liberale Rechtsdenken Westeuropas und mit Johann Heinrich Alsted, dem Lehrer von Comenius, sowohl die Entstehung der modernen Pädagogik als auch das chiliastische Denken der englischen Revolution der 1640/50er Jahre.[37]

Inneres Anliegen war den Theologen und Kirchenleitern die vertiefte Verankerung des Christentums im Geist und Leben der Menschen. Nicht Allgemeinbildung oder Entfaltung der Individualität an sich hatten sie im Auge, sondern die Ausstattung des Einzelnen mit dem für christlichen Glauben und Leben notwendigen Instrumentarium. Für Luther in erster Linie die Fähigkeit, Gottes Wort zu lesen und zu verstehen, was selbstverständlich gleichermaßen für Jungen wie für Mädchen gelten musste. Bis hinab zu den entlegenen Dörfern und Weilern wurden Zustand und Arbeitsweise der Schulen regelmäßig durch die Visitationen der Landeskirche überprüft und kontrolliert. Wer, wie gelegentlich zu lesen, aus den Formulierungen der Visitationsprotokolle schließt, es habe eine „Indoktrination der Jugend" stattgefunden, derjenigen des Nationalsozialismus vergleichbar, vermischt Zeiten und Intentionen auf unzulässige Weise. In ihrer Wirkung auf die Welt war die christliche Erziehung der Frühen Neuzeit ein Teil des frühmodernen Zivilisationsprozesses. Sie hat entscheidend zum Aufbau des frühmodernen Staates als Garant von Recht und Frieden beigetragen, nicht aber einen Gewalt- und Unrechtsstaat legitimiert.

Mit welchen konkreten Institutionen und Inhalten auch immer, die Erziehungs- und Bildungsbemühungen des frühneuzeitlichen Christentums schufen entscheidende Voraussetzungen dafür, wie im späten 18. und im 19. Jahrhundert die einzelnen Länder Europas für den Übergang in die moderne Welt gerüstet waren – beim Bildungsstand der Eliten, vor allem aber beim Alphabetisierungsgrad der breiten Schichten in Stadt und Land, aus denen sich die Industriearbeiter rekrutierten. Die säkular weltlichen Früchte der christlich begründeten Bildungsinitiative des Konfessionalismus traten vor allem im lutherischen Schweden zutage, wo Anfang des 19. Jahrhunderts in den Städten wie auf dem Land der Grad der Alphabetisierung eine kaum irgendwo anders in Europa erreichte Höhe auswies.[38]

Generell gilt, dass die tiefgreifende Prägung der Menschen des konfessionellen Zeitalters durch Kirche und Religion keineswegs allein über Kontrolle erfolgte. Auch die Seelsorge und die Verkündigung der christlichen Lehre gingen neue, erfolgreiche Wege – mit frommen Schriften wie Trost-, Andachts-, Gebets- und Gesangbüchern, Postillen, Heiligenviten und Lehrdramen, durch Ehe- und Erziehungsspiegel, Leichenpredigten; in durchdachter psychologischer Seelenführung am ausgeprägtesten in den Exerzitien der Jesuiten; schließlich auch durch den mannigfaltigen Einsatz der bildenden Kunst, am entschiedensten die katholische, im Prinzip aber auch die protestantischen Konfessionalisierungen. Des Weiteren ist zu beachten, dass sich in allen vier Großkonfessionen bereits am Ende des 16. Jahrhunderts eine neue Spiritualität und Frömmigkeit ankündigte. Der Pietismus bei den Protestanten wie der Jansenismus im Katholizismus drängten im Verlauf des 17. Jahrhunderts den Konfessionalismus immer entschiedener in den Hintergrund. An die Stelle der Lehr- und Bekenntnisorthodoxie trat die Wahrheit der inneren, subjektiven Religiosität und Herzensfrömmigkeit.

4. Der frühmoderne Staat im Zeichen des Konfessionalismus

Durch die alteuropäische Verzahnung von Religion und Gesellschaft war die Formierung der Konfessionskirchen als solche bereits ein politisches und soziales Faktum. Doch erst die Gleichzeitigkeit mit dem politisch-rechtlich-administrativen Grundsatzwandel der frühmodernen Staatsbildung brachte jenen tiefgreifend modernisierenden Wandel hervor, der die Epoche zur „Vorsattelzeit der Moderne" machte. Konfessionalisierung und Staatsbildung interferierten dergestalt, dass sich ihre sozialwandelnden Kräfte addierten. Anfangs war es die Konfession, die den Ton angab und den Staat für ihre Zwecke einzusetzen wusste, so dass man daher für diese erste Phase vom „Konfessionsstaat" oder gar vom „Sakralstaat" sprechen kann.

Auf im Einzelnen unterschiedlichen Wegen gelang es den Juristen und Politikern der europäischen Staaten jedoch bald, die autonomen Kräfte des Konfessionalismus zu zügeln und in die Staatsinteressen einzubinden. So lässt sich allgemein in Europa beobachten, dass nach einer sehr kurzen Zeitspanne, in der die frühmodernen Staaten in die Pflicht eines der drei Konfessionssysteme genommen werden konnten, es die weltlichen Obrigkeiten waren, die Kirche und Religion mit ihrer Staatsräson in Einklang zu bringen wussten, ja teilweise sogar für ihre säkularen Machtstaatsinteressen instrumentalisierten. Das gilt für fürstlich-absolutistische ebenso wie für republikanische oder ständestaatliche Regierungen. Längerfristig profitierte daher in erster Linie nicht die Kirche, sondern der Staat von der im Zeichen des Konfessionalismus geschlossenen Allianz.

Allgemein und abstrakt gesprochen, lassen sich die politischen Folgen der Konfessionalisierung unter Anlehnung an die Zivilisationstheorie des Kultursoziologen Norbert Elias als „Monopolisierungsvorgang" bezeichnen. Die beiden „Schlüsselmonopole", die den Aufstieg des frühmodernen institutionellen bürokratischen Flächenstaates konstituierten, waren laut Elias die alleinige Verfügungsgewalt des Herrschers über das Militär und über die Finanzen.[39] Doch die Monopolisierung des Einflusses auf Religion und Kirche ging zeitlich voran und erleichterte nicht unwesentlich den Zugriff auf die genannten säkularen Bereiche.[40] Trotz spezifischer Unterschiede zwischen den Konfessionen und zwischen den einzelnen Ländern lassen sich wichtige allgemeineuropäische Grundzüge erkennen. Sie betreffen die theoretisch-ideologischen Grundlagen der frühmodernen Staatsgewalt; deren personelle und sachliche Ausstattung; die politisch-kulturelle Identitätsbildung und die Integration der Untertanen zur frühmodernen Staatsgesellschaft; schließlich auch die zwischenstaatlichen Beziehungen innerhalb des sich herausbildenden Mächteeuropa einschließlich des missionierenden und kolonialisierenden Ausgreifens dieses Mächteeuropa auf die anderen Kontinente.

Das ideologische Fundament, auf dem Staat und Gesellschaft des konfessionellen Zeitalters ruhten, bringt eine gegen Ende des 16. Jahrhunderts von deutschen Reichsjuristen formulierte Maxime zum Ausdruck: *religio vinculum societatis*, Religion ist das einheitsstiftende Band der Gesellschaft, ohne das kein geordnetes Zusammenleben möglich ist. In den Brennpunkten des konfessionellen Ringens, wie etwa der Reichsstadt Aachen, fand dieser Rechtssatz zusätzlich eine sakrale Begründung – *civitas*, also Bürgerschaft, meine nicht nur eine politische und sozial-zivile, sondern vor allem eine religiös-kirchliche Einheit, die „eiusdem fidei symbolo", also durch dieselbe Konfession verbunden sein müsse.[41]

Dieses Politikverständnis, das sich, wenn auch in unterschiedlicher Strenge, in allen alteuropäischen Gesellschaften finden lässt, wirkte zugleich inklusiv und exklusiv: Exklusiv wirkte es für Menschen anderer Konfessionen, die aus dem Staats- oder Bürgerverband ausgeschlossen wurden, denen Bürgerrecht und politische Ämter versagt blieben und die gelegentlich gar aus Stadt oder Territorium vertrieben wurden. Darauf ist im Zusammenhang mit den religiös bedingten Fluchtbewegungen der Zeit zurückzukommen. Wichtiger aber für die hier zur Debatte stehende Formierung von Staat und Gesellschaft war die Inklusionskraft dieses religiösen Einheitsprinzips. In einem Moment, in dem es Königen, Fürsten und Magistraten darauf ankam, überkommene Mitspracherechte der Stände oder Bürgervertretungen zu beseitigen und die neuzeitlich souveräne Staats- und Regierungsgewalt durchzusetzen, war es die in Stadt oder Territorium einheitliche Religion in Form der neuzeitlichen Konfession, die die Untertanen gleich welcher ständischen Herkunft einte und zu einem Bürger- oder Staatsverband zusammenschloss.

Der Wandel der Herrschaft von mittelalterlich personal begründeter zu neuzeitlich sachlich bestimmter Legitimation wurde des Weiteren wesentlich durch die Sakralisierung gefördert, die im Zuge der Konfessionalisierung dem Herrscher beziehungsweise dem Magistrat sowie dem gesamten Umfeld von Herrschaft zuwuchs. Davon profitierten in erster Linie die Fürsten auf dem Weg zum Absolutismus, in weniger spektakulärer Form aber auch die Magistrate der Stände- und Stadtrepubliken. Diese Entwicklung wurzelt in der Reformationszeit, als Sieg oder Niederlage einer Konfession entscheidend von der Haltung der Fürsten oder Magistrate abhing – als *defensor ecclesiae* – so im katholischen Umfeld – oder als *summus episcopus* beziehungsweise – im Fall der englischen Könige – als *supreme head*, zumindest aber als *praecipuum membrum ecclesiae,* hervorgehobenes Mitglied der Kirche, wie in den protestantischen Territorien des Reiches.

Verbunden damit war eine theologisch sicherlich nicht intendierte, mit der alltäglichen Praxis aber zwangsläufig verbundene Sakralisierung der noch vorwiegend personal verstandenen Staatsgewalt: Nahezu alle Obrigkeiten, gleich welchen ständischen Ranges, selbst städtische Magistrate, führten den Gottes-Gnaden-Titel. Die Kirchengemeinden hielten allsonntäglich Fürbitte für ihre Fürsten oder Stadträte, ebenso bei außergewöhnlichen Vorfällen wie Herrscherwechsel oder Vertragsabschlüssen und genauso bei besonderen Ereignissen im Leben des Staatsoberhauptes und seiner Familie, bei Krankheit, Schwangerschaften, Geburten, Sterbefällen, Antritt einer längeren Reise etc. In Spanien war das Hofzeremoniell ganz von der katholischen Kirche geprägt – von der Geburt über Taufe und Firmung hin zu Salbung und Krönung und schließlich zur Beisetzung und postmortalen Verehrung des Herrschers und der Dynastie. Auf dem Höhepunkt des Konfessionalismus ließ Philipp II. für die ewige Verehrung der Dynastie den Escorial errichten – gewaltige Klosteranlage und katholische Triumphburg in einem.

Aus alldem resultierte im konfessionellen Europa eine quasinuminose Distanzierung des Fürsten von seinen Untertanen. Zusammen mit dem Vordringen des römischen Rechts und der neuen Souveränitätslehre des französischen Kronjuristen Jean Bodin ergab sich daraus eine Steigerung der Herrschaft und deren Qualitätswandel zur neuzeitlichen, souveränen und sakrosankten Staatsgewalt. Die der christlichen Kultur des lateinischen Europa mit der konstantinischen Wende eingepflanzte Verschränkung zwischen Religiösem und Weltlichem hatte einen neuzeitlichen Höhepunkt erreicht. Indem nicht nur der Kaiser als weltliches Pendant des Papstes, sondern Person und Sphäre der Herrschaft generell sakralisiert wurden, erstarkte die Politik als eigenständige Kraft und wurde zur neuzeitlich autonomen Quelle der Machtlegitimation und Machtstabilisierung neben der Religion, bei fortschreitender Säkularisation schließlich vor der Religion.

Welche politischen und rechtlichen Konsequenzen sich längerfristig aus der Sakralisierung der Herrschersphäre ergaben, hing wesentlich vom gesellschaftlichen Rahmen ab. In England waren die Konsequenzen ganz andere als in Deutschland, um nur zwei extreme Entwicklungen innerhalb des Protestantismus herauszuheben. In den deutschen Territorien entwickelte sich auf der Basis der konfessionellen Herrschersakralität und des *Cuius-regio-eius-religio*-Prinzips seit dem ausgehenden 16. Jahrhundert jene Allianz von Thron und Altar, die im 19. Jahrhundert die Autokratie vor allem in Preußen förderte. In England dagegen, wo der König die Gesetzgebungskompetenz nur in Zusammenarbeit mit dem Parlament besaß, wurde bereits während der Frühreformation der königliche Supremat über die anglikanische Kirche an das Parlament und das Common Law gebunden. Nachdem alle Versuche, das zu revidieren, Mitte des 17. Jahrhunderts gescheitert waren, hatte im Rechtsstreit zwischen *lex ecclesiae* und *lex terrae* Letzteres triumphiert, und das königliche Oberhaupt musste sich hernach in kirchlichen Angelegenheiten ebenso legal und konstitutionell verhalten wie beim Regieren des weltlichen Staates. Statt das Sakrale des Papsterbes zum Aufbau eines absoluten Königtums nutzen zu können, musste der König als *supreme head* der englischen Kirche das Päpstliche so weit abschleifen, bis es in den Rahmen einer effektiv konstitutionellen Monarchie passte.[42]

Auch außerhalb Englands beeinflusste die Konfessionalisierung die politische Theorie und die politische Kultur der werdenden Neuzeit nachhaltig. Die ältere Forschung sah hier klare Gegensätze – Pathos des Gehorsams und Stärkung absolutistisch-autokratischer Strukturen bei Luthertum und Katholizismus; Pathos der Freiheit und Impulse für Konstitutionalismus und Demokratie im Reformiertentum, besonders im Calvinismus. Inzwischen schätzen wir auch an diesem Punkt die Wirkungen der frühneuzeitlichen Konfessionen differenzierter ein, und zwar die realgeschichtlichen Konsequenzen ebenso wie die politiktheoretischen. Realgeschichtlich gab es neben der herrschaftsstabilisierenden Wirkung der Konfessionalisierung stets auch die Möglichkeit, dass sich die konfessionellen Kräfte mit der Opposition und dem ständischen oder innerstädtischen Widerstand verbanden. Wo es zum Konfessionskonflikt zwischen Staatsgewalt und herrschender Kirche auf der einen und einer konfessionellen Minderheit auf der anderen Seite kam, wurde der politische Handlungsspielraum der antiherrschaftlichen Kräfte gesichert oder gar ausgeweitet. Das gilt für lutherische, calvinistische und katholische Konfessionsminderheiten gleichermaßen.

In der Geschichte der politischen Theorie und in der politischen Kultur sieht es ganz ähnlich aus. Die angeblich rein westeuropäisch-calvinistische Widerstandslehre hatte ihre historischen Wurzeln in den Widerstandstraktaten lutherischer Theologen während der Belagerung Magdeburgs durch Truppen des katholischen Kaisers zu Mitte des 16. Jahrhunderts.[43] Theodor Beza, Franz Hotman und Johannes Althusius, um nur die berühmtesten der calvinistischen Freiheits- und Widerstandstheoretiker zu nennen, fußen auf der politischen Theologie Martin Luthers, wie sie Nikolaus Amsdorf, Matthias Flacius und Nicolaus Gallus im Kampf gegen die katholische Reaktion im Umkreis des von Karl V. verordneten Interims in konkrete Widerstandsanleitung gebracht hatten.

Die calvinistischen Monarchomachen haben zudem eine Entsprechung bei den katholischen Monarchomachen, etwa dem spanischen Jesuiten Juan de Mariana (1536–1624), die nicht anders als die calvinistischen „Königsbekämpfer“ zum Tyrannenmord aufriefen. Mit Erfolg, wie man weiß: 1584 wurde Wilhelm von Oranien in Delft durch den Katholiken Balthasar Gérard, 1610 Heinrich IV. von Frankreich durch dessen Glaubensgenossen François Ravaillac ermordet. „Das protestantische wie das katholische Denken hat seine Monarchisten und seine Monarchomachen, [so dass sich] hier wie in anderen Bereichen eher eine Parallelität als ein Gegensatz der Konfessionen feststellen läßt. Unter entsprechenden Umständen reagieren die politischen Denker der feindlichen Konfessionen nahezu gleich."[44]

Eine obrigkeitliche Fürstenreformation, die angeblich typisch lutherisch ist, findet sich in reinster Form in der sogenannten Zweiten Reformation, also unter reformierten oder calvinistischen Vorzeichen. Immer deutlicher treten die nichtdemokratischen Grundstrukturen Calvin'scher Theologie zutage. Genf wurde nicht durch die reformierte Theologie, sondern durch stadtbürgerliche Tradition und durch eine spezifische historische Konstellation zu einem „political model" (Robert M. Kingdon).

Das Freiheits- und Grundrechtsdenken hat zwar seinen historisch wirkungsvollsten Durchbruch erst in der nordamerikanischen und Französischen Revolution erfahren, und zwar unabhängig von konfessionellen Zusammenhängen. „Spuren der Grundrechtskonzeptionen" im konfessionellen Europa weisen jedoch darauf hin, „daß das Interesse an Grundrechten eine mehrfache Wurzel hat"[45], auch und gerade im Christentum. Dieser Anteil des Christentums war aber nicht auf eine Konfession begrenzt. Beteiligt waren alle Konfessionen und Denominationen, wenn auch auf unterschiedlichen Wegen.

Auch personell und institutionell kam die Konfessionalisierung der Kirchen direkt oder indirekt der frühmodernen Staatsbildung zugute. Der noch ganz unvollkommene staatliche Behördenapparat wurde ergänzt und verstärkt durch den neuformierten kirchlichen Behördenstrang. In den protestantischen Ländern und Städten lässt sich geradezu von einem zweiten kirchlichen Zweig staatlicher Bürokratie sprechen. In den katholischen Ländern stützen sich die staatlichen Institutionen zumindest indirekt auf kirchliches Personal und kirchliche Institutionen. Diese Kooperation war entscheidend für die staatliche

Durchdringung von Dörfern und Kleinstädten, die noch ganz unvollkommen in das entstehende Behördensystem eingebunden waren. Die Geistlichen übten hier wichtige Kontroll- und Disziplinierungsfunktionen aus, und zwar der beamtenhafte Pfarrer der protestantischen Staats- und Territorialkirche nicht anders als der katholische Priester, dessen formell unabhängige Universalkirche rechtlich und politisch mannigfaltige Bindungen und Absprachen mit dem Staat eingegangen war.

Erst die von den Geistlichen geführten Tauf-, Trau- und Sterberegister, die mit der Konfessionalisierung flächendeckend einsetzten, lieferten die Grundlage staatlicher Bevölkerungspolitik, besonders markant im Fall der sogenannten Peuplierungspolitik der deutschen Territorien. Die Geistlichen waren wichtige Transmissionsriemen zwischen staatlich-bürokratischem Zentrum und Peripherie. Sie machten Dekrete und Anordnungen der Zentrale in der dörflichen Gemeinde oder der städtischen Nachbarschaft bekannt und gaben umgekehrt Informationen von „unten“ nach „oben“ weiter, die für den Aufbau der sachgerechten und effektiven Steuerungskapazität der frühmodernen Administration unerlässlich waren. In gewisser Weise waren die Geistlichen, und zwar die protestantischen deutlicher als die katholischen, die ersten, noch recht unvollkommenen Vertreter des Beamtentypus, der für den frühmodernen Staat Entscheidendes geleistet hat.

Indem die weltlichen Obrigkeiten zahllose Verordnungen zum Schutz und zur Normierung des religiösen und kirchlichen Lebens innerhalb ihrer Staaten erließen und durchführten, kam es zu einer enormen Ausweitung der bis dahin noch schwach entwickelten Staatsaktivität. Zugleich gewann der Staat neue Sachkompetenzen, nämlich in Ehe- und Familienangelegenheiten, dem Schul- und Erziehungswesen, der Armen- und Sozialfürsorge. Vor der Reformation hatte sich im Wesentlichen die Kirche darum gekümmert. Zwar beanspruchten, wie schon dargelegt, die neuzeitlichen Konfessionskirchen bei den sogenannten *res mixtae*, Weltliches wie Religiöses berührenden Mischdingen wie Ehe, Erziehung, Sozial- und Altenfürsorge, auch weiterhin zumindest eine Teilverantwortung. Doch im alltäglichen von Rivalitäten und Konflikten belasteten Vollzug erlaubte es die neue Symbiose von Staat und Kirche den weltlichen Obrigkeiten, auf diesen für den modernen Anstalts- und Fürsorgestaat so wichtigen Feldern schrittweise die Hauptkompetenz an sich zu ziehen.

Ähnlich verhielt es sich mit dem Kirchenvermögen, auf das der frühmoderne Staat sich Zugriff zu verschaffen wusste, wenn auch in unterschiedlichem Ausmaß und auf unterschiedlichen Wegen. So oder so, durch Umwidmung etwa für Bildung oder Zwecke der Kranken-, Armen- oder Altersfürsorge, durch direkte Aneignung auf dem Weg der Säkularisation oder als Zwangsabgaben oder Kontributionen trugen ehemals kirchenautonomer Besitz oder Vermögen auf die eine oder andere Weise dazu bei, das staatliche Finanzwesen zu festigen, und das in dem kritischen Moment, als die Staatsausgaben durch Kriege wie Ausbau der Infrastruktur rasch wuchsen und Geld zum *nervus rerum* geworden war, die Staaten aber noch kaum über reguläre Staatseinkünfte verfügen konnten. Ohne diesen Zugriff auf das Vermögen der Klöster durch protestantische wie katholische Obrigkeiten wäre der Ausbau des Schul- und Bildungswesens nicht möglich gewesen, ebenso wenig die frühmoderne Verwaltung oder das Militär.

Die Herausbildung des frühmodernen Konfessionsstaates in Europa konnte nicht ohne Folgen für die europäische Expansion bleiben. Die europäische Expansion nach Asien und in die Neue Welt nach Amerika hatte zwar schon im späten Mittelalter eingesetzt, im Zeitalter der Reformation war sie aber in eine neue, dynamische Phase eingetreten. Wie sehr sich die Auseinandersetzungen um die kirchliche und spirituelle Erneuerung des Christentums und die Überseeexpansion, bzw. das Ringen um die Neuordnung der eroberten Gebiete, gegenseitig beeinflussten, tritt besonders deutlich am Schicksal Karls V. und seiner Kirchen- beziehungsweise Religionspolitik in Europa und in Mittelamerika zutage: Von seinen frühen Jahren als König von Spanien an nahm er Anteil an den Vorgängen in Mittelamerika, auch und vor allem am Schicksal der Indios. In den 1540er Jahren gab er dem Anwalt der Indios, dem Dominikaner Bartolomé de Las Casas, Gelegenheit, seine Forderungen nach menschenwürdiger Behandlung der Indios und seine Vision von einer christlichen Ordnung der Kolonialgesellschaft öffentlich in Spanien vorzutragen. Ja, mehr noch, mit den *Leyes Nuevas* legte er ein Gesetzeswerk vor, das einen realen Schritt auf dem Weg der Verwirklichung einer solchen christlichen Ordnung ermöglicht hätte.

Doch als mit dem Schmalkaldischen Krieg gegen die deutschen Protestanten 1546 die europäischen Dinge wieder seine ganze Aufmerksamkeit verlangten, trat die Sorge um das leibliche Wohlergehen und um das Seelenheil der Indios sogleich zurück. Jetzt zählte allein die materielle Ausbeute aus den Kolonien. Sie durfte auch durch christliche Moral nicht gefährdet werden, sollten seine Pläne in Spanien und Europa nicht scheitern. So wichtig ihm die Verantwortung für eine christliche Behandlung und Erziehung der indigenen Bevölkerung seiner Reiche in der Neuen Welt und in Asien auch war, für den Kaiser hatte letztlich sein Kampf um die Neuordnung Europas Vorrang, namentlich sein Traum, die lateinische Christenheit wiederzuvereinigen und im Inneren zu reformieren.[46] Dazu waren das Gold und die Arbeitskraft der Indios unverzichtbar, mit welchen Methoden sie auch erbeutet wurden.

Nachdem seine europäische Politik gescheitert und Karl V. all seine Kronen abgelegt hatte, lenkte sein Nachfolger in Spanien, sein Sohn Philipp II., einer der entschiedensten Vertreter der Gegenreformation, auch in Mittel- und Südamerika in ein konfessionalistisches Fahrwasser ein. Das hatte Konsequenzen in doppelter Richtung: Nach außen dokumentierte es die Weltgeltung der römischen Kirche und die spanische Überlegenheit gegenüber den protestantischen Konkurrenten bei der Eroberung der Welt, den Engländern in Nordamerika und den Niederländern in Asien. Nach innen sollte die konfessionelle Formierung der Kolonialgesellschaft in genau derselben Weise wie in Europa die Untertanen trotz aller ethnischen und sozialen Gegensätze zusammenschmieden und die spanische Herrschaft festigen.[47]

Anders die Vorgänge in Nordamerika. In den englischen Kolonien war nicht das Modell des einheitlichen Konfessionsstaates richtungsweisend, sondern ein Gegenmodell, das die Freikirchen Englands zum Vorbild hatte. Daraus ergab sich im Norden des Kontinents ein ganz anderer Typus von Kirchen-Staat- beziehungsweise Religion-Politik-Beziehungen als im spanisch kolonisierten Mittel- und Südamerika oder auf den Philippinen.

Zweifellos hat dieser Grundunterschied, dem noch die spezifische Variante einer Öffentlichkeitskirche in den asiatischen Kolonien der Holländer zur Seite zu stellen wäre, die Entwicklung der unterschiedlichen Weltteile im weiteren Verlauf der Neuzeit nicht unerheblich beeinflusst. Das kann im vorliegenden Zusammenhang nur angedeutet werden. Doch ist der Behauptung zu widersprechen, das im Vergleich zu der weitgehenden Ausrottung der indigenen Bevölkerung unter der protestantisch gesteuerten Kolonialisierung Nordamerikas bemerkenswerte Überleben der meisten indianischen Kulturvölker Mittel- und Südamerikas sei dem besonderen Schutz durch die katholische Naturrechtstradition geschuldet.[48] Denn zum einen wurde die katholische Naturrechtslehre auch von den entschiedensten Gegnern der *Leyes Nuevas* vertreten, namentlich von Juan Ginés de Sepúlveda, dem Opponenten von Las Casas in der Disputation von Valladolid 1550/51. Zum andern gilt generell, dass sich die bestialische Natur der Glücksritter durch christliche Moralvorstellungen nicht zähmen ließ, durch die katholischen nicht und durch die protestantischen nicht, im protestantischen Nordamerika ebenso wenig wie im katholisierten Mittel- und Südamerika. Und so wird der Norden heute von seiner skrupellosen Ausbeutung afrikanischer Sklaven eingeholt, während der Süden um die vorchristliche Tradition der Indios ringt.

5. Konfession und nationale Identitäten

Die Konfessionalisierung förderte nicht nur die etatistisch-institutionelle Staats-, sondern auch die neuzeitliche europäische Nationenbildung. Nahezu alle europäischen Länder und Völker entwickelten ihre neuzeitliche nationale Identität kulturell und politisch gleichzeitig mit der frühneuzeitlichen Konfessionskirche und Konfessionskultur. Das prägte das kulturelle und politische Profil der einzelnen europäischen Nationen bis ins 19., 20. Jahrhundert, teilweise, wie in Polen, bis heute. Diese neuzeitliche Verbindung von Nation und Konfession war das Produkt der prekären Übergangsphase von mittelalterlich universalistischer zu neuzeitlich partikularer Begründung des Zusammenlebens von Großgruppen. Die neuzeitlichen Nationen der europäischen Einzelstaaten mussten ihr Wir-Gefühl neu begründen, und dazu war es hilfreich, wenn nicht notwendig, sich auf einen universalistischen Diskurs oder eine transzendental begründete Welterklärung zu stützen, wie sie die frühmodernen Konfessionen boten.

Europa zeigt vier Zonen kulturell-politischer Identitätsbildung im Zeichen der Konfessionalisierung – die tridentisch-katholische in Süd- und Südwesteuropa, die lutherisch-protestantische in deutschen Territorien und Skandinavien, die reformiert-protestantische in England und Teilen der Schweiz und die gemischt- bzw. multikonfessionelle Zone vor allem in einem Mittelstreifen. Am deutlichsten ist das im Fall Spaniens und Italiens unter katholischem oder Englands und der skandinavischen Länder unter protestantischem Vorzeichen.

Das katholische *Spanien* bietet neben dem lutherischen Schweden das wohl reinste Modell nationaler Konfessionsidentität: Angesichts der mittelalterlichen Auseinandersetzungen mit Arabern und Juden besaß dort Religion als kollektive Identität zu Beginn der Neuzeit bereits eine lange Tradition. Hinzu kam, dass neben der Dynastie Religion und Kirche die einzigen übergreifenden Instanzen von Gewicht waren. Allein das Programm christlicher Erneuerung konnte die tief verwurzelten sozialen, institutionellen und kulturellen Gegensätze überspannen und die weiterhin institutionell getrennten Teilreiche politisch modernisieren und deren Bewohner im Zeichen der Katholizität zu einer Nation zusammenführen.

Religio vinculum societatis, diese Maxime des konfessionellen Zeitalters war nirgends in Europa vertrauter als in Spanien, wo sich das Band der christlichen Religion bereits als Garant „nationalen“ Zusammenschlusses und militanter Abgrenzung gegenüber vor allem auch religiös fremden Gruppen bewährt hatte. Mit *limpieza de sangre*, der ethnischen „Reinheit" der Nation, war immer zugleich die Reinheit in der christlichen Lehre gemeint. Bezeichnenderweise findet man *limpieza de sangre* noch heute in Wörterbüchern definiert als „Abstammung aus einer christlichen Familie", wobei seit dem 16. Jahrhundert „christlich" stets Synonym für katholisch war. Anders als in Mitteleuropa stand das späte Mittelalter in Spanien nicht im Zeichen der Suche nach dem *persönlichen* Heil, sondern im Zeichen des kollektiven Willens, die *Reinheit der Lehre* zu garantieren und jeden Anflug von Häresie abzuwehren. Diese sehr frühe Verbindung zwischen dem Streben nach dogmatischer Reinheit und einem nationalen Bewusstsein, das sich aggressiv gegen jede Form des Fremden kehrte, seien es die Morisken, Juden, *Conversos* oder später die Protestanten, die Träger der *Pestis Germaniae*, macht die spanische Immunität gegenüber der Reformation plausibel und erklärt die bis in die Moderne des 19. und 20. Jahrhunderts hinein gültige Identifizierung der nationalen Interessen mit denjenigen des konfessionalisierten, neuzeitlichen Katholizismus.

Schweden ist in mancher Hinsicht das lutherische Gegenstück zu Spanien im katholischen Lager. Nachdem, wie oben gezeigt,[49] der Versuch König Johanns III., sich dem Konfessionalisierungsdruck zu entziehen, gescheitert war, wurde dort unter seinem Bruder Karl IX. mit aller Entschiedenheit die lutherische Konfessionalisierung durchgeführt und sogleich zur Stütze sowohl für den inneren Ausbau von Staat und Gesellschaft als auch für den Aufstieg Schwedens zur europäischen Großmacht. Diese Verkopplung war von erheblicher realhistorischer Bedeutung. Vielleicht noch wichtiger waren aber die Folgen für die kollektive Mentalität und das Nationalbewusstsein der Schweden, die den Eintritt in die Neuzeit und die davon ausgelöste Geschichte des inneren und äußeren Erfolges stets mit der Reformation und der lutherischen Konfessionalisierung in Verbindung brachten.

Vorbedingung dieser Entwicklung waren die traditionell engen kulturellen Beziehungen in den baltischen und nordostdeutschen

Raum, die Schweden unmittelbar in die Ausstrahlungszone der Wittenberger Reformation gerückt hatten. Entscheidend gefestigt und politisch ideologisiert wurde die Verbindung von Luthertum und nationaler Identität wenig später in der Konfrontation mit der katholischen Wasalinie in Polen sowie im Dreißigjährigen Krieg. Indem sich das skandinavische Königreich den Unions- oder besser gesagt Annexionsbestrebungen der konvertierten und auf den polnischen Königsthron gelangten Hauptlinie seiner Dynastie widersetzte, wurde für das jüngere, durch Herzog Karl (IX.) von Södermanland (1600/04–1611), dem Vater Gustav Adolfs, begründete schwedische Wasakönigtum die lutherische Konfession zum entscheidenden Argument seiner dynastischen und politischen Legitimität. Das Luthertum der Krone war fortan Bestandteil der schwedischen Fundamentalgesetze – übrigens eine direkte Entsprechung also zur Entwicklung in Frankreich auf katholischer Seite. Für die Stände und die Untertanenschaft waren auf Generationen hin Reformation und Nation nahezu ununterscheidbar und wurden so zum Kristallisationskern des inneren Zusammenschlusses und des Willens zur Unabhängigkeit und zur Selbstbehauptung nach außen.

Im Dreißigjährigen Krieg, den Schweden entschiedener als andere europäische Länder als Glaubenskampf für die Reformation führte, erfuhr die noch weitgehend mittelalterliche Bauerngesellschaft eine fulminante ökonomische und politische Modernisierung. Zugleich gelang ihr der Sprung in die allererste Reihe der europäischen Großmächte. Dieses Erfolgserlebnis, verbunden mit dem Mythos um den Glaubenshelden Gustav Adolf, der im eschatologisch begriffenen Ringen als protestantische Lichtgestalt über die Kräfte der Finsternis und des Antichrist siegte, dieses Gemisch von realhistorischer Interessenpolitik und religiös-konfessionellem Sendungsbewusstsein brachte jene Identitätsgewissheit und jenes missionarische Ethos hervor, das der schwedischen Großmacht bis ins 18. Jahrhundert hinein Stabilität im Innern und Expansionsdynamik nach außen verlieh. Das sicherte zugleich die nicht zu erschütternde, religiöse Grundlage, auf der Mitte des 17. Jahrhunderts Schweden die tiefe Krise bewältigte, in die der Übertritt Königin Christinas zum Katholizismus Staat und Gesellschaft zu stürzen drohte. So kompliziert die Abfindungsregelungen für die Königin auch waren und sosehr die Propaganda Roms und der katholischen Mächte dieses Ereignis auch ausschlachten mochte, es blieb eine individuelle Entscheidung der Monarchin, die die Konfession von Kirche und Volk nicht berührte.

Lutherische Konfessions- und schwedische Nationalidentität waren auch auf weiten Strecken des 19. Jahrhunderts kaum trennbar, und auch institutionell waren schwedischer Staat und lutherische Bischofskirche eng verbunden. Die Folgen lassen sich bis in unsere Tage hinein nachweisen – politisch und institutionell wie vor allem bei der kollektiven Einstellung und dem Selbstverständnis. In säkularisierter Form vermittelt das lutherisch-reformatorische Ethos noch heute der schwedischen Gesellschaft die Gewissheit, auf dem richtigen Weg zu sein, verbunden mit dem Pflichtbewusstsein, auch die übrige Welt auf diesen Weg zu bringen. Es ist die säkularisierte, lutherische Identität, die die historisch politische Kultur und das moralische Bewusstsein der heutigen „Nation" mitbestimmt. Und selbst die individuelle Persönlichkeitsstruktur scheint davon mitgeprägt – so jedenfalls in der Selbstinterpretation führender Intellektueller, die die lutherische Identität für ihre Neurosen verantwortlich machen. Erinnert sei nur an den Drehbuchautor und Regisseur Ingmar Bergman mit seinen skrupulös die religiösen Traditionen Schwedens ergründenden Filmen, etwa dem Psychodrama „Fanny und Alexander" im Spannungsfeld zwischen den lutherischen Ängsten und Zwängen der Stockholmer Bischofsresidenz und der erlösenden Säkularität der Theaterwelt.

Die „Nationen" in der Mitte Europas konnten ähnlich klare Konfessionsidentitäten nicht herausbilden. Aufgrund einer komplexen Reformationsgeschichte entwickelten sich in den nördlichen Niederlanden, in Deutschland und der Schweiz multikonfessionelle Identitäten. Besonders kompliziert ist der Sachverhalt in Deutschland. Denn hier war die frühneuzeitliche Nationenbildung durch die Realität des vorstaatlichen Reiches sowie die Vielzahl von Territorialstaaten blockiert, und es gab nicht eine, sondern drei Konfessionsidentitäten. So war Deutschland im 19. Jahrhundert nicht nur mit dem Phänomen einer „verspäteten Nation“ konfrontiert. Es war darüber hinaus von einem Überschuss an ideologischer Unversöhnlichkeit (Heinrich Lutz) belastet, den die deutsche politische Kultur in der Konfessionsepoche angehäuft hatte.

In Frankreich war das Verhältnis zwischen konfessioneller und politischer Identität aus anderen Gründen kompliziert. Hier setzte sich im Innern seit Heinrich IV., verstärkt dann seit Ludwig XIV., der Katholizismus als politisch-kulturelle Identität der Nation durch. Das wurde im europäischen Rahmen aber immer wieder konterkariert, weil die machtpolitische Gegnerschaft zu Spanien und dem Hause Habsburg Frankreich wiederholt an die Seite protestantischer Mächte zwang. Kein Geringerer als der in religiösen Dingen angeblich skrupellose Kardinal Richelieu sah darin eine schwere politische und geistige Bürde. Er hätte sie gerne und sofort abgeworfen, wenn ihm die außenpolitischen Konstellationen erlaubt hätten, auch im internationalen System konform zur katholischen Identität Frankreichs zu handeln.

Die konfessionelle Prägung der nationalen Identitäten macht sich selbst im säkularen Europa der Gegenwart bemerkbar. Verheerend im 19. und frühen 20. Jahrhundert die Konfrontation zwischen preußischem Protestantismus und polnischem Katholizismus, wie sie Horst Bieneck am Beispiel seiner oberschlesischen Heimat literarisch vergegenwärtigt: Dem oberschlesisch-polnischen Politiker Adalbert/Wojcieck Korfanty legt er die charakterprägende Erkenntnis in den Mund, die ihn zum tragischen Vertreter oberschlesisch-polnischer Autonomiebestrebungen machte: „Schon als Katholik war man benachteiligt, Katholiken waren nur die Armen. Die Lehrer und Beamten kamen aus Preußen und waren Protestanten.“ Er lässt Korfantys Biographen, den jüdischen Justizrat a. D. Montag, fortfahren: „Korfanty war in den Jahren des Kulturkampfes aufgewachsen, das prägte ihn. Es war das Verhängnis der preußischen Oberschlesien-Politik, dass sie von Evangelischen gemacht wurde, in Breslau wie in Berlin, die niemals begriffen, welche Wurzeln der Katholizismus (z. B. das Mariendogma) im Oberschlesischen geschlagen hatte, da kam es nicht mehr auf die Sprache an. Korfanty war zweisprachig aufgewachsen, wobei seine Bildung ganz von der deutschen Sprache geprägt war, er hätte ebenso wie Rosa Luxemburg in der deutschen Politik einflussreich sein können. Korfanty war am Anfang so polnisch wie er deutsch war. Oder umgekehrt." [50] Um die komplexe Identitätswerdung dieses Menschen, der sich politisch wie sprachlich kaum zuordnen ließ, besser zu begreifen, nahm sich sein Biograph vor, mehr über die Geschichte Irlands zu lesen, über die Geschichte Litauens, des Baskenlandes und der Ukraine, alles Länder, in denen die Konfession eine prägende Kraft war, allem voran in den Eliten, in Formen der Volksreligion auch für die breiten Schichten.

Auf die Konfessionsidentität folgte dann die Identitätsproblematik der Aufklärung im 18. und der modernen Nationalstaaten im 19. Jahrhundert. Der Aufklärung ging es um die Konstitution des Menschen als eines moralischen Subjekts in Spannung zu traditionellen Gesellschaftsstrukturen und Herausbildung einer eigenen Handlungsnorm. Das 19. und 20. Jahrhundert sah dann die moderne, säkulare Nationalidentität der jüngeren Neuzeit, in der die konfessionellen und religiösen Momente der frühneuzeitlich-vormodernen Identität im dialektischen Sinne aufgehoben waren. Die Radikalität und Wirkmacht dieser nationalen und nationalistischen Identität wird erst verständlich, wenn man um den religiösen Hintergrund der älteren, in ihr aufgegangenen Konfessionsidentitäten weiß.

6. Formierung der neuzeitlichen Untertanengesellschaft und neue Ansätze in den Beziehungen zwischen Männern und Frauen

Die Konfessionalisierung gestaltete auch die Gesellschaft an den Wurzeln um. Denn die mit ihr verbundene geistlich-sittliche Formierung prägte das öffentliche und private Leben nachhaltig, und zwar in allen

Bevölkerungsschichten, wenn auch in unterschiedlicher Intensität, in der Elite und in den Städten stärker als bei den Unterschichten und im Dorf. Die daraus resultierenden sozial- und gesellschaftsgeschichtlichen Folgen waren Teil übergreifender Entwicklungen, die auch von anderen Kräften vorangetrieben wurden, wiederum vor allem durch den frühmodernen Staat. Gemeint sind die Formierung einer relativ einheitlichen Untertanengesellschaft und die Durchsetzung neuzeitlich disziplinierter und „zivilisierter" (Norbert Elias) Verhaltens-, Denk- und Mentalitätsformen bei den Individuen, den sozialen Gruppen sowie der Gesellschaft insgesamt. Politisch wurde die Einheitlichkeit vor allem dadurch gefördert, dass die Konfessionalisierung die alten ständischen Zwischengewalten Klerus, Adel und Städte ausschaltete oder entscheidend schwächte.

Da mancherorts Fürstenmacht und neuer, konfessionalistischer Klerus bis in die zweite Hälfte des 17. Jahrhunderts hinein in einer Interessenallianz standen, konnte zwar auch die neue Geistlichkeit – etwa der tridentinische Klerus, allen voran die Jesuiten – ein beachtliches Maß an Selbständigkeit gewinnen. Als die konfessionelle Uniformierung der Gesellschaft jedoch vollendet war und die Interessenallianz für den Staat an Wert verloren hatte, wurde auch diese Selbständigkeit beseitigt und im konfessionellen Absolutismus die unbedingte Dominanz des Staates etabliert, in Frankreich spätestens unter Ludwig XIV., in Österreich wenig später im spätbarocken Staatskatholizismus. Die Zähmung von Klerus und Ständen konnte aber auch im Zeichen des betonten Antikonfessionalismus erfolgten – so in Brandenburg-Preußen, wo die staatlich verordnete Toleranz ein wichtiges Instrument der absolutistischen Staats- und Gesellschaftspolitik war. Auch das war allerdings insofern konfessionell begründet, als in Brandenburg ein Gegensatz bestand zwischen lutherischen Ständen und Bevölkerungsmehrheit einerseits und reformiert-calvinistischen Kurfürsten, später Königen, mit deren kleiner calvinistischer Hof- und Staatselite andererseits. Ein prominentes Beispiel staatlich-politischer Disziplinierung eines unliebsamen Geistlichen bietet der bedeutende lutherische Liederdichter Paul Gerhardt (1607–1676): 1657 vom Konsistorium der lutherischen Landeskirche zum Diakon an der städtischen Pfarrkirche St. Nikolai berufen, wurde er im Februar 1666 vom brandenburgischen Landesherrn Friedrich Wilhelm, dem Großen Kurfürsten, wegen seiner Weigerung, das obrigkeitlich verfügte Toleranzedikt zu unterschreiben, entlassen. Eine neue Pfarrstelle fand er im lutherischen Lübbenau in der damals kursächsischen Lausitz – und wurde ein Opfer der absolutistischen „Toleranzpolitik" des Großen Kurfürsten, die darauf abzielte, mit der Stärkung der reformierten Konfession der Dynastie die Selbständigkeit des Luthertums zu beseitigen und die Landeskirche samt ihrem Personal unter dem obrigkeitlich-absolutistischen Staatsprotestantismus zu unterwerfen.[51]

Für die frühneuzeitliche Formierung von Verhalten und Denken der Menschen verwenden Historiker den Begriff der „Sozialdisziplinierung".[52] Gemeint ist damit die Einbindung einzelner Untertanen und gesellschaftlicher Gruppen in einen homogenen Untertanenverband. Regionale und partikulare Interessen sollten zugunsten eines durch den Fürsten und seine Beamtenschaft definierten „Gemeinen Besten" abgeschliffen werden. Das war ein im späten Mittelalter einsetzender säkularer Prozess, der zunächst durch den „Staat" bzw. die Obrigkeiten getragen wurde, seinen Höhepunkt aber seit Ausgang des 16. Jahrhunderts im Zeichen der Konfessionalisierung fand. Besonders wichtig war das für alle Fragen der Legitimation, wo der frühmoderne Staat noch große Defizite hatte, die nur durch Rekurs auf Religion und Kirche auszugleichen waren.

Die Konfessionskirchen waren als Agenten für die erfolgreiche Verpflichtung des Einzelnen und der sozialen Gruppen auf das neue moralisch-ethische und politisch-rechtliche Normensystem unersetzbar: In Familie und Nachbarschaft sollte der gute Christ in brüderlich-schwesterlicher Verträglichkeit leben, er bzw. sie hatte das von Gott übertragene „Amt" in der Familie und in der Öffentlichkeit ernsthaft und nach bestem Wissen und Gewissen auszuüben – d. h. Kinder und Gesinde zu erziehen und zu beaufsichtigen, seinen Beruf ernst zu nehmen, als Staatsdiener, als Bauer, Handwerker, Unternehmer oder

Kaufmann. Die Konfessionskirchen trugen in Predigt, Seelsorge sowie durch Hausbesuche der Pfarrer oder Gemeindevorsteher oder, so im Katholizismus, mit religiösen Bruderschaften und Kongregationen zur Einübung von Gehorsam und politischem Wohlverhalten bei – gegenüber dem Hausherrn und der Hausfrau ebenso wie gegenüber den unteren und mittleren Magistraten und Beamten sowie der höchsten Staatsgewalt selbst. Indem sie die Gläubigen ständig und nachhaltig auf ein friedliches, geordnetes und vor allem gesetzeskonformes Miteinander verpflichteten, stützten die Konfessionskirchen entscheidend das noch junge staatliche Gewaltmonopol.

Vor allem die Kirchenzucht der Calvinisten und Reformierten, die durch spezifische Institutionen ausgeübt wurde und nicht Kriminal-, sondern „Sündenzucht" war, leistete einen eigenständigen Beitrag zu Formierung von Verhalten und Denken der Menschen. Auch wo es wie im Falle von Frei- oder Untergrundkirchen der Puritaner oder der Protestanten im katholischen Frankreich und am deutschen Niederrhein nicht zu einer Zusammenarbeit mit dem Staat kam, verstärkte diese „Sündenzucht" im Ergebnis die Wirkung der staatlichen Sozialdisziplinierung. Denn kirchliche und staatliche Zuchtinstanzen vertraten letztlich dieselben Normen. Entwicklungsgeschichtlich war dieser Beitrag der Konfessionskirchen unverzichtbar, weil der vorabsolutistische Staat noch nicht über hinreichende Steuerungs- und Kontrollinstanzen verfügte und vor allem für die Internalisierung des neuen Wertsystems auf die religiös-kirchliche Sanktionierung angewiesen war.

Feldstudien zur calvinistischen Kirchenzucht in Zentral- und Westeuropa, die sich auf die sorgfältig geführten und häufig lückenlos überlieferten Presbyterialprotokolle stützen, lassen es plausibel erscheinen, dass insbesondere diese institutionell fest verankerte Variante der konfessionalistischen „Sündenzucht" die Gesellschaftsgeschichte Europas nachhaltig beeinflusste. Sie hatte einen wesentlichen Anteil an der Herausbildung jener rationalen, nüchternen und disziplinierten Verhaltensweise, die sich im Verlauf der Frühen Neuzeit in Europa herausbildete, ein Verhalten, das später die Transformation der alteuropäischen Stände- zur modern-bürgerlichen Wirtschaftsgesellschaft des Industriezeitalters nicht unwesentlich erleichtern sollte.

In ihrem unermüdlichen Kampf gegen Abweichungen von den festgelegten Glaubens- und Weltanschauungssätzen, gegen Nachlässigkeit in den kirchlichen und religiösen Pflichten, gegen Streit, Gewalt und Unehrlichkeit, gegen Unmäßigkeit, demonstrativen Luxus, Exzesse in Spiel, Tanz und Vergnügung, gegen Unzucht, Kuppelei und Ehebruch, gegen Trunkenheit, Unreinlichkeit, Müßiggang und all die anderen kleinen oder großen Normabweichungen von einem in der Konfessionalisierung des 16. Jahrhunderts neu definierten und neuzeitlich formierten christlichen Sitten- und Verhaltenskodex – in diesen unermüdlichen Formierungs- und Normierungsaktionen erwiesen sich die calvinistischen Gemeinden nicht nur als Agenten eines geschlossenen Glaubens- und Weltanschauungssystems, sondern auch und vor allem der Affektenkontrolle, des vernünftig-gemäßigten Lebensstils, der Ausdauer und Selbstdisziplin sowie der nüchternen Verantwortlichkeit für das eigene Leben und dasjenige des Nächsten in Ehe, Familie und Gemeinde sowie der Gesellschaft insgesamt.

Die weniger zahlreichen Untersuchungen zur anglikanischen, lutherischen oder katholischen „Sündenzucht" lassen ein ganz ähnliches Bild erkennen, obgleich die theologische Begründung und die institutionellen Grundlagen unterschiedlich waren. Wie die calvinistischen Consistoires und Synoden trug auch das weitgespannte Netz der Jesuiten entscheidend zur sozial tief gestaffelten Verbreitung neuzeitlich formierter Denk- und Verhaltensweisen bei – unter den Fürsten und im Adel ebenso wie bei der neu entstandenen staatlichen Politik- und Bildungselite, aber auch in den Städten, allerdings kaum auf dem Lande. Bedeutend für den längerfristigen Wandel waren vor allem die Impulse für die bürgerliche Gesellschaft, in die die Jesuiten „suffisamment de nouveautés" hineintrugen, „sur le plan de la famille et de la société, comme sur la manière de vivre la religion, pour inquiéter les tenants de la tradition" („in die [nämlich die bürgerliche Gesellschaft] die Jesuiten bezüglich der Familie und der Gesellschaft wie in der Art, die Religion zu leben, genügend Neues hineintrugen, um die Verfechter der Tradition zu beunruhigen“). Auch im katholischen Umfeld, nicht anders als bei Lutheranern und Anglikanern, wirkten die Agenten der Konfessionalisierung im Sinne einer Verchristlichung der Gesamtgesellschaft, einer Verpflichtung jedes Einzelnen zu individueller Selbsterforschung und Selbstlenkung, einer programmatischen Verbindung von religiöser Innerlichkeit und sittlich verantwortungsvoller Lebensführung in und für die christlich-brüderliche Gemeinschaft, für die Familie, die Kirche und die städtische Öffentlichkeit. Für alle Konfessionskirchen gilt, dass sie, wenn auch mit unterschiedlichen Mitteln und Erfolgen, einen „christianisme moderne“ vertraten und „apparaissent, d'une certaine façon, à l'origine de l'esprit bourgeois en Europe“ („und damit in gewisser Weise am Ursprung des bürgerlichen Geistes in Europa stehen“).[53]

Diese Verbindung zwischen Konfessionalisierung und Geist des frühmodernen Bürgertums wurde dadurch zusätzlich gefestigt, dass die Versuche, die jahrhundertealten magischen Formen der Volksreligion zu beseitigen, zwar in den Städten, kaum aber in den Dörfern erfolgreich waren. Die Reinigung von Glauben und Frömmigkeit von magischem Beiwerk und ihre lehrmäßige, also rationale Begründung sowie die Verankerung in der inneren Überzeugung statt in veräußerlichter ritueller Praxis waren in den Städten umso leichter, als sich diese Tendenzen bereits in der neuen Frömmigkeit der spätmittelalterlichen Reformbewegungen, etwa der *Devotio moderna*, angekündigt hatten und auch die frühreformatorische Frömmigkeit dem städtischen Selbstverständnis und dem frühmodernen Bürgergeist entsprach.

Von kaum zu überschätzender gesellschaftsgeschichtlicher Wirkung waren die Konfessionalisierungen schließlich auch dadurch, dass sie das alteuropäische Gendermodell nachhaltig neu prägten. Die Beziehungen der Geschlechter zueinander und die Rollen, die Männer und Frauen in Ehe, Familie, Haus und Öffentlichkeit spielten, wurden auf Generationen, wenn nicht auf Jahrhunderte hin durch die neue Anthropologie der Reformation und des Tridentinums geprägt, welche die Agenten der Konfessionalisierung in die europäischen Gesellschaften einpflanzten. Schon das neue Eheverständnis und die Formalisierung der Eheschließungsverfahren hatten weitreichende Folgen für die Beziehungen der Geschlechter zueinander. Evident ist das vor allem bei der reformatorischen Wende, weil „mit dem neuen, an der Schrift ausgerichteten Eheverständnis ... Ehe zur zentralen gesellschaftlichen Ordnung der Geschlechter"[54] wurde. Die Beziehungen zwischen Mann und Frau einschließlich ihres Verhältnisses zu den Kindern wurde aufgewertet gegenüber dem römisch-kirchlichen Normensystem, das Zölibat und Keuschheit zum erstrebenswerten Ideal menschlicher Selbstverwirklichung erhoben hatte. Doch auch im Zuge der katholischen Konfessionalisierung ergaben sich wichtige familiensoziologische Neuansätze. Ideal- und Vorbild war nicht die Familie des Pastors, wie im Protestantismus, sondern die „Heilige Familie" selbst, in der die Mutter Maria dominierte und der Vater Josef eher im Hintergrund stand.[55]

Auch der Wandel in der Beziehung der Geschlechter hatte bereits im späten Mittelalter eingesetzt. Beteiligt waren zudem auch außerkirchliche Kräfte – wirtschaftliche, demographische und vor allem staatliche. Die entscheidende Durchschlagskraft erhielt dieser Wandel aber im konfessionellen Zeitalter. Am besten untersucht sind wiederum die Wirkungen im reformatorischen Umfeld, und zwar in diesem Fall besonders im Luthertum. Das dabei gewonnene Bild ist allerdings durch gegensätzliche Einschätzungen geprägt. Einerseits soll die reformatorische Anthropologie, speziell die Aufwertung der Ehe, eine Abwertung der Frau und ihre „Domestizierung" bewirkt haben. Predigten orthodoxer Lutheraner sieht man charakterisiert durch die „Auffassung, unkontrollierte Frauen seien gefährlich für sich selbst wie für die Gesellschaft".[56] Andererseits kann eine tiefdringende Analyse der Schriften Luthers zeigen, dass die Theologie des Reformators die Stellung der Frau aufwertete, indem auch verheiratete und alleinstehende Frauen zum allgemeinen Priestertum der Gläubigen berufen waren, der Vorgang der Geburt als ein „besonderes Wunderwerk Gottes" begriffen und alte Tabus durchbrochen wurden, „die Vorstellung nämlich, körperliche Vorgänge bei Frauen, Menstruation, Empfängnis, Schwangerschaft, Geburt und Wochenbett, machten sie unrein".[57] Im Reformiertentum vollzog sich dieselbe Wende, mit der bemerkenswerten Besonderheit, dass in einigen Regionen, wie etwa am deutschen Niederrhein, für Frauen das Kirchenamt der Diakonin oder Diakonisse eingeführt wurde – eine reale Konsequenz von Luthers Lehre vom Priestertum aller Getauften!

Fallstudien zur alltäglichen Realität zeigen ein differenziertes Bild. Für den Augsburger Protestantismus zum Beispiel waren „Mann und Frau ... in geistlicher Hinsicht gleich". Doch entwickelte sich so etwas wie eine „Zwei-Reiche-Lehre des Geschlechterunterschieds", die besagte, dass sich die Ämter von Mann und Frau auf Erden unterschieden. So entstand „eine exklusive von Männern geleitete Kirche, doch galt dies eigentlich nur für die äußere, die Amtskirche, nicht jedoch für die Frömmigkeit des Herzens. ... Auch die evangelischen Frauen waren in der Lage, eine spezifisch weibliche Frömmigkeit zu entwickeln"[58] und mit dieser in die Welt hineinzuwirken.

Für den evangelischen Pfarrhaushalt, der vor allem in Deutschland über Jahrhunderte hin eine außerordentliche Vorbildfunktion hatte, wurde sogar herausgestellt, dass die Pfarrfrau neben dem Mann als „Gefährtin" und „Mitregentin" wirkte, gestützt auf das „Amt der Hausmutter", das formal mit dem „Amt des Hausvaters" korrespondierte.[59] Allerdings bestand insofern eine Ungleichheit, als sich dieses weibliche „Herrschaftsamt" durch das männliche definierte, eine Beobachtung, die dem reformatorischen Gendermodell in den südfranzösischen Städten entspricht, wo eine ähnliche Ungleichheit erhalten blieb, obgleich beide Geschlechter gemeinsam in die neuen befreienden religiösen Verhältnisse eingetreten waren. Schließlich belegte der Sonderfall der protestantischen Reichsabteien, wie sich Frauen aufgrund spezifischer Rechts- und Standesverhältnisse, aber auch durch „Gender" im lutherischen Umfeld eine ganz eigenständige kirchliche Position zu sichern wussten, obgleich die lutherische Kirche im Kern eine Männerkirche war.

Was die Kirchenzucht anbelangt, deren gesellschaftliche, individual-psychologische und mentale Tiefenwirkung alle anderen Manifestationen des Konfessionalismus übertroffen haben dürfte, so zeigen genderspezifische Erhebungen, dass sowohl das Verfehlungs- als auch das Zuchtprofil im konfessionellen Zeitalter kaum genderspezifisch war.

Denn „die Maßnahmen der Konfessionalisierung richteten sich nicht spezifisch gegen oder auf Frauen“.[60] Eine Langzeitanalyse im calvinistischen Emden belegt, dass „the double standard (Keith Thomas) appeared relatively late“, und zwar hervorgebracht durch eine spezifisch pietistische Frömmigkeit und durch staatlich geforderte Kontrollmaßnahmen gegen ledige Mütter. Dagegen deutete nichts darauf hin, dass die Kirchenzucht des Konfessionalismus „discriminated either males or females regarding the normes of standards of Christian sexual life“. Vielmehr wurden Männer wie Frauen gleichermaßen in die Pflicht genommen, nach den Normen christlicher Verantwortlichkeit, Liebe und Friedfertigkeit miteinander zu leben, was die Stellung der Frau in der Ehe nur verbessern konnte, quantitativ greifbar in der Tatsache, dass „during the first century of church discipline in Emden (ca. 1550–1650) males were more frequently called before the church council“.[61]

Auf anderer theologischer Basis sorgte auch die katholische Konfessionalisierung für grundlegenden Wandel in den Beziehungen zwischen Mann und Frau. Doch auch dort ist der historische Befund differenziert und lässt sich kaum feministisch im modernen Sinn deuten: „Der Katholizismus pflegte einen spezifisch weiblichen Frömmigkeitsstil“, und er entwickelte einen ganz anderen Kosmos von weiblichen Heiligen, andererseits konnte eine Frau diese „Heiligkeit ... nur erlangen, indem sie sich ihrer sexuellen, weiblichen ‚Körperlichkeit‘ entledigte“.[62] Was die höhere Mädchenbildung anbelangt, scheint der katholische Konfessionalismus sogar eindeutiger noch als der protestantische „die intellektuelle Gleichwertigkeit der Frau, ihre Fähigkeit und ihr Recht zur Gelehrsamkeit“ theoretisch vertreten und auch praktisch angestrebt zu haben.[63]

In ländlichen Regionen Mitteleuropas wurde im Zuge der katholischen Konfessionalisierung[64] der ältere, feudale Heiligenkosmos, der „vorwiegend [durch] das Verhältnis von Herrn–Untertan und das Gemeinschaftsleben eines weitgehend geschlossenen dörflichen Wirtschafts- und Gesellschaftsverbandes geregelt war“, abgelöst durch einen Heiligenkosmos zur „Programmierung und Normierung des Problemkreises Mann-Frau-Kind“. Die „patriarchalische Ordnung der bäuerlichen Mentalité" wurde aufgebrochen durch eine auf die Heilige Familie hin orientierte frühneuzeitliche „Mentalité, in deren Zentrum Maria stand, während Josef im Hintergrund blieb und sämtliche Herrschaftsfunktionen des Mannes über Frau und Kind, Haus und Hof bei ihm zu ausschließlichen Schutzfunktionen herabreduziert worden waren". Eine „kurze Phase matriarchal beeinflußter Normen" und eines „matriarchalen Familientypus" war aufgezogen. Nachdrücklich förderte auch die Anthropologie der Jesuiten den Wandel in den Beziehungen der Geschlechter: Im Umkreis jesuitischer Seelsorge entstand „une nouvelle conception de la famille, marquée par une revalorisation du sacrement du mariage, un partage des responsabilités au sein du couple, une atténuation du pouvoir despotique du père, est en train de se dégager. La famille patriarcale n'est pas la ‚famille sainte'". („Ein neues Verständnis von Ehe kündigte sich an, gekennzeichnet durch eine Aufwertung des Ehesakraments, eine Aufteilung der Verantwortlichkeit zwischen den Ehepartnern, ein Schwinden der despotischen Gewalt des Familienvaters. Die patriarchalische Familie ist nicht die Heilige Familie.")[65] Eine Entwicklung zur Verbürgerlichung und Verinnerlichung also, ähnlich wie bei den Protestanten.

Diese in Reformation und Konfessionalisierung ausgelösten Trends konnten sich allerdings nicht ungebremst ausbreiten: Seit Mitte des 17. Jahrhunderts war in der katholischen Mädchenerziehung der „Elan der Gründerinnen ... gebrochen. Die Diskrepanz zwischen Jungen- und Mädchenerziehung verschärfte sich wieder." Bei den Protestanten verblasste der „matriarchale Familientypus", und die aktive Teilhabe der Frauen am „allgemeinen Priestertum der Gläubigen" trat wieder in den Hintergrund.[66] In Rollenverteilung zwischen Mann und Frau, in den Beziehungen zwischen den Geschlechtern, wie übrigens auch bei der Bewertung von Sexualität mündeten Reformation und Konfessionalisierung nicht direkt in die „engen" Verhältnisse des 19. Jahrhunderts. Vielmehr lassen sich im religiösen Aufbruch des 16. und 17. Jahrhunderts Handlungsspielräume für die Frauen erkennen, die nicht in die bürgerliche Welt des 19. Jahrhunderts passten und daher wieder zurückgedrängt wurden.

7. Die konfessionellen Kulturen – Kunst, Literatur, Architektur, Wissenschaft

Die Konfessionalisierung prägte auch nachhaltig die Kultur Europas. Kunst- und literaturgeschichtlich folgt auf die abgewogene Ruhe der Renaissance die nervöse Dynamik des Barocks, der in der Spannung zwischen unsicherer Zerrissenheit und tiefglühender Glaubensgewissheit stand. Darin dokumentiert sich die Suche eines tief verunsicherten Zeitalters nach neuer Sicherheit. Der Barock war die kongeniale Kunstform des konfessionellen Europa, die die Kunst gleichsam resakralisierte. Wie in der Gesellschaft und in der Politik bedeutete Resakralisierung aber nicht Rückkehr zu mittelalterlichen Verhältnissen, also die Vorherrschaft einer rein kirchlichen Kunst. Vielmehr bahnte die Allianz von Sakralem und Profanem auch in Kunst und Kultur dem Grundsatzwandel den Weg und damit langfristig der Säkularisierung.

Der Barock ist auch insofern Ausdruck des konfessionellen Zeitalters, als er die kirchliche Spaltung sinnfällig macht. Das gilt bis auf den heutigen Tag, wie sich jeder Reisende leicht überzeugen wird, wenn er katholische und protestantische Länder in Europa miteinander vergleicht. Während die Renaissance ungeachtet aller Unterschiede zwischen Süd- und Nordeuropa sich noch als einheitliche Kunstrichtung zu erkennen gibt, geprägt durch die Internationalität und die gemeinsame Latinität der Humanisten, ist der Barock zerrissen und gespalten, und zwar entlang den konfessionellen Bruchlinien – in der adligen oder bürgerlichen Elitekultur ebenso wie in der bäuerlichen Volkskultur.

Die konfessionell gespaltene Kultur bedeutete zugleich Vielfalt und Variation. Das ist besonders augenfällig im konfessionell vielgestaltigen Heiligen Römischen Reich Deutscher Nation mit den farbenfrohen und in glühender Leidenschaft an das Überirdische hingegebenen katholischen Landschaften des Südens und Westens und dem in seiner Religiosität und kulturellen Ausdrucksformen gezügelten protestantischen Norden und Osten. Europaweit standen sich Zonen der Farb-, Form- und Lebensfülle des südlich gleißenden Bildbarocks der katholischen Länder und solche des nördlich-kargen, nicht selten düsteren, rational gezügelten Wort- und Oratorienbarocks des Protestantismus gegenüber, markant vor allem im Calvinismus und Reformiertentum.[67] Das konfessionelle Barockzeitalter brachte Dichter europäischer Statur in allen zwei beziehungsweise drei Kulturkreisen hervor – Shakespeare, Paul Gerhardt, Gryphius und Vondel im protestantischen, Cervantes und Calderón de la Barca im katholischen Raum.[68] In der Musik steht neben Bach, dem großen Schöpfer der geistlichen Oratorien, Palestrina als Neuerer und Modernisierer der katholischen Kirchenmusik. Die Malerei mit ihrer glühenden Bildhaftigkeit wird nicht nur von Rubens, Reni oder Velazquez, sondern auch von Cranach, Rembrandt und Vermeer bestimmt.

Ein Widerspruch zu unserer Leitthese von der funktionalen Äquivalenz protestantischer und katholischer Kultur ist das jedoch nur auf den ersten Blick. Die gängige Entgegensetzung von protestantischer Wort- und Musikkultur und katholischer Kultur der Bilder und Symbole verdeckt tiefersitzende Verwandtschaften und Ähnlichkeiten. So waren sowohl Reformatoren wie Gegenreformatoren Menschen des Wortes und des Schreibtisches. Luther ist dafür berühmt. Aber auch Petrus Canisius war ein Mann der Schreibstube und prägte Denken, Empfinden und Verhalten der Zeitgenossen mit Dutzenden von Traktaten, Erbauungsbüchern und Verhaltensanleitungen. Der Reformator gilt als „Erfinder“ des Katechismus, jenes der Erziehung der Jugend (aber keineswegs allein für diese!) dienenden und bis ins 20. Jahrhundert hinein erfolgreichen Kompendiums christlicher Lehre, Spiritualität und Verhaltensweisen. Der Katholizismus zog mit den wenig später entstandenen und in ähnlichen Auflagen und Zahlen verbreiteten Katechismen des Jesuiten Petrus Canisius umgehend gleich.[69]

Ähnliches gilt ganz allgemein für die deutsche Sprache, Literatur und Dichtkunst. Unbestreitbar ist hier die prägende Kraft des wortgewaltigen und auch dichterisch hoch begabten Martin Luther. Das wurde und wird stets entsprechend gewürdigt – bis hin zur Verwurzelung des anderen deutschen Geistesheroen Johann Wolfgang von Goethe in der lutherischen Sprachkultur.[70] Die lutherische „Konfessionsgesellschaft" war über die Jahrhunderte hin durch Luthers Kultur des Wortes und seine poetisch bildhaften Deutungen der himmlischen wie der irdischen Realitäten geprägt – von seiner Bibel, seinem Katechismus, vor allem aber von seinen Kirchenliedern, die Generationen im Gedächtnis und im Herzen trugen. Manche seiner Sentenzen bereichern die deutsche Sprache als Sprichwörter – „wie ein Ochs am Berge"; „Hunde, die bellen, beißen nicht"; „kein Blatt vor den Mund nehmen" u. a. Und Luther blieb nicht allein. Mancher Pfarrer setzte die Sprach- und Dichttradition des Reformators fort, allen voran Paul Gerhardt (1607–1676), der das lutherische Kirchenlied auf seinen Höhepunkt führte. Vor allem aber prägten die vielen säkularen Dichter aus dem lutherischen Pfarrhaus die deutsche Sprache und Literatur bis in unsere Tage hinein.[71]

Ein besonders einprägsames Beispiel für die geistig-kulturelle Kraft des Kirchenliedes jenseits gesellschaftlich-politischer und kirchlich-religiöser Grenzen ist der Choral „Nun danket alle Gott mit Herzen, Mund und Händen" von Martin Rinckart (1586-1649), eines im sächsischen Eilenburg nordöstlich von Leipzig geborenen und dort später als Pfarrer wirkenden Lutheraners. Dieses erstmals 1636 in seinem „Jesu Hertz-Büchlein" in der Abteilung „Tisch-Gebetlein" veröffentlichte Kirchenlied hat sich tief in Kirche und Gesellschaft eingeschrieben und ist noch in der säkularisierten Gegenwart eines der bekanntesten und umfassend akzeptierten geistlichen Lieder: 1649 wurde es im Heiligen Römischen Reich landauf, landab als Dankeshymne für den in Münster und Osnabrück endlich abgeschlossenen Frieden in der europäischen Christenheit angestimmt. 1757 war es den Mitgliedern der preußischen Armee, die am 5. Dezember im Siebenjährigen Krieg den Sieg von Leuthen über die Österreicher errungen hatten, gleichzeitig Dank für das eigene Überleben und Trauer um die vielen Tausend Toten, die sie zu beklagen hatten – der spätere Militarismus verherrlichte das dann einseitig zum „Choral von Leuthen". Eine solche Verherrlichung von Schlacht und Krieg wird keinem der Kriegsheimkehrer in den Sinn gekommen sein, die 1955 im Lager Friedland den Choral anstimmten, um für das Ende ihrer langen, qualvollen

Gefangenschaft in der Sowjetunion zu danken. Am 3. Oktober 1990 konnte dann „Nun danket alle Gott“ vor dem Berliner Reichstagsgebäude Ost- und Westdeutsche, Christen und Atheisten, Politiker und Volk zu einer Gemeinschaft vereinigen, die im Gesang alle real sich auftürmenden Probleme und Hindernisse ausblendete. Die gleiche Kraft, mit der der Choral die politisch-gesellschaftlichen Grenzen zu sprengen vermochte, lässt ihn mit englischen und französischen Übersetzungen international zum Boten der Ökumene werden. Er findet sich heute in lutherischen, reformierten, katholischen, anglikanischen, mennonitischen oder neuapostolischen Gesangbüchern.

Was Luther für die Volks- und Alltagssprache war, war der reformierte Schlesier Martin Opitz für die Hochsprache und die deutsche Poesie, die er verfeinerte und ebenbürtig mit der französischen machte. „Opitzens Verteidigung der Nationalsprache erwuchs auf dem Boden des Kalvinismus und der gesellschaftlich fortschrittlichen Sekten, die aus Gründen der Taktik diese Sprache pflegten.“[72] Der lutherischen stand seit dem ausgehenden 16. Jahrhundert eine in Heidelberg, Schlesien, Danzig und den anhaltinischen Herzogtümern, vor allem Köthen, beheimatete reformierte oder calvinistische Sprach- und Dichtkultur gegenüber, die in engem persönlichen und inhaltlichen Austausch mit den reformierten Kultur- und Geisteszentren der Niederlande, Frankreichs und der Schweiz stand. Was das Kirchenlied den Lutheranern war, waren den Reformierten die Psalmengesänge, die Paul Melissius Schad oder Schede, Leiter der *Bibliotheca Palatina,* ins Deutsche übertrug und die vom Heidelberger Musenhof aus der reformierten Konfessionskultur des deutschen Protestantismus implantiert wurden: „Im reformierten Herz Deutschlands (nämlich Anhalt)“, so faßt der Germanist Klaus Garber seine innovativen Studien zu diesem Dichterkreis zusammen, „wie in den beiden reformierten Außenposten ... in der Pfalz und in Schlesien ... liegen die Ursprünge der neuern deutschen Kunstdichtung. Das war ... einer einmaligen politischen und konfessionellen Situation abgerungen, die im Zeichen äußerster Polarisierung zwischen Jesuiten und Calvinisten stand. In ihr votierten die Schöpfer der Renaissancedichtung auf deutschem Boden für die jüngste der Konfessionen [also den Calvinismus, H. Sch.]. In ihr sahen sie ihr nationales wie irenisches Anliegen als wichtigste Mitgift der humanistischen Bewegung Europas gegenüber dem Katholizismus am ehesten gewahrt. Und ihr glaubten sie ... in der neuen nationalsprachlichen Dichtung am besten zu dienen.“ [73]

Mehr noch als die calvinistische wurde die katholische Literatur von der lutherischen Dominanz in Kultur und Wissenschaft des 18. und 19. Jahrhunderts marginalisiert. Noch Jakob Grimm, der Gründungsvater der modernen deutschen Sprachwissenschaft, erklärte das Neuhochdeutsch zu einem „protestantischen Dialekt“, den er in seinem Wörterbuch dokumentiert. Und in der Tat scheinen sich die katholischen Konfessionslandschaften Süd-, Südost- und Westdeutschlands mit dem von ihnen gepflegten lateinischen Jesuitendrama aus der Entwicklung der deutschen Sprach- und Dichtkunst ausgeklinkt zu haben, doch nur vordergründig. Bei näherer Betrachtung war die Latinität der Garant frühneuzeitlicher Internationalität, die im Luthertum eher gering ausgebildet war. Vor allem aber war die lateinische Sprachbildung durchaus in der Lage, zugleich die Liebe zur Muttersprache zu fördern. Der sprachgewaltige Barockprediger Abraham a Sancta Clara, mit dessen in Hunderten von Publikationen verbreiteten Predigten in Wien und Graz der deutschsprachige Katholizismus einen ersten Höhepunkt erreichte, war ein Schüler der Jesuiten und der Salzburger Benediktiner, die wie niemand sonst das lateinische Schuldrama pflegten. Als Kaiserlicher Hofprediger tröstete er in Wien die Menschen in einer schlimmen Pestepidemie und im Jahr 1683 in Graz in akuter Türkengefahr – mit einer Macht des Wortes und einer Bildlichkeit der Sprache und Verbundenheit mit den Sorgen und Ängsten des Volkes, die derjenigen Luthers und seiner Nachfolger auf der evangelischen Kanzel in nichts nachstand. Nicht anders als Luther in den Zonen lutherischer Konfessionskultur prägte die volkstümliche Predigtsprache Pater a Sancta Claras im katholischen Süden und Südosten die Alltagsrede der einfachen Menschen.[74] Friedrich Spee von Langenfeld (1591–1635), ein rheinischer Jesuit, war eine der führenden Stimmen in der deutschen Barocklyrik und ein Dichter geistlicher Lieder, der inzwischen neben Luther oder Paul Gerhardt auch in evangelische Gesangbücher Eingang gefunden hat. Die Gedichte der Anthologie „Trutznachtigal", die 1649, anderthalb Jahrzehnte nach seinem Tod, erschien, bringen einen ganz eigenen Ton in die deutsche Lyrik – eine innige Verbindung von weltlich-barocker Natur- und Liebessinnlichkeit mit geistig-mystischer Herzensfrömmigkeit. Dem Titel der Sammlung entsprechend, preist das Eingangsgedicht die Trutz-Nachtigall, die süßer als alle anderen Vögel Schöpfung und Schöpfer preist:

„Nur klinglets aller orten
Von Gott und Gottes Sohn;
Und nur zun Himmelspforten
Verweisets allen ton:
Von Bäum zun Bäumen springet.
Durchstreichet Berg und Thal,
In Feld und Wäldern singet,
Weiß keiner Noten Zahl."

Sosehr die Großkonfessionen aber auch Sprache und Dichtung der europäischen Nationen und konkret im mehrkonfessionellen Deutschland dominierten, so darf nicht vergessen werden, das literarische Leben der Minderheiten in das Bild der Konfessionskulturen einzuzeichnen – das der „Sekten" oder nicht konfessionellen christlichen Minderheiten wie die Herrnhuter, Böhmischen Brüder, Quäker und Hutterer in England und Amerika, der individualistischen Spiritualisten um Jakob Böhme, schließlich auch die Ansätze deutschsprachiger Literatur bei den Juden.[75]

Am deutlichsten tritt die Vielfalt in der Architektur und der Stadtplanung zutage. Das sind die politischsten Künste, die die unterschiedlichen Welten inszenieren – *ad maiorem Domini gloriam*, zum höchsten Ruhme Gottes, so wie es die jeweilige Konfession verstand, aber auch zur Selbstdarstellung von Macht und irdischem Reichtum

– der Fürsten und Monarchen vor allem, aber auch des Adels, der Prälaten und des Großbürgertums. So erhielten seit dem ausgehenden 16. Jahrhundert unzählige Städte und Landschaften den Stempel frühneuzeitlicher Konfessionsarchitektur.

Das gilt vor allem für die katholischen Landschaften, etwa für die Sakralinszenierungen im Maintal von Bamberg bis Würzburg. Ebenso für München, wo das in den Jahrzehnten vor dem Dreißigjährigen Krieg erbaute Jesuitenkolleg mit der gewaltigen St. Michaelskirche „hineinschlägt in die gotische Stadt wie ein Meteorit" (Reinhold Baumstark) und die Stadtanlage von Grund aus veränderte und modernisierte.[76] Auch in Antwerpen brach Anfang des 17. Jahrhunderts mit dem gewaltigen barocken Baukörper von Sint-Carolus Borromeuskerk, Konvent und Schule der Jesuiten mitten in die gotische Stadtanlage die Modernität frühneuzeitlicher Urbanistik ein. Natürlich gilt das auch und zuerst für Rom selbst, wo die Jesuiten bereits eine Generation zuvor in der Renaissancearchitektur ihrer Kirche Il Gesù ein vielkopiertes Modell frühmoderner Sakralarchitektur errichtet hatten und wo die Peterskirche, die im ausgehenden Mittelalter als Ersatz für die niedergelegte Lateranbasilika projektiert war, erst jetzt als Geste und Zeichen für den konfessionalistisch katholischen Anspruch auf die Stadt und den Erdkreis erstand. Überhaupt war das moderne Rom mit der Erschließung des nachantiken Stadtareals und dem großangelegten Stadtnetz ganz die Schöpfung von Sixtus IV., dem Papst der Gegenreformation. Auch andernorts wurde die katholische Stadt des späten 16. und 17. Jahrhunderts von einem gewaltigen Bauboom erfasst. Allenthalben entstanden Neubauten im Renaissance- oder Barockstil – Schulen, Hospitäler und Niederlassungen der zahlreichen Orden, vor allem aber Parochial-, Hof- oder Triumphkirchen wie die Wiener Karlskirche, die dem Sieg des gegenreformatorischen Heiligen Carlo Borromeo über die Häretiker ein weithin sichtbares urbanes Denkmal setzt.

Die protestantische Stadtarchitektur blieb demgegenüber gebändigt, ja zurückhaltend. Gebaut wurde nur dort, wo Bevölkerungs- und Wirtschaftswachstum neue Stadtteile entstehen ließen – in Amsterdam, in London, in einigen wenigen deutschen Städten, etwa Hamburg und Emden, entstanden einige wenige predigtbezogene Sakralbauten als „Hörsäle“, die auf Schmuck verzichteten, um den Gottesdienstbesucher nicht vom Wort Gottes abzulenken. Gewaltig allerdings sind in der Regel die Prospekte der Orgel, die den Gemeindegesang mächtig zum Himmel ansteigen lassen. Die Masse der protestantischen Städte, die Reichsstädte im deutschen Süden ebenso wie die Hansestädte des Nordens – etwa Greifswald mit seinen drei das Stadtbild bis heute dominierenden Backsteinkirchen St. Marien, St. Nikolai und St. Jakob – erlebten so gut wie keine Bautätigkeit, weil der mittelalterliche Kirchraum für den Gemeindegottesdienst mehr als ausreichte. Nicht wenige Kirchen oder Konventsgebäude wurden profaniert oder halbprofaniert, jedenfalls funktional umgewidmet zu Lateinschulen oder Universitäten wie in Danzig, Helmstedt oder Marburg; als Bibliothek oder Archiv wie in Zürich oder Göttingen; auch als Altersheim oder Waisenhaus wie in vielen nordniederländischen Städten. Aufs Ganze gesehen blieben somit die meisten lutherischen oder reformierten Städte der Schweiz, Mitteleuropas und Skandinaviens im äußeren Erscheinungsbild seltsam mittelalterlich, während sich die katholischen Städte architektonisch und topographisch modernisierten.

Jede territoriale Verschiebung zwischen Katholizismus und Protestantismus bedeutete zugleich eine Veränderung in den europäischen Kulturlandschaften. Als Polen unter König Sigismund III. Wasa von protestantisch geprägter Mehrkonfessionalität zum gegenreformierten Katholizismus wechselte, entfesselte sich auch dort seit Beginn des 17. Jahrhunderts der barocke Sakralbauboom, so dass „in Topographie und Architektur der Akzent vom Rathaus zur Kirche und den Stadtpalais der Magnaten“ wechselte.[77] Prag wurde erst zur goldenen Barockstadt, nachdem die Protestanten am Weißen Berg besiegt worden waren und der habsburgische Katholizismus triumphierte, wie auch in Österreich die *pietas Austriaca*[78] nur zur kulturbestimmenden Kraft werden konnte, weil die protestantischen Stände gleich zu Beginn des Dreißigjährigen Krieges besiegt worden waren und es den Habsburgern später bei den Verhandlungen in Münster gelang, ihre

Turmlose Fachwerkarchitektur der protestantischen „Friedenskirchen" Schlesiens – ein Zeichen begrenzter, durch Staatsverträge rechtlich geregelter Toleranz. Friedenskirche in Schweidnitz/Świdnica, Polen.

Hausmachtterritorien aus allen Restitutionsbestimmungen zugunsten der Protestanten herauszuhalten. Lediglich in kleineren Fürstentümern Schlesiens und in drei sogenannten Friedenskirchen vor den Toren von Glogau, Jauer und Schweidnitz erhielten Protestanten Gottesdienstrechte. Heute noch erscheinen diese Predigtkirchen mit ihren gewaltigen Emporen, in denen sich die weit verstreut lebenden Protestanten sonntags versammelten, wie Inseln in einem katholischen Meer.[79]

In Ungarn, wo sich, begünstigt durch die Türken, auch nach dem Dreißigjährigen Krieg der Protestantismus zu behaupten wusste, zogen *pietas Austriaca* und katholische Barockarchitektur sogar erst zu Ende des 17. Jahrhunderts ein, als nach der Vertreibung der Türken die katholische Staatskonfession der Habsburger durchgesetzt werden konnte und das Stadtbild von Ödinburg, Raab, Gran, Budapest oder Stuhlweißenburg eine Spätkonfessionalisierung erlebte, ausgewiesen unter anderem durch die markante Zopfstilarchitektur des 18. Jahrhunderts zahlreicher kirchlicher Gebäude. Besonders eindrucksvoll zeigt sich das in Székesfehérvár/Stuhlweißenburg, der altehrwürdigen Krönungsstadt des Königreiches Ungarn. Dort musste die mittelalterliche Krönungsbasilika des Heiligen Stephan, die die Türkenherrschaft im Äußeren unbeschädigt überlebt hatte, erst 1689 der Modernisierungswut des katholischen Konfessionalismus weichen, um einem spätbarocken Dom und dem dazugehörenden, erst ausgangs des 18. Jahrhunderts gebauten Bischofspalast Platz zu geben.

Ungeachtet aller Unterschiede lassen sich in den konfessionellen Kulturen Entsprechungen erkennen. Besonders deutlich in der Kirchenarchitektur mit ihrem Konfessionen übergreifenden Leitbild der Rationalität und der berechneten Effekte. Das ist offensichtlich bei der präzise auf den Seeleneffekt angelegten Jesuitenarchitektur, deren Ur- und Vorbild die in den siebziger Jahren des 16. Jahrhunderts erbaute Il Gesù in Rom war, und beim Salzburger Dom oder dem barocken Gesamtkunstwerk von Vierzehnheiligen in Franken. Das gilt aber auch für die protestantische Predigttempelarchitektur eines Hendrik de Keysers in den Niederlanden oder eines Christopher Wren und seiner St Paul's Cathedral in London. Entsprechend die barocke Herrschaftsarchitektur katholischer oder protestantischer Höfe und die Tafelmalerei, wo die scheinbar unversöhnlichen Extreme markiert sind durch die verklärt in den Himmel blickenden menschlichen Heiligen und heiligen Menschen eines Guido Reni einerseits und den Bibel-Bildern eines Rembrandt andererseits. Mittel und Ausdrucksweisen sind unübersehbar verschieden. Der Geist und das Ziel sind aber ganz ähnlich, nämlich neuzeitliche Rationalität und die Ausrichtung auf die Wirkung beim Betrachter.

Lässt man sich also ein auf die rationale Farb-, Form- und Lichtgestaltung und die ausdifferenzierte Psychologie, welche die italienische und spanische Barockmalerei ebenso auszeichnet wie die Architektur der großen Barockkirchen im katholischen Europa, dann ist unverkennbar, dass der südlich-katholische Bildbarock von nicht geringerer neuzeitlich-moderner Qualität war als der Wort- und Oratorienbarock des nord- und westeuropäischen Protestantismus. Diese idealtypische Entgegensetzung, in die vieles an Klischee und Vorurteil der

Aufklärung und des 19. Jahrhunderts eingegangen ist, gilt es generell zu relativieren. Katholizismus und Calvinismus waren maßgeblich an den Sprach- und Literaturschöpfungen beteiligt, wie umgekehrt Luthertum und Anglikanismus bildliche Ausdrucksmöglichkeiten nicht abgesprochen werden können. Selbst der tridentinisch erneuerte Heiligenhimmel, der durch Deckenfresken in Schlössern oder Kirchen, durch Vornamensgebung, Patrozinienfeste, Wallfahrten und Millionen von Heiligenbildern die Hoch- und die Volkskultur des katholischen Europas nachhaltig prägte, fußte auf psychologischer und perspektivischer Rationalität und hatte einen wesentlichen Anteil an der modernisierenden Umgestaltung von Kultur und Mentalität.

8. Die Markgrafschaft Oberlausitz und ihre besondere Konfessionskultur

Am Übergang von dem zwangsläufig ausschnitthaften Kulturkapitel zu den thematischen Fallstudien des nächsten Teils soll eine Miniatur zu einer der interessantesten Konfessionslandschaften Europas stehen, in der sich aufgrund besonderer politischer und rechtlicher Verhältnisse die konfessionellen Tendenzen der Frühen Neuzeit wie in einem Brennglas bündeln. Wie kaum irgendwo anders tritt in dieser zwischen Böhmen, Sachsen und Schlesien gelegenen Brückenlandschaft der *Oberlausitz* die Vielfalt der frühneuzeitlichen Christentumsgeschichte im Zeichen des Konfessionalismus zutage. Heute spricht man von einer „toleranten Gangart der Konfessionalisierung, die in der Oberlausitz ganz anders verlief als im übrigen Europa", ja sogar von einer „frühen Ökumene"[80] – zwischen dominanten Lutheranern und einer beachtlichen Minderheit von Katholiken, dazu mit den Böhmischen Brüdern in Niesky und der Brüdergemeine in Herrnhut, schließlich selbst dem unkirchlich-unkonfessionellen Spiritualismus eines Jakob Böhme und seiner Anhänger. Die tieferdringende historische Betrachtung wird als Ursache der Sonderentwicklung allerdings weniger Toleranz und ökumenischen Geist zutage fördern als die besonderen politischen, rechtlichen und gesellschaftlichen Verhältnisse. Um es vorab auf den Nenner zu bringen: Anders als in den deutschen Territorialstaaten mit ihren Landeskirchen entwickelte sich in der Oberlausitz eine *staatsfreie* Konfessionslandschaft.

Politisch-verfassungsrechtlich war die frühneuzeitliche Oberlausitz eine Markgrafschaft und ein Nebenland der böhmischen Krone.[81] Einen autochthonen Herrscher hatte sie nie besessen. Stattdessen dominierten die Kräfte der Länder selbst: Den Landvögten, den formellen Stellvertretern des böhmischen Königs, wurde schon im 15. Jahrhundert ein von den Landständen gewählter Landeshauptmann entgegengestellt. Unter seiner Führung regierten die auf regelmäßigen Landtagen zusammentretenden Stände das Land selbständig und nahezu uneingeschränkt. Bis Mitte des Reformationsjahrhunderts hatten die seit 1346 zu einem Sechsstädtebund zusammengeschlossenen Handels- und Gewerbestädte – Görlitz, Zittau, Bautzen, Lauban, Kamenz und Löbau – politisch, wirtschaftlich und kulturell das Heft in der Hand. Auf den Land- und Ständetagen spielten daneben eine Handvoll adliger Standesherren eine Rolle, dazu einige rechtlich und wirtschaftlich dominante kirchliche Institutionen, so die Frauenklöster der Zisterzienser in Marienthal und Marienstern, das Kollegiatstift an der Petrikirche von Bautzen sowie östlich der Neiße das Magdalenerinnenkloster von Lauban.

In den Jahrzehnten der Konfessionalisierung seit Mitte des 16. Jahrhunderts nahm das Gewicht von Adel und Klöstern gegenüber demjenigen der Städte spürbar zu: Den Bodeneigentümern gelang es, in großem Stil ihre uneffektive Grund- in eine weit rentablere Gutsherrschaft umzuwandeln und dadurch ihre Wirtschaftskraft entscheidend zu stärken. Gleichzeitig begann unter dem Habsburger Ferdinand I. (1526–1564) der frühmoderne Aufstieg der böhmischen Königsgewalt, verbunden mit einem energischen Vorgehen gegen regionale Autonomie. Als sich im Schmalkaldischen Krieg (1546–1547) die Lausitzer Städte weigerten, das kaiserlich-böhmische Heer gegen die protestantischen Reichsstände militärisch effektiv zu unterstützen, entzog Ferdinand im September 1547 mit dem sogenannten Pönfall den inzwischen durchgehend lutherischen Städten der Oberlausitz alle Rechte und Privilegien. Damit war der bislang faktisch in der Oberlausitz herrschende Sechsstädtebund dauerhaft entmachtet.

Die Oberlausitz erlebte weder eine flächendeckende Reformation noch – da die katholischen Könige lange durch innerböhmische Probleme gebunden waren – eine durchgreifende Gegenreformation. Da sich keine protestantische Landeskirche herausbilden konnte, blieb die Reformation ganz und gar die Angelegenheit der Städte und derjenigen Geistlichen, die sich der lutherischen Lehre anschlossen und entsprechend predigten.[82] In gleicher Weise wurden die meisten Landgemeinden durch Entscheidung der adligen Patronatsherren protestantisch. Überall dort, wo die jeweilige Pfarrkirche dem Patronat einer geistlichen, also altkirchlichen Institution unterstand, behauptete sich eine ansehnliche, politisch wie rechtlich fest fundierte katholische Resistenz. Das war namentlich in den Dörfern der ausgedehnten Grundherrschaften der beiden Zisterzienserinnenklöster St. Marienthal und St. Marienstern der Fall sowie östlich der Neiße in den Herrschaften des Magdalenerinnenklosters von Lauban.

Eine vergleichbare Situation ergab sich bei den Pfarrkirchen der großen Städte. Dort lag das Patronatsrecht bei geistlichen Institutionen – mit der Ausnahme von Görlitz, wo 1502 König Wladislaw dem Stadtrat das Patronat über die Stadtkirche St. Peter übertragen hatte. Die ersten städtischen Kirchen, die zum Luthertum überführt wurden, waren daher in der Regel die franziskanischen Klosterkirchen. Die Existenz der Ordensniederlassungen war seit den 1520er Jahren durch den Austritt vieler Mönche und den Fortfall finanzieller Zuwendungen durch die lutherisch gewordenen Bürger gefährdet. Da die Bettelorden im Unterschied zu den Zisterziensern sich nicht auf ausgedehnten Landbesitz stützen konnten, übertrugen die Franziskaner ihre Klöster samt der Kirche den Stadträten, die im Gegenzug den noch vorhandenen Mönchen bis zu ihrem Tod Bleiberecht und Unterhalt zusagten.

Anders vollzog sich das bei den Pfarrkirchen. Hier hatten sich die Stadträte mit den kirchlichen Patronatsinhabern ins Benehmen zu setzen. Aufschlussreich sind insbesondere die Vorgänge im kirchlich wie politisch zentralen Bautzen: Die dortige Pfarrkirche war zugleich Kirche des Kollegiatstiftes St. Petri, seit kurzem als Dependance des Bistums Meißen zum Domstift aufgewertet, das dort Hausrecht samt der Pfarrbesetzung besaß. Diese Kirche der Reformation zuzuführen, war dem Bautzener Stadtrat nicht möglich. Es bedurfte einer vertraglichen Abstimmung. Diese wurde kurz nach der Jahrhundertmitte unter maßgeblicher Gestaltung des neuen Dekans Johann Leisentrit (1527–1586) erreicht, einem entschieden die katholischen Rechte verfolgenden Angehörigen der neuen, konfessionellen Generation, der aber noch nicht von dem zu Ende des Jahrhunderts aufziehenden fundamentalistischen Zelotismus geprägt war.[83] Zur Festigung des Katholizismus, der mit der sächsischen Reformation und der damit drohenden und 1581 auch vollzogenen Säkularisation des Bistums Meißen existentiell in Frage stand, ließ er sich zum päpstlichen Administrator ernennen. In dessen Hand lagen fortan alle bischöflichen Rechte und Befugnisse, namentlich auch die geistliche Gerichtsbarkeit. Das führte zu ernsthaften Friktionen mit den inzwischen in Stadt und Land vorherrschenden Lutheranern, auf die er – auf Pfarrer wie „Laien" – seine geistliche Gerichtsbarkeit und Oberaufsicht meinte ausüben zu dürfen. Persönlich „sanftmütig, besonnen, versöhnlich und zum Nachgeben bereit"[84], sah er aber bald ein, dass eine Sicherung der katholischen Positionen nicht ohne Abstimmung mit der protestantischen Mehrheit möglich war, insbesondere nicht in den Städten. So führte er die bereits in der Reformationszeit aufgenommenen Verhandlungen zwischen Stadtrat und Domkapitel über die gottesdienstliche Nutzung der Stifts- und Domkirche St. Petri zielstrebig zu einem dauerhaften Ergebnis. In den 1560er Jahren schlossen Stadtrat und Domstift einen Vertrag über die beiderseitige Gottesdienstnutzung – die erste auf Dauer angelegte und noch heute gültige rechtliche Reglung eines Simultaneums, die den Protestanten das Langhaus und den Katholiken den durch einen Lettner getrennten Chorraum zuwies. St. Petri war fortan zugleich evangelische Hauptkirche der Stadt und katholische Domkirche des Bistums Meißen, das durch die vom lutherischen Sachsen verfügte Säkularisation auf die Oberlausitz geschrumpft war.

Nicht Toleranz oder gar ökumenischer Geist waren in der Oberlausitz entscheidend für „die Gangart der Konfessionalisierung", sondern das zähe Kräftemessen zwischen den auf Veränderungen im lutherischen Sinne drängenden Städten bzw. ihren Ratsgremien einerseits und den entschieden „altgläubigen" kirchlichen Institutionen andererseits, die sich rasch im Sinne des neuen tridentinischen Geistes formierten und dem auf Veränderungen dringenden Protestantismus offensiv entgegentraten. Zudem war mit dem Vertragsabschluss die Feindseligkeit zwischen den beiden großen Konfessionen, die in ebenjenen Jahren deutschlandweit ihrem Höhepunkt zustrebte, auch in Bautzen nicht beseitigt. Gerade die gemeinsame, wenn auch zeitlich verschobene gottesdienstliche Nutzung gab im Alltag immer wieder zu kleinlichen Konflikten und Rangeleien Anlass. Gleichwohl belegt die Bautzener Simultankirche, die über alle Umbrüche hinweg erhalten blieb und heute von einem ökumenischen Geist getragen wird, dass auf dem Höhepunkt der Entfremdung zwischen den Konfessionen ein vertraglich gesicherter Kompromiss möglich war – fußend nicht auf Gewalt oder Finten, sondern auf dem Recht als transkonfessioneller Schiedsinstanz.

Als im Dreißigjährigen Krieg die militärischen und politischen Verschiebungen zu einschneidenden Veränderungen in den deutschen Konfessionslandschaften führten, wurde das Simultaneum zu einem reichsweit eingesetzten Rechtsinstrument, um die konkurrierenden Gottesdienstrechte von Protestanten und Katholiken schiedlich-friedlich zu regeln.

Im weiteren Verlauf des konfessionellen Zeitalters entwickelte sich in der Oberlausitz zwischen den beiden Konfessionen eine weitgehend stabile Konvivialität: Das Luthertum war fest verankert in den städtischen Wirtschaftszentren und im Landadel, der teils über ausgedehnte Ländereien verfügte. Die katholische Minderheit besaß eine solide Rechtsbasis und wurde von den Landesherren geschützt – zunächst von den habsburgischen Königen von Böhmen, nach dem Übergang der Markgrafschaft 1635 durch die sächsischen Kurfürsten, die der Übernahmevertrag ausdrücklich auf diesen Konfessionsschutz verpflichtete und die zu Ende des Jahrhunderts schließlich selbst zum Katholizismus übertraten. Ungeachtet immer wieder aufbrechender Reibereien entstand in der Oberlausitz eine spezifische Multikonfessionslandschaft, die durch Parallelität und Gemeinsamkeiten sowie durch das Fehlen staatlich-landeskirchlicher Organisation und Autorität charakterisiert war.

Diese Multikonfessionslandschaft zeigt auf katholischer Seite früh Elemente der Aufklärung, etwa das seltene abstrakte Dreieck als Symbol für die Dreifaltigkeit am katholischen Hochaltar des Bautzener Simultaneums. Andererseits hielt auf protestantischer Seite das Luthertum an Elementen der vorreformatorischen, mittelalterlichen Kirche fest. Das war keineswegs zwangsläufig. Denn auch in der Oberlausitzer Reformation waren nicht lutherische Einflüsse wirksam – anfangs die hussitische Tradition der Böhmischen Brüder und der Schweizer Zwinglianismus, in der zweiten Jahrhunderthälfte dann der sogenannte Kryptocalvinismus der Melanchthonschüler. Das Gegenüber der rechtlich gesicherten, geistig lebendigen katholischen Minderheit unterwarf den Protestantismus der Oberlausitz besonders nachdrücklich dem „Zwang zur lutherischen Identität" – und einer Geschichtskonstruktion, die noch Ende des 19. Jahrhunderts jeglichen nichtlutherischen Einfluss leugnete.[85]

Diese betont lutherische Konfessionskultur der Oberlausitz konservierte eine Reihe von spirituellen und rituellen Elementen der mittelalterlichen Kirche. So belegt „die Zittauer Kirchenordnung mit ihren (lateinischen) Wechselgesängen, Stundengebeten, der Elevation und anderem mehr, dass es in Zittau nach der Reformation in liturgischer Hinsicht zu keinem allzu großen Traditionsbruch kam".[86] Alljährlich demonstriert wurde die Kontinuität durch das große, Ende des 15. Jahrhunderts entstandene liturgische Fastentuch, das von Aschermittwoch bis Karsamstag in der Stadtkirche St. Johannis zwischen Chor und Langschiff gespannt wurde, um den Gläubigen den Blick auf den Altar und das Allerheiligste zu verdecken und sie durch die eucharistische Abstinenz zur Buße zu bewegen. Luther hatte solche im späten Mittelalter weit verbreiteten Frömmigkeitsübungen verurteilt und als „papistisches Gaukelwerk" aus protestantischen Kirchen verbannt. Und doch blieb das große Fastentuch in Zittau bis 1672 in Gebrauch. Ja, die evangelische Gemeinde gab sogar ein neues Fastentuch in Auftrag und nutzte es ab 1573 in ihrem Gottesdienst – ein weit kleineres Tuch als das mittelalterliche, eine einzige Heilsszene darstellend, die Kreuzigung mit demonstrativem Bezug auf das Abendmahlsblut des Sterbenden. Also eine innige Verschmelzung von mittelalterlichem Fastenritual und lutherisch-reformatorischer *solus-Christus*-Frömmigkeit!

Ähnlich in Görlitz: Dort blieb das Heilige Grab, das zu Beginn des 16. Jahrhunderts von einem Jerusalempilger gleich vor der Stadtmauer als Imitation der Heilslandschaft Palästinas errichtet worden war, über die Jahrhunderte hin als Pilger- und Verehrungsstätte erhalten. Im protestantischen Dom St. Peter wurden noch ausgangs des 17. Jahrhunderts drei gewaltige barocke Beichtstühle errichtet, beeindruckende Zeugen lutherischer Bußfrömmigkeit und Bibeltheologie: In lebensgroßen Figuren – Petrus und Magdalena auf dem einen, König David und Manesse beziehungsweise der bußfertige Zöllner und der verlorene Sohn auf den anderen Stühlen – tritt den zur Beichte bereiten Gläubigen die Erlösungs- und Heilsgeschichte lebendig vor Augen. Im Chor der städtischen Dreifaltigkeitskirche, der ehemaligen Klosterkirche der Franziskaner, wurde Anfang des 18. Jahrhunderts ein gewaltiger Hochaltar errichtet, so dass hier die lutherische Barockfrömmigkeit nahezu „katholisch" wurde.

Neben Luthertum und Katholizismus prägten zwei über- oder transkonfessionelle Glaubensströmungen die Konfessionskultur der Oberlausitz – die Mährischen bzw. Böhmischen Brüder einerseits und das spirituell-mystische Denken des Görlitzer Schusters Jakob Böhme und seiner Anhänger andererseits –, das eine die Frucht des ländlichen Adelspatronats, das andere Ausdruck städtisch-kleinbürgerlicher Freiheit.

Da es in der Oberlausitz keine Landeskirche und kein landeskirchliches Kirchenregiment gab, besaßen die Adligen auf ihren Ländereien und Gütern bei der Gestaltung des kirchlichen und religiösen Lebens weitgehende Handlungsfreiheit. Insbesondere die mit ausgedehnten Grundherrschaften begüterte Familie von Gersdorf wusste das zu weitgreifenden kulturellen und sozialen Aktivitäten zu nutzen. Dabei wurden die Grenzen der konfessionellen Orthodoxie immer wieder überschritten, sowohl zum Pietismus als auch zur Aufklärung hin. Ende des 18. Jahrhunderts zählte Adolph Traugott von Gersdorf in Görlitz zu den Mitbegründern der Oberlausitzer Gesellschaft der Wissenschaften, eine der frühesten Gelehrtengesellschaften außerhalb der großen europäischen Regierungs- und Residenzstädte. Zur selben Zeit stiftete seine Frau Christiane Louise im Geist der pietistischen Reformpädagogik das erste Mädchengymnasium der Oberlausitz.[87] Mitglieder der Familie zählten auch zu den ersten Förderern von Sprache, Kultur und Schulwesen der Sorben. Bemerkenswert ist, dass sich gleichzeitig auch die Jesuiten um die sorbische Minderheit bemühten[88] – mit dem Ergebnis, dass die sorbische Kultur heute in der Oberlausitz regional unterschiedlich katholisch oder evangelisch geprägt ist.

Weiterreichender noch war die Ansiedlung von protestantischen Flüchtlingen in den Adelsherrschaften der Familie von Gersdorf. Ihre erfolgreichste in Herrnhut ist noch heute ein Zentrum des Weltprotestantismus: Im Zuge der Rekatholisierung, mit der die Habsburger gleich nach dem Sieg über die protestantische Ständeopposition 1621 am Weißen Berg Böhmen und Mähren ebenso erfolgreich wie brutal von jeglicher Form der „Häresie" reinigten, hatten Hunderte von nichtkatholischen Familien das Land zu verlassen. Lange vor Luther aus hussitischer Wurzel entstanden, fühlten sich die Böhmischen oder Mährischen Brüder der protestantischen Konfessionsfamilie zugehörig. Eine förmliche Integration in eine der protestantischen deutschen Landeskirchen streben sie aber nicht an. Die Unterwerfung unter eine vorgegebene Kirchenverfassung widersprach ihrem Selbstbewusstsein wie ihrem Unabhängigkeitsbedürfnis. So bot ihnen die Oberlausitz in doppelter Weise ein ideales Ziel – sie war ihrer böhmischen Heimat benachbart und es herrschte dort keine landeskirchliche Zwangsgewalt.

1722 entstand auf dem Boden des von Gersdorf'schen Guts Berthelsdorf im Süden der Lausitz zwischen Zittau und Löbau eine erste Siedlung für mährische Flüchtlinge, die bald zu Herrnhut, dem Stammort der evangelischen Brüderunität oder Herrnhuter Brüdergemeine wurde. Gründer und schließlich als Bischof jahrzehntelang Oberhaupt der Gemeine war Nikolaus Ludwig Graf von Zinzendorf, Enkel des Landvogts Nicolaus von Gersdorf, dessen Witwe Henriette Katarina von Gersdorf den Enkel auf ihrem Gut Großhennersdorf knapp südöstlich von Berthelsdorf/Herrnhut im Geiste des Hallischen Pietismus großgezogen hatte. Der Pietismus blieb für Zinzendorf auch im weiteren Leben bestimmend. Hinzu kamen Kontakte zum Katholizismus, die er während seiner Kavalierstour vor allem in Frankreich und später durch seine Stellung als Justizrat am katholischen Hof des Dresdener Kurfürsten und Königs von Polen August dem Starken knüpfte.[89]

Bei aller protestantischen Entschiedenheit des Glaubensfundaments entwickelte sich unter seiner Führung in Herrnhut, wie auch anderwärts, etwa in Herrnhaag, einer Schwestersiedlung in der hessischen Grafschaft Büdingen, ein undogmatisches, der Ökumene und der Welt offenes Christentum. Innergemeindlich herrschten eine spirituell-mystische Seelenfrömmigkeit und ein einfacher christlicher Lebensstil, insbesondere auch in Ehe und Sexualität, worüber der Graf gelegentlich die Brautpaare persönlich unterrichtete. Nach außen bauten die Herrnhuter im Gleichklang mit dem Hallischen Pietismus ein Missionswerk auf, das von den Eskimos und den Indianern Nordamerikas über die Karibik, Afrika und Asien die Welt umspannte und umspannt. Das war eine späte Variante frühneuzeitlicher Mission, die – wie eingangs dargelegt[90] – nach Art der späteren bürgerlichen Missionsgesellschaften *staatsfrei* erfolgte und daher in den außereuropäischen Gesellschaften deutlich weniger negative Erinnerungen hinterließ als die Missionsoffensiven der Kolonialmächte des 16. und 17. Jahrhunderts oder gar des modernen Kolonialzeitalters.

Der globale Wirkungskreis der Herrnhuter Brüdergemeine stärkte die gegenüber der älteren katholischen Mission zweitrangigen Missionen der Protestanten – mit innovativem Instrumentarium wie dem hier abgebildeten, für Protestanten typischen Posaunenchor aus dem zentral-tansanischen Missionsgebiet der Herrnhuter. Usoke, 1932.

Bereits 1742 wurde die oberlausitzische Diaspora des tschechischen Protestantismus erweitert, als Siegmund August von Gersdorf auf seinen im Nordosten der Lausitz zwischen Muskau und Görlitz gelegenen Gütern böhmische Flüchtlinge aufnahm und in vertraglicher Absprache mit der Herrnhuter Generalkonferenz die Siedlung Niesky gründete. Hier entwickelte sich rasch ein zweites Zentrum der Brüderunität, das durch seine Knabenschule und Pädagogium (ab 1761) überregionales Ansehen als Ort nicht fürstlich, sondern landeskirchlich reglementierter protestantischer Erziehung und Bildung erlangte.[91]

Komplementär zu dieser unorthodoxen Religionskultur des Adels brachte die Oberlausitz die kirchenferne christliche Mystik und Intellektualität des Schuhmachers Jakob Böhme (1575–1624) hervor, den Hegel als den ersten deutschen Philosophen feierte. Zinzendorf, der Edelmann aus der Welt der Gutsherren und Adelspaläste, und Jakob Böhme, der Handwerker und Kleinhändler in der kleinbürgerlichen Ansiedlung von Görlitz am östlichen Neißeufer – das zeigt die soziale Spannweite der frühneuzeitlichen Konfessionskultur der Oberlausitz.

Böhme war bereits im frühen 17. Jahrhundert, auf dem Höhepunkt des Konfessionalismus, mit mystischen Schriften und philosophischen Traktaten hervorgetreten, die die herrschende Orthodoxie hinter sich ließen und die Dogmen-Enge des Konfessionalismus durch die Wahrheit eines individuellen, freien Christentums ersetzten. Er war einer der ersten Vertreter des „Christentums ohne Kirche", wie der polnische Religionsphilosoph Leszek Kołakowski die im 17. Jahrhundert rasch anwachsende Gruppe von Christen am Rande oder außerhalb der Konfessionskirchen charakterisierte.[92] „Ego sum", so bestimmte er selbst seine Position, „religionum COR; i.e. Catholicae; Orthodoxae, Reformatae" / „Ich bin das Herz der Religionen, nämlich der katholischen, orthodoxen und derjenigen der Reformation."[93] Böhme wurde von der lutherischen Orthodoxie, angeführt durch den Oberpfarrer Gregor Richter, aufs Bitterste bekämpft. Seine Beerdigung auf dem Friedhof von St. Nikolai ließ sie erst zu, nachdem der städtische Magistrat ihr das ausdrücklich geboten hatte. Und noch seine Grabstätte wurde von lutherischen Fanatikern geschändet. Gleichwohl entfaltete Jakob Böhme mit seinen Schriften und seinem Vorbild in der Lausitz wie darüber hinaus eine beachtliche Wirkung. Sein Denken beeinflusste nicht nur Johann Amos Comenius[94] und sein Wirken in Polen und den Niederlanden, sondern darüber hinaus die deutsche Religions- und Geistesgeschichte bis hin zu Fichte und Hegel.[95] Auf dem Höhepunkt des Konfessionalismus weist Jakob Böhme auf eine überkonfessionelle, auf der Glaubenserfahrung des Subjekts basierende liberale Zukunft des Christentums voraus – in gewisser Weise ein Spinoza der oberlausitzischen Konfessionskultur.

Die Eigentümlichkeiten der frühneuzeitlichen Konfessionslandschaft der Oberlausitz waren das Ergebnis ihrer spezifischen politischen und kirchlichen Verfassung, die angesichts des auswärtigen böhmischen Landesherrn und ebenfalls kaum präsenten geistlichen Gewalten den gesellschaftlichen Kräften, voran dem Stadtbürgertum und dem Landadel, aber auch den eingesessenen katholischen Klöstern weiten Spielraum für Eigeninitiative ließ. So entstand eine religiös kulturelle Diversität, die es in gewisser Weise rechtfertigt, wenn sich die Region heute als „frühe tolerante Kulturlandschaft" begreift.[96]

D. Erfahrungsfelder christlichen Lebens in der Frühen Neuzeit

1. Stadt und Kirche – Konfession als einigendes Friedensband und Instrument der Ausgrenzung[1]

Bürgergesellschaft und Religion

Städtische Siedlungen waren bereits in ihren Ursprüngen aufs Engste mit religiösen Bräuchen und kirchlichen Institutionen verbunden: „The city of the dead antedates the city of the living. In one sense, indeed the city of the dead is the forerunner, almost the core, of every living city", stellt Lewis Mumford gleich zu Beginn seiner magistralen Universalgeschichte der Stadt fest.[2] In dieser langen Beziehungsgeschichte zwischen Religion und städtischer Siedlung brachten Reformation und konfessionelle Differenzierung eine einschneidende Wende hin zu neuzeitlichen Verhältnissen. „The German Reformation was an urban event", „Die Reformation war ein städtisches Ereignis", lautet eine vielzitierte Feststellung des englischen Reformationshistorikers A. G. Dickens.[3] Das konfessionelle Zeitalter, so ist zu ergänzen, hat die Konsequenzen gezogen – für die Neuorganisation des städtischen Kirchenwesens wie für Kultur und Mentalität des Bürgertums. Die anderthalb Jahrhunderte zwischen ca. 1500 und

1650 waren in der langen Beziehungsgeschichte zwischen Stadt und Kirche, die das lateinische Europa vom frühen Mittelalter bis weit ins 19. Jahrhundert hinein tief prägte, eine Etappe der Neuformierung und des Wandels.

Im lateinischen Europa basierte die Symbiose von Stadt und Kirche auf weiteren, spezifisch historischen und strukturellen Momenten. In dem gewaltsamen Zivilisationsbruch der Völkerwanderung waren es in erster Linie kirchliche Institutionen, die die Kontinuität urbanen Lebens von der Antike ins Mittelalter sicherten, in den italienischen Kommunen wie in den nordalpinen Bischofsstädten. Die Kirche richtete ihre Diözesanorganisation ganz auf die Städte aus. Bischöfe waren also von Anbeginn stadtsässig, ebenso die großen Kanonikerstifte. Bereits im frühen, verstärkt im hohen und späten Mittelalter wurden Städte zum Ziel von Wallfahrten und transkontinentalen Pilgerströmen, allen voran natürlich Rom, gefolgt von Toulouse mit gleich mehreren Apostelgräbern und Santiago de Compostela mit dem Jakobusgrab, dazu zahllose Pilgerstädte regionaler Bedeutung. Mit den Bettelorden der Franziskaner, Dominikaner oder Augustiner konzentrierten sich im späten Mittelalter auch die Klöster in den Städten, nachdem die älteren Orden – Benediktiner, Cluniazenser, Zisterzienser – landsässig gewesen waren. Die Kirche des lateinischen Christentums war im Alten Europa nicht nur Adelskirche, wie man sie angesichts der adligen Dominanz im Episkopat, des adligen Eigenkirchenrechts und der zahlreichen Adelsklöster auf dem Lande gerne charakterisiert. Sie war von Anfang an auch immer Stadtkirche.

Die Stadtsässigkeit der Kirche förderte entscheidend die organisatorische und geistige Durchdringung Europas durch das Christentum. Vor allem bei der Integration des „jüngeren Europa", d. h. der vom Römischen Reich unberührten Randzonen, und bei dessen Angleichung an das „ältere Europa" gingen Christianisierung und frühe Urbanisierung Hand in Hand. Nur Irland macht insofern eine Ausnahme, als dort die mittelalterliche Kirche von den Klöstern her organisiert wurde, während die dort ebenfalls stadtsässigen Bischöfe nachgeordnet blieben.

Indem auch die Parochialgliederung als untere Ebene der Kirchenorganisation auf die städtischen Siedlungen bezogen war, war jede der zahlreichen europäischen Stadtgründungswellen des Mittelalters wie der Frühen Neuzeit durch eine enge Verschränkung von Urbanisierung und Ausdifferenzierung kirchlicher Organisation charakterisiert. Auch die Industrialisierung, ja noch die Siedlungsverdichtungen, die die europäischen Städte seit Mitte des 20. Jahrhunderts weit ins Umland wachsen lassen, waren davon geprägt. Rund zwei Jahrtausende gehörte die Pfarrkirche zur Grundausstattung jeder Stadt und jedes Stadtteils, in der Regel ergänzt durch zahlreiche andere Kirchentypen und weitere kirchliche Institutionen, in der Moderne vor allem christliche Krankenhäuser, Kindergärten und Altersheime. Die gewaltigen, meist den Kaufmannsheiligen Nikolaus oder Maria geweihten Backsteinkirchen der mittelalterlichen Hansestädte von Brügge im Westen bis Danzig, Reval und Königsberg im Osten zeugen davon ebenso wie die Hof- und Metropolitankirchen in den Haupt- und Residenzstädten der Neuzeit – etwa St Paul's im Herzen des Londoner Handels- und Hafenbezirkes oder die vier Dome in der Mitte von Berlin. Dass die Hauptkirchen der Hansestädte der städtisch-bürgerlichen Selbstdarstellung dienten, die Dome der Haupt- und Residenzstädte dagegen das Königtum, den Hof und andere nichtbürgerliche Kreise der Stadtbewohner einbezogen, zeigt die Flexibilität und soziale Anpassungsfähigkeit der europäischen Symbiose von Stadt und Kirche.

Hinzu kommt, dass das eingangs beschriebene religionssoziologische Profil Europas mit seinem besonderen Verhältnis zwischen Religion und Politik, Kirche und Gesellschaft in besonderer Weise der Stadt und der bürgerlichen Lebensform entsprach. Die spezifische Wandlungsdynamik dieses lateineuropäischen Kirchen-Welt-Modells traf in den Städten und ihren bürgerlichen Gesellschaften auf eine Konstellation, die ebenfalls auf Wandel angelegt war. Bereits im Mittelalter traten bürgerliche Eliten in Konkurrenz zur Kleriker- und Verwaltungselite der Kirche. Das daraus resultierende Gemisch von Zusammenarbeit und Konflikten, von sich gegenseitig stärkenden und ergänzenden Aktionen, von kirchlichen und bürgerlichen Festen und

Riten etc. beeinflusste das städtische Leben und den bürgerlichen Alltag in einer Tiefe, die moderne, an die Säkularisation gewöhnte Menschen sich kaum noch vorstellen können. In den mittelalterlichen und frühneuzeitlichen Städten waren nahezu alle Bereiche des öffentlichen und privaten Lebens in der einen oder anderen Weise von der Präsenz der Kirche in der Stadt und dem von ihr monopolhaft gestalteten religiösen Leben betroffen.

Das zeigt einprägsam bereits die städtische Topographie, konkret die Verteilung von kirchlichem und bürgerlichem Grund- und Immobilienbesitz sowie die augenfällige Dominanz der Kirchen gegenüber den Rathäusern in der Silhouette der frühneuzeitlichen Städte, eine Ungleichheit, die erst die laikale Stadt der Französischen Revolution zu beseitigen bestrebt war, indem sie das Hôtel de Ville architektonisch aufwertete und in Höhe und Raummaß den Kirchen anglich. Rechtlich und institutionell standen in den Städten Bezirke bürgerlicher und solche kirchlicher Kompetenz gegenüber. Die Stadtkirchen waren in sich differenziert, teils bürgernah wie namentlich die Bettelorden des Spätmittelalters, deren Klosterkirchen gerade Rats- oder Bürgerkirchen waren, teils bürgerfern, ja antibürgerlich wie adlige Dom- oder Kollegiatstifte, Karthäuserklöster oder Benediktinerabteien. Schließlich drückte sich die zivil-kirchliche Verklammerung darin aus, dass die Stadt beziehungsweise die Bürgergemeinde häufig Teile der Kirchengebäude, meist der Hauptpfarrkirche, besaßen: Die Kirchtürme dienten der bürgerlichen Feuer- und Kriegswache, die Kirchenvorhalle als Ort des bürgerlichen Gerichtes oder der Versammlung der Bürgergemeinde. Nicht selten wurden diese Orte zum Ausgangspunkt von Aufruhr und bürgerlichem Widerstand gegen das Stadtregiment.

Prägend war die Symbiose von Kirche und Stadt auch im Rechtswesen und der Gerichtsbarkeit: Innerhalb der Städte gab es mehr oder weniger ausgedehnte Immunitätsbezirke, in denen nicht die bürgerliche, sondern die kirchliche Gewalt und Gerichtsbarkeit bestimmend waren. Sie wurden als „Freiheit" charakterisiert – frei von bürgerlichen Kontrollen und Lasten. Im konfessionellen Zeitalter auch vom Religionsbann der herrschenden Kirche – so auf der „Großen Freiheit" vor dem lutherischen Hamburg in Altona auf gräflich-holsteinischem Gebiet. Schlichtung von politischen oder wirtschaftlichen Konflikten und daran anschließende Neukonstituierung der städtisch-bürgerlichen Eintracht, des Stadtfriedens, waren immer auch kirchlich-sakrale Angelegenheiten. Vergleichbares gilt für Schule und Bildung, für Kranken-, Armen- und Altersfürsorge, für die städtisch-bürgerliche Mentalität und Frömmigkeit, für die symbolisch-rituelle Begründung und Festigung des Bürgerverbandes oder einzelner seiner Korporationen.

Konkret und noch heute erfahrbar wird dieser kirchliche Einfluss auf die alteuropäische Geschichte von Stadt und Bürgertum in den patrizischen oder bürgerlichen Grablegungen und Epitaphien, vor allem in den großen Bettelorden-„Bürgerkirchen" in Florenz und Venedig, auch in Leeuwarden und Amsterdam; in den Kapellen, Patrozinienfeiern und Prozessionen der Zünfte oder Bruderschaften; in der religiös-kirchlichen Prägung herausgehobener Kasualien wie der Eröffnung von Magistratssitzungen, bei Vertragsabschlüssen, Kriegserklärungen und Friedensschlüssen; ebenso in der städtischen Selbstdarstellung.

Im Übergang zur Neuzeit war es die Reformation und die daran anschließende Konkurrenz der Konfessionskirchen, die das geistige wie materielle Leben in den Städten tief umpflügte und auf neue, neuzeitliche Grundlagen stellte. Für die engere Reformationsepoche ist insbesondere für Deutschland die nahe Verbindung von kirchen- und allgemein stadtgeschichtlicher Erneuerung detailliert beschrieben, für Reichs- ebenso wie für Hanse- oder einfache Territorialstädte.[4] In manchem einschneidender als die Reformation selbst waren Veränderungen und Formierungen, die die Städte im Zuge der Konfessionalisierung erfuhren. Davon waren auch und vor allem katholische Städte und das katholische Bürgertum betroffen.

Die Wandlungen der Konfessionalisierung betrafen nahezu alle im Mittelalter entstandenen städtisch-kirchlichen Überschneidungsfelder. Zwei Zusammenhänge sollen exemplarisch dargestellt werden – die städtische Topographie und Architektur und die städtisch-bürgerlichen Riten und Zeremonien.

Topographie und Architektur

Topographie und Architektur der europäischen Städte änderten sich im Zuge der Konfessionalisierung gründlich – und zwar am dramatischsten nicht in protestantischen, sondern in katholischen Städten. Zwar trat in den protestantischen Städten insofern eine radikale Veränderung ein, als die theologische wie jegliche rechtliche Legitimation für eine Sonderstellung von klerikalem Personal und Institutionen fortfielen und damit auch die dadurch begründeten besonderen, nicht bürgerlichen Personalverbände beziehungsweise Stadtbezirke. Durch die Reformation waren Kleriker zu Bürgern geworden![5] Unabhängig davon war die protestantische Stadt im Zeitalter des Konfessionalismus aber topographisch wie architektonisch bemerkenswert steril und statisch. Die Bauleidenschaft, die das spätmittelalterliche Bürgertum mit dem Ziel erfasst hatte, der ideellen Identität von *civitas terrestris* und *civitas caelestis* – von irdischer und himmlischer Stadt – im neuen, gotischen Stil architektonisch Ausdruck zu verleihen, war in den protestantischen Städten nahezu erloschen. Neue Sakralbauten entstanden nur, wo die Städte demographisch expandierten – so etwa in der ersten Hälfte des 17. Jahrhunderts die Westerkerk in Amsterdam und die Neue Kirche im ostfriesischen Emden, oder wo Feuer oder andere Zerstörung es notwendig machten, wie einige Jahrzehnte später im Fall der St Paul's Cathedral in London.

Auch Waisenhäuser, Hospitäler, Siechen- und Altersheime, Schulen und Universitäten, auf die sich die öffentlichen Aktivitäten in den protestantischen Städten konzentrierten, erhielten nur ausnahmsweise Neubauten, typischerweise wiederum im expandierenden Amsterdam. In der Regel wurden solche Institutionen in säkularisierten mittelalterlichen Sakralräumen untergebracht. So in Marburg die Universität in der Brüderkirche, in Tübingen das Stift im Augustinerkloster, ähnlich in Dublin das Trinity College oder in Danzig, wo das Franziskanerkloster zum Gymnasium umfunktioniert wurde. In Zürich wurden in die gotische Predigerkirche fünf Stockwerke eingezogen, um dort das Stadtarchiv unterzubringen; in Göttingen erfolgte im 18. Jahrhundert der Umbau der mittelalterlichen Dominikanerkirche zur Universitätsbibliothek.

Im Zuge der Reformation war das Innere der Kirchen verändert worden, besonders radikal durch den Bildersturm oder vergleichbare Purifizierungen, vorrangig in reformiert-calvinistischen Städten. Lutherische Stadtkirchen wurden nicht selten mit neuen Bilderprogrammen ausgeschmückt, die die evangelische Lehre und ihren Bibelzentrismus veranschaulichten. Im äußeren Erscheinungsbild blieben die protestantischen Städte aber seltsam mittelalterlich. Speziell ihre sozialen und schulisch-wissenschaftlichen Anstalten bewahrten noch über Jahrhunderte hin einen kirchlich-klerikalen Anstrich, obgleich sie längst weltliche Institutionen waren, städtische oder staatliche.

Topographie und Architektur waren nur äußerer Ausdruck tief verwurzelter Strukturen und Prozesse: Die protestantische *sola-gratia*-Theologie und ihre radikale Beschränkung der kirchlichen Aktivitäten auf den Gemeindegottesdienst und die Seelsorge reduzierten die mittelalterliche Vielfalt kirchlicher oder halbkirchlicher Bauten – für Mönche oder Nonnen, Stiftsherren oder -damen, für Säkularkleriker oder Semireligiöse, für Beginen oder Begarden, Fraterherren, Brüder und Schwestern vom Gemeinsamen Leben etc. – auf einen einzigen legitimen Funktionstypus, nämlich die Pfarrkirche.

Diese Entdifferenzierung der Stadtkirche brachte den protestantischen Bürgergesellschaften einen Zug zur Egalisierung und spirituellen Vereinfachung. Langfristig bedeutete das eine neuzeitliche Differenzierung im Sinne der Organisationssoziologie Niklas Luhmanns: Die protestantische Kirche konzentrierte sich in einer doppelten Spezialisierung auf den Kernbereich Wortverkündigung, Gottesdienst und Seelsorge. Die mannigfaltigen anderen sozialen und kulturellen Funktionen der mittelalterlichen Stadtkirchen gingen in säkulare Hände über, sei es an den Magistrat oder den Staat, sei es an Institutionen oder Gruppen der Bürgerschaft. Daraus ergaben sich weitreichende Folgen für das materielle und geistig-ideelle Stadtbild wie für Identität, Alltag und Mentalität der Bürger: Anders als die Bürger katholisch konfessionalisierter Städte konnten Protestanten nicht mehr zwischen verschiedenen Typen kirchlicher Institutionen mit unterschiedlicher Spiritualität, Frömmigkeit und bis zu einem gewissen Grade auch unterschiedlichen Gottesdienstformen diejenige auswählen, die ihren religiösen Bedürfnissen als Person oder sozialer Gruppe am besten entsprach. Sie hatten den Gottesdienst in ihrer Pfarrkirche zu besuchen, gleichgültig welcher sozialen Gruppe sie angehörten oder welche Art von Frömmigkeit und Theologie sie bevorzugten. Ausnahme waren nur die werktäglichen Sondergottesdienste für die Universität in den Universitätskapellen, für die Stadträte vor Eröffnung ihrer Sitzung oder für die Insassen von Hospitälern, Siechenhäusern, Altersheimen und ähnlichen Einrichtungen.

Dieser Pfarrzwang entsprach dem allgemeinen städtisch-bürgerlichen Trend nach Rationalität und sachlicher wie personaler Vereinheitlichung von Nachbarschaft, Verwaltungs- und Kirchenbezirk. Die sozialen, politischen und religiösen Dimensionen der bürgerlichen Existenz wurden zusammengeführt und konzentriert, aber auch effektiverer sozialer Kontrolle und besserer Verhaltensdisziplin ausgesetzt. Durchbrochen wurde der Pfarrzwang nur, wo die einheitliche Reformation scheiterte und sich protestantische Dissenters behaupteten wie die Arminianer in niederländischen oder die Puritaner in englischen Städten. In Mittel- und Nordeuropa ergab sich eine vergleichbare Diversifikation erst wieder mit den pietistischen Konventikeln des späteren 17. Jahrhunderts.

Bereits simple touristische Autopsie lässt erkennen, dass sich unter katholischer Konfessionalisierung städtische Topographie und Architektur deutlich anders als unter dem Protestantismus entwickelten: Die kirchlichen Institutionen behielten ihren Inselcharakter innerhalb der Bürgerstadt, wenn Umfang und Qualität ihrer Sonderrechte auch eingeschränkt wurden. Vor allem aber ist die katholische Stadt durch einen gewaltigen Bauboom charakterisiert. Allenthalben entstanden Neubauten im Renaissance- oder Barockstil – die großen Jesuitenkirchen, aber auch Parochial-, Hof- oder Triumphkirchen wie die Wiener Karlskirche, in der dem Triumph des Heiligen Carlo Borromeo über die Häretiker ein weithin sichtbares urbanes Denkmal gesetzt wurde. Hinzu kamen neue Ordensniederlassungen, Schulen und Hospitäler sowie eine umfassende stilistische Modernisierung des Innern der bestehenden Gebäude. Aus gotischen oder romanischen Kathedralen und Pfarrkirchen wurden Renaissance- oder Barockkirchen, wie in Antwerpen bei Sint Paulus, Sint Jans und der Kathedrale Unserer Lieben Frau oder auch bei St. Panthaleon in Köln.

Diese ungebrochene kirchliche Bautätigkeit der katholischen Konfessionalisierung machte die Kirche in einem gesteigerten Maße sichtbar, und die Beobachtung von Maria Bogucka, dass in der polnischen Stadt des 17. Jahrhunderts „in Topographie und Architektur der Akzent vom Rathaus zur Kirche und den Stadtpalais der Magnaten wechselte“[6], gilt für Europa allgemein, jedenfalls was die Sichtbarkeit der Kirche anbelangt. Das bedeutet zugleich, dass die frühneuzeitlich katholische Stadt weit weniger mittelalterlich erscheint als ihr protestantisches Gegenbild, will man nicht Kirchlichkeit per se als unmodern charakterisieren, was ein fataler, wenn auch nicht selten anzutreffender Irrtum wäre. Im Zuge einer katholischen Spätkonfessionalisierung erhielten die Städte Ostmitteleuropas – Prag nach der Schlacht am Weißen Berg, die ungarischen Städte nach der Vertreibung der Türken – in ganz ähnlicher Weise wie die Städte Süd- und Westeuropas ein neues, modernes Aussehen, das durch eine umfassende Präsenz der Kirche geprägt war. Wie sehr insbesondere die Jesuitenbauten mit der für sie typischen Architektur das mittelalterliche Stadtbild veränderten, zeigt noch heute eindrucksvoll der zwischen 1615 und 1621 errichtete Antwerpener Konvent. Seine Sint-Carolus Borromeuskerk und die Wohn- und Unterrichtsgebäude nahe dem Stadtzentrum nehmen einen gewaltigen Block von mehreren Tausend Quadratmetern ein und repräsentieren die Modernität frühneuzeitlicher Urbanistik inmitten eines weiten mittelalterlichen Umfeldes. Aufschlussreich ist vor allem auch das Innere dieser frühen Jesuitenkirche: Mit ihrem langen, rechteckigen Schiff und den großen Seitengalerien war sie nicht weniger gut für die Bedürfnisse des frühmodernen Bürgertums nach Predigt und Wortverkündigung ausgerüstet als die calvinistischen Hallenkirchen Hollands. Und mit 13 gewaltigen Doppelbeichtstühlen, jeder mit einer langen Bank für wartende Gläubige, war sie auch bestens für Seelsorge und Interaktion zwischen Geistlichen und bürgerlicher Gemeinde eingerichtet. Das gilt auch für die bereits erwähnte modernisierte Sint-Pauluskerk der Dominikaner in unmittelbarer Nachbarschaft. Beide Kirchen und ihre neue Ausstattung sind noch heute ein augenfälliger Beweis dafür, dass die in der Regel exklusiv für den Calvinismus angenommene Erziehung zu bürgerlich-diszipliniertem Denken und Verhalten ebenso in den katholisch konfessionalisierten Städten anzutreffen war.

Es erscheint somit immer fragwürdiger, Wandel und Modernität ausschließlich oder vorwiegend mit protestantischen Städten und deren Bürgertum zu verbinden. Dagegen sprechen neben dem architektonischen Befund insbesondere die Erziehungs- und Bildungsinitiative der Jesuiten und ihrer Marianischen Kongregationen, die Kranken- und Sozialprogramme eines Johann von Gott und Johann Grande samt ihrem Orden der Barmherzigen Brüder. Auch die entsprechenden Aktivitäten bürgerlicher Korporationen waren so weit von denjenigen in protestantischen Städten nicht entfernt. Das ist wiederum besonders schön greifbar in Zeugnissen der bildenden Kunst, nämlich dem im katholischen Flandern, Brabant und dem heutigen Nordfrankreich weit verbreiteten Bildertypus „Die Werke der Barmherzigkeit“[7], in deren Mittelpunkt Angehörige derselben Kaufmanns- und Großbürgerschicht stehen wie bei den viel beachteten Porträts der calvinistischen Armen- oder Waisenhausmütter bzw. -väter in den nordniederländischen und norddeutschen Städten. Somit ist evident, dass jeder Zeitgenosse im Antwerpen, Köln oder München des frühen 17. Jahrhunderts die These moderner Religionssoziologen, er lebe in einer altmodischen, statischen Gesellschaft, als lächerlich empfunden hätte.

Städtische Riten und Bürgerreligion

Für den Vergleich protestantisch und katholisch konfessionalisierter Städte scheint das Thema öffentlicher Riten, das in der Kulturgeschichte zunehmend Aufmerksamkeit findet, auf den ersten Blick eher marginal. Denn solche städtischen Riten überlebten scheinbar nur in katholischen Städten. Selbst dort zählen sie anscheinend zu den Relikten des mittelalterlichen und nicht zu den markanten Prägungen eines neuzeitlichen Bürgertums. Man diagnostiziert sogar den Verlust des „original zivilen Charakters“ dieser Riten infolge der gegenreformatorischen Unterwerfung der Stadtkirchen unter die Autorität einer neu erstarkten Amtskirche.[8] Im Gegensatz zu einer solchen Einschätzung nehmen wir den Fortbestand bzw. die Erneuerung des bürgerlich-zivilen Charakters dieser Riten im konfessionellen Zeitalter an, und zwar für katholische wie für protestantische Städte.

Zweifellos nahmen öffentliche Riten im Katholizismus einen breiteren Raum ein als im Protestantismus. Trotz Beibehaltung einer großen Vielfalt bedeutete die Konfessionalisierung des Katholizismus auch im Hinblick auf Alltagsleben und Riten Formalisierung, Regulierung und Vereinheitlichung. Das im späten Mittelalter entstandene System wurde beibehalten, aber weiterentwickelt und den Interessen und dem kulturellen Profil des frühmodernen Bürgertums angepasst. Das gilt insbesondere für die Prozessionen, den wohl wichtigsten öffentlichen Ritus, der alljährlich die enge Verbindung zwischen irdisch bürgerlichem oder städtischem Gemeinwesen und transzendentaler Gemeinschaft des himmlischen Jerusalem demonstrierte und symbolisch verwirklichte. Auch sie unterlagen einer strengen Formalisierung und Reglementierung, in gewissem Sinn auch einer Modernisierung.

In den frühneuzeitlichen Prozessionen wurde die Verbindung zwischen der sozialen Position eines Individuums in der realen irdischen Stadt und seiner prätendierten Position in der ideellen himmlischen Welt dargestellt. Bürgermeister, Stadträte, Beamte, Kaufleute und Handwerker nahmen in der Prozession ebenso ihren Platz ein wie

Arme, Bettler oder Angehörige anderer Randgruppen, selbst Ausgestoßene und Verbrecher – jeder und jede in der ihm/ihr nach städtisch-bürgerlicher Norm zustehenden Nähe oder Ferne vom Allerheiligsten. Die Prozessionen gaben den christlichen Bewohnern der Stadt, und zwar nicht nur denjenigen mit Bürgerrecht, Gelegenheit, zu demonstrieren, dass die irdische Stadtgemeinde sich in einem idealistischen Sinn am Modell der *civitas caelestis*, dem himmlischen Jerusalem, orientierte. Auch das hatte eine individuelle und eine kollektive Seite. Das Individuum wie die Gemeinschaft als Ganzes versicherte sich des ewigen Seelenheils, und beide Seiten waren nicht voneinander zu trennen. Die „heilige Stadt" setzte das „heilige Individuum" voraus und umgekehrt. Natürlich wussten Katholiken ebenso wie die Protestanten, dass das Alltagsleben nicht für jeden ein heiliges Leben sein konnte, vor allem nicht in den Städten mit all ihren Möglichkeiten der Sünde. Umso wichtiger waren die jährlichen Prozessionen, durch die die Stadtgemeinde bekunden konnte, dass ungeachtet des sündigen Alltags das Ideal weiterhin gültig war, und die dem Individuum wie der Gemeinschaft die Möglichkeit einräumte, sich von den Sünden zu reinigen.

Der öffentliche, demonstrative Vollzug des Glaubens war umso wichtiger, je erbitterter die realen Auseinandersetzungen um die politische Selbstbehauptung oder um die Dominanz in der Stadt entbrannt waren. In der Reichsstadt Donauwörth war es am Vorabend des Dreißigjährigen Krieges eine Fronleichnamsprozession, mit der die von der protestantischen Bürgermehrheit bedrängte katholische Minderheit ihre gesellschaftliche Position zu stärken und wo möglich wieder ins Stadtregiment zu gelangen hoffte. Mit dem Ergebnis, dass der innere Bürgerfriede zerbrach und die Stadt die politische Selbständigkeit verlor und zur bayerischen Landstadt herabsank. Zur selben Zeit sahen sich am anderen Ende Deutschlands in der Reichsstadt Aachen die Katholiken einem erbitterten Kampf um politische und gesellschaftliche Selbstbehauptung ausgesetzt. Durch den Zuzug großen Stils von protestantischen Handwerkern und Unternehmern mit ihren Arbeitern, die durch die radikale Rekatholisierung in den benachbarten spanischen Niederlanden vertrieben worden waren, kam es in der Reichsstadt Aachen wiederholt zu einer von den Altgläubigen als revolutionär empfundenen protestantischen Mehrheit im Rat. Um die Reihen gegen dieses protestantische Stadtregiment zu schließen und die Macht wiederzuerlangen und auf Dauer zu sichern, formulierte der katholische Kanonikus Petrus a Beeck die erwähnte sakrale Begründung der Konfessionsgesellschaft: *Civitas*, also Bürgerschaft, meine nicht nur eine politische und sozial-zivile, sondern auch und vor allem eine religiös-kirchliche Einheit der Bürgergemeinde.[9]

Kirchliche Einheit und religiös-sakrale Fundierung haben den europäischen Städten gerade in dem Moment, in dem sie einem tiefgreifenden ökonomischen und sozialen Wandel ausgesetzt waren, Geschlossenheit und Stabilität gegeben. Vor allem Prozessionen boten rituelle Momente der Selbstvergewisserung und – je weiter die kulturelle Differenzierung und die damit einhergehende Säkularisierung voranschritten – des trutzigen Widerstands gegen jede Form von Entchristlichung des öffentlichen Lebens, die in den Augen der offiziellen Stadtkonfession den bürgerlichen Frieden gefährdete. Die religiös-zivile Geschlossenheit und Kräfteoptimierung ging allerdings, das darf nicht vergessen werden, auf Kosten derjenigen Einwohner, die nicht der offiziellen städtischen oder territorialen Konfession angehörten. In den katholischen Städten sahen sie sich an Tagen der kollektiven Heilsvergewisserung durch öffentliche, den Stadtraum, Straßen wie Plätze, kulturell besetzende Prozessionen besonders isoliert, ja stigmatisiert.

Das gilt für die christlichen Minderheiten, entschiedener noch für Juden, die trotz der spätmittelalterlichen Verfolgungswellen noch in einigen Städten geduldet wurden. Selbst dort, wo wie im frühneuzeitlichen Nürnberg kein einziger Jude zur Einwohnerschaft zählte, blieb der religiös begründete Antijudaismus erhalten und gewann im Zeichen des neuen – in diesem Fall lutherischen – Konfessionalismus neue Energie, die auf die Vertreibung von Juden aus anderen Städten und Territorien abzielte.[10]

In den protestantischen Städten gab es weder Prozessionen noch das tägliche Ritual der Messe oder sakraler Pflichten von Bruderschaften oder Kongregationen. Es waren stattdessen das private Gebet und das Bibellesen in der Familie, verordnet und geleitet vom *pater* und der *mater familias*, die in lutherischen wie calvinistischen Städten die Grundlagen der alltäglichen Religion bildeten. Dennoch blieb der enge Bezug zwischen *civitas terrestris* und *civitas caelestis* auch für die protestantische Stadt prägend. Die Vision einer im echten Sinne „heiligen Stadt" hatte die Stadtreformationen beflügelt, nicht zuletzt im Genf Calvins. Unter dem Konfessionalismus entwickelten dann auch die protestantischen Städte eine entsprechende städtisch bürgerliche Spiritualität mit öffentlichen Riten, wenn auch auf andere Art und mit anderen Mitteln als die katholischen Städte. Drei Formen lassen sich unterscheiden – Amts- und Zuchtriten, das Abendmahl als rituelle Vergegenwärtigung der „reinen", geheiligten Bürgergemeinschaft und schließlich die Buß- und Bettage.

Theologisch war ein ritueller Traditionalismus eher im Luthertum anzutreffen, etwa der Exorzismus bei der Taufe. Kirchlich-bürgerliche Riten bildete aber vor allem der Calvinismus aus. In dieser Hinsicht war die *calvinistische Stadt* das eigentliche Gegenstück zur katholischen Stadt. Das gilt auch insofern, als ähnlich wie im Katholizismus die calvinistischen Riten in der Hand einer besonders herausgehobenen Gruppe lagen, zwar nicht eines Sakralstandes nach Art des katholischen Klerus, wohl aber eines besonderen Amtsstandes aus Prädikanten und bürgerlichen Laienältesten, der sich in Macht, Reputation, Verhalten, Kleidung und symbolischer Repräsentation deutlich von den anderen Stadtbewohnern unterschied. Die Kollektivporträts von Ältesten, Diakonen, Waisenhausmüttern oder -vätern, die in nahezu allen protestantischen Städten der Niederlande oder Nordwestdeutschlands zu finden sind, belegen das eindrucksvoll. Inhaltlich waren die Riten auf die moralische und dogmatische Reinheit der Stadt bezogen, also auf das Verhalten und Denken der Bürger. Wie bei den Prozessionen der katholischen Städte ging es um die Selbstvergewisserung des Bürgerverbandes als in Lehre und Leben „heilige" christliche Gemeinschaft.

Die calvinistischen *Amts- und Zuchtriten* waren öffentlich oder halböffentlich, fanden gelegentlich oder periodisch statt. Die meisten calvinistischen Städte waren in Bezirke oder Nachbarschaften unter der Aufsicht eines Mitglieds des Konsistoriums eingeteilt. Diese Ältesten oder Prädikanten besuchten regelmäßig die Haushalte ihrer Bezirke, um sie im rechten Glauben zu bestärken, zu korrektem Verhalten zu ermahnen und um nach Informationen über jeden eventuellen „Abweichler" und über alles zu forschen, was im Gegensatz zu den calvinistischen Normen des privaten und öffentlichen Lebens stand. Dasselbe gilt für die Diakone, die regelmäßig in den Haushalten Almosen für die Armen sammelten. Obwohl die Quellen nicht genau erkennen lassen, wie diese regelmäßigen Besuche konkret abliefen, kann man wohl von einem „rituellen" Rahmen ausgehen, bestehend aus Gebet, Bibellesung, Ermahnung. Entsprechende Riten prägten die allwöchentliche Versammlung des Presbyteriums, dem Zentrum der christlichen städtischen Gemeinschaft, insbesondere wenn es über die Kirchenzucht zu verhandeln hatte. Gemeindemitglieder, die sich wegen Verstößen gegen die moralische oder religiöse Ordnung der „frommen Stadt" verantworten mussten, hatten öffentlich vor dem Presbyterium ihre Verfehlungen zu bekennen, Reue zu zeigen und vor allem formell die Versöhnung mit der durch ihr Verhalten verletzten Gemeinde zu bekunden.

Älteste und Diakone wurden gewählt, und zwar in den einzelnen Städten unterschiedlich auf Lebzeit oder für eine begrenzte Amtsperiode. Wahlvorgang wie Amtseinführung erfolgten nach einem festen Ritus mit Ermahnung, gelegentlich auch einem Fasten- und Bettag zur Einstimmung der Gemeinde, Verpflichtung und Segnung der Gewählten etc. Angesichts der periodischen Ergänzung der Leitungsgremien fanden solche kirchlichen Einführungsriten in calvinistischen Städten häufiger statt als in katholischen oder lutherischen. Dort ging es in der Regel nur um die Einführung von Pastoren oder anderen Klerikern. Glanz und spektakulärer Prunk beim Introitus eines katholischen Bischofs oder Kardinals verabscheuten die Calvinisten. Umso tiefer sollten Ernst und Glaubenstiefe der kirchlichen Zeremonien bei der Amtseinführung von Prädikanten, Ältesten und Diakonen die Bürgergemeinde auf den religiösen Grundkonsens verpflichten.

Das Zentrum der calvinistischen bürgerlichen Riten war der *Abendmahlsritus*. Das Abendmahl fand normalerweise fünf bis sechs Mal im Jahr statt – also wesentlich seltener als in katholischen oder lutherischen Städten. Es wurde nicht nur als ein Symbol oder als eine Repräsentation verstanden, sondern es *war* die „fromme" Stadt. Besonders während des 16. und frühen 17. Jahrhunderts wurde die Reinheit der Stadt, die man als Voraussetzung für das Heil jedes Individuums nicht nur innerhalb des Bürgerverbandes, sondern der Einwohnerschaft generell ansah, kontrolliert und zugleich realisiert im gemeinsamen Abendmahl. Jeder einzelne Teilnehmer musste sich vorab selbst prüfen, ob er sich für den Empfang des Sakramentes würdig fühlte. Zusätzlich überprüfte das Presbyterium die geistliche Würdigkeit eines jeden, der zum Abendmahl zugelassen werden wollte. Entscheidend war dabei nicht die Freiheit von Verfehlungen beziehungsweise Sünden, sondern die Buße und die vollzogene Versöhnung mit jedem, der oder die durch die Sünde verletzt wurde.

Nach öffentlicher Ankündigung des Abendmahls hatte sich jedes Gemeindemitglied zu prüfen, ob es zur Teilnahme an der Abendmahlsgemeinschaft würdig war oder wegen Sündhaftigkeit davon fernbleiben sollte. Man selbst, aber auch die Familienmitglieder und die Hausgenossen, also Mägde, Knechte, Gesellen etc., selbst das Verhalten der Nachbarn und ihre mögliche Sündhaftigkeit waren in diese Prüfung einzubeziehen. Denn die Grundvoraussetzung dafür, dass das Abendmahl dem Einzelnen und der Gemeinde Gottes Gnade brachte, war die Reinheit der Abendmahlsgemeinde, über die nicht nur der Pastor und die Ältesten, sondern jedes einzelne Gemeindemitglied zu wachen hatte. Diese Reinheit war bereits nicht mehr gegeben, wenn ein einziger verstockter Sünder teilnahm, gleichgültig ob heimlich oder öffentlich bekannt. Das galt als eine Befleckung und Verletzung des gemeindlichen und städtischen Heils, mit der sich die Stadt – der Einzelne wie die Gemeinde insgesamt – unweigerlich der Strafe Gottes aussetzte. Damit hatte die alteuropäische Idee einer Identität von kirchlicher und bürgerlicher Gemeinde, von irdischer und himmlischer Stadt in calvinistischen Städten wie Emden oder

Groningen im 16. Jahrhundert einen kaum noch zu steigernden Höhepunkt erreicht.

Dieser alltägliche religiöse Kommunalismus der calvinistischen oder reformierten Stadt prägte das öffentliche Bewusstsein besonders nachhaltig in Zeiten politischer, ökonomischer oder kultureller Krisen. So entfaltete sich in Emden und Groningen in den Jahrzehnten um 1600, als sich die Niederlande und die nordöstlich angrenzenden Gebiete des Reiches von Spanien bedroht sahen, ein ausgeprägt eschatologischer Geist, der sich aus dem Gegensatz zwischen „frommer Stadt“ und „spanischem Antichrist“ speiste und wesentlich zur historisch-politischen Selbstdeutung und zur aktuellen politischen wie militärischen Selbstbehauptung beitrug. In Emden zugleich auch gegenüber den semiabsolutistischen Tendenzen des lutherischen Landesherrn.

Wie tief und radikal der calvinistische religiöse Kommunalismus Denk- und Verhaltensweisen einer Bürgerrepublik bestimmen konnte, zeigte sich noch im 18. Jahrhundert in Utrecht: Als dort unmittelbar an der städtischen Hauptkirche die „Sünde gegen die Natur“ entdeckt wurde, worunter man Homosexualität oder Sodomie verstand, sahen Prädikanten, Presbyterium und Magistrat die Stadt befleckt und fürchteten die Rache ihres unerbittlichen Gottes. Die Stimmung war umso aufgewühlter, als die Stadt und die Provinz bereits seit Jahren unter schweren Naturkatastrophen zu leiden hatten – Überschwemmungen, Seuchen, Erdbeben, Feuersbrünste. Um das von den Prädikanten angedrohte Strafgericht Gottes von der Bürgerschaft abzuwenden, gingen das städtische und bald auch das Provinzregiment mit drakonischer Härte vor. In Dutzenden von Strafverfahren wurden die betroffenen Männer zum Tode verurteilt. In dem damals üblichen „Theater des Schreckens“ fanden die Hinrichtungen öffentlich und häufig auf brutale Weise wie Würgen oder Ersäufen statt – um den zornigen Gott zu versöhnen und die sündigen Menschen abzuschrecken. Ein calvinistischer Schreckensritus funktional äquivalent zu den blutigen Reinigungsriten der katholischen Autodafés gegen die Kardinalsünde der Häresie. In der niederländischen Republik, wo sich Regierende und Gesellschaft längst von der *domineesheerschappij*[11], der

Bevormundung durch die calvinistischen Prädikanten, befreit hatten, rief die Bezeichnung *Utrechtenaar* bis ins 20. Jahrhundert hinein im christlichen Bürgertum Hollands ein Schreckensbild wach.

Der Calvinismus entwickelte zum Schutz der Abendmahlsgemeinschaft ein ausgeklügeltes Kontrollsystem – in den Niederlanden und Nordwestdeutschland ebenso wie in Genf und in Frankreich. In Städten wie Nîmes, Lyon und anderen Hugenottenstädten, die unmittelbar mit dem konfessionellen Gegner konfrontiert waren, wurde der Zugang zum Abendmahl durch Marken geregelt, die das Konsistorium als eine Art dogmatischer und moralischer Unbedenklichkeitsbescheinigung zum Abendmahl an würdige und von Sünden freie bzw. durch vorherige Buße befreite Gemeindeglieder vergab. Das Abendmahl, in weniger spektakulären Fällen auch der normale Sonntagsgottesdienst, war auch der Ort der öffentlichen Reue des Sünders und seiner Versöhnung mit denjenigen, die er verletzt hatte – Ehepartner, Eltern, Kinder, Familie, Nachbarn, die kirchlich-bürgerliche Gemeinde insgesamt. Das bedeutete zugleich seine Reintegration in die „fromme" Stadt. Solange der Sünder keine Reue zeigte, wurde er von der Kirchengemeinde isoliert, in schweren Fällen auch von der bürgerlichen Gemeinde – bis hin zum Bann und zur Vertreibung aus der Stadt.

Die calvinistische Idee einer Korrelation zwischen Heil und säkularem Wohlergehen der Stadt, zwischen der Verletzung der göttlichen Ordnung und Versöhnung mit Gott durch Reue manifestiert sich besonders deutlich in den *Buß- und Bettagen*, die als funktional äquivalent zu den jährlichen oder gelegentlichen Prozessionen in katholischen Städten begriffen werden können. War eine Stadt in einer extremen Zwangslage – durch Gefahren von außen oder durch innere Zwietracht, durch Epidemien, Naturkatastrophen, Hungersnot oder Ähnliches, setzten die calvinistischen Presbyterien einen besonderen Buß- und Bettag an. Diese wurden bald zu einem wichtigen Ort städtischer Selbstvergewisserung und bürgerlicher Identität. Denn anders als bei den Buß- und Fastenzeiten der mittelalterlichen und der katholisch konfessionalisierten Kirche wurden die protestantischen Bußtage zunächst nicht von der ganzen protestantischen Christenheit gefeiert, sondern nur von der jeweiligen Stadt und Bürgerschaft. Zusammen mit ähnlichen Feiertagen, etwa dem kirchlichen Friedensfest, mit dem seit 1650 die Protestanten in der Stadt Augsburg jährlich die Aufhebung des prokatholischen Restitutionsediktes begingen, wurden die Buß- und Bettage bald für viele protestantische Städte, vor allem für die calvinistischen, zu einer Art *lieu de mémoire*. An diesen Tagen versicherte sich die protestantische Stadt ganz ähnlich wie die katholische Stadt mit den Prozessionen ihrer religiösen und kulturellen Grundlage und Identität.

Auch die protestantische Stadt des Konfessionalismus entwickelte, so können wir resümieren, kirchliche Riten, bezogen auf das Individuum wie auf die Kirchen- und Bürgergemeinde insgesamt. Der Gegensatz zwischen den katholischen *Riten der Bilder, Symbole und Gesten* wird besonders deutlich in den reformierten oder calvinistischen Städten mit ihren auf das *Wort, die Sühne und die Vorstellung von Reinheit zugespitzten Riten.* Beide Typen des Rituellen haben die europäische Stadt der Frühen Neuzeit und den Weg des europäischen Stadtbürgertums in die Moderne tief geprägt. Näher zu diskutieren bleibt aber die Frage, ob die Wort- und die Moralbezogenheit der calvinistischen Riten dem von ihnen beeinflussten Stadtbürgertum Nordwesteuropas oder der Schweiz nun doch einen Modernisierungsvorteil im Sinne Max Webers verschaffte oder ob auch und gerade der katholisch konfessionalisierte Typus des frühneuzeitlichen Ritus einen – in den Worten Louis Châtelliers – „christianisme moderne“ repräsentiert und damit ebenfalls „à l'origine de l'esprit bourgeois en Europe“[12] stand.

Verfolgt man die Beziehungen zwischen Stadt und Kirche über die engere Reformationszeit hinaus ins konfessionelle Zeitalter – so lassen sich unsere Beobachtungen zusammenfassen –, dann erscheint die protestantische Stadt weniger „modern“ und umgekehrt die katholische Stadt weniger traditional oder antimodern als üblicherweise in historischen Darstellungen, zumal wenn sie der einflussreichen Weber-These folgen, die Modernität exklusiv dem Calvinismus und den von diesem geprägten „Sekten“ zuschreibt. Hinzu kommt, dass die genauere

Betrachtung der konfessionellen Stadt, gleichgültig ob protestantisch oder katholisch, es methodisch und theoretisch als problematisch erscheinen lässt, eine unmittelbare Verbindung zwischen alteuropäischer Stadtgesellschaft und überstädtischer bürgerlicher Gesellschaft der Moderne anzunehmen. Selbst reformiert oder calvinistisch geprägte Stadtgesellschaften wie in den Niederlanden und England blieben, wie das Beispiel Utrecht zeigt, noch lange von städtisch-kirchlichen Strukturen und religiös-heilsgeschichtlichen Denkweisen Alteuropas bestimmt. Umgekehrt öffneten sich manche der katholischen Stadtgesellschaften problemloser in die überstädtische Gesellschaft der Moderne, man denke nur an Paris, Wien oder Madrid.

In den protestantischen Städten war der Traditionalismus nicht nur, wie gezeigt, in Architektur und Topographie verankert, sondern auch in der Mentalität. Die protestantische Theologie war städtisch und bürgerlich nicht im Sinne von moderner Mittelklasse oder gar Bourgeoisie, sondern im Verständnis alteuropäischer Stadt- oder Ziviltheologie. Sie zielte nicht auf die Befreiung des modernen bürgerlichen Individuums von kollektiven Bindungen in Politik, Gesellschaft, Wirtschaft, Religion oder Kultur ab, sondern betonte die „zugleich individuell auf die eigene Person als auch gemeinschaftlich auf den städtischen Sozialkörper bezogene Heilung“ und suchte „die neue Gerechtigkeit in der Bürgergemeinde durch geistliche Gesetzeserfüllung“[13] zu realisieren. Die genossenschaftlich-kommunalen Verfassungsstrukturen sowie Denk- und Verhaltensweisen des alteuropäischen Stadtbürgertums wurden nicht geschwächt, sondern im Gegenteil gestärkt. Entsprechend meinte die Erziehung des „neuen“ protestantischen Menschen und Bürgers, wie sie wiederum vor allem die Kirchenzucht der calvinistischen Konsistorien Genf, Emden, Amsterdam, Nîmes oder das reformierte Chorgericht Züricher Prägung energisch in Angriff nahmen, eben nicht die Erziehung zu moderner Autonomie des Individuums, sondern die Einbindung von Denken, Handeln und Mentalität des einzelnen Mitglieds der Kirchen- und Stadtgemeinde in die Gemeinschaft des städtischen *corpus christianorum*. In seinem Denken und Handeln wurde der Einzelne auf das Wohl der Stadt verpflichtet – auf das *bonum commune* im irdischen Sinne, aber auch und vor allem auf das Heil im transzendentalen Sinne.

Unverkennbar ist allerdings auch, dass sich nach Überwindung des Konfessionalismus die protestantische Stadt in der Regel leichter für Aufklärung und Säkularisation und dem davon ausgehenden Neuen öffnete. Das ist aber ein Zusammenhang, der einer späteren Phase der Christentumsgeschichte zuzuordnen ist. Von der konfessionellen Stadt her gesehen ist jedenfalls festzuhalten, dass der lange Weg in die moderne bürgerliche Gesellschaft auch im Protestantismus über eine Zwischenstation, nämlich über das Brückenglied der „reinen Stadt" oder, in der Sprache der englischen Puritaner, *godly city* lief, in der nicht die Autonomie des Subjekts und die Emanzipation von Stadt und bürgerlichen Lebensbereichen von der Kirche angezeigt waren, sondern die Durchdringung des Einzelnen wie der Stadtgesellschaft insgesamt mit christlichen Normen. Komplementär zur Kommunalisierung der Kirche erfolgte die Verchristlichung der Bürgerkommune, besonders deutlich auf der Basis der kirchlich-bürgerlichen Einheitstheologie Zwinglis, in der alltäglichen Realität aber auch in calvinistischen und lutherischen Städten, wenngleich der Wittenberger Reformator theoretisch-theologisch die Trennung der Zwei Reiche gepredigt hatte.

Auch für die postulierte Offenheit der katholisch konfessionalisierten Stadt für religiösen und gesellschaftlichen Wandel sind Architektur und Topographie nur erste Hinweise. Die weiterreichende These oder Hypothese muss gewagt werden, dass auch in der katholischen Stadt religiöse Funktionen, Spiritualität, Frömmigkeit und Mentalität allgemein im Prinzip diesen Wandel begünstigen konnten, ihn jedenfalls nicht blockierten. Wenn soziale und politische Verantwortlichkeit der Bürger durch religiöses und kirchliches Engagement gestärkt wurde, dann gilt das für katholische Stadtgesellschaften genauso wie für protestantische. Wenn kirchliche Zucht, Predigt und Seelsorge der Konfessionskirchen irgendeinen Einfluss auf die Hervorbringung von – im modernen Sinne – bürgerlichen Mittelklasse-, Verhaltens-, Denk- und Mentalitätsmustern hatten, dann gilt das nicht nur für die in diesem Zusammenhang vielbeachtete presbyteriale Kirchenzucht des Calvinismus, sondern auch für das viel weiter gespannte und differenzierte Instrumentarium der katholischen Konfessionalisierung – für die Marianischen Kongregationen, tägliche Gewissenserforschung und die periodischen Exerzitien der Jesuiten, nicht zuletzt für die großartigen barocken Hochaltäre, Wand- oder Deckengemälde – etwa Tizians Solitär-Hochaltar in der Frari-Kirche in Venedig oder Rubens Deckengemälde in der Borromäo-Kirche Antwerpens, die in rationaler psychologischer Konstruktion Glauben, Mentalität und Verhalten der Bürger beeinflussten, ganz ähnlich wie die Kirchenzucht der Calvinisten.

Konfessionalität und historisch-politische Kultur des Bürgertums

Neu zu bedenken ist schließlich auch der Einfluss auf das politische Denken des Bürgertums. Die häufig anzutreffende Entgegenstellung von protestantisch-, insbesondere calvinistisch-bürgerlicher Politikkultur, basierend auf Freiheitsdenken, Kommunalismus und Republikanismus einerseits und Absolutismusaffinität des katholischen Bürgertums andererseits, büßt vor der Erfahrung der konfessionellen Stadt ihre Licht-Schatten-Verteilung ein. Zwar ist es richtig, dass die protestantische Reformation die Emanzipation von der Kirche und die kommunale Selbstbestimmung der Bürgergemeinde vollendete. Abgesehen von Spezialfällen war das aber nur eine kurze Episode vor der Unterwerfung unter den frühmodernen Staat. Die katholische Konfessionalisierung begünstigte in der Regel ebenfalls die Unterwerfung von Städten und Bürgertum. Nicht anders als der Protestantismus war sie prinzipiell aber auch geeignet, städtisch-bürgerliche Freiheits- und Autonomiebewegungen zu stützen. Das gilt selbst auf dem Gipfelpunkt des Absolutismus: So widersetzten sich Bürger und Domkapitel der Stadt Chartres gemeinsam dem Unterwerfungsdruck Ludwigs XIV. und legitimierten das in einem prächtigen barocken Pamphlet, das in zahlreichen Bildern die Verbindung von Stadt und Domkapitel mit der Gottesmutter vor Augen stellt, mit dem trotzigen Rechtsanspruch, Maria und kein anderer sei „dame souveraine de Chartres“ – angesichts des Bodin'schen Souveränitätsmonopols für den frühmodernen Staat eine kaum zu überbietende Herausforderung an die Stadtpolitik des Absolutismus.[14]

Protestantisch und katholisch konfessionalisierte Städte des späten 16. und des 17. Jahrhunderts dürfen nicht länger als zwei antagonistische Muster betrachtet werden, also als bürgerliche Modernität einerseits und als städtischer Traditionalismus andererseits. Sie repräsentieren eher zwei unterschiedliche frühneuzeitliche Wege hin zur modernen bürgerlichen Gesellschaft des späten 18. und des 19. Jahrhunderts. Um es mit einer begrifflichen Anleihe bei Hans Baron zu formulieren: Dem *civic Calvinism* der werdenden Neuzeit entsprachen ein *civic Lutheranism* und ein *civic Catholizism.* Der Abstand zum Bürgertum der Moderne war jeweils in etwa gleich groß.[15]

Die alteuropäische Symbiose von Stadt und Kirche fand erst ein Ende, als ausgangs des 18. Jahrhunderts im Zuge der Aufklärung die weltanschauliche Pluralisierung über die christlichen Denominationen hinaus universell und der Moderne endgültig das Tor aufgestoßen wurde.

Die paritätische Stadt – Sonderfall oder Ausnahme?

Speziell in Deutschland entstand aufgrund der besonderen politischen Entwicklung und staats- und staatskirchenrechtlichen Verhältnisse der Typus der *paritätischen Stadt* mit einem bikonfessionellen Bürgerverband und einer Ratsregierung, an der Katholiken und Protestanten in nummerischer Parität beteiligt waren. Das gilt namentlich für die oberdeutschen Reichsstädte Augsburg, Biberach, Dinkelsbühl und Ravensburg, wo bis zum Untergang des Alten Reiches 1806 sich eine spezifische Tradition des Zusammenlebens von Lutheranern und Katholiken herausbildete.[16] Im Gegensatz zur Idee des bürgerlichen Konfessionalismus, wie er uns in der Reichsstadt Aachen begegnete, war dort die politische und sozial-zivile Einheit der Bürgerschaft nicht durch das „eiusdem fidei symbolo“, durch dasselbe Glaubenssymbol, sakral gesichert. Vielmehr konnten beziehungsweise mussten dort Protestanten und Katholiken auf formell festgelegter ziviler Rechtsbasis gleichberechtigt zusammenleben. Religiös-kirchlich war die Bürgerschaft nicht in einem, sondern in zwei *symbola fidei*. Einheit und Frieden für Stadt und Bürgerverband waren damit nicht verbunden.

Im Gegenteil, über die religiös-konfessionelle Ausrichtung der Stadt entstanden immer wieder gravierende Konflikte, mochte es sich bei nüchterner Betrachtung auch eher um weltliche Fragen handeln. Im Reformationsjahrhundert war es insbesondere der erbitterte Kalenderstreit, der Bürgerschaft und Stadtregierung zu zerreißen drohte: Vom Trienter Konzil aufgefordert, hatte Papst Gregor XIII. 1582 mit der Bulle *Inter gravissimas* einen neuen, bald nach ihm benannten Kalender eingeführt. Zur Korrektur der alten, noch auf Cäsar zurückgehenden Julianischen Zeitrechnung hatte er verfügt, dass die Tage vom 5. bis 14. Oktober 1582 fortfallen sollten, so dass auf den 4. sogleich der 15. Oktober folgte. Da die Protestanten die Annahme dieser päpstlichen Reform verweigerten, gab es in Deutschland und Europa fortan zwei unterschiedliche Kalender – selbst die Zeit war konfessionell geworden. Die Katholiken waren um zehn Tage voraus, und auch die Jahre zählten sie anders, nämlich vom 1. Januar ab statt vom 1. März wie im alten Kalender.

Angesichts der sozialen Nähe, die das alltägliche Leben in den paritätischen Reichsstädten prägt, wurde dort die Annahme der Kalenderreform zu einem Politikum. In Augsburg, wo die benachbarten katholischen Fürsten den Augsburger Stadtrat schon aus wirtschaftlichen und kommunikationstechnischen Gründen zur raschen Übernahme des Gregorianischen Kalenders drängten, argumentierte die altgläubige Ratspartei mit „lauter bürgerlichen Ursachen“, also ausdrücklich nicht mit religiös-kirchlichen. Die Verschiebung des Datums solle keinesfalls „einer oder die andere Religion an deren Lehr, Glauben, Ordnung und Zeremonien die geringste Verhinderung und Eintrag thun“. Die protestantische Bürgermehrheit sah das anders. Für sie bedeutete der Unterschied von zehn Tagen fast die Seligkeit. Sie verfolgte daher einen unerbittlichen Konfrontationskurs gegen den Rat und ihre katholischen Mitbürger. Dem bürgerlichen Leben drohte das Chaos, weil sowohl die alltäglichen Geschäfte wie auch das Miteinander im christlichen Wochen- und Jahreszyklus schwer gestört waren, wenn auf dem engen Raum der Stadt zweierlei Zeitmaß herrschte. Katholiken lebten ihren protestantischen Mitbürgern zehn Tage voraus, hielten zu unterschiedlichen Zeiten Weihnachts-, Ostern- oder Pfingstpause, mit entsprechenden Konsequenzen für das gesamte Wirtschafts- und Rechtsleben – bis 1699, rechtzeitig vor der Jahrhundertwende, die protestantischen Reichsstände einsahen, dass „zwei unterschiedliche Kalender dezidiert für ein Reich zu viel waren“, und den Gregorianischen Kalender ungeachtet seines Namens als wissenschaftlich begründet akzeptierten.[17]

Die Gegensätze und Konflikte wurden in den Wechselfällen des 17. Jahrhunderts, insbesondere während des Dreißigjährigen Glaubens- und Staatenkrieges, immer wieder neu angeheizt. Gleichwohl konnte sich das Modell religiöser Gleichstellung in den paritätischen Städten bis in die ersten Jahre des 19. Jahrhunderts hinein behaupten.

Ob das die Überwindung des alteuropäischen Konfessionalismus und den Weg in die moderne bürgerliche Toleranz förderte oder hemmte, darüber kommen die Feldstudien zu durchaus divergenten Ergebnissen. Zwar ist unbestreitbar, dass das Zusammenleben der Bürger in den paritätischen Städten auf der Wende vom 18. zum 19. Jahrhundert „auch nach zweieinhalb Jahrhunderten Bikonfessionalität ... vom Ideal eines toleranten Neben- und Miteinander beider Konfessionen noch weit entfernt war“. Dennoch könnten – so die eine Bewertung – „bikonfessionell-paritätische Städte als Vorreiter und Bahnbrecher“ von Toleranz gelten. Denn „in einem langen Prozeß“ seien „die Einwohner beider Konfessionen zu einer toleranten Haltung dem Mitbürger, der die eigene Glaubensüberzeugung nicht teilte, gegenüber veranlaßt“ worden.[18] Demgegenüber fördern mikrohistorisch-sozialwissenschaftliche Sonden zur Erfassung der geistigen und strukturellen Tiefenwirkungen der Parität in Augsburg zwischen 1648 und 1806 „die existentielle Wirklichkeit einer Grenze (zutage), die alles andere als ein Überbauphänomen darstellt“.[19] Ungeachtet flexibler Veränderbarkeit über die Generationen hin und unbeschadet der Tatsache, dass ganze Lebensbereiche sich der Konfessionalisierung entzogen und in der Sicherung von Wohlstand und innerstädtischem Frieden eine interkonfessionelle Interessengemeinschaft bestand, blieben die konfessionellen Identitäten bis zum Ende des Alten Reiches stabil, und zwar „über die rein kirchlich-theologische und verfassungsmäßige Dimension hinaus". Sie bildeten eine „echte Lebensform sowohl im öffentlichen als auch im privaten Bereich, die Mentalitäten und Verhalten entscheidend prägte". Das war eine Folge der engen Verbindung zwischen Konfessionszugehörigkeit und den vier „Realitätsebenen" Familie, Raum, Zeit und Geschichte. Die bikonfessionellen Verhältnisse waren unter den Einwohnern der Städte weitgehend akzeptiert. Aber gerade das imprägnierte sie gegen einen grundsätzlichen Wandel von innen heraus. Die moderne Toleranz auf der Grundlage aufgeklärt-humanistischer Religionsneutralität hatte es in den stadtbürgerlichen Gesellschaften der Paritätsstädte besonders schwer, weil sie das System konfessionellen Austarierens zwischen zwei sakral-kirchlichen Lebenswelten sprengte, das über die Jahrhunderte hin das bürgerliche Zusammenleben garantiert hatte und daher unter den Eingesessenen breit akzeptiert war. Ungeachtet dieser Entwicklungsbarriere wird man das geregelte Miteinander entgegengesetzter Weltanschauungssysteme im Rahmen der Parität ein historisches Modell für ein vernünftiges Miteinander im alltäglichen Leben nennen dürfen, dem in der historisch-politischen Kultur Deutschlands und Europas ein gebührender Platz zukommt. Es lässt sich mit dem „Miteinander trotz und in der Trennung"[20] vergleichen, das sich in den 1970er und 1980er Jahren zwischen der Bundesrepublik und der DDR einstellte und das in ähnlicher Weise als Brückenglied zu dem grundlegend neuen System deutscher Einheit nach 1989/1990 gelten kann wie die alteuropäische Parität im Verhältnis zur modernen Bürgergleichheit und Bürgertoleranz des 19. und 20. Jahrhunderts.

2. Die frühneuzeitliche Konfessionsmigration und ihr Beitrag zur Entstehung der modernen Welt[21]

Ausgangslage und Umfang

Die politische und gesellschaftliche Maxime des konfessionellen Zeitalters *religio vinculum societatis*, Religion ist das einheitsstiftende Band der Gesellschaft, ohne das kein geordnetes Zusammenleben möglich sei, und die sakrale Begründung dieses Rechtssatzes, der zufolge Bürgerschaft nicht nur eine politische und sozial-zivile, sondern auch und vor allem eine kirchliche und religiös-sakrale Einheit sei, die, wie schon erwähnt, „eiusdem fidei symbolo", durch dasselbe Glaubenssymbol, also dieselbe Konfession, verbunden sein müsse,[22] führte in Städten und Staaten zu einer Politik der inneren Friedenssicherung durch Vereinheitlichung des Konfessionsstandes. Die Folge war eine gewaltige Vertreibungs- und Migrationswelle, allem voran aus Spanien, Frankreich und Österreich, die zwischen rund 1550 und 1650 mehr als eine Million Menschen auf die Flucht trieb und in Dutzenden von Städten und Territorien Fremden- beziehungsweise Minderheitenkolonien entstehen ließ.

Die Geschichte Europas weist somit eine Vertreibungs- und Fluchterfahrung auf, die mit dem Migrationsgeschehen durchaus vergleichbar ist, dem sich der Kontinent gegenwärtig ausgesetzt sieht. Bestimmend waren damals allerdings nicht wirtschaftliche oder politische, sondern religiöse, konkret konfessionelle Motive, und zwar als Auslöser wie als bestimmende Faktoren bei der Aufnahme der Migranten in den Gastgesellschaften. Es handelte sich um eine „Konfessionsmigration". Im Unterschied zu der globalen Migration der Gegenwart war das ein innereuropäischer Vorgang, sieht man von einzelnen sephardischen Migrationszweigen ab, die sich ins Osmanische Reich nach Vorderasien, Nordafrika, später auch nach Südamerika erstreckten.

Allerdings waren ähnlich wie in den Fluchtbewegungen der Gegenwart auch in der frühneuzeitlichen Konfessionsmigration die Motive gemischt. Neben den prägenden religiösen spielten auch soziale und ökonomische Faktoren eine Rolle. In einzelnen Phasen nahm die Konfessionsmigration die Gestalt von Unternehmensverlagerungen beziehungsweise einer Arbeitermigration an. In den Gastgesellschaften kam es daher häufig zu einem explosiven Gemisch von Fremdenfeindschaft aus religiösen und aus wirtschaftlichen Gründen, basierend auf der Angst der Einheimischen vor ökonomischen und sozialen Beeinträchtigungen durch die in der Regel wirtschaftlich überlegenen Zuwanderer. Die Konfessionsmigration ist somit ein weiteres Beispiel für die enge Verschränkung von kirchlich-religiösen und säkularen, konkret wirtschaftlichen und sozialen Elementen in der Christentumsgeschichte. Entsprechend waren auch die längerfristigen Folgen für die Entstehung des neuzeitlichen Europas sowohl geistig-kultureller als auch materieller Art.

Transkontinentale Migration samt der damit verbundenen Fremdheits- und Minderheitenerfahrung prägten die neuzeitliche Geschichte Europas von Anfang an. Es lässt sich sogar die These vertreten, dass gerade die Existenz von religiösen Minderheiten als Ergebnis transkontinentaler Migrationsbewegungen einen wesentlichen Charakterzug des lateinisch-christlichen Zivilisationstyps ausmachte und dass religiöse Minderheiten entscheidend zu der exzeptionellen Dynamisierung beitrugen, die das neuzeitliche Europa vor anderen Weltzivilisationen charakterisiert. Diese Zusammenhänge ließen sich bereits an der jüdischen und islamischen Migration des frühen und hohen Mittelalters verfolgen. Ihre besondere gesellschaftliche und kulturelle Dynamik entfaltete die Verbindung von Migration und religiöser Differenz aber ausgangs des Mittelalters und in der beginnenden Neuzeit.

Zwar scheint auf den ersten Blick der Grad der religiösen und kulturellen Andersartigkeit und Fremdheit bei der heutigen Einwanderung muslimischer Araber oder Afrikaner weit höher. Bringt man aber die tiefe Fundamentalfeindschaft zwischen den christlichen Konfessionen in Anschlag, die in der postreformatorischen Welt aufgezogen war, dann wird deutlich, dass Ablehnung und Hass gegen die andersgläubigen Fremden damals keineswegs weniger grundsätzlich und unerbittlich waren. Hinzu kommt die Überschaubarkeit der frühneuzeitlichen Gastgesellschaften, die den selten über mehr als 10000 Einwohner verfügenden Städten oder gar in den wenigen betroffenen Dörfern die Zugewanderten besonders sichtbar und kontrollierbar machte.

Die religiös-weltanschauliche Vereinheitlichung der Untertanen, die nötigenfalls mit Zwang und drastischen Strafen bis hin zu Vermögensentzug und Hinrichtung durchgesetzt wurde, war ein zentraler Teil des Konfessionalismus als staatlich-politisches und religiös-kirchliches Formierungsprogramm. Besonders ausgeprägt war die Gewalt im letzten Drittel des 16. Jahrhunderts sowohl während der Militärdiktatur des Herzogs von Alba in den Niederlanden als auch bei den Vertreibungen aus Spanien selbst; ein Jahrhundert später dann bei den Dragonaden Ludwigs XIV. gegen die Hugenotten; schließlich noch in den 1730er Jahren im Erzstift Salzburg, dort allerdings kraft der seit dem Augsburger Religionsfrieden von 1555 in Deutschland gültigen Toleranzgesetze abgeschwächt auf brutale Schnellausweisung und Konfiskation des Vermögens.

Die konfessionelle Formierung ihrer christlichen Umwelt bekamen auch die nichtchristlichen Minderheiten auf der Iberischen Halbinsel, *Juden* und *Muslime*, zu spüren. In gewisser Weise bildete ihre Vertreibung sogar den vorreformatorischen Auftakt des transkontinentalen Migrationsgeschehens aus religiösen beziehungsweise konfessionellen Gründen: Präludiert von dem Pogrom des Jahres 1391, das die erste antisemitische Großkampagne des Erzbischofs von Sevilla Fernando Martinez ausgelöst hatte, löste die christliche Eroberung Granadas 1492 eine Welle der Moslem- und Judenmigration aus. Ein gutes Jahrhundert später hatten die wenigen verbliebenen, zwangsgetauften und daher nur formell christianisierten islamischen Morisken und jüdischen *Conversos* eine zweite Migrationswelle zu erleiden – ausgelöst von dem konfessionalistischen Zwang religiöser und ethnischer Reinheit. Die schon in der spätmittelalterlichen Reconquista vertretene Ideologie der *limpieza de sangre* („Reinheit des christlichen Blutes") erhielt mit dem konfessionalistischen Formierungszwang, der Spanien und das seit 1580 mit diesem vereinigten Portugal durchfuhr, eine neue totalitäre Durchschlagskraft, in der die bereits im Zusammenhang mit der Konstantinischen Wende des frühen 4. Jahrhunderts markierte[23] unheilige Gewalt-Allianz zwischen Christentum und Staat eine neue, neuzeitliche Steigerung erfuhr. Es ging um die Eliminierung der christlichen „Häretiker" wie der zwangsgetauften Juden und Muslime.

Insgesamt rund 270 000 islamische Morisken verließen Europa und siedelten sich im islamischen Nordafrika an.[24] Einen wesentlich weiteren Radius hatte die große transkontinentale Migration sephardischer Juden. Sie richtete sich nicht nur nach Nordafrika und in den Vorderen Orient, sondern auch nach Nordwest- und Südeuropa. Die Sephardenmigration lässt sich somit auch hinsichtlich ihrer Zufluchtsorte innerhalb des lateinisch-christlichen Europa der frühmodernen Konfessionsmigration zurechnen.

Über die drei Jahrhunderte der Frühen Neuzeit hinweg waren von der christlichen Konfessionsmigration insgesamt rund eine Million Menschen betroffen, die nach Amerika ausgewanderten englischen Puritaner mitgerechnet. Beteiligt waren alle Konfessionen und Denominationen. Im ersten Drittel des 16. Jahrhunderts waren es zunächst die Täufer, die abgesehen von den wenigen Monaten ihres Neuen Jerusalems in Münster und einigen ostmitteleuropäischen Regionen allenthalben vertrieben wurden und nur im Untergrund leben konnten. Es folgte eine Welle von Calvinisten beziehungsweise Reformierten aus den Niederlanden einschließlich der heute französischen Teile der Wallonie, die von der religiösen und militärischen Offensive des katholischen Spanien vertrieben wurden. Zu Mitte des Jahrhunderts hatten auch einige Lutheraner ihre mitteldeutschen Heimatterritorien zu verlassen, weil es nach dem Tod des Reformators zu einem tiefen Zerwürfnis zwischen den auf Ausgleich bedachten Schülern Philipp Melanchthons und den entschiedenen, das unverfälschte dogmatische Erbe Martin Luthers verteidigenden Gnesiolutheranern gekommen war.

Selbst manche der vorreformatorischen Waldenser mussten ihre Rückzugsgebiete in den Alpentälern verlassen. Eine kleine, aber theologisch und intellektuell besonders entschiedene Gruppe von italienischen Protestanten, vor allem aus der norditalienischen Stadtrepublik Lucca, migrierte nach Mittel- und Osteuropa, vornehmlich in die zu diesem Zeitpunkt noch freiheitliche Adelsrepublik Polen. Die Socianer unter ihnen, die der antitrinitarischen Bewegung des aus Siena stammenden Faustus Socinus (1539–1604) anhingen, waren geradezu die Inkarnation des Glaubensflüchtlings. Denn wer das Trinitätsdogma ablehnte, wurde in keinem Konfessionsstaat geduldet – eine immer noch nicht zu erschütternde Konsequenz der Entscheidung der spätantiken Kaiser zugunsten des Trinitätsdogmas während des Arianerstreites.[25] Da in Deutschland und Westeuropa die Konfessionsstaaten antitrinitarische Strömungen verfolgten und jeden Ansatz ausmerzten, suchten die frühneuzeitlichen Antitrinitarier in Ostmitteleuropa Zuflucht, in Siebenbürgen, Ungarn und Polen, wo ihnen in einigen der von freidenkenden Herren regierten unabhängigen Adelsherrschaften Schutz geboten wurde.[26]

Seit Mitte des 16. Jahrhunderts waren englische und schottische Protestanten betroffen, die vor der katholischen Reaktion unter Maria Tudor auf den Kontinent nach Genf, Zürich oder Frankfurt am Main auswichen. Ein halbes Jahrhundert später setzte ein kontinuierlicher Strom von Puritanern, die sich dem anglikanischen Konformitätsdruck entziehen wollten, nach Nordamerika ein, alles in allem einige 10 000 Menschen. Im letzten Drittel des 16. und im 17. Jahrhundert hatte auch eine kleine Gruppe von *Katholiken* das Schicksal von Flüchtlingen zu tragen. In den 1570er und 1580er Jahren wurden sie aus den kurzfristig calvinistischen Stadtrepubliken Belgiens, namentlich Gent und Antwerpen, vertrieben, wenig später aus England, Irland und Skandinavien, als dort endgültig der Protestantismus siegte.

Aus Böhmen, Österreich und der Pfalz flohen seit den 1620er Jahren Reformierte, Lutheraner und Böhmische Brüder, als dort die in der Frühphase des Dreißigjährigen Krieges siegreichen Waffen Spaniens und des Kaisers eisern die katholische Konformität durchsetzten. Schließlich folgte im späten 17. Jahrhundert nochmals eine zahlenmäßig bedeutende Welle – die Hugenotten, die Frankreich wegen der erbarmungslos brutalen Rekatholisierung Ludwigs XIV. verließen. Aufgrund ihrer ausgeprägten Gedächtniskultur und Geschichtspolitik ist es in erster Linie diese späte Glaubensmigration der Hugenotten, die bis heute das Bild des protestantischen *refugé* bestimmen – sehr zu Unrecht, wenn man die Konfessionsmigration insgesamt ins Auge fasst und die frühe, in vielem prägende Dominanz der Niederländer, Wallonen und „Holländer", bedenkt!

In den Zufluchtsorten waren die Politik sowie das kirchliche und gesellschaftliche Leben unterschiedlich stark vom Konfessionalismus geprägt – am stärksten in den katholischen und lutherischen Städten und Territorien Deutschlands, weniger stark in Skandinavien oder England, am schwächsten in der notorisch libertären nordniederländischen Republik, die bezeichnenderweise auch am frühesten bereit war, sephardische Migranten aufzunehmen. Konfessionelle Erwägungen spielten auch dort eine Rolle, wo sich die Glaubensflüchtlinge des Schutzes und der Privilegierung durch eine glaubensverwandte Obrigkeit erfreuen konnten – so besonders deutlich bei der Aufnahme der Hugenotten in Brandenburg, die nicht nur der Wirtschaft und dem allgemeinen Landesausbau dienen, sondern den reformierten Glauben der Hohenzollerndynastie stärken und damit gleichzeitig helfen sollte, die Widersetzlichkeit der lutherischen Untertanen zu brechen. Das zeigt besonders deutlich das Schicksal der lutherischen Stadt Magdeburg: Mit dem Westfälischen Frieden unter die Herrschaft des calvinistischen Kurfürsten im benachbarten Brandenburg gekommen, wurde das Ende der unabhängigen Stadtkirche und deren Eingliederung in die obrigkeitlich geführte Landeskirche 1680 mit der vom brandenburgischen Landesherrn erzwungenen Aufnahme pfälzischer und französischer Reformierter besiegelt. Das bedeutete zugleich das Ende des lutherischen Stadtrepublikanismus und die Unterwerfung Magdeburgs unter die Fürstensouveränität.

Christliche und jüdische Diaspora im Vergleich

Aus dem gewaltigen Panorama der frühneuzeitlichen Konfessionsmigration, in dem jede Welle ihr eigenes Sozial- und Religionsprofil besaß und dementsprechend detailliert zu behandeln ist, betrachten wir im Folgenden zwei besonders markante Gruppen exemplarisch – die calvinistisch-reformierten Exulanten aus den Niederlanden und die aus Spanien und Portugal geflohenen Sepharden.

In der frühmodernen konfessionellen Formierungsphase der europäischen Staaten und Gesellschaften teilten Juden und Christen das Schicksal von Vertreibung und Flucht. Das ist in der Geschichte und im historischen Gedächtnis beider Gruppen durchaus präsent – allerdings als getrenntes Geschehen sowohl hinsichtlich der Ursachen wie bei den Folgen. Sieht man in beiden aber zwei Zweige der frühmodernen Konfessionsmigration, lassen sich rasch eine Reihe von Ähnlichkeiten erkennen. Darauf heben die folgenden Betrachtungen ab. Sie fügen sich damit ein in einen jüngeren Trend der Geschichtsdarstellung, der die europäischen Juden nicht mehr separat als isolierte Sondergruppe, sondern integral als Teil der Gesamtgeschichte Europas behandelt – also im vorliegenden Zusammenhang der konfessionellen Formierung des lateinischen Europa infolge der Reformation.

Die reformierten oder calvinistischen Niederländer, französischsprachige aus den Süd-, niederländischsprachige aus den Nordprovinzen, stellten im 16. und frühen 17. Jahrhundert den Löwenanteil der christlichen Migranten, insgesamt zwischen 100 000 und 150 000 Menschen. Bevorzugte Fluchtziele waren das benachbarte Deutschland, die Küstenregion im Norden, das Rheinland bis hinunter nach Frankfurt und in die Pfalz im Süden; die englische Gegenküste mit Fremdensiedlungen in vielen der Klein- und Mittelstädte von Colchester über Norwich hinauf nach Great Yarmouth, vor allem aber in der Metropole London; Skandinavien, vor allem die Bergwerkregionen Schwedens; das Danziger Gebiet bis hinauf ins Baltikum; in bescheidenem Umfang schließlich auch die Schweiz.

Brennpunkte waren die großen Hafen-, Handels- und Gewerbestädte Aachen, Köln, Frankfurt am Main, Hamburg, die ostfriesische Hafenstadt Emden, wo zeitweilig der größte Teil der niederländischen Handelsflotte ankerte, dazu London und Norwich jenseits des Kanals. In jedem dieser Zentren erzeugte die Zuwanderung ein außerordentlich dynamisches Geschehen, religiös-kirchlich wie politisch, sozial und vor allem wirtschaftlich. Nicht selten waren es die flämischen, wallonischen oder holländischen Kaufleute, Bankiers und Unternehmer mit ihrer hoch qualifizierten Arbeiterschaft, die den Grundstein für den Aufstieg dieser Städte, teilweise auch ihres Umlandes, zu frühmodernen Wirtschaftszentren legten, so namentlich in Frankfurt am Main und Hamburg, oder deren Wirtschaft stärkten und wichtige Impulse zur Stärkung und Modernisierung ihrer Wirtschaft gaben, so bei der Gründung der Bank of England in London. Durch die Wirtschaftstätigkeit der sephardischen Fremdengemeinden ergaben sich vergleichbare Impulse nur in Hamburg. Denn im Zuge zunehmender Fremdenfeindlichkeit als Reaktion auf den Zuzug calvinistischer Flüchtlinge wurde im frühen 17. Jahrhundert die (aschkenasische) Judengemeinde aus Frankfurt vertrieben, und in England waren schon seit Ende des Mittelalters generell keine Juden zugelassen.

Für die Sephardenmigration aus Spanien und Portugal lassen sich kaum zuverlässige Zahlen gewinnen, zumal sie durch eine Sekundärwanderung aus und über Frankreich gekennzeichnet war. Ein einigermaßen verlässlicher Weg ist die statistische Hochrechnung der aus einzelnen Ansiedlungsorten überlieferten Zahlen. Danach ist die früher in der Regel angesetzte Zahl von insgesamt 300 000 Flüchtlingen wohl zu hoch angesetzt und auf rund 200 000 zu korrigieren – 80 000 bis 110 00 aus der Krone Kastilien, gut 10 000 aus Aragonien, 70 000 aus Portugal.[27] Wanderungsziele waren zunächst Handelsorte in Nordafrika, in der Levante und in Italien, darunter bemerkenswerterweise auch Rom und der Kirchenstaat.[28] Ein quantitativ wie qualitativ, nach Vermögen und Bildung, beachtlicher Teil der Sepharden begab sich ins Osmanische Reich beziehungsweise zog nach einer Zwischenstation in Italien dorthin weiter. Nicht zu Unrecht erwartete man dort einen ähnlich toleranten Islam, wie man ihn unter den arabischen Herrschaften im mittelalterlichen Spanien erfahren und in Erinnerung hatte. Die größte Sephardensiedlung Europas entstand in der türkisch-griechischen Hafen- und Handelsstadt (Thes)Saloniki. Eine Gruppe Sepharden ließ sich auch in Istanbul nieder, wo jüdische Gemeinden bereits zum Alltag gehörten.

Die bedeutenden Sephardengemeinden in den Hafen- und Handelsstädten Nordwesteuropas entstanden durch die zweite Migrationswelle.[29] In Amsterdam stieg die Zahl der Sephardengemeinden von einem guten Dutzend Familien ausgangs des 16. Jahrhunderts auf eine Mitgliederzahl von 500 bis 700 im Jahr 1612 und 1000 bis 1500 im Jahr 1620, schließlich auf rund 2000 bis 2500 zu Ende des 17. Jahrhunderts. In Hamburg und dem benachbarten Altona, eine Landstadt der Grafschaft Schauenburg-Pinneberg, wuchs die Sephardenansiedlung von rund 100 Personen zu Anfang des 17. Jahrhunderts auf 500 zu dessen Mitte und rund 1000 zu dessen Ende. Zur Synagogengemeinde selbst zählten allerdings nie mehr als 600 bis 650 Mitglieder. In London kam es, abgesehen von einzelnen Familien, die wegen des seit dem Mittelalter geltenden Judenverbots öffentlich als Christen leben mussten, zu einer größeren Sephardenansiedlung erst, als der Puritaner Oliver Cromwell zu Mitte des 17. Jahrhunderts in England das Regiment übernahm. Ende des Jahrhunderts lebten in der Londoner Gemeinde etwa ebenso viele sephardische Juden wie in Hamburg, nämlich 550 bis 600.

Die Sepharden in der südniederländisch-belgischen Hafenstadt Antwerpen bleiben im Folgenden außer Betracht, da sie den spanischen Herrschaftsbereich nicht verließen. Als religiöse Minderheit in einer katholischen Stadt hatten sie gleichwohl in vielem ein ähnliches Schicksal wie die Sephardengemeinden andernorts in Europa. Vor allem waren sie wie jene vom Wohlwollen des Stadtrates abhängig, der als lokale Obrigkeit immer aufs Neue die religiösen und wirtschaftlichen Minderheitenrechte der Juden rechtfertigen musste, nach innen gegenüber Bürgerschaft und katholischer Geistlichkeit und nach außen gegenüber der spanischen Herrschaft.

Sozialprofil und geographische Verteilung: Calvinisten und Juden haben Vertreibung und Flucht je unterschiedlich erlebt. Auch bei Vorbereitung und Durchführung der Flucht oder bei der Organisation der Ansiedlungen und der religiösen Gemeinden sind sie eigene Wege gegangen. Unverkennbar sind aber auch die Gemeinsamkeiten. Darauf wird im Folgenden der Blick gerichtet.

Jüdische wie calvinistische Migranten stammten aus ökonomisch und kulturell fortschrittlichen Ländern. Sie sorgten daher in vielen ihrer Gaststädte oder Gastländer für einen gewaltigen Innovationsschub. Im Falle der *Calvinisten* wird ein solcher ökonomischer und kulturell-wissenschaftlicher Aufschwung besonders mit den späteren Hugenotten in Verbindung gebracht. Doch bereits die frühe Welle niederländischer und wallonischer Exulanten – nicht selten fälschlicherweise als Franzosen verrechnet – brachte einen tiefgreifenden sozio-ökonomischen und kulturellen Wandel auf den Weg: In ihren deutschen, englischen oder skandinavischen Gastgesellschaften sorgten sie für die Ansiedlung neuer Gewerbezweige und die Einführung neuer Techniken beim Seidenfärben oder beim Bleichen, im Handel, bei der Geldschöpfung, im Versicherungswesen sowie bei den Betriebsverfassungsformen. Insbesondere die Textilproduktion – Mischgewebe, *Nouvelle Draperie* – und die Manufaktur von Luxusgütern – so Zuckersieden, Edelsteinschleifen, Tapisserie, Kunstgewerbe und Malerei, namentlich im pfälzischen Frankenthal – erfuhren einen raschen Aufschwung.

Von all dem profitierten Städte wie London, Norwich, Frankfurt, Köln und Hamburg, die zu Wirtschaftszentren des 17. Jahrhunderts aufblühten. Die von den Calvinisten mit Nachdruck verfolgte Durchsetzung des Verlagswesens, der Akkord- und Lohnarbeit oder ähnlicher neuer Betriebsformen ließ aber auch in kleinen Landstädten, teilweise auch auf dem platten Land, modernere Formen des Wirtschaftens und ein aus den traditionellen „feudalen" Strukturen ausbrechendes frühmodernes Wirtschaftsbürgertum entstehen. So in der Eifel in Stolberg und Monschau und am Niederrhein in Krefeld.

Das wohl imposanteste Beispiel umstürzender Entwicklungshilfe durch die calvinistische Migration bieten jedoch Schweden und der dortige Aufbau eines frühmodernen Montan- und Metallverarbeitungsgewerbes durch die wallonischen Unternehmer Louis de Geer und die Brüder Trippen zusammen mit einer calvinistischen Arbeiterschaft, die teilweise über eine Sekundärmigration aus dem Aachener Raum nach Skandinavien kam. Umstürzend war diese Entwicklung vor allem auch in politischer Hinsicht, weil erst sie die ökonomischen und fiskalischen Grundlagen für die kurz nach Beginn der niederländischen Einwanderung einsetzende schwedische Großmachtpolitik legte.

Da die wirtschaftliche Oberschicht der *Sepharden* zunächst kaum im Gewerbe, sondern überwiegend im Fernhandel tätig war, ergaben sich kaum vergleichbare Konsequenzen für die Organisation und Verfassung der Stadtwirtschaft. Gleichwohl haben die „Portugiesen" entscheidend zum Aufschwung Amsterdams und Hamburgs, später auch Londons beigetragen, indem sie diese nordwesteuropäischen Städte in einem Moment, als sie noch weitgehend von ihren mittelalterlichen Handelsverbindungen – im Falle Hamburgs der Hanse – lebten, an das Verkehrs- und Handelsnetz Südwesteuropas und des Überseehandels anschlossen – an den Spanien- und Portugalhandel, an den Kolonialwarenimport, vor allem brasilianischen Zuckers und asiatischer Gewürze, an Handel mit Diamanten und anderen Luxusgütern.[30] Auf dem Gewerbesektor waren sephardische Juden als Unternehmer von Zuckerraffinerien, in der Diamantenschleiferei und der Tabakverarbeitung tätig. Das waren Manufakturbetriebe außerhalb der traditionellen städtischen Zunftverfassung, die in Hamburg allerdings wenig reüssierten. Umso größer waren die Erfolge der sephardischen Finanziers, die in Hamburg entscheidend dazu beitrugen, dass die Stadt während des Dreißigjährigen Krieges zur finanziellen Schaltstelle im Nordwesten des Reiches und hinauf nach Skandinavien aufstieg. Namentlich Diego Teixeira und sein Sohn Manuel fungierten als Finanziers der skandinavischen Kronen, zeitweilig auch als persönliche Berater Königin Christinas von Schweden.[31]

Die technischen und betriebsverfassungsmäßigen Innovationen der niederländisch-calvinistischen Migranten, aber auch die neuen, den frühmodernen Welthandel in die Gaststädte lenkenden Unternehmungen der Sepharden veränderten vor allem in Hamburg und London das traditionelle Wirtschafts- und Sozialgefüge der Gastgesellschaft tiefgreifend und riefen daher bei den Einheimischen Ängste und Fremdenfeindschaft hervor. Innerchristlich kamen die religiös-rituellen Gegensätze hinzu. Vor allem der calvinistische Abendmahlsritus musste in den Augen der einheimischen Lutheraner beziehungsweise Anglikaner nüchtern rational, fast säkular erscheinen. Die einheimische Geistlichkeit wies unermüdlich auf diese Unterschiede hin – die Gemeinde in der sonntäglichen Predigt, den Magistrat in einer Flut von Eingaben und Protestschreiben. Grundlage ihrer Polemik gegen die andersgläubigen Fremden war das konfessionalistische Prinzip der Glaubenseinheit des Bürgerverbandes – *religio vinculum societatis* –, das für den inneren Frieden und die Blüte der Stadt unerlässlich sei und durch die Duldung der Juden wie der Calvinisten eklatant verletzt werde. In einer unheiligen Allianz zwischen lutherischen oder anglikanischen Geistlichen einerseits und einheimischen Handwerkern, teilweise auch Unternehmern andererseits kam es in englischen wie deutschen Städten immer wieder zu Bürgerunruhen und Aufständen gegen die Fremden.

Dagegen verfolgten die Stadtmagistrate aus ökonomischen Gründen in der Regel eine liberalere Fremden- und Religionspolitik. Auf Druck der Geistlichkeit und der Bürgerschaft, vor allem der Zünfte, mussten sie aber periodenweise den Gottesdienst der Fremdenkirche untersagen oder die Fremden gar der Stadt verweisen – im katholischen Köln und Aachen ebenso wie im lutherischen Frankfurt und Hamburg. Die Migranten wichen in solchen Zeiten in Städte oder Städtchen im benachbarten Territorium aus – die Kölner und Aachener nach Deutz im Herzogtum Berg beziehungsweise in benachbarte Kleinstterritorien, vor allem nach Stolberg; die Frankfurter in die Grafschaft Hanau-Münzenberg nach Bockenheim und in die Neustadt Hanau; die Hamburger, die Calvinisten ebenso wie die Juden, nach Stade auf dem weltlichen Herrschaftsgebiet des Erzbistums Bremen und nach Altona in die Grafschaft Schauenburg-Pinneberg. Wegen des ökonomischen Schadens, der regelmäßig mit der Verlagerung der Wirtschaftsaktivitäten der Religionsmigranten eintrat, wurden die religiösen und sozialen Sanktionen in der Regel aber bald wieder aufgehoben. Das gilt selbst für die in Glaubensfragen besonders strikte katholische Großstadt Köln.

Ohne die prinzipiellen Unterschiede zwischen christlicher und jüdischer Minderheit zu verkennen, lässt sich doch für beide ein auf Generationen hin unveränderbarer Sonderstatus ausmachen – am deutlichsten natürlich bei den Juden, aber auch bei den Calvinisten, die in vielen Gaststädten über Generationen hinweg wo nicht Fremdkörper, so doch eine sozial wie kulturell segregierte Sondergruppe blieben. Neben ihrer abweichenden Religion war das ihrem ökonomischen Erfolg und einem neuzeitlichen „Sozialprestige" geschuldet, das auf Vermögen und ökonomischem Erfolg basierte und nicht – wie der Sozialstatus der Einheimischen – auf Geburt oder Berufsstand. Diese Vermögensüberlegenheit stellte man in ostentativer Repräsentation zur Schau. Für Frankfurt ist das noch für die zweite Hälfte des 18. Jahrhunderts dokumentiert: „Die sogenannten Reformierten", notiert der lutherische Bürgersohn Johann Wolfgang Goethe im sechsten Buch von „Dichtung und Wahrheit", „machen [in Frankfurt] wie auch an anderen Orten die Refugiés eine ausgezeichnete Klasse". Und während, fügt er ironisch hinzu, die einheimischen Lutheraner das Recht hätten, sonntags bei Wind und Wetter zu Fuß in die städtischen Pfarrkirchen zu gehen, leisteten sich die zugewanderten Reformierten, denen öffentliche Gottesdienste in der Stadt versagt waren, demonstrativ und zum Ärger der Altfrankfurter den Luxus, mit der Kutsche ins nicht weit vor den Toren gelegene Bockenheim zur Kirche zu fahren. Die ebenfalls außerhalb der Stadt gelegenen Grabplätze schmückten die Calvinisten mit pompösen Epitaphen und Statuen. Ihre Häuser, Villen und Gärten statteten sie mit erlesenen Kunstwerken aus, teils aus der Kunst- und Luxusproduktion der nahen pfälzischen Exulantenstadt Frankenthal.[32]

Ganz ähnlich stellen sich die Sephardensiedlungen dar. In Amsterdam zeugt bis heute die portugiesische Synagoge vom Reichtum der Gemeinde und ihrer Überlegenheitsrepräsentation, und zwar auch

Der reformierte Glaubensflüchtling Johann von Bodeck (1555–1631) als reicher Unternehmer, dessen demonstrativ zur Schau gestellter Wohlstand Neid unter der lutherischen Gastgesellschaft in der Reichsstadt Frankfurt hervorrief. Das Ergebnis war ein Aktionsbündnis zwischen einheimischen Handwerkern und lutherischer Pfarrerschaft zur Vertreibung der Flüchtlingskolonie – der Frühkapitalisten ebenso wie ihrer armen Lohnarbeiter. Porträt von Franz Kessler (1625).

und gerade gegenüber den mittel- und osteuropäischen Aschkenasim, deren bescheidene Synagoge keinen Steinwurf weit entfernt lag (und heute das Jüdische Historische Museum Amsterdams beherbergt). Die Hamburger Sephardengemeinde besaß zwar eine breite Mittel- und Unterschicht. Umso auffallender und von den Einheimischen nur zu gerne als Vermögensdarstellung *der* Juden bewertet war die Statusrepräsentation der extrem reichen Oberschicht, allen voran der Familie Teixeira (Diego und Sohn Manuel), die ganz wie die von Goethe beschriebenen reformierten Unternehmer Frankfurts in Prachtkutschen mit livrierter Dienerschaft durch die Stadt fuhr und in ihrer Residenz am Jungfernstieg die Kostbarkeiten der Welt sammelte. Dort beherbergte sie mehrmals – 1661 sogar für ein rundes Jahr – Königin Christina von Schweden und demonstrierte damit die Überlegenheit ihrer Villa wie ihrer Gastfreundschaft über die Möglichkeiten des Gästehauses des Magistrats.[33]

Organisation und religiöses Leben: Das konfessionskulturelle Profil des frühneuzeitlichen Calvinismus wurde entscheidend von der Existenz als Flüchtlings- und im Rechtsstatus labile Minderheitengemeinden bestimmt. Das gilt als Erstes für Verfassung und Organisation, aber auch für die Frömmigkeit und die Spiritualität, ja selbst für die Theologie im engeren Sinne. Die Erfahrung von Verbannung und Flucht sowie die spezifischen Bedingungen von Fremdenkirchen prägten bereits das Kirchenverständnis und die Ordnungslehre der reformierten „Kirchenväter" Johannes Calvin und Johannes a Lasco. Bei Calvin waren es vor allem die frühen Erfahrungen als Pastor der französischen Fremdengemeinde Straßburgs. Für Johannes a Lasco, den polnischen Edelmann, waren die Leitungsfunktionen in der niederländischen Flüchtlingskirche prägend – zunächst als Superintendent in Ostfriesland (ab 1542/43), später als Vorsteher der Londoner Fremdengemeinde. Diese Erfahrung war der realhistorische Wurzelgrund der presbyterial-synodalen Kirchenverfassung, der Calvinisten und Reformierten, wie sie a Lasco für die Londoner Flüchtlingsgemeinde und Calvin für Genf entwarf.

Die in Calvins *Ordonnances ecclésiastiques* von 1541 und den verschiedenen Ausgaben der *Institutio* zwischen 1536 und 1559 systematisch entwickelte Ämter- und Ordnungslehre war wie keine andere geeignet, Flüchtlingskirchen unter fremder oder gar feindlicher Obrigkeit Schutz und Funktionsfähigkeit zu garantieren: Nicht Landes- oder Nationalkirchen wie bei den Lutheranern, Katholiken und Anglikanern machten den institutionellen und geistigen Kern des Calvinismus aus, sondern ein Netz von Flüchtlings-, Untergrund-, Minderheiten- oder Sonderkirchen, das seit Mitte des 16. Jahrhunderts den

Kontinent überspannte: von den Hugenottengemeinden im katholischen Frankreich, den vor der spanisch-katholischen Reaktion in den Südprovinzen geflohenen wallonischen Flüchtlingsgemeinden in den nordniederländischen Städten und den niederländischen, deutschen und italienischen Fremdenkirchen in London, Norwich und vielen englischen Provinzstädten im Westen; über Deutschland in der Mitte, wo sich bereits seit den 1540er Jahren in Köln, Aachen, Wesel, Frankfurt und zahlreichen Kleinstädten des Niederrheins und der Pfalz sowie in Emden und Bremen wallonische und nordniederländische Reformierte niederließen; über Schweden im Norden und Danzig, Thorn und Elbing mit weiteren reformierten Minderheitengemeinden in kleineren polnischen und baltischen Orten im Osten; bis hin zu den politisch, militärisch und religiös gleichermaßen unsicheren südöstlichen Randzonen des lateinischen Europa im Grenzgebiet zum islamischen Reich der Osmanen, in dem Ungarn und Transsylvanien zahlreichen Calvinistengemeinden zeitweilig Aufnahme bot.

Mit der puritanischen Auswanderung aus England und der Kolonialexpansion vor allem der Niederländer griff dieses Netz calvinistischer Gemeinden im 17. Jahrhundert schließlich auch nach Nordamerika und Asien über. Auf dieser Grundlage entwickelte sich in der Theologie und der Kirchlichkeit, aber auch in der Mentalität, der Kultur und dem Sozialverhalten der Calvinisten nachgerade zwangsläufig ein ausgeprägter Internationalismus, der auch heute noch vielfältig spürbar ist. Kirche war prinzipiell autonom, das heißt von der Obrigkeit unabhängig, auch wenn sie, wo möglich, deren Schutz forderte.

Jede Einzelgemeinde war Kirche im vollen Sinne und konnte theologisch wie kirchenpolitisch legitim und umfassend handeln. Sie regierte und verwaltete sich durch unabhängige Selbstverwaltungsgremien, die von den vier evangelischen Ämtern getragen wurden. *Prediger und Älteste* bildeten das Presbyterium bzw. den Kirchenrat, das Regierungsgremium der Gemeinde. *Diakone*, in einigen Gemeinden zeitweilig auch *Diakonissen*, waren für die Armen- und Altenfürsorge verantwortlich, die *Lehrer* für die religiöse und allgemeine Bildung der Jugend. Der Zusammenhalt der autonomen Ortsgemeinden und der Austausch zwischen ihnen erfolgte anfangs durch eine intensive transkontinentale Reisetätigkeit führender Prädikanten und Presbyter, Letztere meist im Zusammenhang mit Geschäftsreisen. Seit den 1560er Jahren entwickelte sich ein förmliches Synodalsystem, das die Fremdenkirchen zu Regional- und Nationalsynoden sowie einer internationalen Generalsynode zusammenfassen sollte. Richtungsweisend wurden die Synoden der niederländischen Flüchtlingskirchen des Jahres 1571 im rheinischen Bedburg und insbesondere im ostfriesischen Emden, von denen längerfristig auch Impulse für einheimische reformierte Kirchen außerhalb des Flüchtlingsnetzes ausgingen. Als auf Dauer funktionsfähig erwies sich das Synodalsystem jedoch nur auf territorialer oder regionaler Ebene, während wegen starker Widerstände vonseiten der Obrigkeiten „Nationalsynoden" nur ausnahmsweise und eine internationale Generalsynode nur einmal stattfinden konnte, nämlich 1618/19 im holländischen Dordrecht.

Die Tendenz zu Partizipation und Demokratie, die calvinistischen Gesellschaften zugeschrieben wird, wurzelt weniger in einer spezifischen Theologie oder Politiktheorie. Vielmehr waren es die in der Bedrängnis von Flucht und Verfolgung gemachten Erfahrungen, die ein frühes System von gemeindlicher Selbstverwaltung, Partizipation und übergemeindlicher Abstimmung und Zusammenarbeit hervorbrachten, das dann zum Vorbild für die Organisation der weltlichen Gemeinwesen dienen konnte. Das hat der damalige Bundespräsident Gustav Heinemann 1971 in seiner Festansprache „Synode und Parlament" zum 500. Jahresgedenken der Emder Synode von 1571 eindringlich in Erinnerung gerufen.

Unter dem konfessionalistischen *cuius-regio-eius-religio*-Prinzip und der *religio-vinculum-societatis*-Maxime hatten die Sephardim ihr religiöses Leben und ihren Gottesdienst ganz ähnlich wie die Calvinisten zu organisieren.[34] Im lutherischen Hamburg war der Kontrakt, den der Magistrat 1612 mit den zugewanderten Sepharden abschloss, rein ökonomisch ausgerichtet. Ein Recht auf jüdischen Gottesdienst gewährte er nicht, auch nicht in Privathäusern, wie es den Residenten katholischer Mächte, allen voran des Kaisers, zustand. Die Juden waren auf klandestine Gottesdienste angewiesen, deren Duldung oder Verfolgung je nach den politischen Machtverhältnissen innerhalb der Gastgesellschaft schwankte – ganz ähnlich wie im Falle der calvinistischen „Kirchen unter dem Kreuz" unter katholischer oder lutherischer Obrigkeit. Seit Mitte des 17. Jahrhunderts unternahm die Gemeindeleitung wiederholt Versuche, die Betstuben in jüdischen Privathäusern zu einer öffentlichen Synagoge zusammenzuführen, scheiterte damit aber stets am Widerstand des Geistlichen Ministeriums der lutherischen Stadtkirche. In *Amsterdam* und *London* wurden von Anfang an Privatgottesdienste formell bzw. informell geduldet, eine öffentliche Synagoge gestatteten die Stadträte aber nicht. Die Amsterdamer Judenverordnungen von 1612 und 1616 verboten öffentliche Gottesdienste sogar ausdrücklich. Wie beim christlichen Dissens, konkret den in der Niederländischen Republik offiziell nicht zugelassenen Katholiken, denen *schuil-kerken,* allseits bekannte „Geheimkirchen" zugestanden waren, duldete der Amsterdamer Magistrat aber auch *schuil-synagogen*, also verborgene/klandestine Synagogen. So seit 1612 an der Houtgracht, später auch an anderen Orten. 1629 wurde die *schuil-synagoge* an der Houtgracht zur Gesamtsynagoge aller Amsterdamer Sepharden, zu einem als solches auch erkennbaren Gottesdienstgebäude ausgebaut. 1671 bis 1675 war es der Sephardengemeinde dann möglich, die heute noch vorhandene Prachtsynagoge für über hundert Gottesdienstteilnehmer zu bauen.

Religiöses Leben im Geheimen war den Sepharden als *Conversos* auf der Iberischen Halbinsel vertraut. In ihren außeriberischen Zufluchtsstätten organisierten sie nun aber ein geheimes Gemeindeleben, und zwar mit Institutionen und Modalitäten ganz ähnlich wie die Calvinisten: An der Spitze der Gemeinde und zugleich der Fremdenkolonie – auch das der Situation bei den Calvinisten ähnlich – stand ein Gemeinderat, der *Maamad*,[35] mit weitreichenden Befugnissen, wie dem Protokollbuch der Hamburger Sephardengemeinde zu entnehmen ist: „Dieser Vorstand der sieben Gewählten und die, welche ihnen im Amte folgen, sollen volle Befugnis und absolute Gewalt zur Leitung dieser Nation (nação) haben, sowohl für Angelegenheiten mit dem Senat wie auch bezüglich der Ausgabe aus der allgemeinen Kasse, zur Ausstellung und zur Absetzung von Amtsträgern, nebst allen übrigen dieselben angehenden Dinge."[36]

In der sozialen Zusammensetzung der Leitungsgremien zeigen Calvinisten wie Sepharden eine auffällige Diskrepanz zwischen Norm und Realität: Wie die calvinistischen Presbyterien ungeachtet aller gemeindepartizipatorischen Normen sich weitgehend aus den vermögenden Honoratioren der Fremdenkolonien rekrutierten, so wich die Realität des Wahlvorgangs auch bei den Sephardengemeinden immer wieder von der Norm ab. In Hamburg zum Beispiel sollte der Maamad von allen Vorstehern der großen Familien gewählt werden, der Maamad neigte aber wiederholt zur Selbstergänzung und damit ähnlich wie zahlreiche Presbyterien zur realpolitischen Abschaffung der Gemeindepartizipation, die man gleichwohl theoretisch und theologisch zur Grundlage der eigenen Legitimität machte. So blieb es jahrzehntelang ungeklärt, ob das Gemeinderegiment oligarchisch oder demokratisch begründet war. Für den Maamad ebenso wie für das Presbyterium galt im Prinzip die Pflicht, das Amt ohne Einwände anzunehmen. Dennoch kam es immer wieder zu Verweigerungen oder Rücktritten, die das Plenum jeweils mit kirchlichen Buß- und empfindlich hohen Geldstrafen ahndete – in London zum Beispiel mit zehn Pfund Sterling und einem mehrjährigen Ausschluss von hervorgehobenen zeremoniellen Diensten.

Ein formelles System übergemeindlicher Versammlungen nach Art des calvinistischen Synodalsystems gab es bei den Juden zwar nicht. Es existierte aber ein informelles Netzwerk, das die sephardische Diaspora nicht nur zum Austausch bzw. zur Abstimmung theologisch-dogmatischer Positionen befähigte, sondern auch zur institutionellen Vereinheitlichung, etwa bei der Zusammensetzung und Funktionsweise des Maamad. Eine Schlüsselrolle scheint dabei die portugiesisch-spanische Gemeinde in Venedig eingenommen zu haben,[37] wie die Lagunenstadt überhaupt einen Zentralknoten im Kommunikationsnetz der Sephardendiaspora bildete.

Lehraufsicht und Sittenzucht: Das Regiment von Maamad und Presbyterium bezog sich in erster Linie auf den Gottesdienst und die Gemeindeverwaltung, daneben auf die *res mixtae*, die im weltlich-religiösen Überschneidungsfeld liegenden Dinge – Ehe und Familie, Schwangerschaften und Geburten, Taufe/Beschneidung, Schule und Erziehung, Sozial-, Kranken- und Altenfürsorge, Begräbnis und Begräbnisstätten. Darüber hinaus war man bestrebt, die Außenbeziehungen zu den Stadträten und der Bürgerschaft zu monopolisieren, um Konflikten und Friktionen zwischen Einheimischen und Fremden vorzubeugen.

Die Calvinisten besaßen die Diakonie als Instrument der Sozial- und Altersfürsorge. Sie war primär für die Bedürftigen der Ortsgemeinde zuständig. In besonders bewegten Zeiten der Flucht agierte sie aber durchweg überregional und international. Die Diakonie der Flüchtlingsgemeinden spielte daher häufig schon bei der Logistik der Flucht eine entscheidende Rolle, für die Orientierung über mögliche Zufluchtsorte, die Versorgung auf der Wanderung, bei der Unterbringung und der beruflichen Etablierung am Zufluchtsort. Liefen Gewerbe oder Handel reibungslos, gehörte es zu der – nötigenfalls von der Gemeindeleitung eingeklagten – Christenpflicht, selbst ein Gemeindeamt zu übernehmen, so dass die meisten der Ältesten und Diakone auf eigene Erfahrung mit Flucht und Ansiedlung zurückgreifen und entsprechend kompetent raten und helfen konnten.

Im Falle der sephardischen Migranten waren solche Hilfen umso wichtiger, als die Flucht aus Spanien oder Portugal heimlich und unauffällig erfolgen musste. In der Regel brach man einzeln oder in kleinen Gruppen auf, nur selten als ganze Familie. Jenseits der Pyrenäen begab man sich zur nächstgelegenen Judengemeinde, meist nach Bordeaux, wo man sich über die Logistik der weiteren Fluchtwege und die Situation in den großen Zufluchtsorten in Nordwest- oder Südosteuropa informierte.

Ernster noch als die soziale Betreuung nahmen Presbyterien und Maamad die Beaufsichtigung der Glaubens- und Sittenreinheit der Gemeinden. Sie legten somit im Innern ebendiese konfessionalistischen Normen/Werte der dogmatischen Einheit und sittlich-moralischen „Reinheit“ an, wie es in ihren Heimatländern die dort herrschende Konfessionskirche und der Konfessionsstaat taten und gegen die dissidierende Minderheit richteten.

Die calvinistische Kirchenzucht findet in der Christentums- wie in der Allgemeingeschichte hinreichend Beachtung und wird uns im nächsten Kapitel noch genauer beschäftigen. Die Zuchttätigkeit der jüdischen Gemeinden wurde bislang kaum in die Diskussion um die frühmoderne Sozialdisziplinierung einbezogen. Quantifizierende Langzeitanalysen fehlen weitgehend, obgleich es nicht an Quellen fehlt. Der folgende Vergleich beschränkt sich daher auf Einzelbeobachtungen. Er geht von der Hypothese aus, dass gerade in diesen Ordnungs- und Zuchtfragen die frühneuzeitliche Geschichte von Juden und Christen als Teil eines übergreifenden, gemeinsamen Entwicklungsprozesses zu begreifen ist.

Bereits Ursprung und Grundlage der Zuchttätigkeit sind vergleichbar. Bei den Calvinisten ging es, wie namentlich für Emden gezeigt, im Kern um die Reinheit der Abendmahlsgemeinde, deren Verletzung durch Sünder der Gemeinde, und damit auch der Stadt als Heilsgemeinschaft, Verderben bringen würde.[38] Ob bzw. wieweit die Kategorie „dogmatische und moralische Reinheit“ für die Judengemeinden eine Rolle spielte, ließe sich nur theologiegeschichtlich klären. Deutlich ist aber, dass der Maamad eine ebenso entschiedene Ordnungspolitik und Zucht betrieb wie die Presbyterien und dass sich dies in gleicher Weise aus der Flüchtlings- und Minderheitensituation speiste. So ging der Maamad entschieden gegen Gemeindemitglieder vor, die sein Monopol bei „Angelegenheiten mit dem Senat“ oder seine Schiedsfunktion bei innergemeindlichen Streitigkeiten nicht achteten. Gemeindemitglieder, die ihre Konflikte vor die öffentlichen Gerichte der Gastgesellschaft brachten, hatten in den jüdischen nicht anders als in den calvinistischen Minderheitengemeinden mit Bann und Ausschluss zu rechnen.[39]

Wie die Presbyterien der calvinistischen Mindergemeinden, so wirkte auch der Maamad generell für ein friedvolles, reibungsloses Zusammenleben der Gemeinde, und zwar nicht zuletzt wiederum, um den kirchlichen oder weltlichen Führern der Gastgesellschaft keine Angriffsfläche zu bieten. Das gilt für wirtschaftliche Auseinandersetzungen ebenso wie für Erbstreitigkeiten oder Streit in den Familien zwischen Ehepartnern oder Eltern und Kindern.[40] Der Zuchttätigkeit in Eheangelegenheiten, die die Calvinisten teilweise in Konkurrenz zum „staatlichen" Eherecht ausübten, entsprach der Anspruch des Maamad, dass Ehescheidungen innerhalb seiner Gemeinde nur nach seiner formellen Genehmigung durchgeführt werden dürften. In ähnlicher Weise diente auch die Lehrzucht dem inneren Frieden und der Ausschaltung von äußeren Angriffsflächen – so die vom Maamad besonders ernsthaft durchgeführte Zensur dogmatisch oder sittlich anstößiger Bücher, die er nötigenfalls verbrennen ließ, oder auch der berühmte Prozess der Amsterdamer Sephardengemeinde gegen den Philosophen Baruch de Spinoza, vergleichbar dem Ausschluss Adrian von Haemstedes wegen heterodoxer Lehren durch den Emdener Kirchenrat ein Jahrhundert zuvor.

Die Parallelität bei den Ordnungs- und Zuchtmaßnahmen ist offensichtlich. Kontrolle und Zwang konzentrierten sich bei Juden wie Calvinisten auf zwei Kernbereiche – auf die soziale Integration und den inneren Frieden zwischen Nachbarn und Geschäftsleuten, in der Familie zwischen Mann und Frau, Eltern und Kindern, Hausherrschaft und Dienerschaft, vor allem aber auf die Sicherung der reinen Lehre und des rechten Gottesdienstes einschließlich der dazu notwendigen Erziehung, insbesondere auf den Schulunterricht. Gab es, so ist zu fragen, zwischen den christlichen und jüdischen Fremdengemeinden einen kulturellen Transfer oder eine soziokulturelle Osmose? Hatte der Prozess frühneuzeitlicher Sozialdisziplinierung und Sozialkontrolle, den die Historiker meist aus der christlich-antiken Tradition herleiten und weitgehend auf das christliche Milieu beschränkt sehen, auch die jüdische Minorität erfasst? Einzelne Beobachtungen zur Sephardenminorität in Amsterdam deuten darauf hin, dass durch Vorbild oder Anpassung an die christlich-calvinistische Dominanz eine Osmose erfolgt ist. Das zeigt insbesondere die Ehe- und Sexualzucht, die sowohl in der Begründung (Reinheit der Gemeinde) als auch in der historischen Entwicklung, etwa der seit Mitte des 17. Jahrhunderts in der jüdischen wie in der calvinistischen Gemeinde rasch zunehmenden Stigmatisierung unehelicher Mütter, weitgehende Parallelen zum Vorgehen calvinistischer Kirchenleitungen zeigt.[41]

Dialektik von Traditionalismus und Innovation

Nach dem vergleichenden Blick auf die calvinistischen und die sephardischen Minderheiten lässt sich die Bedeutung der frühneuzeitlichen Konfessionsmigration für die Entstehung des modernen Europa in einer sozioökonomischen und einer soziokulturellen These zusammenfassen: Die christlichen wie die jüdischen Minderheiten waren unzweifelhaft Teil der *vormodernen* Gesellschaft, ihre Institutionen und Funktionen ebenso wie ihre Mentalität, insbesondere ihre Zentrierung auf das Religiöse und die religiös abgeleiteten Denk- und Verhaltensnormen. Die Minderheitengemeinden waren bestimmt von dem traditionalen Ideal nahezu totaler interner Integration unter dem Gebot der „Reinheit" des Denkens und Handelns, ihrer Hochwertung von Familie, Ehe, guter Nachbarschaft etc. Doch es war keine Mentalität „based in an universalist, rationalist ideology, which legitimised the neutralisation of religious differences". Es gilt zu beachten, „how far traditionalism and modernism are from being uni-dimensional, and it demonstrates how simplistic it would be to see the distinction between traditional and modern societies as a dichotomie".[42] Die Mentalität der Minderheitengemeinden beruhte nicht auf einer universalistischen, rationalen Ideologie, welche die Neutralisierung der religiösen Unterschiede legitimierte. Traditionalismus und Modernismus waren bei weitem nicht eindimensional. Es wäre eine grobe Vereinfachung, die Unterscheidung von traditional und modern als dichotomen Gegensatz zu begreifen.

Diese Dialektik lässt sich auch bei den anderen Zweigen der frühneuzeitlichen Konfessionsmigration beobachten: Der Traditionalismus der Fremdengemeinden führte nicht zu Stagnation, Rückständigkeit oder Ressentiments von Verlierern oder *underdogs*. Im Gegenteil, es waren gerade die Selbstisolation, der Wille zur dogmatischen und moralischen Exklusivität sowie der entschiedene Rückbezug auf Familie, Nachbarschaft und Gemeinde, die die Fremdenkolonien in die Lage versetzten, eine außergewöhnliche ökonomische, soziale und kulturelle Dynamik zu entfalten und damit entscheidend zur fundamentalen Transformation der alteuropäischen Gesellschaften in den modernen Liberalismus der Wirtschaftsgesellschaft des 19. Jahrhunderts beizutragen.

Wirtschaftlicher Erfolg und Innovationen waren Ausdruck einer alltäglich wirksamen Migranten- und Minderheitenidentität, die alle Mitglieder der Fremdenkirchen auszeichnete, und zwar aller sozialen Schichten. Im niederrheinischen Textil- und Metallgroßgewerbe in Monschau, Burscheid, Stollberg, Wuppertal oder Krefeld beruhte der ökonomische Erfolg der Calvinisten wesentlich auf diesen Flüchtlings- und Minderheitenstrukturen sowie auf einem funktionierenden Gemeindeleben und einer sozialen Solidarität, die weit über den kirchlichen Raum hinaus Unternehmer und Arbeiter auch im alltäglichen Leben, insbesondere in der Wirtschaft, zusammenband.[43] Die wichtigsten Züge dieses alteuropäischen Unternehmertums zwischen städtischem Zunfthandwerk und modernem Wirtschaftsbürgertum waren die fehlende Einbindung in die alteuropäischen Herrschaftsstrukturen der Städte oder der Territorien, die Konzentration dieser stadtfernen Bürgerelite auf das wirtschaftliche Handeln statt auf Herrschaft und schließlich die soziale, institutionelle, kulturelle und emotionale Basis frühen Unternehmertums im Dreieck Familie, Kirchengemeinde und Wirtschaftsbetrieb.

Angesichts der patriarchalischen und korporativen Strukturen und der starken existentiellen religiös-weltanschaulichen Bindungen waren die Wurzeln dieses calvinistischen Bürgertums, dem sich die mennonitischen Seidenunternehmer in Krefeld oder die Wuppertaler Leinenverleger zur Seite stellen lassen, zweifellos nicht individualistisch, säkular-modern, sondern traditional. Dennoch waren es hier wie in der Sephardengemeinde Amsterdams gerade die traditionalen Elemente, die eine geeignete und zuverlässige Basis für die Überwindung oder das Sprengen der traditionellen Beschränkungen der alteuropäischen Gesellschaften in Kirche/Glauben, Handel und Gewerbe, zwischen Individuum und Gruppe bildeten.

Gegenüber diesen der Migrations- und Minderheitensituation geschuldeten Faktoren spielte die von Max Weber in seiner berühmten Calvinismus-Kapitalismus-These in den Vordergrund gerückte calvinistische Prädestinationslehre, wenn überhaupt, eine geringe Rolle. Das beweisen schon die jüdischen Minderheiten, deren ökonomischer Erfolg demjenigen der Calvinisten durchaus vergleichbar ist, ohne dass sich das auf eine jüdische Prädestinationslehre zurückführen ließe. Die ökonomische Elite der sephardischen Juden in Amsterdam, Hamburg oder London zeigen ein ganz ähnliches Profil wie die der calvinistischen Minderheiten: Ausschluss von öffentlichen Ämtern, Führungspositionen in der Gemeinde, starke Familienbande, soziales Engagement etc. Die jüdischen Eliten wären daher im 18. Jahrhundert in der Lage gewesen, denselben Weg in die Modernität zu beschreiten. Im Gegensatz aber zu den calvinistischen Eliten, denen sich nach der Beseitigung religiöser Begrenzungen im Zuge der Aufklärung und der Französischen Revolution ein neuer, weiter Horizont politischer, sozialer und kultureller Betätigungen öffnete, sahen sich die jüdischen Unternehmer und Finanziers bald mit neuen nationalistischen Hindernissen und Animositäten konfrontiert, die ihnen das Leben keineswegs einfacher als in der vormodernen Epoche Alteuropas machten. Die christlichen Minderheiten konnten demzufolge eine hervorgehobene Rolle beim Übergang von der alteuropäischen Stände- zur modernen Wirtschaftsgesellschaft spielen. Die jüdischen Minderheiten dagegen blieben noch über Generationen hin sozial und wirtschaftlich eingehegt.

Soziokulturelle Konsequenzen: Über Jahrhunderte hin waren es die Juden, deren Mentalität durch Minderheitenerfahrung und grundsätzliches Fremdsein in der christlichen Dominanz geprägt wurde. Mit der Konfessionsmigration machten Christen die nämliche Erfahrung. Für den Calvinismus wurde das nachgerade zum Kern seiner Konfessionskultur. Hunderttausende calvinistische Migranten erlebten existentiell, was es heißt, in einem fundamentalen Sinne fremd zu sein und ohne erreichbare Heimat durch die Welt zu pilgern. Besonders bitter und für Mentalität und Habitus prägend war die Fremdheitserfahrung im 16. und frühen 17. Jahrhundert, als die konfessionelle Feindschaft noch fundamental, nicht selten sogar fundamentalistisch war. Exemplarisch hat diese fundamentale Fremdheitserfahrung die kleine Flüchtlingsgruppe erlebt, die nach der Thronbesteigung der radikal antiprotestantischen Mary Tudor unter Führung des polnischen Reformators Jan Łaskis/Johannes a Lasco mitten im Winter London verlassen musste und nach einer stürmischen Überquerung der Nordsee eine wahre Odyssee die dänische und norddeutsche Küste entlang durchlitt. Allenthalben fand sie die Stadttore verschlossen – religiöse Quarantänemaßnahmen, die die lutherischen Pastoren aus Furcht vor Ansteckung durch die mit dem Luthertum nicht zu vereinbarenden Glaubenselemente der Flüchtlinge bei den Magistraten durchgesetzt hatten. Erst in dem glaubensverwandten Emden und später in Frankfurt am Main, wo kurzfristig eine liberale Ratsmehrheit der konfessionalistischen Feindseligkeit der Theologen die Stirn bot, fanden sie dann endlich für einige Jahre Unterschlupf.[44]

Angesichts solcher Erfahrungen entwickelten die calvinistischen Flüchtlinge eine spezifische „Exulantentheologie“[45], die neben kirchen- und politikgeschichtlichen Besonderheiten wie dem von der Einzelgemeinde ausgehenden Verständnis von Kirche, dem Widerstandsrecht oder dem Volk-Gottes- oder Neues-Israel-Bewusstsein bestimmt war von der Erfahrung, dass irdisches Dasein *peregrinatio* bedeutet, also Reisen durch eine dem Menschen in ihrem Grunde fremde Welt hin zur Heimat des himmlischen Jerusalem.

Spiegelbildlich zum Bewusstsein irdischer Depravation entwickelte sich das unerschütterliche Vertrauen, mitten in den politischen Umbrüchen und den Zurückweisungen durch die Menschen in der Hand Gottes und damit unangreifbar geschützt zu sein – symbolisch repräsentiert und jedermann vor Augen gestellt in der Peregrinus-Figur und dem Schiffchen-Gottes-Symbol, dem kleinen Schiff, das die Herde des

Das „Schiffchen Christi", das die aus der Heimat vertriebenen Glaubensflüchtlinge sicher in den Hafen eines christlichen Asyls bringt. Steinrelief vom Hafentor der Flüchtlingsstadt Emden (heute über dem Osttor der Großen Kirche) mit der Umschrift: „Godts kerck, vervolgt, verdreven, heft Godt hyr trost gegeven" („Der Kirche Gottes, verfolgt, vertrieben, hat Gott hier Trost gegeben").

Herrn in Sturm und schwerer See sicher trägt. Johannes a Lasco wusste, wovon und wofür sein Sigel Zeugnis ablegte – der Sturm umtobte den Kahn mit der christlichen Gemeinde unter dem Motto „in portu navigo" – ich schiffe in den (himmlischen) Hafen hinein.

Das emphatische Bewusstsein, Fremder und Migrant zu sein, prägte die Flüchtlingskirchen und über sie den calvinistischen Teil der niederländischen und englischen Gesellschaft tief. Dieses Fremden- und Peregrinibewusstsein blieb, so ist anzunehmen, nicht ohne Einfluss auf die Beziehungsgeschichte zwischen Juden und Christen. Exulerfahrung und Exultheologie der Flüchtlingskirchen haben in den calvinistischen Gesellschaften Westeuropas Herz und Seele für ein tieferes Verständnis der jüdischen Situation innerhalb der christlichen Dominanz geöffnet.[46]

Hier treten lange Linien von den Konfessionskulturen der Frühen Neuzeit hin zu Dispositionen und Mentalitäten im Christentum des 20. Jahrhunderts zutage: Gesellschaften und Kulturen mit Flüchtlings- und Minderheitenerfahrung entwickelten offensichtlich eine andere und offenere Einstellung gegenüber Fremden und Minderheiten, und damit auch gegenüber Juden, als Gesellschaften, denen eine derartige Erfahrung unbekannt ist. Die Konfessionskultur des „kontinentalen" Luthertums, in gewisser Weise auch des Katholizismus, war in dieser Beziehung deutlich anders als diejenige des westeuropäischen, maritimen Calvinismus. Abgesehen von der kleinen Gruppe der Gnesiolutheraner oder Falcianer, die nach Luthers Tod die Heimat verlassen musste, aber nie eine Chance hatte, die Identität des Luthertums entscheidend zu prägen, war die politische und religiöse Kultur des deutschen Luthertums von Stabilität und Rechtssicherheit im Schutz des Augsburger Religionsfriedens bestimmt.

Anders als der im maritimen Westeuropa verankerte Calvinismus mit Erfahrung der unabhängigen Fremden- und Untergrundgemeinden waren die kontinentalen, statisch-stabilen Landeskirchen der Lutheraner vom Parochialprinzip bestimmt, das auf die geistig-religiöse wie soziale und wirtschaftliche Wohlfahrt der Landeskinder ausgerichtet war. Fremde nahm man tendenziell als Eindringlinge und Störenfriede wahr. Diese parochiale Kultur der stadtbürgerlichen Verantwortlichkeit und sozialen wie kulturellen Stabilität war eine vorzügliche Basis für den wohlgeordneten Staat und seine Verantwortung für das diesseitige wie jenseitige Wohl seiner Untertanen. In gewisser Weise wurde damit die soziokulturelle Grundlage für den modernen Sozialstaat gelegt, der heute in ehemals lutherischen Landschaften besonders ausgeprägt ist. Eine intellektuelle und soziokulturelle Grundlage für ein Peregrinusbewusstsein mit korrespondierendem Verständnis für das Andere und Verantwortlichkeit für Fremde bot das aber nicht. Zwar sollte im 19. Jahrhundert der lutherische Pfarrer Eduard Mörike das Peregrinusthema auch in Deutschland populär machen, doch in einer individualistischen, subjektiv-romantischen Version ohne gesellschaftliche Konsequenzen.

Die bis ins 20. Jahrhundert markant verschiedene Einstellung zu Juden wurzelte damit nicht primär in der unterschiedlichen Theologie der Reformatoren Luther und Calvin. Eine entscheidende Rolle scheinen vielmehr mentalitätsgeschichtliche Elemente zu spielen. Für den Calvinismus war die skizzierte Erfahrung des Fremdseins in der Welt, die Tausende von Exulanten mit den sephardischen und anderen jüdischen Minderheiten teilten, über die Jahrhunderte hin prägend. Das kontinentale Luthertum hatte eine vergleichbare Erinnerungskultur nicht. Bestimmt wurde es von der gegenteiligen Erfahrung von Stabilität, Unveränderbarkeit und Sicherheit der Landeskirchen, die seit Mitte des Reformationsjahrhunderts garantiert waren, also genau von dem Moment an, in dem über den Calvinismus das Flüchtlingsschicksal hereinbrach.

Anfang des 21. Jahrhunderts haben die Wellen globaler Migration das europäische Christentum vor ganz neue Herausforderungen gestellt, die Kirchen ebenso wie jeden Einzelnen, neu sowohl hinsichtlich der Zahl der Migranten als auch hinsichtlich der religiösen Diversität. Waren in den frühneuzeitlichen Migrationsbewegungen Fremdsein beziehungsweise Akzeptanz oder Integration auf die unterschiedlichen christlichen Konfessionen und die verschiedenen Zweige des Judentums begrenzt, so sehen sich heute die vom Christentum geprägten Gesellschaften Religionen beziehungsweise von deren Kultur geprägten Menschen gegenüber, die sich kaum in die christlich-„westlichen" Gesellschaften werden einbinden lassen, ohne diese nachhaltig zu verändern. Religiös-kirchlich und politisch-rechtlich sind die „westlichen" Gesellschaften aufgrund der beschriebenen frühneuzeitlichfrühmodernen Entwicklung hinreichend säkularisiert und entkirchlicht, als dass der Akzeptanz nichtchristlicher Religionsgemeinschaften etwas im Wege stünde. Bei der kulturellen Alterität indes sieht es deutlich anders aus, insbesondere dort, wo, wie beispielsweise bei der Burka oder der Gebetsverneigung nach Osten in Richtung des universell gültigen Heiligtums, die religiöse Bedeutung weit über den Alltag hinauswirkt und die Gläubigen aus ihrer „westlich"-christlich säkularisierten Umwelt herausführt.

3. Konfession und frühmoderne Disziplinierung – Religion als Garant weltlicher Ordnung[47]

Die Lehr- und Sittenzucht der Konfessionskirchen als Teil des frühneuzeitlichen Disziplinierungsprozesses

Ein Signum der Moderne ist, so die Erkenntnis der Sozial- und Mentalitätsgeschichte, die rationale Disziplin der Menschen im alltäglichen Leben, bei den Gefühlen, im Denken und Verhalten. Ohne Disziplin wäre im 19. und 20. Jahrhundert die Produktivität der Industriearbeiter ebenso wenig möglich gewesen wie die Strategie der modernen Heere. Solche kollektiven Denk- und Verhaltensweisen waren den Menschen nicht von der Natur verliehen. Sie haben sich im Verlaufe der Geschichte herausgebildet beziehungsweise wurden den Menschen antrainiert. Das sei, so eine unter Historikern einflussreiche These, im lateinischen Europa im Verlaufe der Frühen Neuzeit geschehen, also zwischen rund 1500 und 1800. Der entscheidende Akteur seien die frühmodernen Staaten und ihre Bürokratie gewesen. In den Jahrhunderten zwischen Reformation und Aufklärung sei den Menschen in Europa eine staatlich gesteuerte „Sozialdisziplinierung" auferlegt worden, die ihre Mentalität grundlegend verändert, modernisiert habe.[48]

Stellt man neben den staatlichen auch die spirituellen, religions- und kirchengeschichtlichen Einflüsse in Rechnung, die während der Übergangsepoche von mittelalterlichen zu neuzeitlichen Verhältnissen Europa und seine Menschen besonders stark prägten, dann tritt zutage, dass dieser zweifellos grundlegende Prägungsprozess moderner Mentalität, Handlungs- und Denkweisen auch entscheidend mitbestimmt wurde von den Konfessionskirchen, die Glauben, Denken und sittliches Verhalten ihrer Mitglieder zu vereinheitlichen und zu formieren bestrebt waren. Das geschah in der Regel in Kooperation mit dem jeweiligen Konfessionsstaat, nicht selten aber auch unabhängig oder in Opposition zu ihm.

Alle frühneuzeitlichen Konfessionskirchen wie auch manche der dissidierenden Religionsgemeinschaften, etwa die Täufer, entwickelten einen detaillierten Normenkanon, um ihre Dogmen zu sichern und ihren Mitgliedern eine Richtschnur zum richtigen christlichen Handeln in der Welt zu geben. Zur Kontrolle von Glauben, Denken und Verhalten der Menschen entwickelte man spezifische Institutionen, Rechtsgrundsätze und religiöse Riten, die eng mit dem Engagement der Kirchen in Erziehung, Armen- und Sozialfürsorge sowie in Ehe- und Familienangelegenheiten verzahnt waren.

Die eingesetzten Mittel waren teils ähnlich, etwa Katechismen und Katechismusunterricht, denen zu Recht eine konfessionsübergreifende Rolle bei der „Entstehung und Entwicklung der modernen säkularen Welt in Europa“ zugewiesen wird.[49] Andererseits entwickelte jede Konfession ihre eigenen Institutionen und Instrumente. Besonders breit war das Spektrum im *Katholizismus*. Die institutionalisierte Überwachung bezog sich dort hauptsächlich auf den Klerus, während das „Kirchenvolk eher durch pädagogisch-spirituelle Beeinflussung und Überwachung vonseiten der Welt- und Ordensgeistlichkeit kontrolliert und diszipliniert wurde. Die institutionelle Überwachung des religiösen und sittlichen Lebens erfolgte durch mehr oder weniger regelmäßige Visitationen und Synoden, durch die geistlichen Gerichte der Dekanate, Diözesen, Erzdiözesen und der römischen Kurie, bei der vor allem in Spanien und Italien omnipräsenten Inquisition, schließlich auch bei den Nuntiaturen, die das katholische Europa netzartig überspannten. Der frühneuzeitlichen Disziplinierung der Gläubigen widmeten sich insbesondere die neuen, konfessionalistischen Orden mit erzieherischem Elan. Institutionell und psychologisch besonders ausgefeilt war das System der Jesuiten, die ein Europa und seine Kolonien umspannendes Netz von Niederlassungen, Gymnasien, Universitäten, Kongregationen und Einzelagenten, etwa den fürstlichen Beichtvätern, aufbauten.

Das dominant landes- oder nationalkirchliche *Luthertum* bildete nur in Sonderfällen eigenständige Institutionen der Kirchenzucht aus, und zwar bezeichnenderweise dort, wo sich lutherische Gemeinden, wie etwa am katholischen Niederrhein oder in den spanischen Niederlanden, als Untergrund- oder „Kreuzkirchen" unter feindlicher Obrigkeit zu behaupten hatten. Die Regel war bei den Lutheranern auch im Bereich von Zucht und Kontrolle die enge Zusammenarbeit, ja Verzahnung von kirchlichen und territorialstaatlichen Elementen. Im Gegensatz zu Luthers und Melanchthons Bestreben, auch und gerade bei der Kontrolltätigkeit die kirchliche Eigenständigkeit zu sichern, wurden Visitatoren, Superintendenten und Konsistorien seit Mitte des 16. Jahrhunderts im Zuge der Konfessionalisierung zu quasibürokratischen Einrichtungen. Entsprechend handelten sie mit einem von der Gemeinde abgehobenen obrigkeitsstaatlichen Selbstverständnis, mit Folgen, die trotz der längst eingetretenen Demokratisierung auch heute in mancher Landeskirche spürbar sind. Disziplinierung und Einübung der konfessionell-christlichen Normen erfolgten im Luthertum vorrangig über Predigt und Seelsorge des Pfarrers sowie über staatliche Verordnungen und Beaufsichtigung. Ähnlich verhielt es sich beim *Züricher Reformiertentum*, wo Chorgericht und Synode, Letztere hauptsächlich Disziplinargericht für die Geistlichkeit, durch die weltlichen Magistrate dominiert wurden.

Im *Anglikanismus* bestand eine institutionelle Kontinuität mit der mittelalterlichen Kirche. Formell waren für Visitationen und kirchliche Gerichte die Bischöfe und Erzbischöfe verantwortlich. Die königliche Kirchenpolitik bemühte sich aber um Zentralisierung, Nationalisierung und Kontrolle dieses Systems. Eine zentrale Rolle bei der konkreten Durchführung in den Parochien übernahmen die Kirchenältesten, gemeindliche Laienvertreter, die jährlich neu von den Geistlichen und den Pfarrangehörigen (*parishioners*) gewählt wurden. Das entsprach durchaus den Vorstellungen und Forderungen der Puritaner. Diese gingen aber über das anglikanische Modell hinaus, indem sie eine von staatlicher wie nationalkirchlicher Bevormundung unabhängige, gemeindeautonome Kirchenzucht nach Genfer Vorbild verlangten.

Ungeachtet ähnlicher Ansätze bei Luther, Zwingli, a Lasco und Buzer war es das von Calvin errichtete *Genfer Modell*, das theologisch, institutionell und personell am besten geeignet war, die Gesellschaft im Geiste des neuzeitlichen Konfessionalismus und seiner Denk- und Verhaltensnormen zu kontrollieren und zu formieren. Wichtigste Steuerungsinstanz war das *Consistoire* oder Presbyterium, das sich neben den Pastoren aus meist durch Kooptation gewählten Ältesten oder Presbytern zusammensetzte. Es tagte in der Regel allwöchentlich, um neben der kirchlichen Regierungs- und Verwaltungsarbeit die Kirchenzucht auszuüben. Im Anschluss an Matthäus 18,15–18 hatte Calvin die Kirchenzucht zum tragenden Pfeiler reformierter Kirchlichkeit gemacht.[50]

Die konkrete Durchführung der frühmodernen Kirchenzucht erfolgte somit auf unterschiedlichen Wegen – der institutionalisierten Kirchenzucht bei den Calvinisten, Beichte und Inquisition bei den Katholiken, Visitationen und Ermahnungen durch Predigt und geistliches Schrifttum bei den Lutheranern. Auch bei den Inhalten gab es Unterschiede, deutlich vor allem bei den Glaubensnormen, während die Abweichungen bei der Ethik und den Verhaltensnormen eher gering waren. Gleich waren dagegen bei allen Konfessionskirchen und anderen Religionsgemeinschaften die Funktion und das Ziel der kirchlichen Disziplin und Kontrolle, nämlich die Einübung, nötigenfalls das Erzwingen orthodoxen, „erlaubten“ Glaubens und Denkens ebenso wie eines christlichen „korrekten“ Verhaltens, das erstmals bis ins Kleinste definiert und in ein abgestimmtes System von ethischen und moralischen Normen gebracht wurde.

Allen Konfessionen ging es um die Durchsetzung der neuen konfessionalistischen Normen im Glauben, Denken und Verhalten. Individuen wie Gesellschaft hat das in Richtung neuzeitlicher Disziplin, Nüchternheit und Rationalität geprägt. Es macht den besonderen Übergangscharakter dieses langfristigen Prozesses aus, dass die Mittel und Wege, dies zu erreichen, nicht säkular rational, sondern sakral, gelegentlich noch magisch waren. Im Gegensatz zu der sich parallel entfaltenden Sozialdisziplinierung und Kriminalgerichtsbarkeit der Staaten ging es bei der Disziplinierung und Formierung durch die Konfessionskirchen im Kern nicht um Strafen, sondern um Buße und Einsicht. Entsprechend waren die Kirchenstrafen auf die innere Umkehr ausgerichtet und erfassten mit dem betroffenen Individuum die gesamte Gemeinde, die kirchliche, meist aber auch die zivile. Vor allem aber wurden die Vergehen und ihre Sanktionierung nicht nur auf die diesseitige Welt bezogen, sondern in eschatologisch-prophetischer Deutung in direktem Bezug zur jenseitigen Welt und zu Gott gebracht: Sünde, insbesondere Unzucht, Gewalt und Unfrieden, waren nicht nur private und subjektive Verfehlungen, und sie betrafen auch nicht nur die kirchliche Gemeinde. Sie waren auch und vor allem ein öffentliches Skandalon, das – wenn nicht ernsthaft verfolgt und gesühnt – den Zorn Gottes über Stadt und Land heraufbeschwören musste.

Die Leitkategorien des Konfessionalismus – Reinheit der Lehre, des Denkens und des Lebens – waren zugleich die Leitlinien jeder einzelnen Gemeinde. Die verletzte Integrität oder Reinheit der Gemeinde musste rituell wiederhergestellt werden – durch private Bußübungen, wenn der Verstoß insgeheim erfolgte, öffentlich, wenn er bekannt und der Gemeinde zum Anstoß geworden war, d. h. in öffentlicher Buße mit brennender Kerze im Büßergewand vor der sonntäglichen Gottesdienstgemeinde. In Emden, im 16. Jahrhundert die nordwesteuropäische Leitgemeinde des Calvinismus, sorgten sich die Ältesten aufs Genaueste um die Reinheit der Abendmahlsgemeinde. War dieses sakrale Zentrum des Gemeindelebens durch einen Sünder verunreinigt, wähnte man das Heil der Gesamtgemeinde, ja der Stadt und des

Landes insgesamt in Gefahr. Dementsprechend streng überwachten sie den Zugang zu dem Sakralmahl: Wer in Sünde lebte, wurde vom Tisch des Herrn ausgeschlossen, solange er nicht öffentlich oder privat Buße übte. Auf dem Höhepunkt des konfessionellen Denkens reichte es für einen solchen Ausschluss bereits, wenn man mit seinem Nachbarn in Unfrieden lebte und nicht zur Versöhnung bereit war.[51]

Verändert und formiert wurden auch die Kirchen und die Religion selbst. Sie erlebten, wie bereits ausgeführt,[52] eine neue, neuzeitliche Welle der „Christianisierung" (Jean Delumeau). Die Fähigkeit, volksreligiöse Elemente zu integrieren, war bei den einzelnen Konfessionen unterschiedlich ausgeprägt. Am stärksten beim tridentinischen Katholizismus. In Ansätzen auch im Luthertum, das etwa den Bedürfnissen der bäuerlichen Bevölkerung nach visueller Vergegenwärtigung des Religiösen durch Ausmalung der Kirchen, durch Beibehaltung von Heiligenstatuen, Hochaltären und Wetterläuten nachzukommen vermochte. Nur sehr begrenzt, wenn überhaupt, war eine solche Assimilationskraft im Reformiertentum oder Calvinismus vorhanden, dessen Zug zu Rationalität und Purismus einen Kompromiss mit den sinnenfrohen Formen der Volksreligiosität ausschloss.

Die presbyteriale Kirchenzucht der Calvinisten über Ehe, Sexualität und Familie

Einen besonderen Schwerpunkt legten alle Konfessionskirchen auf die Kontrolle und Normierung *von Ehe und Sexualität, Familie und Kindererziehung*. Das ist besonders eindrücklich in den Protokollen calvinistischer Gemeinden belegt, die in ununterbrochener Serie von der Mitte des 16. bis ins beginnende 18. Jahrhundert überliefert sind und daher einen tieferen Blick sowohl in den Inhalt der kirchlichen Zuchtbemühungen als auch in deren längerfristige Folgen ermöglichen. Ausführliche Darstellungen liegen zu den Gemeinden in Emden, Groningen und Leiden sowie zu schottischen und französischhugenottischen Gemeinden vor.[53] Von Beginn an befassten sich die Presbyterien dieser Gemeinden, die über Genrationen hin eine führende Position im deutsch-niederländischen Calvinismus einnahmen, mit *Ehestreitigkeiten, Haushaltsführung und Kindererziehung* in den Familien. Dabei standen zu Ende des 16. Jahrhunderts die schwierigen Verhältnisse von Flucht und Migration im Vordergrund, die manche Unregelmäßigkeiten in Ehen und Familien brachten. Älteste und Pastoren griffen mit Mahnungen ein, nötigenfalls auch mit Kirchenstrafen wie Bußübungen oder Ausschluss vom Abendmahl, um zwischen den Ehepaaren Eintracht zu stiften, sie zu einer ordentlichen Haushaltsführung zu bringen, vor allem aber die gute, und das hieß natürlich christliche, Erziehung der Kinder zu sichern. Hundert Jahre später haben sich die Gemeindeleitungen weiterhin mit Ehen zu befassen, die von schwerem Streit erschüttert sind, mit Beschimpfungen übelster Art und schlimmer Gewalt, selbst gegen schwangere Frauen. Ein von der Kirchenzucht in Gang gebrachter Prozess neuzeitlicher Affektenkontrolle lässt sich somit schwerlich erkennen. Und doch deutet in den Protokollen einiges auf grundlegende Veränderungen hin. Unverkennbar ist eine Sensibilisierung gegenüber Streit und Gewalt in Ehe und Familie. Dem Wandel im Verhalten ging ein Wandel in der Einstellung voraus, zunächst in der kirchlichen und kulturellen Elite, dann zeitverzögert auch bei den anderen Gemeindemitgliedern.

Ähnlich komplex sind die Folgen der Kirchenzucht auf den Feldern *unordentliche Haushaltsführung* und *Vernachlässigung der Kinder.* Kinder besaßen in den alteuropäischen Gesellschaften keinen besonderen Rechtsschutz und waren weitgehend den Verhältnissen in den Familien ausgeliefert. Die frühneuzeitlichen Konfessionskirchen, gerade auch die calvinistischen, haben sich in Katechismen, Verordnungen und einem umfangreichen pädagogischen Schrifttum immer wieder um die gute Erziehung der Kinder, Mädchen wie Jungen, bemüht. Die Autonomie der alteuropäischen Familie in der Erziehung der Kinder respektierten sie aber offensichtlich weitgehend, jedenfalls waren Zuchtmaßnahmen gegen Eltern in den untersuchten Gemeinden äußerst selten.

Markant sind dagegen über die Jahrhunderte hin die Zuchtmaßnahmen auf dem Feld der *Sexualität.* Die Protokolle lassen keinen Zweifel daran, dass für den Calvinismus – wie für das alteuropäische Christentum generell, gleich welcher Konfession oder Denomination – Ehe und Sexualität unlösbar zusammengehören und jeder Verstoß dagegen Sünde war und gezüchtigt und gebüßt werden musste, wollte man nicht die gesamte Gemeinde dem Verderben ausliefern. Sie belegen aber auch, dass das konkrete Verhalten der Menschen dieser Norm bei weitem nicht entsprach. Die Zahl der Zuchtverfahren wegen „Antizipation", vorehelichem Sexualverkehr, der sich damals bald in einer Schwangerschaft offenbarte, war äußerst hoch. Hier klafften kirchlich-konfessionelle und alteuropäisch-gesellschaftliche Normen weit auseinander, war es doch gerade im ländlichen Umfeld, katholisch oder protestantisch, nicht unüblich, vor dem formellen Eheschluss sicherzustellen, dass die Braut Kinder bekommen konnte.

In Ostfriesland mit seinen großen, von geregelter Generationenfolge abhängigen Höfen hat der Kirchenrat dann auch über die gesamte Frühneuzeit hin dieses volksrechtlich abgesicherte Verfahren im Kern nicht in Frage gestellt. Wenn ein Paar gemäß altgermanischem *truwe*-Rechtsbrauch gleich nach der Verlobung das Eheleben aufnahm, so verstieß das zwar gegen die kirchenrechtlichen Normen des neuzeitlich formierten, öffentlich von Staat und Kirche kontrollierten Eheschließungsverfahrens. Insofern die *Consumatio carnalis* aber auf die Ehe hin erfolgt war, hatte das Paar das Prinzip christlicher Wahrhaftigkeit und Verantwortlichkeit nicht verletzt. Und das war für die calvinistischen Ältesten offensichtlich das Entscheidende.

Entschieden gingen die Presbyterien hingegen bei Ehebruch vor, also zwischen einem verheirateten und einem unverheirateten oder zwischen Partnern, die jeweils mit anderen Partnern verheiratet waren. Vor allem gegen unverheiratete Mütter beziehungsweise Schwangere gingen die Presbyter rücksichtslos vor, so dass hier die kirchliche Sündenzucht zur Strafverfolgung degenerierte. Gegen verheiratete Ehebrecher wurde in der Regel zwar ein Abendmahlsverbot verhängt, die höchste Kirchenstrafe also. Doch zielten die Verfahren weniger auf

Strafe und Abschreckung als auf Versöhnung ab. Der Sünder oder die Sünderin sollten Reue üben und unter das bei der Trauung gegebene Versprechen ehelicher Verantwortung und Achtung zurückkehren.

Abgesehen von der beschriebenen Antizipation bei Verlobten sollte Sexualität auf die Ehe beschränkt sein, und sie hatte sich nach den Grundprinzipien christlichen Zusammenlebens zu richten – Aufrichtigkeit, Zuverlässigkeit in den Wechselfällen des Lebens und Verantwortlichkeit für den Nächsten. Diese Leitlinien, die dem Christen eine Zügelung seiner Lebensführung abverlangten, sollten auch seine Sexualität und allgemein sein Eheleben lenken. Zusätzliche Forderungen, wie magisch-sakral begründete Beschränkungen im christlich-kirchlich Wochen- und Jahreszyklus gab es im Calvinismus offensichtlich nicht.

Mit der Einhegung der legitimen Sexualität in der Ehe stand die calvinistische Kirchenzucht auf dem Boden der alteuropäischen Gesellschaft, in der Mann und Frau eingebunden waren in Familie und Sippe. Sie war zugleich Ausdruck des frühneuzeitlichen Zivilisationsprozesses, der diese Gesellschaft umgestaltete. Denn es waren nicht die naturgegebenen Zwänge des alteuropäischen Lebens und Wirtschaftens, die den Einzelnen in Ehe und Familie einbinden sollten, sondern die in seinem Gewissen und seiner Seele verankerte christliche Verantwortung für den ihm beziehungsweise ihr von Gott anvertrauten Nächsten. Bezeichnenderweise lag der Höhepunkt des presbyterialen Bemühens um Ehe und Familie im Zeitalter des Pietismus: Pietistisch verinnerlichte Frömmigkeit und Sensibilisierung für die Probleme im Zusammenleben von Mann, Frau und Kindern entsprachen sich offensichtlich.

Damit wird deutlich, dass die Ehe- und Sexualzucht des Konfessionalismus, hier exemplarisch am Beispiel calvinistischer Presbyterien vorgestellt, zur neuzeitlichen Verinnerlichung und Rationalisierung beitrug. Einen Endpunkt fand sie und die Kirchenzucht allgemein mit der Aufklärung: Bis ins 18. Jahrhundert war ein Rest des eschatologischen, prophetischen Denkens erhalten geblieben, das irdische Verfehlungen in direkten Bezug zur kosmischen Ordnung und Gott brachte.

Diese gleichsam sakrale Legitimation der Kirchenzucht wurde mit der Aufklärung hinfällig, vorbereitet übrigens durch den Pietismus und seine Hinwendung zur inneren, subjektiven Herzensfrömmigkeit.

Ordnung und Frieden in Staat und Gesellschaft wurden fortan weltlich begriffen. Konflikte in Ehe und Familie oder Kirche und Gesellschaft waren nicht mehr heilsgeschichtliche Bedrohungen, sondern weltliche Störungen des säkularen Zusammenlebens, die staatlich-bürgerliche Institutionen und Instrumente zu beheben hatten. In christlicher Sicht waren Verfehlungen, die zu einem Scheitern der Ehe führten, zumal, wenn sie die Kinder schädigten, weiterhin Sünde. Nach dem Ende der presbyterialen Kirchenzucht hatten die einzelnen Christen damit aber allein fertigzuwerden. Anstelle der öffentlichen Bußen des Konfessionalismus trat die verinnerlichte private Reue und Besinnung. Eine Scheidung wurde weiterhin und noch lange als Skandal empfunden, das war aber nicht mehr der heilsgeschichtlich konnotierte Skandal des Konfessionalismus (der alteuropäischen Stadtrepublik), sondern der Skandal der aufziehenden bürgerlichen Gesellschaft des 19. Jahrhunderts.

Die soziokulturelle Wirkung in den Ländern Europas

Der reale Erfolg dieser konfessionskirchlichen Lehr- und Sittenzucht lässt sich nicht naturwissenschaftlich genau bestimmen. Langzeitanalysen calvinistischer Kirchenzuchtakten vom 16. bis 19. Jahrhundert lassen aber markante Veränderungen der Verhaltensdispositionen erkennen, so eine deutliche Sensibilisierung für Zuverlässigkeit, Pünktlichkeit, Ehrlichkeit, dazu Bereitschaft auf Gewaltverzicht und ein gezähmtes Sexualverhalten. Ein literarischer Beleg findet sich bei der englischen Schriftstellerin Doris Lessing, und zwar in ihrer Erzählung „Our Friend Judith". Dort werden noch für das ausgehende 20. Jahrhundert weitreichende tiefenpsychologische Wirkungen der unterschiedlichen frühneuzeitlichen Zuchtsysteme beschrieben: In der in Italien angesiedelten Liebesgeschichte zwischen der englischen Touristin Judith und dem Italiener Luigi, die durch die Verschiedenartigkeit der beiden Liebenden im Endeffekt unglücklich ist, charakterisiert die englische Autorin den selbstverständlich praktizierenden Katholiken Luigi als jemanden, der „no sense of guilt, but a sense of sin“ habe, während für Judith, Nachfahre nordländischer Puritaner, das Umgekehrte gelte, dass sie nämlich „no sense of sin (has): but she has guilt“. Dieser Unterschied bestimmt das alltägliche Leben der beiden und hat das Scheitern der Liebe vorprogrammiert. Denn der sündenbewusste, katholische Südländer Luigi war „very healthy, and not neurotic“, während die Engländerin Judith von puritanischer Schuld gequält der Anforderung ihrer Liebe nicht standhält.[54]

Ähnliche Beobachtungen an Menschen des 20. Jahrhunderts finden sich in den Filmen und Theaterstücken von Ingmar Bergman – etwa in „Jungfrauenbrücke“ (1960), „Das Schweigen“ (1963), „Fanny und Alexander“ (1982).

Dort sind es die mentalen und sozialen Prägungen der Menschen durch die lutherische Nationalkirche Schwedens und ihres jahrhundertelangen kirchlich-staatlichen Monopols in Erziehung und sozialer wie sittlich-moralischer Kontrolle und Disziplinierung. Zentrale Schaltstelle ist das lutherische Pfarrhaus, bedrückend düster für die Kinder Fanny und Alexander im Amtssitzt des Stockholmer Bischofs, präsent aber auch über das gesamte Land hinweg in Tausenden von Dorfpfarreien.

4. Christlicher Fundamentalismus – um die Macht der Staaten und das Heil der Seelen[55]

Konfession als Leitbegriff der Außenpolitik

Im konfessionellen Zeitalter spielten Religion und Kirche auch in der Außenpolitik der frühmodernen Staaten eine zentrale Rolle – sowohl in den friedlichen wie in den militärischen Staatenbeziehungen. Das war bereits in der Reformationszeit selbst zutage getreten: im Schmalkaldischen Krieg (1546/47), den Kaiser Karl V. mit Unterstützung seines Bruders Ferdinand von Österreich-Böhmen, des Kirchenstaates und des lutherischen Herzogs von Sachsen gegen den protestantischen Bund deutscher Fürsten und Städte führte, um gleichzeitig mit der Ausmerzung der lutherischen „Häresie" ihren politischen Widerstand zu brechen. Die gleiche Verbindung von Konfession und Machtpolitik ist im niederländischen Unabhängigkeitskrieg gegen Spanien zu beobachten, dem *tachtigjarige oorlog*, dem Achtzigjährigen Krieg, den die nordniederländischen Provinzen von 1568–1648 um die Sicherung der calvinistischen Religion wie um die politische Unabhängigkeit vom zunehmend als Besatzer auftretenden Spanien führten.

Wie eng Religion und internationale Politik im konfessionellen Zeitalter verbunden waren, wurde klarsichtigen Zeitgenossen spätestens in den schweren Wirren der französischen Hugenottenkriege bewusst, die 1572 im Blutbad des Bartholomäus-Massakers kulminierten und 1598 endeten, als Heinrich von Navarra vom Calvinismus zum Katholizismus konvertierte und als Heinrich IV. den französischen Thron bestieg. In den 1560er Jahren, gleich zu Beginn dieser schweren, die Existenz Frankreichs bedrohenden Konflikte, riet ein Vertreter der katholischen Guisen-Partei seinem König, die Außenpolitik nicht mehr nach den alten personal-feudalen, sondern nach den neuen territorial-konfessionellen Kategorien auszurichten: „Heutzutage dürfen die katholischen Fürsten nicht verfahren wie früher. Freund und Feind schied sich damals nach den Grenzen und Landschaften der Königreiche. … Heute muss es heißen: Katholik und Ketzer, und ein katholischer Fürst muss zu Freunden haben alle Katholiken in allen Ländern, ebenso wie die ketzerischen Fürsten alle Ketzer, seien es ihre Vasallen oder die anderer, zu Freunden und zu Vasallen haben müssen."[56]

Derselben politischen Maxime folgte man auch auf protestantischer Seite: Das „härteste vinculum … stabiliendi foederis"[57], so war Landgraf Wilhelm IV. von Hessen (1567–1592) überzeugt, sei die Religion, die demzufolge die natürliche Grundlage aller internationalen Allianzen bilden müsse. In der politischen Realität waren Bündnisse zwischen katholischen und protestantischen Staaten natürlich nicht ausgeschlossen. Wie noch zu zeigen ist, waren das aber Ausnahmen, die stets auf einer besonderen politischen Zwangslage beruhten.

Wer in dieser Epoche europäischer Geschichte meint, zwischen Staaten- und Religionskrieg trennen zu können, hat die Strukturen und Bewegungsgesetze des Zeitalters nicht verstanden. Der große Flächenbrand, der Europa an den Rand der Selbstvernichtung führte und vor allem den Deutschen als kollektives Trauma des Dreißigjährigen Krieges (1618–1648) in Erinnerung geblieben ist, war beides zugleich: Religions- und Staatenkrieg. Will man bei der Suche nach den Ursachen und Verantwortlichkeiten nicht an der Oberfläche bleiben, so wird man Politiker, also Fürsten und ihre Räte, ebenso wie Kirchenführer und Theologen, und zwar nicht nur die Beichtväter der katholischen Fürsten, ins Auge fassen müssen. Religion war in der Außen- und Staatenpolitik nicht, wie gelegentlich zu lesen ist, Schibboleth, also verschleierndes Symbol, für die eigentlich treibenden politischen, ökonomischen und dynastischen Kräfte. Vielmehr wirkte sie als Zentralkategorie des Handelns entscheidend auch bei der Entstehung des europäischen Mächtesystems und seiner Frühgeschichte bis 1650 mit.

Um die Rolle, die die Religion in ihrer konkreten Ausformung als frühneuzeitliche Konfession in der Außenpolitik und bei den zwischenstaatlichen Beziehungen zwischen rund 1550 und rund 1650 gespielt hat, historisch sachgerecht zu erfassen, ist es allerdings nötig, von der uns heute bei den Staatenbeziehungen selbstverständlichen Trennung von Religion und Politik abzusehen. Denn diese war erst das Ergebnis eines langen, auch außenpolitisch ausgetragenen Prozesses, der eine entscheidende Stufe erst mit den genannten Friedensschlüssen zu Mitte des 17. Jahrhunderts erreichte, insbesondere in den religions- und konfessionsrechtlichen Bestimmungen des Westfälischen Friedens. Dagegen ist in dem Jahrhundert davor von einer engen, strukturellen Verschränkung von Religion und Politik auszugehen, im Inneren der Staaten wie in der Außenpolitik.

Beachtenswert ist dabei das Prinzip des *Interventionsverbots.* Im klassischen Völkerrecht sollte es den souveränen Staaten Schutz vor einer Destabilisierung durch militärische Einmischung von außen gewähren.

Dieses Prinzip war zu Beginn der Neuzeit erst in Ausbildung begriffen. Mit der Konfessionalisierung wurde diese Entwicklung unterbrochen, ja das Nichteinmischungsprinzip wurde aufgehoben und durch den Zwang zur Einmischung ersetzt, gemäß der eben zitierten Maxime: „Ein katholischer Fürst muss zu Freunden haben alle Katholiken in allen Ländern, ebenso wie die ketzerischen alle Ketzer, seien es ihre Vasallen oder die anderer, zu Freunden und zu Vasallen haben müssen." Damit ist eine konfessionelle Interventionspflicht postuliert, die entscheidend zum Ausbruch der Religions- und Staatenkriege des späten 16. und des 17. Jahrhunderts beitrug. Manchem mag das – das sei im Vorübergehen notiert – an gegenwärtige Debatten um ein Interventionsrecht oder gar eine Interventionspflicht in Menschenrechtsfragen erinnern.

„Konfession" wurde zu einem Leitbegriff in den zwischenstaatlichen Beziehungen und war damit mitverantwortlich für die lange Phase militärischer Konfrontation vom letzten Drittel des 16. bis zur Mitte des 17. Jahrhunderts. In den Jahrzehnten um 1600 bildete sich in Europa ein dualistisches System von protestantischen und katholischen Mächten heraus. Genau genommen standen sich drei „ideologisch"-kulturell wie staatlich-politisch gegensätzliche, ja zutiefst verfeindete Blöcke gegenüber. Denn auf protestantischer Seite waren es die Calvinisten, die einen unbedingten Konfrontationskurs verfolgten, während die unter dem Schutz des Augsburger Religionsfriedens stehenden Lutheraner bedacht waren, den für sie vorteilhaften Status quo zu erhalten, und daher – so namentlich die lutherische Leitmacht Kursachsen – eine Appeasementpolitik verfolgten oder gar dem katholischen Block zuneigten.

Nach dem Schock der französischen Bartholomäusnacht von 1572 und des Angriffes der spanischen Armada 1588 auf die protestantische Inselfestung England formierte sich in Westeuropa ein „calvinistischer Internationalismus", der sich der scheinbar unaufhaltsamen Flut der Gegenreformation politisch und militärisch entgegenstemmte. Führungsmacht dieses aktivistischen Protestantismus waren die Niederlande und die Kurpfalz. Mitverbündet waren die französischen Hugenotten, schließlich auch die katholische Krone Frankreichs, die aus mächtepolitischer Rivalität zu Spanien und dem Haus Österreich gegen die Konfessionsinteressen handelte, wenn auch – wie gleich zu hören sein wird – gezwungenermaßen und ungern. Mit der calvinistischen Aktionspartei sympathisierten England, die – untereinander feindlichen – lutherischen Königreiche Dänemark und Schweden sowie die böhmischen Stände, die von einer entschieden protestantischen Politik Schutz gegen den absolutistischen Katholizismus ihrer habsburgischen Krongewalt erwarteten.

Dem calvinistischen entsprach ein gegenreformatorischer oder katholischer Internationalismus, ja eigentlich ging dieser jenem voraus. Führungsmacht und Motor waren Spanien und Österreich, dazu in komplizierter Konstellation das Papsttum und Bayern. Das mächtepolitische Konzept zielte darauf ab, Deutschland durch eine Allianz katholischer Mächte zu umschließen, um in der Mitte Europas, dem Ursprungsland der Reformation, die Häresie ein für alle Mal auszulöschen. Das sollte zugleich die spanische Hegemonie über Europa sichern und im Heiligen Römischen Reich den Habsburgern die absolute Kaisermacht bringen. Als Polen unter König Sigismund III. Wasa (1587–1632) in den 1590er Jahren erstmals eine entschieden katholische Politik verfolgte und sich außenpolitisch dem spanisch-österreichischen Block anschloss, schien das katholische Lager in der Vorhand. Ein eiserner Ring katholischer Mächte von Spanien über Italien, Österreich, Böhmen und Polen schien um das häretische Mitteleuropa geschmiedet. Zudem bestand die reale Möglichkeit, ihn um den skandinavischen Norden zu ergänzen. In erster Linie ging es um Schweden, auf dessen Thron der polnische König Sigismund einen Erbanspruch besaß. Auch das dänische Norwegen hatte der Katholizismus ins Blickfeld genommen und dorthin eine Jesuitenmission entsandt – mit großer Hoffnung auf religiösen und politischen Umsturz im katholischen Sinne.

Im staatenpolitischen Alltag trat die Bindung der Politik an das Bekenntnis deutlich zutage, als sich im innerdeutschen Mächteringen protestantische Fürsten und Städte im Mai 1608 zur Union zusammenschlossen und ein gutes Jahr später in systemlogischer

Konsequenz die Gründung der katholischen Liga erfolgte. Natürlich gingen Konfessionssolidarität und Staateninteressen nie ganz reibungslos ineinander auf. So wurde zwischen den protestantischen Nachbarn Schweden und Dänemark immer wieder die konfessionelle Mächteallianz durch die weit älteren und langfristig angelegten politischen Interessengegensätze im Kampf um die Vorherrschaft in der Ostsee unterlaufen. Ähnlich zeigte sich das im katholischen Lager aufgrund der ständischen und territorialen Reibungspunkte zwischen Österreich und Bayern. Das Paradebeispiel ist aber das katholische Frankreich. Dieses war notorisch „anfällig" für Koalitionen mit nichtkatholischen Mächten – im 16. Jahrhundert mit den islamischen Türken, im 17. mit Schweden und anderen protestantischen Mächten. Doch selbst hier war die konfessionalistische Systemlogik in der Außenpolitik nicht prinzipiell ausgeschaltet. Das bezeugt kein Geringerer als der große Kardinalpremier Richelieu, der wiederholt glaubhaft versicherte, dass er nichts lieber täte, als seine Außenpolitik konfessionell-katholisch auszurichten. Das sei aber, so die Begründung des großen Außenpolitikers, nicht möglich, weil Spanien den internationalen Katholizismus spalte, um dadurch Hegemonialpolitik gegen Frankreich zu betreiben. [58]

Zuspitzung der Konfessions- und Staatengegensätze

Die konfessionalistische Deutung des europäischen Mächteringens und die heilsgeschichtliche Selbst- wie Fremdverortung der beiden Machtblöcke prägten für Jahrzehnte die Außenpolitik der europäischen Mächte.

Im *katholischen* Lager, das sich in einem letzten Abwehrkampf gegen die von Luther ausgegangene Häresie begriffen sah, kam es zu einer umfassenden Mobilisierung. Jeder Gläubige sah sich in das Entscheidungsringen gestellt. Das einfache Kirchenmitglied reagierte darauf mit Beten, Buße und Exerzitien; Theologen und Seelsorger, speziell die Ordensleute, mit innerer und äußerer, weit ins „Feindesland" getragener Mission; Politiker, Rechtsgelehrte und Kriegsmänner mit juristischen, diplomatischen und militärischen Offensiven zur Rückgewinnung der katholischen Gebietsverluste in Europa. Ließ sich die Häresie nicht mehr vollständig vernichten, so war sie doch so zu isolieren, dass sie die wahre, reine Kirche nicht mehr beflecken konnte.

Angeführt von Spanien, dem Hause Habsburg und dem Papsttum ging der katholische Block daran, in Geheimdiplomatie und mittels Allianzen die häretische Mitte des Kontinents in einem gewaltigen Zirkel einzukreisen – von Spanien über Italien zu den österreichischen Erblanden und Böhmen bis nach Polen, von wo aus man Schweden und ganz Skandinavien ins Visier nahm. Dabei stützte man sich, wie zum Beispiel im dänisch-norwegischen Bergen, auf Untergrundmissionen der Jesuiten – ein vorzügliches Beispiel für die erwähnten nichtstaatlichen Agenten! Vor allem aber stützte sich diese katholische Offensive in Richtung Ost- und Nordeuropa auf die dynastischen Ansprüche des katholischen Wasakönigs Sigismund III. von Polen 1587–1632, dem Sohn Johann III. von Schweden, dessen komplexe Konfessionspolitik uns im vorigen Teil bereits beschäftigte. Sigismund III. war seit 1592 zugleich formell König von Schweden, bis er von seinem lutherischen Onkel Herzog Karl von Södermanland, dem Vater Gustav Adolfs, 1604 endgültig vertrieben wurde. Die Spanier waren in den 1590er Jahren auch im nordwestlichen Teil dieser Zirkellinie, also von Norwegen über England, die Niederlande zurück nach Spanien, noch präsent – offensiv in Belgien, gegenüber England trotz der Niederlage der Armada noch keineswegs definitiv im Rückzug, ähnlich in Groningen und Friesland, den Nordprovinzen der revolutionären Republik, wo sie erst 1595 hatten weichen müssen. In den Jahrzehnten um 1600 stand somit tatsächlich eine große, säkulare Entscheidung an, politisch-diplomatisch oder militärisch.

Kaum erstaunlich, dass die *Protestanten* auf der Basis ihrer apokalyptisch-eschatologischen Deutung der herrschenden mächtepolitischen Konstellation bei genau derselben fundamentalistischen Politik Zuflucht suchten. Das trifft allerdings weniger auf die lutherischen Territorien des Reiches zu, die sich im Schutz des Augsburger Religionsfriedens sicher fühlten und daher allianz- und mächtepolitische Zurückhaltung übten. Anders die Reformierten und Calvinisten, die in Genf, Frankreich, den Niederlanden und Nordwestdeutschland direkter der katholischen Bedrohung ausgesetzt waren. Wie der Block katholischer Mächte, so entwickelten auch die Calvinisten eine ausgeprägt aktivistische und internationalistische Außen- und Bündnispolitik. Ähnliches gilt für das anglikanische England angesichts der spanischen Bedrohung, die mit dem Sieg über die Armada ja noch keineswegs beseitigt war. Die konkrete diplomatische oder gar militärische Umsetzung wurde allerdings durch den bis heute fortwirkenden insularen Isolationismus gebremst, der sich in England parallel zur Entstehung des Mächteeuropa festigte.

Dennoch teilte das protestantische England mächtepolitisch und allgemein in der Selbst- und Fremdeinschätzung die Meinung der kontinentalen Calvinisten. So entfaltete sich diesseits und jenseits des Kanals eine radikal konfessionalistische Flugschriftpropaganda, die das Zeitgeschehen in einen religiös-heilsgeschichtlichen Deutungshorizont stellte. Auf dieser Basis entwickelten die protestantischen Nationen England und Holland in einer Kombination von konfessioneller und protonationaler Identitätsbildung die Selbstinterpretation als zweites „Volk Israel", die kulturgeschichtlich, aber auch außenpolitisch bis weit in die Moderne hinein fortwirken sollte. Spiegelbildlich dazu konstruierte die protestantische Propaganda Englands und Hollands eine über Jahrhunderte wirkmächtige *leyenda negra*, eine Schwarze Legende, die die Spanier als Dunkelmänner und moralisch wie politisch Aussätzige, ja als Personifikation des Antichristen brandmarkte und dazu aufrief, Spanien in Europa wie in Übersee mit allen Mitteln zu bekämpfen, aus weltlich-machtpolitischen, vor allem aber aus heilsgeschichtlichen Gründen.

Es entspricht einer gewissen Systemlogik, dass die Spannungen der um 1600 fundamentalistisch zugespitzten Konfessions- und Staatengegensätze in Mitteleuropa den großen, 30 Jahre währenden Glaubens- und Staatenkrieg entstehen ließen. Denn das war, wie bereits skizziert, jene Zone, in der sich großflächige Konfessionsterritorien nicht hatten herausbilden können und daher die religiösen und politischen Gegensätze auf kleinem Raum ausgetragen wurden. Besonders explosiv war die Situation in Böhmen, wo die religiös-politische Fragmentierung durch den vorreformatorischen Hussitismus und die Machtkonkurrenz zwischen einheimischen protestantischen Ständen und habsburgischer katholischer Krongewalt besonders ausgeprägt war.

Nachdem es 1610 nicht zuletzt durch die Ermordung Heinrichs IV. von Frankreich nochmals gelungen war, den im Nordwesten des Reiches aufgebrochenen Jülich-Cleveschen Erbfolgestreit zu regionalisieren und von den in Europa aufgezogenen konfessionellen und mächtepolitischen Spannungen zu isolieren, brach der von vielen seit Jahren befürchtete Krieg acht Jahre später in der entgegengesetzten Ecke des Reiches in Böhmen aus. Dort eskalierte 1618 eine Kette innerer Verwicklungen an den konfessionellen Gegensätzen. Konkret ging es um die kontroverse Auslegung des Majestätsbriefes von 1609, in dem Kaiser Rudolf II. den böhmischen Protestanten Religionsfreiheiten und Selbstverwaltungsrechte durch ein Defensorengremium zugestanden hatte. Unter Ferdinand von Innerösterreich, seit 1617 König von Böhmen, wurden diese religiösen und politischen Freiheitsrechte Zug um Zug zugunsten autoritativer Herrschaftsrechte der Krongewalt und der mit dieser eng verbundenen Gegenreformation eingeschränkt. Dieser Entwicklung traten die Vertreter der protestantischen Ständefreiheit entgegen, indem sie am 23. Mai 1618 die verhassten Habsburger Räte Wilhelm Slavata und Jaroslaw Martinitz aus dem Fenster der Prager Burg warfen und mit diesem rechtssymbolischen Akt der Defenestration ihre Widerstandsbereitschaft bekundeten.

Mit diesem bald berühmten Prager Fenstersturz waren die Brücken der Verständigung abgebrochen. An die Stelle der bislang noch nicht ganz verlorenen Bereitschaft zu Verhandlung und Schlichtung trat der Wille zur Entscheidung, nötigenfalls mit militärischen Mitteln – in Böhmen wie bald auch in Europa generell: „Nie war die Gelegenheit so günstig“, kommentierte der Prager Jesuitenrektor Gregor Rümer die Entwicklung, „wie jetzt, den Böhmen ihre Privilegien, welche der Religion so nachteilig sind, und den Majestätsbrief zu entreißen, die

Kirchen wieder in Besitz zu nehmen!“[59] Auf der Gegenseite suchten auch die protestantischen Stände die Entscheidung um jeden Preis. Sie erklärten den katholischen Habsburger Ferdinand zum Tyrannen, setzten ihn ab und wählten an seiner Stelle Kurfürst Friedrich von der Pfalz zum König. Friedrich war das Haupt des calvinistischen Aktionsblocks und politisch wie persönlich hoch motiviert und ehrgeizig. Denn sein zerstückeltes Territorium ließ sich von der Oberpfalz her durch Böhmen trefflich arrondieren, und die böhmische Königskrone brachte ihm die ersehnte Standeserhöhung und Gleichrangigkeit mit der Familie seiner purpurgeborenen Gattin Elizabeth Stuart, der englischen Königstochter.

Damit war eine nicht mehr zu beherrschende Ereigniskette eingeleitet, die – um ein vertrautes Bild aus einem ganz anderen Jahrhundert zu bemühen – „die Lichter in Europa“[60] ausgehen ließ. Allerdings, und das macht die Geschichte dieser ersten gesamteuropäischen Fundamentalkrise noch deprimierender, die Handelnden waren sich der Gefahr bewusst. Der Kölner Kurfürst Ferdinand von Wittelsbach, ein Bruder des bayerischen Führers der katholischen Liga, warnte noch am Vorabend der Katastrophe: „Sollte es denn so sein, dass die Böhmen im Begriff stehen, ... einen Gegenkönig zu wählen, so möge man sich nur gleich auf einen zwanzig-, dreißig-, oder gar vierzigjährigen Krieg gefasst machen.“[61] Man kann somit nicht sagen, die europäischen Konfessionen und Staaten seien blind in das menschenverschlingende Chaos des großen Glaubens- und Staatenkrieges „geschlittert“.

Auch wurden durchaus Anstrengungen unternommen, den befürchteten „Clash“ der konfessionellen Weltanschauungssysteme zu verhindern: Keine Geringeren als Herzog Maximilian von Bayern, neben Spanien und Ferdinand von Innerösterreich, dem nachmaligen Kaiser Ferdinand II., der entschiedenste Konfessionalist im katholischen Lager, und Kurfürst Friedrich von der Pfalz, Haupt des calvinistischen Internationalismus und dynastischer Antipode des bayerischen Wittelsbachers, verhandelten bis zuletzt, um eine militärische Austragung des Konflikts zu vermeiden.[62] Außerdem gab es neben der dominanten konfessionalistischen und kriegstreibenden Propaganda auch eine irenische Friedenspublizistik. Sie zielte ab auf die Überwindung der dogmatischen und weltanschaulichen Gegensätze durch die „simple" Herzensfrömmigkeit – nachgerade anrührend ausgedrückt in dem Flugblatt „Geistlicher Rauffhandel", das in Kontrast zu den streitenden Kirchenführern den friedenssehnsüchtigen Christenmenschen als einfachen, auf Gott vertrauenden Hirten darstellt. Selbst an philosophisch-politiktheoretischen Visionen zur Überwindung der fundamentalistischen Konfrontation mangelte es nicht: So hatte der Humanist und außenpolitische Berater des dänischen Königs Heinrich von Rantzau bereits 1581 den Plan eines überkonfessionellen europäischen Generalfriedens entwickelt und führenden Vertretern beider Konfessionsblöcke unterbreitet.

Umso deprimierender die Einsicht, dass es angesichts der Fundamentalfeindschaft offensichtlich an Mitteln und Wegen fehlte, die Krise zu entschärfen.[63]

Die weiteren Ereignisse machen das gewaltige Panorama des 30 Jahre langen Krieges aus, der die gesamte europäische Staatenwelt erfasste und den Kontinent wiederholt an den Rand der Selbstvernichtung führte:[64] Auf den triumphalen Sieg der spanisch-bayerisch geführten katholischen Armee mit Marien-Fahne und dem Schlachtenruf „Sancta Maria" folgte die Ausweitung zum europäischen Flächenbrand. Denn der dänisch-norwegische König Christian IV. sprang den bedrängten protestantischen Glaubensbrüdern zur Seite und provozierte den Vorstoß der Kaiserlichen ans Baltische Meer und nach Jütland. Der von den siegreichen Katholiken diktierte Friede von Lübeck zwang den Dänen, aus dem Krieg auszuscheiden. Der Kaiser konnte ungehindert das Restitutionsedikt von 1629 erlassen, das – wäre es umgesetzt worden – nicht nur im Reich die dauerhafte Entscheidung für den katholischen Block gebracht hätte. Das verhinderte die Intervention Schwedens 1630 und der Umschlag zugunsten der Protestanten. Schließlich erfolgten 1635 der Eintritt Frankreichs und die zunehmende Akzentverschiebung vom Glaubens- zum Staatenkrieg, was zugleich eine bis dahin unvorstellbare Brutalisierung der Kriegsführung zu Lasten der Bevölkerung mit sich brachte. Als sich die Einsicht verbreitete, dass die fundamentalistische Totalkonfrontation Europa in den Abgrund stoßen werde, stand am Ende doch die Bereitschaft zum Frieden, der 1648 in Münster und Osnabrück als politischer und religiöser Verständigungsfrieden besiegelt wurde. Er beruhte auf pragmatischen Lösungen jenseits der absolut gesetzten religiösen Wahrheitsfrage und bedeutete damit zugleich die Überwindung des frühneuzeitlichen Konfessionsfundamentalismus.

Christliche Friedenstradition und heilsgeschichtliche Konfrontationsdynamik

Fragt man, warum das seit dem Mittelalter hoch entwickelte christliche Friedensdenken – erinnert sei nur an die Friedensschrift des Humanisten Erasmus von Rotterdam, an entsprechende Traktate der spanischen Spätscholastiker oder auch die bedingungslos pazifistische Haltung von Täufern und Mystikern[65] – versagte und Staaten- wie Kirchenlenker den Kontinent in das Inferno des Krieges führten, stößt man auf ein aus der Gegenwart seltsam vertrautes Phänomen: den religiösen Fundamentalismus, konkret auf den *christlichen Konfessions-Fundamentalismus,* der sich um 1600 in Europa allenthalben ausbreitete. Er wurzelte in der allen Konfessionen eigentümlichen Tendenz zur radikalen Integration nach innen und aggressiven Abgrenzung nach außen gegenüber den anderen Konfessionskirchen und Konfessionsstaaten. Auf dem Höhepunkt der Polarisierung triumphierte die uneingeschränkte Bereitschaft zur *Totalkonfrontation*, also nicht nur zur religiösen oder „ideologischen" Auseinandersetzung, sondern zum gesellschaftlichen und politischen Kampf, schließlich auch zur militärischen Auseinandersetzung.

Fundamentalistisch war die Einstellung insbesondere dadurch, dass die realen politischen Gegensätze und Fronten als Teil eines jenseitigen Geschehens gedeutet wurden – als endzeitliche Ereignisse, als apokalyptisches Ringen zwischen den Heerscharen von Christ und Antichrist. Die modernen, aufgeklärten Gesellschaften des „Westens" sehen in solchem Denken einen Ausdruck des „finsteren Mittelalters" beziehungsweise im Falle des islamischen Fundamentalismus den Einbruch einer fremden, archaischen Religion und Kultur. Doch gerade in der gegenwärtigen Weltlage, in der der Fundamentalismus wieder das menschliche Zusammenleben radikal in Frage stellt, wenn auch weniger im zwischenstaatlichen Verkehr als durch informellen Terror, erscheint es hilfreich, daran zu erinnern, dass Europa und das lateinische Christentum eigene Erfahrungen mit einem politisch-religiösen Fundamentalismus hatten.

Anders als in der „klassischen" Phase europäischer Mächtepolitik im 19. Jahrhundert gab es um 1600 kein staatliches Monopol auf Außenpolitik und das Instrumentarium der internationalen Politik – also ein institutionalisiertes diplomatisches Korps, Gesandtschafts-, Völker- und Kriegsrecht – war erst unvollkommen ausgebildet. So gab es – ähnlich wie in der zunehmend postnationalstaatlichen Gegenwart – neben den staatlichen, die Fürsten und ihre Berater, eine Vielzahl von proto-, semi- oder nichtstaatlichen Akteuren. In der konfessionellen Phase um 1600 waren es auch und vor allem die Konfessionskirchen oder einzelne ihrer Gemeindeverbände, die im internationalen System operierten, teils in Allianz mit den Politikern, teils ohne oder gar gegen sie.

Gleichzeitig mit der religiös-konfessionellen Polarisierung und der ersten Formierung von konfessionellen Militärblöcken bildete sich eine konfessionelle Redeweise und Semantik aus, die um 1600 ihren Höhepunkt erreichte: Parallel zu der konfessionellen Formierung des Handlungshorizontes und der Ordnungskonzepte bei den politischen und kulturellen Eliten entfaltete sich eine von Theologen, Juristen und anderen Meinungsführern getragene Publizistik, in der sich das konfessionelle Muster zu einer prophetisch-eschatologischen, teilweise apokalyptischen Deutung des europäischen Mächtesystems verdichtete. Propagandaschriften, theologische Traktate, Kirchenlieder, aber auch Äußerungen von Diplomaten oder Privatpersonen deuten das politische und militärische Geschehen innerhalb des europäischen Mächtesystems als apokalyptisches Endzeitgeschehen.

Im Grundmuster gleich, unterschied sich die konfessionelle Deutung des Kriegsgeschehens doch im Konkreten: Die katholische Seite stellte sich eher in die Tradition der einen, ungeteilten Christenheit und deutete dementsprechend den Krieg gegen den konfessionellen Gegner als Kreuzzug gegen die häretische Bedrohung der christlichen Einheit. Demgegenüber bevorzugten die Protestanten „prophetisch-eschatologische Deutungsmuster".[66]

Im Calvinismus, der die Zuspitzung der internationalen Konflikte in den beiden ersten Jahrzehnten des 17. Jahrhunderts besonders entschieden vorantrieb, waren in der außenpolitischen Propaganda wie bei den historischen und politischen Deutungsmustern die apokalyptisch-eschatologischen Züge besonders ausgeprägt. Das hängt mit der besonderen politischen und rechtlichen Situation des westeuropäischen Calvinismus zusammen, der in Genf, Frankreich, den Niederlanden, im Nordwesten Deutschlands, in gewisser Weise selbst in England, wo die Bedrohung durch die spanische Armada noch sehr präsent war, in direkter Konfrontation mit dem seelsorgerlich wie militärisch offensiven Katholizismus stand. Demgegenüber befand sich das Luthertum in einer komfortablen Situation – in Deutschland reichsrechtlich vom Augsburger Frieden geschützt und sonst eher in einer strategischen Randlage, so namentlich in Skandinavien.

So war es auch der Calvinismus, der angesichts der realen Bedrohung eine radikal konfessionalistische Flugschriftpropaganda entfaltete, die das Zeitgeschehen religiös heilsgeschichtlich deutete. Die Wurzeln dieses spezifisch calvinistischen Geschichtsbewusstseins sind in den Kreisen der Exulantenkirchen zu suchen. Bereits das erste Manifest des calvinistischen Internationalismus, die Beschlüsse der Emder Synode von 1571, forderte eine heilsgeschichtliche Interpretation des Zeitgeschehens. Und kein Geringerer als Philipp Marnix van Sint Aldegonde (1540–1598), Rat Wilhelms von Oranien und führender Propagandist des Aufstands, nahm sich dieser Aufgabe an und sorgte in politischen Pamphleten, vor allem auch durch seine Psalmenübersetzung, die er mit einer ausführlichen Geschichtstheologie einleitete,[67] für eine rasche Verbreitung der religiös-biblischen Interpretation der Zeitgeschichte: Die Niederländer, wie wenig später dann auch die Engländer, sollten sich als auserwähltes Volk Gottes begreifen. Ihr Kampf gegen die Spanier war der Kampf des Volkes Israel mit Pharao und den Ägyptern. Wilhelm von Oranien war „onse Moyses“, ein andermal David im Kampf gegen den Tyrannen Saul. Im Wilhelmus-Lied[68] wurde der Oranier in der Form der Psalmengesänge Davids gefeiert:

„Als David moeste vluchten
Voor Saul den Tyran:
Soo heb ick moeten suchten
Met menich Edelman:
Maer Godt heeft hem verheven
Verlost uit alder noot,
Een Coninckrijk ghegheven
In Israel seer groot.“

In zeitgenössischer Übersetzung:

„Wie David muste fliehen,
vor Saulo dem tyrann,
so hab ich müssen weichen,
mit manchem edelman,
Aber Gott thet jhn erheben,
erlösen aus aller not,
ein königreich gegeben,
in Israel sehr gros.“

Wie die konfessionalistischen Positionen Denken und Handeln eines Diplomaten regierten, zeigt die umfangreiche Korrespondenz von Pieter Cornelisz. Brederode, des Gesandten der niederländischen Generalstaaten bei den westdeutschen protestantischen Reichsständen.[69] Sie ist ganz und gar von der „dezidiert konfessionalistischen Perzeption der Mächtebeziehungen und der Konfliktlinien in Europa“ bestimmt. Brederode rückte „ständig die Konfession ins Zentrum“ (Uwe Sibeth) seiner Verhandlungen. Sein Ziel war es, dem internationalen Katholizismus, den die protestantischen Länder zunehmend als existentielle Bedrohung erlebten, eine geschlossene protestantische Abwehrallianz entgegenzusetzen, um die Offensive dauerhaft einzudämmen. Er forderte ein „concilium Senatorum protestantium apud principes reformatos", dem neben den Niederlanden und den protestantischen Reichsständen auch England und Dänemark angehören sollten. Denn diese Länder hätten ein gemeinsames Interesse an der Bekämpfung des Papsts und Spaniens, die alle protestantischen „partien voor Antichrist ende viandt" ansehen müssten.

Selbst dort, wo Diplomaten sachlich berichten, ist die konfessionalistische Nomenklatur der Außenpolitik zur Selbstverständlichkeit geworden. Die Politik Spaniens ist nicht nur leibliche, sondern auch und vor allem geistliche Tyrannei. Organisator der spanisch-gegenreformatorischen Front ist der Antichrist, der die Wiederbelebung des reinen Evangeliums durch die Reformation rückgängig machen will, indem er gegen die protestantischen Länder als Hort des wiederentdeckten Evangeliums zum Sturm bläst. Ja mehr noch, die im Protestantismus seit den frühen Schmähschriften Luthers verbreitete und zunächst innerkirchlich-theologisch begründete Gleichsetzung des Papstes mit dem Antichrist wurde nun in den internationalen Kontext übertragen: Der spanische König und der Papst *sind* der Antichrist, der in einem von Spanien geführten und vom Vatikan dirigierten Bündnis der gegenreformatorischen Staaten Europas die Kräfte der Finsternis organisiert, um die Länder des Lichts und der evangelischen Wahrheit zu vernichten.

Wie in dieser geistigen und politischen Situation auch der Friede diskreditiert ist, zeigt ein 1607 veröffentlichter Traktat mit dem Titel „Repraesentatio pacis generalis". Verfasst von dem erwähnten niederländischen Diplomaten Pieter Cornelisz. Brederode, geht diese umfangreiche Flugschrift in historisch wie juristisch gelehrter Argumentation der Frage nach, ob ein vom Papst propagierter Generalfrieden ein annehmbarer Weg sei, die in Europa allenthalben drohende Kriegsgefahr zu bannen. Konkreter Hintergrund waren wohl Überlegungen, die zu diesem Zeitpunkt in Den Haag über einen möglichen Friedensschluss zwischen den aufständischen Nordprovinzen und Spanien angestellt wurden. Für den Vertreter einer entschieden calvinistischen Position ist ein solcher Frieden per se unmöglich. Denn Spanien sei eine „General Tyrannei" und kämpfe für die Weltherrschaft der römischen Religion. In dieser Perspektive „erscheint der Krieg als Dauerzustand, der allenfalls infolge Erschöpfung kurzzeitig unterbrochen wird. Der reale Friede bietet lediglich Gelegenheit, neue Kraft für den nächsten Waffengang zu schöpfen und die des Gegners zu unterminieren. Ein solcher nur zur Vernichtung des Gegners angelegter ‚Friede' erscheint darum nur als eine womöglich noch schrecklichere Fortsetzung des Krieges."[70]

Geistige und politische Existenzkrise der lateinischen Christenheit oder Europas

Die in der Publizistik ebenso wie in diplomatischen Schriftstücken und Privatbriefen greifbare politisch-theologische Semantik mit ihrer konfessionalistischen Perzeption der politischen Mächtekonstellation und dem unbedingten Willen zur militärischen Austragung der Gegensätze hielt sich bis weit in den Dreißigjährigen Krieg hinein. Beide Blöcke, im protestantischen akzentuiert die Calvinisten, deuteten die politischen und militärischen Mächtekonstellationen, deren Siege oder Niederlagen, prophetisch-eschatologisch, teilweise apokalyptisch. Der drohende oder bereits entbrannte Staatenkrieg war nichts anderes als der im Neuen Testament vorausgesagte endzeitliche Kampf zwischen Christen und Antichrist, zwischen den Kräften des Guten und des Bösen, den Kindern des Lichtes und der Finsternis. Es macht den Kern dieser fundamentalistischen Politikdeutung aus, dass man keine Sekunde zweifelte, selbst auf der richtigen Seite zu stehen, und dass vor diesem heilsgeschichtlichen Horizont nahezu jedes politische und militärische Mittel gerechtfertigt erschien. Daraus resultierte die tragische Unausweichlichkeit, aber auch die gesellschaftliche und kulturell-geistige Dynamik des frühmodernen *Konfessions-Fundamentalismus*, vergleichbar der Durchschlagskraft des modernen islamischen Fundamentalismus, die noch vor kurzem im „Westen“ ganz unvorstellbar war.

So wird verständlich, dass weder die Furcht vor dem abzusehenden Chaos noch die konkreten Verhandlungen der Politiker im zweiten Jahrzehnt des 17. Jahrhunderts in der Lage waren, die Konfrontationsdynamik zu brechen. Europa stürzte in eine Existenzkrise, auf deren Tiefpunkt sich alle Beteiligten mit der Frage konfrontiert sahen, ob überhaupt je noch einmal ein geordnetes Zusammenleben der Staaten und Völker in Europa möglich wäre.

Wie und mit welchen Mitteln es den europäischen Staaten Mitte des 17. Jahrhunderts gelang, nicht nur die akute Krise zu überwinden, sondern darüber hinaus den konfessionellen Fundamentalismus auf Dauer aus ihrer Beziehungsgeschichte auszuschalten, wird das nächste Kapitel zeigen.

5. Heiliger Krieg und göttlicher Frieden in Bildern und Symbolen[71]

Eine Zeit endemischer Glaubenskriege

„Heilige Kriege“ und die sie begleitende Symbolik in Sprache und Kunst traten in der Christentumsgeschichte immer wieder auf, so auch in der Übergangsphase vom Mittelalter zur Frühen Neuzeit, insbesondere im konfessionellen Zeitalter. Anders als bei den mittelalterlichen Kreuzzügen richtete sich hier die Emphase der Heiligkeit nicht gegen eine außerchristliche Macht, sondern legitimierte ein fundamentalistisches Ringen innerhalb der *societas christiana* selbst. Europa durchlebte den fundamentalistischen Weltenbrand, in dem es um absolute und daher eschatologisch gewichtete Glaubens- und Heilswahrheiten ging und in dem sich beide Seiten mit mächtiger Propaganda in Bildern und Sprache gegenübertraten.

Das war die Folge der intoleranten Konfessionsbildung im Anschluss an das unentschieden ausgegangene Ringen um eine Reformation der Gesamtkirche. „Die religiöse Wahrheitsfrage (war zur) maßgeblichen Ursache kriegerischer Konflikte geworden." Das war eine bittere, selbstzerstörerische Kontroverse, die verbunden war mit „einer religiösen und militärischen Symbolsprache ... und mit Sichtweisen und Deutungen, die aus dem christlichen Altar eine ‚Wohnung des Kriegsherrn' und eine ‚Quelle der Kriegskraft' machen oder die Eucharistie in ein ‚Kriegsbrot' verwandeln". Zu den christlichen Symbolsprachen gehören überdies die „ritualisierten Liturgien, von denen erwartet wird, dass sie sich im Kampf gegen die Feinde der Christenheit als verlässliche Siegesgarantien bewähren", also Messfeiern, Bitt- und Dankprozessionen zu Beginn und am Ende eines Krieges, Fahnen- und Waffenweihen etc.[72] Bilder, Symbole und Repräsentationen waren nicht Arabeske oder Verbrämung, sondern den heiligen Konfessionskrieg aktiv mitbestimmende Kräfte und sind daher zu gewichten „in jener formbezogenen Eigenaktivität ..., die Geschichte nicht etwa illustriert oder dokumentiert, sondern hervorbringt".[73]

Die Verzahnung von Religion und Krieg hatte in Europa bereits ausgangs des Mittelalters eine neue, neuzeitliche Qualität angenommen. Ausschlaggebend war die enge Allianz zwischen den an vielen Stellen Europas seit dem 14. Jahrhundert aufbrechenden religiösen Strömungen, Institutionen, Identitäten und Symbolen einerseits und der rasch voranschreitenden gesellschaftlichen, teils bereits frühnationalen und politischen Partikularisierung Europas andererseits. Daraus resultierte ein beträchtliches Gewaltpotential sowohl nach innen zur Formierung und Dynamisierung der jeweiligen Gesellschaft als auch nach außen zur religionsgeleiteten Abgrenzung von den Nachbarn. Was bei den weitgehend auf den ostmitteleuropäischen Raum begrenzen Hussitenzügen noch allgemeines Entsetzen erzeugt hatte, war gemäß einer Beobachtung Erasmus von Rotterdams anfangs des 16. Jahrhunderts, also vorreformatorisch, gang und gäbe, nämlich dass „Anglus hostis est Gallo, nec ob aliud nisi quod Gallus est", „der

Engländer ist der Feind des Franzosen aus keinem anderen Grund, als weil er Franzose ist“[74] (und so weiter durch die Welt der frühneuzeitlichen Völker); und dass diese politische und protonationale Feindschaft innerhalb des *populus christianus* in religiös aufgeladenen Kriegen ausgetragen wurde: „vexilla crucem habent, pugnat crux cum cruce, Christus adversus Christum belligeratur“, „ihre Fahnen tragen das Kreuz, das Kreuz kämpft mit dem Kreuz, Christus führt gegen Christus Krieg“.[75]

Mit der Reformation wurde die von Erasmus beschriebene Tendenz zum innerchristlichen Religionskrieg zum strukturbildenden Charakterzug der aufziehenden Neuzeit. Denn die evangelischen Reformen der Lehre und der kirchlichen Institutionen gingen von Anfang an eine feste und effektive, auf Dauer angelegte Allianz mit den politischen, teils protonationalen Partikulargewalten ein und wuchsen damit über den Status mittelalterlicher Häresien hinaus. Da auch die römische Kirche, die sich in den tridentinischen Reformen ebenfalls zu einer neuen, neuzeitlichen (Partikular-)Kirche „modernisierte“, ihrerseits nämliche Allianzen mit den Partikulareinheiten schloss, standen sich fortan politisch-institutionell wie kulturell hoch formierte Partikulareinheiten gegenüber, die im Innern wie nach außen in engster Verzahnung von politischem Macht- mit religiösem Wahrheitsanspruch operierten.[76] Aus dem Häresieproblem des Mittelalters war das Konfessionenproblem der neuzeitlichen Christenheit geworden, die sich bald säkular als Europa definieren sollte. Der theologische, innerreligiöse Kampf der Reformationszeit gegen die Häresie wurde zu Beginn des 17. Jahrhunderts zum äußeren Weltanschauungskrieg der Konfessionen und Konfessionsstaaten.

Angesichts der Gleichzeitigkeit und sachlogischen Verschränkung von religiöser und politischer Differenzierung bei gleichzeitiger Aufrechterhaltung sowohl des absoluten religiösen Wahrheits- wie eines ebenso absoluten politischen Machtanspruchs wurde die Verschränkung von Religions- und Staatenkrieg zum Signum des Zeitalters: Im Innern wurde das Ringen um die Herausbildung einer neuzeitlich souveränen Staatsgewalt mit einer einheitlichen, disziplinierten Untertanengesellschaft als Religions- und Bürgerkrieg ausgetragen. So die Kappeler Kriege in der Schweiz, der Schmalkaldische Krieg in Deutschland, die Hugenottenkriege in Frankreich, die Puritaner Revolution in England, die Geusen-Erhebung in den Niederlanden, die zum Freiheitskrieg gegen Spanien wurde. Zwischenstaatlich führte die Überlagerung von Staatsbildung und Konfessionalisierung in den Jahrzehnten um 1600 Europa in eine politische wie religiöse Durchbruchs- und Entscheidungskrise, die den latenten Konflikt zu einem fundamentalistischen Gegensatz der konfessionellen Weltanschauungssysteme zuspitzte und dadurch den großen europäischen Glaubens- und Staatenkrieg nachgerade unvermeidlich werden ließ.

Wenn es zutrifft, dass Glaubenskriege wie Heilige Kriege allgemein die Herausbildung großer, universalistisch gedachter Gemeinschaften zur Voraussetzung haben, dann war in der Konfessionalisierung genau das innerhalb der *christianitas* selbst geschehen, so dass ausgangs des 16. Jahrhunderts der Boden für Glaubenskriege innerhalb Europas bereitet war. Universelle Großgruppen waren auf zwei Wegen entstanden – zum einen durch die frühmoderne Staats- und Gesellschaftsbildung und zum anderen durch die Formierung der neuzeitlichen Konfessionskirchen als bürokratisch-institutionelle Organisationen und theoretisch- „ideologisch" fundierte Weltanschauungssysteme mit Ausschließlichkeitscharakter. Da diese beiden Prozesse aufs Engste miteinander verschränkt waren und beide universalistisch gedachten Großgruppen, also die Konfessionskirchen ebenso wie die frühmodernen Staaten, in unbedingte Grundsatzkonkurrenz sowohl miteinander als auch nach innen gegenüber den vorkonfessionellen oder vorstaatlichen Gruppen traten, ergab sich jene Zuspitzung und Steigerung des religiösen wie des politischen Selbstbehauptungs- und Herrschaftswillens, die die neuzeitliche Qualität des konfessionellen Glaubenskrieges ausmacht. In dieser Konstellation waren innereuropäische Glaubenskriege für mehrere Generationen endemisch, also strukturell jederzeit möglich, ja wahrscheinlich. Die konflikt- und kriegstreibende Dynamik ergab sich insbesondere aus dem emphatischen Bezug sowohl der

Theologen als auch der Politiker des Konfessionsstaates auf das ewige Seelenheil des Einzelnen wie der sozialen Gruppen – von Kleingruppen über mittlere Gruppen wie Städte bis hin zu Großgruppen wie Staaten oder Nationen.

Das stellte die politische und gesellschaftliche Ordnung in Europa auf ganz neue Grundlagen und trat unvermeidlich in Gegensatz zu bislang wohl begründeten und abgesicherten Interessen. Indem dieses heilsgeschichtliche Bewusstsein ausgangs des 16. Jahrhunderts eine apokalyptisch-eschatologische Zuspitzung erfuhr, lassen sich für die Jahrzehnte um 1600 fundamentalistische Einstellungen zur Frage von Gewalt, Krieg und Endzeitentscheidungskampf erkennen.

Solange die Verkopplung von universellem, offensivem Anspruch der Staatsbildung und bedingungslosem Wahrheitsanspruch der Konfessionskirchen anhielt, also bis zur völkerrechtlich säkularen Neuordnung des europäischen Staatensystems in den großen Friedensschlüssen zu Mitte des 17. Jahrhunderts, blieben Glaubens- und Konfessionskriege innerhalb des lateinischen Europa endemisch.

Es waren sowohl realgeschichtliche Strukturen und Wandlungen als auch ideen- und kulturgeschichtliche Bedingungen, die die frühneuzeitliche Form des Heiligen Krieges hervorbrachten: auf der realgeschichtlichen Ebene die im Hussitismus bereits aufbrechende, im Zuge von Reformation verstärkte Verzahnung von Religion und Politik; die frühmoderne Staats-, in bestimmten Gebieten ansatzweise auch bereits Nationenbildung; die in grundsätzlicher politischer und religiöser, „ideologischer“ Konkurrenz erfolgte Herausbildung eines Mächteeuropa der Partikularstaaten. Kulturell wurde das begleitet von einem sich ständig steigernden Bedürfnis nach symbolischer Repräsentation und Selbstvergewisserung in Wort und Bild, religiösen wie politischen Riten und Zeremonien, die die Reihen nach innen festigen und nach außen aggressiv abgrenzen sollten.

Im Folgenden werden die christlichen Kriegs- und danach die Friedensbilder beschrieben und in ihrer Funktion analysiert. Dabei werden die Bilder nicht als Dokumentation oder Illustration der Ereignisse gesehen, sondern als „eigenaktive“ Akteure, die in den Glaubenskriegen des 16. und 17. Jahrhunderts, wie in der Geschichte allgemein, Konfrontation oder Frieden mit hervorbrachten.

Die symbolische Repräsentation in Bildern, Riten, Zeremonien und Gesten gehörte zum inneren Kern der frühneuzeitlichen Glaubens- und Staatenkriege und war an deren Entstehung und Verlauf aktiv beteiligt. Das war zum einen eine Folge der christlichen Tradition, die auf symbolische und rituelle Handlungen und Darstellungen selbst in der nüchtern-rationalen Spielart des Calvinismus nicht völlig verzichtete. Das konfessionelle *fidei symbolum* und dessen bildliche und rituelle Manifestationen sollten den jeweiligen Wahrheits- und Herrschaftsanspruch über Dörfer, Städte, Territorien oder Staaten befestigen und sicherstellen, nötigenfalls auch militärisch. Zum anderen war die besondere Wirkmächtigkeit solcher symbolischen Manifestationen in den Kriegen des 16. und 17. Jahrhunderts eine Folge der Staatenkonkurrenz und des Kampfes um eine europäische Staatenordnung, die noch ganz offen und labil war, so dass einer hellsichtigen Beobachtung von Thomas Hobbes zufolge „im Ruf von Macht [zu] stehen [bereits] Macht“ war („Reputation of power is power; because it draweth with it the adherence of those that need protection“).[77] Eine solche Reputation wurde nicht zuletzt durch Symbole und Bilder, weltliche und religiöse, erzeugt.

In den Religions- und Staatenkriegen des konfessionellen Zeitalters addierte sich die Repräsentationskapazität von Religion mit der von Politik – konkret die konfessionskirchliche *Sakralrepräsentation* mit der frühmodern-staatlichen *Machtrepräsentation* – zu einem gewaltigen, gewaltsamen Potential verbaler, bildlicher, ritueller und zeremonieller Aktivierung der Menschen. Den Höhepunkt erreichte die von Erasmus beobachtete Durchdringung religiöser und politischer Aufrüstung mittels christlicher Symbole in der Durchbruchskrise des Dreißigjährigen Krieges.

Die konfessionelle Sakral- und Machtrepräsentation

Die Sakral- und Machtrepräsentation des späten 16. und frühen 17. Jahrhunderts war außerordentlich bunt und vielgestaltig. Im Folgenden sollen uns vier Schneisen die barocke Bild- und Zeremonienwelt erhellen – entlang der katholischen Marienrepräsentation, der vorwiegend alttestamentarischen Repräsentation des lutherischen Schweden, der erlösungsgeschichtlichen, soteriologischen Visualisierung im ebenfalls lutherischen Dänemark zur Zeit Christians IV. und schließlich der calvinistischen Repräsentation in der Stadtrepublik Genf.

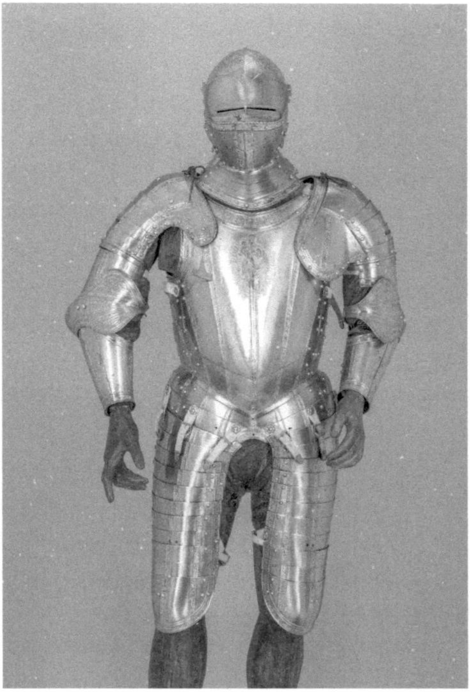

Prunkharnisch Kaiser Karls V. mit einem ziselierten Emblem der Gottesmutter als Garant siegreicher Schlachtenführung.

Die katholische Marienrepräsentation: Die Repräsentation der Gottesmutter Maria, die schon die Habsburgerkaiser Karl V. und Ferdinand I. in der Reformationszeit eingesetzt hatten – u. a. als Ziselierung auf ihren Prunkharnischen –, trat in der Krise um 1600 emphatisch in den Vordergrund.

Die politische Religiosität der katholischen Mächte und Herrscher erfuhr mit der Entstehung des barocken Heiligenhimmels eine zweifache Formierung – eine Zuspitzung auf die Jungfrau Maria und eine Steigerung der performativen und kommunikativen Komponente. Eine erste mächtige Welle des politischen Marienkults, der die politisch-kulturelle Identität der katholischen Mächte weit über das Ereignis hinaus prägen sollte, wurde mit dem Seesieg der „Heiligen Liga" vom 7. Oktober 1571 vor Lepanto ausgelöst.

Da das Flaggschiff des Kommandanten Don Juan de Austria, eines illegitimen Sohns Kaiser Karls V. eine Marienstandarte mit der Aufschrift „Santa Maria succure miseris" („Heilige Maria, komme uns Elenden zu Hilfe") trug, wurde der Sieg der Gottesmutter zugeschrieben. In den katholischen Ländern wurden Dank- und Festtage eingerichtet, dazu besondere Prozessionen und Bruderschaften, die über Jahrhunderte hin den Lepanto-Mythos wachhielten und als Tat der „Maria vom Sieg" inszenierten.

Daran anknüpfend wurde Maria in der Schlacht am Weißen Berg – dem ersten, für lange entscheidenden Treffen des Dreißigjährigen Krieges – von den katholischen Truppen gleich mehrfach in Anspruch genommen: Dem bayerischen Heer zog sie auf seiner Fahne als geistliche Feldherrin voraus, begleitet von dem alttestamentlichen Spruch Hohelied 6.4: „Terribilis ut castrorum acies bene ordinata", „furchtgebietend wie ein gut geordnetes Heer". Herzog Maximilian stellte vor der Schlacht öffentlich vor dem angetretenen Heer seine persönliche Mariendevotion zur Schau und verlangte dasselbe von seinen Soldaten. Der Angriff auf die Schlachtreihen der Protestanten wurde unter dem Schlachtruf „Sancta Maria" vorgetragen. Und in dem Moment, als das Protestantenheer das Übergewicht zu gewin-

Der welthistorische Sieg der christlichen Allianz über die türkische Flotte in der Seeschlacht bei Lepanto im Ionischen Meer schrieb man der Hilfe der Gottesmutter zu. Auf dem Gemälde von Paolo Veronese von 1571 dirigiert sie die christlichen Schlachtenreihen vom Himmel und entscheidet so das blutige, lange unentschiedene Ringen zugunsten der Christen.

Katholischer Propagandadruck zum Sieg über die Protestanten am Weißen Berg, westlich von Prag gelegen (8. November 1620). Die drei Abbildungen zeigen ein Votivbild mit der Geburt Christi, das protestantische Ikonoklasten zerstört hatten, indem sie bei Maria und Josef die Augen durchstachen; ein Porträt des spanischen Karmelitermönchs Dominicus a Jesus Maria, der das katholische Heer zum Sieg fortriss, indem er, das geschändete Votivbild hochhaltend, der Schlachtenreihe voranritt; schließlich eine Darstellung eben dieser Szene.

nen drohte, ritt der charismatische Karmelitermönch Dominikus a Jesu Maria an die Spitze der Schlachtreihe und riss das katholische Heer durch die Präsentation einer Marienikone voran zum Sieg. Die Emotionalisierung, die die Soldaten erfasste, war umso tiefer, als das Bild für alle sichtbar Verwüstungsspuren des kurz zuvor erlittenen Bildersturms zeigte.

Mit dieser auf Maria zentrierten Repräsentation des politischen Katholizismus[78] schließt sich zugleich der agonale Kommunikationskreis hin zum Konfessions- und Machtritus der Calvinisten. Diese hatten gleich nach der Krönung ihrer Pfälzer Galionsfigur, Kurfürst Friedrich V., zum König von Böhmen im Dezember 1619 mit einem gezielten Bildersturm im Prager St. Veitsdom den Heiligen Krieg der Bilder bzw. gegen die Bilder in Gang gesetzt. Auf dem Marienbild, mit dem Dominikus a Jesu Maria den katholischen Schlachtenreihen am Weißen Berg voranritt, waren Maria und Josef von den calvinistischen Bilderstürmern die Augen ausgestochen worden. Auf dem Flugblatt, das den katholischen Wundersieg am Weißen Berg in Europa bekannt gab, werden das Schlachtengeschehen und die Heldentat des Paters bewusst mit dem wenige Monate zuvor erfolgten Bildersturm kontrastiert, der im Hintergrund dargestellt ist.

Die Einheit von weltlich-militärischem und religiösem Triumph kam auch in dem symbolischen Akt der Wiederverwendung der prominentesten Beutestücke zum Ausdruck. So ließ der siegreiche Herzog Maximilian von Bayern eine Trompetenfahne, die Friedrich V. für seine Hochzeitsfeierlichkeiten in London hatte anfertigen lassen, zu einem Prunkkissen umarbeiten und in seiner Münchener Residenz ausstellen. Ähnlich kostbare Schabracken und Pferdedecken des Pfälzer Hofstaates schenkte Maximilian der Abtei Niederaltaich, die daraus Sakralgewänder für den Gottesdienst anfertigen ließ.[79] Den triumphalen Höhepunkt der bayerischen Marienrepräsentation brachte dann die Mariensäule von 1638, die mitten in München den Bürgern Devotion und Dank des Herzogs an die Gottesmutter für die Bewahrung der Residenzstadt vor der drohenden Zerstörung durch die schwedischen Besatzer vor Augen stellte.

Als Zeichen seines Vertrauens in die Gottesmutter als Schlachtenlenkerin pflanzt der bayerische Kurfürst Maximilian vor seinem Armeezelt eine Marienstandarte auf.

Die lutherische Glaubensheld-Repräsentation der Schweden: Die protestantische Konfessions- und Machtrepräsentation erscheint besonders ausgeprägt bei Schweden und Gustav Adolf. In der Perspektive der Staatenkonkurrenz stehen die Manifestationen der 1630er Jahre in der Tradition des schwedisch-dänischen Mächtegegensatzes. Wie in der machtpolitischen Realität, so war Schweden im Anschluss an den Drei-Kronen-Krieg der 1570er Jahre[80] auch in der Repräsentation der Macht immer deutlicher auf Kosten Dänemarks in den Vordergrund getreten. Das war auch und vor allem eine Folge der Konfessionalisierung der Machtblöcke und der damit verbundenen Dynamisierung der Propaganda durch Emotionalität und Visualisierung. Dänemark und Schweden waren zwar beide lutherische Länder, doch wussten Gustav Adolf und

Die Mariensäule auf dem Münchener Marienplatz von 1638. Dank an die Schutzpatronin Bayerns für das „Wunder von München", die Verschonung der von schwedischen Truppen besetzten Stadt vor Brandschatzung und Vernichtung, wie sie sieben Jahre zuvor der katholische General Tilly über das protestantische Magdeburg verfügt hatte. Kupferstich von Johann Bartholomäus Kilian, 17. Jahrhundert.

Schweden die Möglichkeiten, gleichzeitig mit der konfessionalistischen Propaganda den „Anschein der Macht" zu erzeugen und somit den realen Machtzuwachs zu fördern, weit besser zu nutzen: Die lutherische Konfessionskultur Schwedens und ihre Repräsentation in Bild und Wort waren offensiv und militant. In ihr wurden die Bilder und Riten der Religion und der Macht aktiv und aggressiv zugunsten der schwedischen Durchdringung der Welt. Das zeigen die religiösen Visionen im Moment des Eingreifens in den deutschen Glaubenskrieg zugunsten der lutherischen Glaubensgenossen, die Gustav Adolf in der ostentativen Pose des Glaubenshelden, göttlichen Rächers und Retters der Verfolgten darstellen. Ein eindringliches Beispiel ist die propagandistische Verbreitung des Kriegseintritts in Deutschland in Wort und Bild: Dutzende Flugschriften halten den Moment fest, in dem Gustav Adolf auf der pommerschen Insel Usedom den Boden des Heiligen Römischen Reiches betritt, um seinen deutschen Glaubensbrüdern militärische Hilfe zu bringen.

So heißt es im Anhang des parallel dazu verbreiteten schwedischen Kriegsmanifests von 1630:

„Wie Ihr Kön. Mayt. auffm Lande zu Rügen gewesen, vnd alle Orther besichtiget, da hat er offentlich in beysein vieler Officirer vnd Hauptleute, auch anderer auss der Stadt Stralsund, so es wider referirt, seine Augen vnd gefaltete Hende nach dem Himmel gewendet, vnd also gebeten:

ACH du Gerechter vnd Allerhöchster, vnd recht Onüberwindliebster GOTT, ein Herr Himmels vnd der Erden, dir ist bekannt meines Hertzens Sinn vnd Meynung, vnd das dis mein hohes Werk nicht zu meinem, sondern zu deinem und deiner bedrengten Christenheit Ehren, gereichen sol vnd muss, Darum, ist es dein Göttlicher Wille, vnd in deinem Rahte zeit, so gib mir Wint und Wetter, dass ich meine Armee, so ich auss vielen Völkern gesamblet, bald zusammen vnd zu mir bekommen müge.

Wie nun hierüber den Vmbstehenden die Augen vbergangen, vnd Er es gesehen, da hat er gesprochen: Ja, Ja, das wils Ihme nicht thun,

Der lutherische Schwedenkönig Gustav Adolf nach der Landung am südlichen Ostseeufer (4. Juli 1630) auf den Knien um den Sieg seines Heeres betend. Kupferstich vermutllich von Johann Georg Manasser, 1632.

sondern betet mit mir, dann wor viel Betens, da ist viel vnd mehr Hülffe."

Weder das Gebet noch die Visualisierung der Gebetsszene entsprachen der Realität. Vielmehr war der König wegen seiner extremen Kurzsichtigkeit bei der Landung zu kurz gesprungen und dadurch zu Fall gekommen.[81]

Die dänische, auf Christus zentrierte Kriegsdeutung: Die Repräsentation des Konfessionskrieges erschöpfte sich nicht in dem offensiven und aggressiven Modell der katholischen oder schwedisch-lutherischen Seite. Das belegt eine in unserem Zusammenhang wenig beachtete Repräsentation durch Christian IV. von Dänemark, die deutlich an-

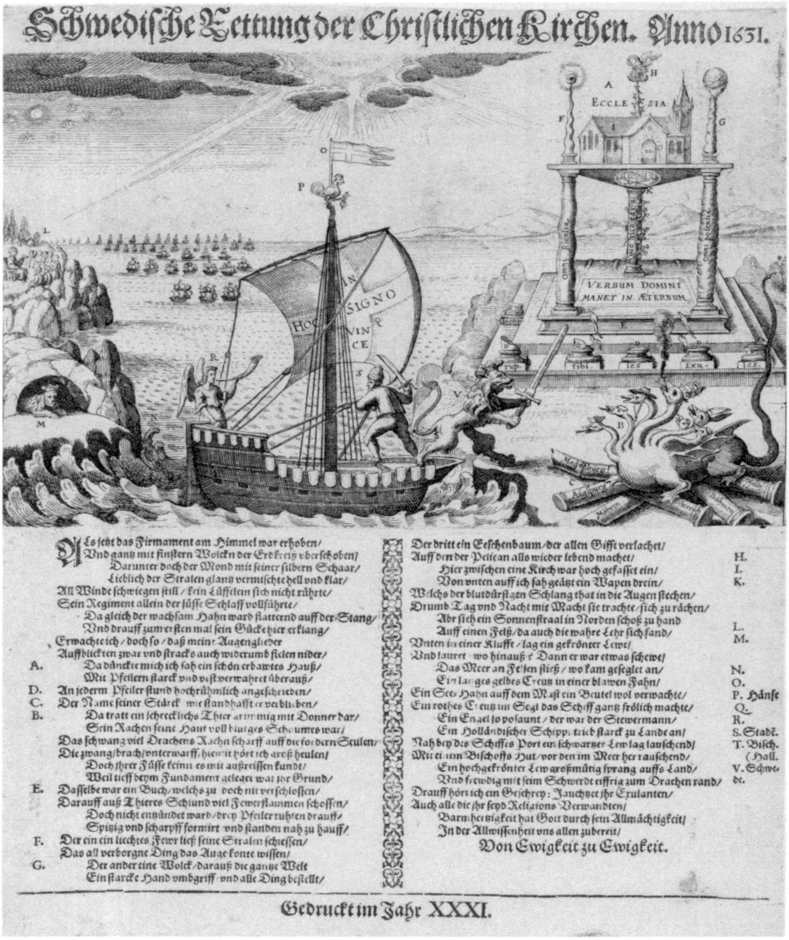

Propagandablatt anlässlich des schwedischen Eintritts zugunsten der Protestanten in den Dreißigjährigen Krieg. Radierung „Schwedische Rettung der Christlichen Kirchen" von Lucas Schnitzer, 1631.

dere Akzente als diejenige seines schwedischen Glaubensbruders und Machtkonkurrenten setzte: In dem Moment, in dem er sich auf der Basis des am 9. Dezember 1625 mit England, den Generalstaaten und dem Pfalzgrafen/Winterkönig geschlossenen Haager Militärbündnisses zur großangelegten militärischen Offensive gegen die nach Norden vorrückenden katholischen Armeen anschickte – also in einer der fünf Jahre später erfolgten Landung Gustav Adolfs ähnlichen Situation –, griff Christian nicht zu triumphalen alttestamentarischen Heldenrepräsentationen, sondern zu einer soteriologisch-erlösungstheologischen Visualisierung menschlicher Sündhaftigkeit und Schwäche: Er ließ seinen Hofmaler Reinholdt Timm ein Ecce-homo-Bild malen, das ihm am 8. Dezember, also einen Tag vor dem formellen Abschluss der Haager Kriegsallianz, in einer nächtlichen Vision im Winterquartier zu Rotenburg an der Wümme vor Augen getreten war.

Diese Vision hielt er in einem eigenhändigen, später in den Rahmen des Gemäldes eingefügten Schreiben fest:

„Dijser gestalt, ist miir den 8. Decem: auff dem hausse Rodenburg Morgens Früe gezeiget, der Hon vnd Spott, So Vnser Erlösser vnd Seelichmacher, Christus Iesus, vnserendthalben gelitten, beii Wierendem gebet zu Godt führ die nodt der ganzen Euangeliske Kirchen Anno 1625. Christianus IIII D. G. Rex Daniae & Norvegiae etc. Ma: pro: Sc. (= Manu propria scripsit – Mit eigener Hand geschrieben)".

Nicht die Helden- und Gotteskriegerpose nahm der Dänenkönig für sich und seine Untertanen in Anspruch, sondern einen eschatologischen Leidens- und Sündergestus. Stärkung und Siegesversprechen werden nicht in militärischem Triumphgebaren, sondern in Glaubensdemut und Erniedrigung gesucht. Das war nicht Ausdruck von Indolenz oder eines dem Luthertum häufig unterstellten Rückzugs ins Unpolitische. Vielmehr war auch diese Variante lutherischer Sakralrepräsentation zugleich Machtrepräsentation. Der Krieg mit all seinem Leid und seiner Bedrängnis hat religiöse Ursachen, nämlich die Sündhaftigkeit und Gottesferne des Einzelnen wie des dänischen Staatsvolkes insgesamt. Errettung bringen innere Umkehr, individuelle wie kollektive Buße und Zucht, vor allem aber die (soteriologische) Besinnung auf den Erlöser Jesus Christus – individuell beim König und kollektiv bei seinem Volk wie bei seinen Truppen. In seiner Christusbezogenheit war das ein betont evangelisches, antirömisches Glaubenssymbol, das die Versöhnung mit Gott sucht, sich seinem Schutz

Krieg als christliches Leidens- und Sündengeschehen - Gemälde des leidenden Christus an der Tür des Schreibzimmers von Christian IV. von Dänemark.

unterstellt und dadurch Kraft zum Sieg erhofft. Diese spirituelle, nach innen gerichtete Variante religiöser Selbstvergewisserung war somit kaum weniger kriegslegitimierend als die aggressiven, nach außen gerichteten Formen anderer Länder und Konfessionen.

Die lutherisch-spirituelle Glaubensrepräsentation Christians IV. erleichterte aber auch die Wende vom Krieg zum Frieden und zur Neuausrichtung der Herrschaft auf christlichen Grundlagen: Der Krieg, in den Dänemark 1625 gegen die nach Norden vorstoßenden katholischen Heere eintrat, brachte schwere Niederlagen in Niedersachsen und vor dem pommerschen Wolgast und endete bereits im Juni 1629 mit dem demütigenden Frieden von Lübeck. Eine existentielle Krise seiner Herrschaft bedeutete das aber nicht. Vielmehr gelang es Christian IV. in den 1630er Jahren auf der beschriebenen Grundlage lutherischer Frömmigkeit, das Königtum zu stabilisieren und damit zugleich die dänische Gesellschaft neuzeitlich zu formieren und zu modernisieren.

Calvinistische Selbstvergewisserung in internationaler Bedrängnis: Der am Beispiel Dänemarks greifbare Typus visueller Repräsentation des Engagements im Religionskrieg als „Stärke in der Schwäche“ und „Erhöhung in der Erniedrigung“, „Triumph im Leiden“, oder wie immer man das Beschriebene auf den Begriff bringen mag, lässt sich auf protestantischer Seite auch anderwärts antreffen. Bemerkenswerterweise auch bei den Calvinisten, die auf protestantischer Seite die treibende Kraft des Glaubenskrieges und Vertreter einer Ideologie des Heiligen Krieges waren.

Der Calvinismus, dessen wirkungsmächtigstes Symbol der Selbstvergewisserung das Peregrinus- oder Schiffchen-Gottes-Emblem war, das uns bei der Konfessionsmigration bereits begegnet ist, wusste aus Leid und Niederlagen Widerstandswillen und Kraft zu gewinnen. Das zeigen eindrucksvoll die Schreckensbilder katholischer Massaker und Bedrohungen, die die calvinistische Propaganda einsetzte, um Niederlagen und Verluste in Kampfeswillen umzusetzen und die eigenen Reihen zu schließen – so die Schrecken des Bartholomäusnacht-Massakers von 1572, der spanischen Furie über das protestantische Antwerpen 1576, der spanischen Armada von 1588, die unverhofft die britische Inselfestung bedrohte, sowie der Belagerung und Vernichtung der Hugenottenstadt La Rochelle 1627/28 durch die katholische Krone Frankreichs.

Dieses Bild des Grauens wurde dann wenig später von den deutschen Lutheranern übernommen, als sie die Schrecken der „Magdeburger Hochzeit“ in illustrierten Flugblättern verbreiteten, um das gnadenlose Morden und Brandschatzen der Elbestadt durch die Solda-

Die „Spanische Furie" 1576 gegen das protestantische Antwerpen. Urerfahrung konfessionsfundamentalistischer Unmenschlichkeit, vergleichbar der Pariser Bartholomäusnacht (1572) und dem Wüten der Tilly-Soldateska 1631 in Magdeburg.

teska des katholischen Feldherrn anzuklagen und das protestantische Deutschland in seinem Widerstand zu befestigen.

In den Jahren, als sich zu Beginn des 17. Jahrhunderts die Krise geistig und politisch zuspitzte, sah sich 1602 Genf, das Zentrum des internationalen Calvinismus, selbst unmittelbar durch einen überfallartigen Anschlag, die sogenannte „Genfer Escalade", bedroht.

Der calvinistischen Propaganda waren der Überfall und seine Zurückweisung eine willkommene Gelegenheit, um aller Welt kundzutun, dass Gott selbst sein rechtgläubiges Volk vor seinen Feinden schützt. Ereignisgeschichtlich handelt es sich um den für die calvinistische Stadtrepublik traumatischen Überfall katholisch-savoyardischer Truppen in der Nacht des 12. Dezember 1602. Savoyen, der politische

Calvinistische Errettungserfahrung im Zeichen wachsamen Christusvertrauens – der zurückgeworfene Überfall von Truppen des katholischer Savoyens im Dezember 1602. Kupferstich von 1602.

wie konfessionelle Urfeind der freien Handelsrepublik, stand plötzlich mitten in der Stadt, wurde aber in beherzter Gegenwart der rasch zusammengezogenen protestantischen Bürgermilizen zurück über die Stadtmauer getrieben.[82] Die Kunde von der Errettung aus der *escalade*-Not schickten die Genfer mit einem Pamphlet in die Welt, das, abgesehen von einem kargen Holzschnitt auf dem Frontispiz, auf dem das Kreuz und der Tod sowie ein Engel dargestellt sind, allein auf das Wort vertraut – als „Vray discours de la miraculeuse deliverance envoyee de Dieu à la ville de Genève, le 12 jour de Decembre 1602“: „Wahrer Bericht über die wundersame Errettung, die Gott der Stadt Genf am 12. Dezember 1602 zuteilwerden ließ.“

Durch den Überfall, so die Kernaussage, „Dieu a voulu nous rendre plus vigîlans et aduises à l'advenir et a voulu aussi arracher de nostre bouche cette confession, que de luy seul dépend nostre conservation et deliverance“[83]: „wollte Gott uns zur Wachsamkeit und Absicherung der Zukunft wachrütteln und uns bewusst machen, dass unsere Erhaltung und Errettung allein auf ihm beruhen.“

In radikaler Konfrontation der katholischen Heiligen- und Marienfrömmigkeit wird dem Schlachtruf „Nostre Dame“, mit dem die Savoyarden-Truppen in die calvinistische Stadtrepublik einfielen, die Überlegenheit des evangelischen Christusglaubens entgegengestellt:

„Le savoyard, pour mot du guet, A en la bouche NOSTRE DAME: Le soldat Genevois reclame Le Seigneur de tout son souhait... Du Seigneur viennent les vertus. Non de la Dame, par iustice“.[84]

Lob des Friedens

Dem Heiligen Krieg entsprach in Denken, Rhetorik, Symbolik und Bildsprache des konfessionellen Zeitalters der Heilige Frieden. Die Vision des Friedens als gottgewollter Grundlage menschlichen Zusammenlebens ist dem Christentum ungeachtet aller gegenteiliger Erfahrungen über die Jahrhunderte hin nie verloren gegangen. Namentlich den einfachen Christenmenschen blieb eine tiefe Sehnsucht nach Frieden eigen. Das trug maßgeblich dazu bei, dass Mitte des 17. Jahrhunderts die Gewaltdynamik des christlichen Fundamentalismus überwunden wurde. In Europa war das eine Wende auf Dauer. Einen fundamentalistischen Flächenbrand nach Art des Dreißigjährigen Glaubens- und Staatenkriegs musste der Kontinent nicht wieder durchleben. Wenn König

Friedrich II. von Preußen im 18. Jahrhundert in den Schlesischen Kriegen als Retter des protestantischen Glaubens gegenüber katholischer Unterdrückung durch die Habsburger auftrat, blieb das ein Teilaspekt, zudem ein zynischer, seiner Kriegspropaganda, der weder in Preußen noch in Österreich die Massen zu mobilisieren vermochte. In den Konflikten der Gegenwart, im Nordirlandkonflikt oder dem Balkankrieg der 1990er Jahre war und ist ein solches Mobilisierungspotential durchaus vorhanden. Doch sind beide isolierte, anachronistische Randphänomene, die im übrigen Europa Ablehnung und Sorge, aber keine religiöse oder politische Solidarisierung hervorrufen.

Im 17. Jahrhundert schlug der Wille zum Krieg seit den späten 1630er Jahren in einen rasch um sich greifenden Willen zum Frieden um. Das erfolgte nicht durch Aufgabe oder „Überwindung" von Religion, sondern wurde maßgeblich von religiösen Kräften auf den Weg gebracht – eine für den Anteil des Christentums an der Gestaltung des neuzeitlichen Europa grundlegende Beobachtung. Wie das politische Mächteringen des großen Religions- und Staatenkriegs anfangs Züge eines „Heiligen Kriegs" angenommen hatte, so waren auch die Wende in den Frieden und schließlich das Ende des Krieges nicht nur der Erschöpfung oder politischem Kalkül geschuldet, sondern wesentlich auch der Religion und ihrer neuen Hochschätzung des Heiligen Friedens, die dem politischen Frieden Legitimität und Dauer gab.[85]

Auch in diesem Zusammenhang haben Bilder und symbolische Repräsentationen eine maßgebliche Rolle gespielt, indem sie quasi handelnd die Entwicklung angestoßen, vorangetrieben und schließlich dem Frieden Legitimation verliehen haben: Bereits auf dem Höhepunkt der Krise, als die dominanten Kräfte aller Konfessionen auf den Religionskrieg zusteuerten, behauptete sich eine humanistisch-irenische, auch frühpietistische Unterströmung, wie sie etwa in dem bekannten Flugblatt „Geistlicher Rauffhandel" greifbar ist. In den 1630er Jahren dringt diese religiös begründete Friedensmahnung in den Vordergrund, in den Flugblättern – etwa dem „Seuffzer nach dem Güldenen Frieden", das in ähnlicher Weise den Zusammenhang von

„Seuffzer nach dem Güldenen Frieden" – illustriertes Flugblatt 1645, das zu Ende dreier Jahrzehnte von Angst, Gewalt und Tod an die Gemeinsamkeit des Glaubens an Christus und den damit möglichen, ja gebotenen Willen zum Frieden appelliert.

Schuld und Buße visualisiert wie die erwähnte Ecce-homo-Vision Christians IV. von Dänemark.

Ebenso in der Barockliteratur, allem voran in den Kirchenliedern eines Paul Gerhardt[86], aber auch in den profanen Friedensdramen von Johann Rists „Das Friedwünschende Teutschland“ (1649) und „Das Friedjauchzende Teutschland“ (1653).

Ähnlich gestaltete sich der Umschwung auf katholischer Seite. Dort wurden die Kriegsrepräsentationen militanter Mariendarstellungen der *Maria victrix* abgelöst durch Darstellungen der Gottesmutter als Friedenskönigin. Allerdings nur in Europa. In Südamerika herrscht im Kampf gegen die Indios weiterhin die Repräsentation der Gottesmutter als „Generalissima“ vor, die den Marschkolonnen der Spanier voraneilt und sie von Sieg zu Sieg führt.[87]

Besonders eindrucksvoll erscheint die Friedens-Maria auf einem Gemälde von Joachim Sandrart von 1648, das Maria „als verehrungswürdige Frau, die Menschen und Staaten zum Frieden anhält“, darstellt.

Auf der die Gottesmutter überwölbenden Arkade steht die Seligpreisung der Friedenstifter aus der Bergpredigt: „Selig sind die Friedfertigen, denn sie werden Gottes Kinder heißen“ (Matthäus 5,9). In ihrer Hand hält Maria einen Ölzweig, ein traditionelles Friedenssymbol, das zum Ausdruck bringen sollte, dass sie durch die Geburt des Erlösers die Menschen mit Gott versöhnt und auf diese Weise eine Zeit des Friedens begründet hat. Der Rundtempel links der Madonna, auf dessen Fries „Templum pacis“ steht, ist als Verbildlichung einer alten Marienmetapher zu verstehen. Mittelalterliche Marienhymnen rühmten die Gottesmutter als „Tempel des Friedens“.

Gleichzeitig mit diesem Umschlag der konfessionellen Repräsentationen vom Willen zum Krieg zur Sehnsucht nach dem Frieden löste sich die Propaganda der kriegsführenden Mächte immer deutlicher von den religiös-heilsgeschichtlichen Konnotationen, so dass ihre mediale Kommunikation dominant säkular und politisch wurde und damit den Umschlag zur säkularisierten *raison politique* vorbereitete. Mitte des 17. Jahrhunderts machte das dann die Friedensschlüsse zwi-

Auch bei der Unterwerfung der südamerikanischen Völker wirkte „Maria vom Siege" mit: Die spanischen Armeen bestärkte sie im Glauben an die Rechtmäßigkeit ihrer Gewaltanwendung. Die besiegten Einheimischen überzeugte sie von der Überlegenheit des Christenglaubens. Francisco Cavallo, 1646.

Gesegnet von dem aus den Wolken hervortretenden Christus triumphiert der christliche Frieden mit Ölzweig und Lorbeerstandarte über den am Boden liegenden Kriegsgott Mars. Flugblatt von Matthäus Rembold, 1648.

schen den Religionsparteien möglich, ohne dass diese ihren religiösen Wahrheitsanspruch hätten aufgeben müssen.

Die Menschen, die Staatenbellizität und Konfessionskonflikte durchlebten, taten das nicht als Statisten von Prozessen und Strukturen, die der moderne Historiker analysiert oder in einer historischen Ausstellung darstellt, um sie für die eigene Gegenwart und Zukunft „aufzuheben". Ihren Verhaltens- und Lebensformen, ihren Denk- und Weltbildern gebührt unser Interesse, gerade weil sie „verloren" sind und uns heute fremd erscheinen. Denn nur wenig vermag uns eindringlicher die Veränderbarkeit und die historische Relativität sozialer und kultureller Formen – auch der Gegenwart – vor Augen zu stellen als eine solche Begegnung mit dem Fremden in der eigenen Geschichte. Anders als die meisten Menschen der Gegenwart, die durch die Aufklärung und den Anspruch der modernen

In Joachim Sandrarts Allegorie auf den Westfälischen Frieden (1648) ist die Maria vom Idol der siegbringenden Kriegerin gewandelt zur Frieden garantierenden Gottesmutter.

Natur- und Sozialwissenschaften auf rationale Erklärung geprägt sind, erlebten die Menschen des konfessionellen Zeitalters Gewalt und Hass, Mord, Ausgrenzung und Diffamierung als unbegreifbare Mächte, denen sie ausgeliefert waren. Sie fügten die entfesselten Gewalten in ein Gottes- und Weltbild ein, das nicht mehr das unsere ist, das uns aber gerade deshalb jenseits eines stets wohlfeilen Hochmuts der Späterlebenden Respekt abverlangt. Die Menschen, die um 1600 von einer umfassenden Krise verunsichert wurden, in der Krieg und Gewalt nur Teil eines weitergreifenden Syndroms waren, erklärten sich die Spannungen und Gegensätze und den sie bedrohenden

Unfrieden als gewaltiges apokalyptisches Ringen der rechten oder „godly“ – ein Ausdruck der englischen Puritaner – Christen gegen den Antichristen und seine Heerscharen. Hunger, Not, Krankheit, Tod deuteten sie als Rache, Vergeltung und Strafe Gottes für Sünde und Missetat, für Häresie beziehungsweise Verstocktheit gegenüber dem reinen Evangelium.

Umso tiefer, man möchte fast sagen, verzweifelter war ihre Friedenssehnsucht als Wunsch nach dem weltlichen Frieden, aber auch und vor allem nach dem kosmischen und nach dem überirdischen Frieden. Beidem haben die Dichter des Barocks Ausdruck verliehen, Andreas Gryphius etwa, der schon 1636 „Tränen des Vaterlandes“ dichtete und darin klagt:

> „Hier durch die Schanz und Stadt rinnt allzeit frisches Blut.
> Dreimal sind schon sechs Jahr, daß unser Ströme Flut,
> von Leichen fast verstopft, sich langsam fort gedrungen.
>
> Doch schweig ich noch von dem, was ärger als der Tod,
> Was grimmer denn die Pest und Glut und Hungersnot:
> Daß auch der Seelen Schatz so vielen abgezwungen.“

Paul Gerhardt (1607–1676) beginnt seinen Choral auf den Westfälischen Frieden jubelnd:

> „Gottlob, nun ist erschollen
> das edle Fried- und Freudenwort,
> daß nunmehr ruhen sollen
> die Spieß und Schwerter und ihr Mord“

und schließt im Vertrauen auf den ewigen Gottesfrieden, der aller irdischen Mühsal ein Ende setzt und Gott mit dem Menschen versöhnt:

> „der Friede, den er gibet,
> bedeutet alles Guts.

Er will die Lehre geben:
das Ende naht herzu
da sollt ihr bei Gott leben
in ewgem Fried und Ruh".

Beides haben wir im Auge zu behalten – die längerfristigen Strukturen und Prozesse als Vorgeschichte unserer heutigen historisch-politischen Kultur und den Auftrag an die Zukunft, aber auch den Alltag und die uns fremden Lebenswelten der Menschen, die auch dort, wo sie hilflos den Ereignissen ausgeliefert waren, nicht als deren Teil oder Objekte verrechnet werden dürfen. Beide Seiten der Geschichte sind lebendig zu halten – das Ringen um die Staatenordnung und um eine den geistigen Grundlagen Europas angemessene Religionsverfassung samt den diesbezüglichen Friedensregelungen, aber auch das „Leben in Krieg und Frieden", die Feste und Erinnerungskultur des Friedens, nicht zuletzt in der Widerspiegelung von Krieg und Frieden in Literatur, Musik und bildender Kunst.

Die konfessionell, fundamentalistisch begründeten Religions- und Staatenkriege wurden zu Mitte des 17. Jahrhunderts (endgültig) überwunden, als die Kriegsparteien in drei großen Friedensschlüssen zu einem europäischen Generalfrieden fanden oder – wie sich auch sagen lässt – zur ersten internationalen Friedensarchitektur der Neuzeit: dem *Westfälischen Frieden* von 1648, der zwischen Kaiser, den Reichsständen und Frankreich, zwischen Schweden und dem Reich sowie zwischen Spanien und der niederländischen Republik abgeschlossen wurde; dem *Pyrenäenfrieden* von 1659 zwischen Spanien und Frankreich sowie dem *Frieden von Oliva* 1660 zwischen Schweden und Polen.[88]

Die ihnen zugrunde liegende Wende vom fundamentalistischen Kriegswillen hin zur entschiedenen Friedenssuche hatte sich spätestens ausgangs der 1630er Jahre angebahnt. Natürlich haben hierzu die durch den Kriegseintritt Frankreichs 1635 noch einmal gesteigerten Schrecken des Krieges und das Mächtepatt auf den Schlachtfeldern wesentlich beigetragen. Nicht weniger entscheidend war aber die Veränderung der religiösen Einstellungen, wie wir sie in den geschilderten symbolischen Repräsentationen – von konfessionalistischen Sieges- und heiligen Heldenrepräsentationen bis hin zu Repräsentationen irenischer Vertragsamkeit – greifen: der Wechsel von den martialischen Bildern einer *Maria de la Victoria* auf katholischer oder Gustav Adolfs als alttestamentarischer Gottesrächer *Aron* auf protestantischer Seite hin zu Visualisierungen der inneren Christus- und Herzensfrömmigkeit, die die heilsgeschichtliche Ordnung nicht im Kampf der Dogmen und Konfessionsparteien, sondern im inneren, demütigen Herzen eines jeden Christenmenschen gesichert sehen wollen. Erst dieser geistig-kulturelle Grundsatzwandel ebnete den Weg zur Lösung der vier Kernprobleme in der frühneuzeitlichen Friedensarchitektur.

Nicht anders als die Reformation selbst war das ein weltgeschichtliches Ereignis: *erstens* aufgrund der inneren Verzahnung von religiöser und politischer Differenzierung. Abgesehen vom Pyrenäenfrieden zwischen den katholischen Mächten Frankreich und Spanien wurden alle Friedensschlüsse zwischen konfessionsverschiedenen Partnern ausgehandelt. Dennoch wurde dieses Friedenssystem, das eine grundlegend neue Basis für das Zusammenleben der Mächte in Europa legte, nicht unter Ausschluss oder gar Aufgabe des Religiösen gefunden. Im Gegenteil, der Weg zu diesem ersten Generalfrieden in Europa war wesentlich durch die neu formierten religiösen und spirituellen Kräfte, allen voran der Pietismus und seine europäischen Varianten, geebnet worden. Und der Frieden hatte eine heilsgeschichtliche Dimension – dokumentiert im *pax sit Christiana* der Westfälischen Friedensinstrumente und in dem Emblem der Friedenstaube, die nicht der säkulare Friedensvogel des Peace-Movement unserer Tage ist, sondern der sakrale Bote Gottes des Alten Testaments mit dem Ölzweig im Schnabel, der Noah und der Menschheit nach der Sintflut die Versöhnung zwischen Gott und den Menschen verkündet, die in Alteuropa weiterhin als Grundlage auch des politischen Friedens galt.

„Pax optima rerum", „Frieden ist das beste aller Dinge", Münsteraner Friedensmünze (Engelbert Kettler, 1648). Die Tauben mit Ölzweigen im Schnabel verweisen über den irdischen Frieden hinaus auf die Versöhnung Gottes mit den Menschen, die durch Krieg gegen ihn sündigten.

Der zwischen den Kriegsparteien ausgehandelte weltliche Frieden wurde zugleich als ein Heiliger Frieden verstanden, als Versöhnung Gottes mit der sündigen Menschheit.

Pax Christiana, der Gottesfriede der europäischen Friedensordnung war aber nicht dogmatisch, konfessionalistisch besetzt, sondern meinte die überkonfessionelle, dogmatisch neutrale Christenheit des alteuropäischen Völkerrechts. Die Doppelaufgabe, Religions- und Staatenfrieden herzustellen, war nicht dadurch gelöst worden, dass die dogmatische religiöse Wahrheit als unwichtig aufgehoben wurde, sondern indem sie von den Staateninteressen und der Politik abgekoppelt wurde. Die konfessionelle Neutralität der Staatengemeinschaft, die Religion als Teil der Staateninteressen keineswegs ausschloss, aber eben nicht mehr mit fundamentalistischem Absolutheitsanspruch, war fortan die Grundlage für die zwischenstaatlichen Beziehungen, auch und gerade für die zahlreichen bi- oder multilateralen Friedensschlüsse Alteuropas. Und wenn der Papst 1648 vor einem Notar einen formellen Protest gegen den Frieden einlegte, dann nicht, weil er prinzipiell gegen einen Frieden war. Unakzeptabel war ihm vielmehr die konfessionelle Neutralität, entzog sie doch seinem Anspruch endgültig den Boden, als *pater commune* in der gesamten Christenheit den Frieden zu stiften.

Zweitens, die aus dem politisch-staatlichen Differenzierungsschub resultierende kardinale Friedensaufgabe, nämlich eine Ordnung zwischen den Staaten und Mächten herzustellen, wurde durch die bedingungslose Anerkennung der *Staatenpartikularität* und der prinzipiellen Rechtsgleichheit gelöst – wohlgemerkt der Rechts-, nicht der Machtgleichheit: Der Westfälische Frieden und in seiner Folge auch die anderen Friedensverträge der Jahrhundertmitte waren Gleichordnungsverträge, die auf der Basis rechtlicher Gleichheit der Mächte geschlossen wurden. Nachdem die europäischen Dynastien und ihre aufsteigenden Partikularstaaten seit Ausgang des Mittelalters in Traktaten und symbolischen Repräsentationen, aber auch sehr konkret auf den Schlachtfeldern um die Stellung an der Spitze einer hierarchisch gedachten Mächteordnung gerungen hatten, wurde die Westfälische Friedensordnung nach dem Modell der „entgipfelten Pyramide“[89] entworfen – einer geordneten Rangfolge, die keine andere unterordnende Macht an der Spitze duldete, weder nach Art einer christlichen Universalmonarchie im Sinne Kaiser Karls V. noch als Hegemonialmacht eines Einzelstaates.

Zum ersten Mal gelang es, „mit dem Mittel des modernen Völkerrechts in einem Europa prinzipiell gleichgeordneter Mächte ohne hierarchische Spitze Frieden herzustellen und damit für die folgenden 150 Jahre die ersten völkervertragsrechtlichen Grundlagen der europäischen Ordnung zu legen“. Grundeinheiten und einziger Bezugspunkt dieser Ordnung waren die Partikularstaaten unter dem sich ausgangs des Mittelalters anbahnenden und von Jean Bodin theoretisch entwickelten und auf den Begriff gebrachten Souveränitätsprinzip „als umfassende und vollständige äußere und innere Unabhängigkeit und Selbstbestimmung gegenüber jeder anderen Macht“.[90] Damit war die neuzeitliche Völkerrechtsgemeinschaft der souveränen oder, wie im Falle der Reichsstände oder der Fürsten von Siebenbürgen, quasisouveränen Staaten entstanden, die für die nächsten Jahrhunderte Struktur und Funktionsweise der internationalen Politik bestimmen sollte. Entscheidendes Bewegungsprinzip dieser neuzeitlichen Staatenwelt – ihrer Kriege wie ihrer Friedensschlüsse – waren die Staatsinteressen und die fortan ganz und gar säkular begründete Staatsräson, säkular begründet selbst dort, wo sie, wie etwa im katholischen Frankreich, einen bestimmten Konfessionsstand einschlossen.

Aus der Konfessionsneutralität und Staatenpluralität der Friedensordnung resultierte *drittens* ihr entschiedener Antiuniversalismus: Gegenüber den neuzeitlichen Interessenrechten der Partikularstaaten hatten gradualistische oder hierarchische Normen endgültig die Legitimität verloren. Um Position und Vorteil wurde auch weiterhin gerungen, aber im Sinne einer Verteilung von Macht und Gewicht zwischen rechtlich-qualitativ gleichen Staaten. Indem mit der Säkularisierung und Autonomisierung des Politischen die Konfession endgültig als Leitkraft der Außenpolitik ausgeschieden war, verschwand auch der antagonistische Charakter, den das internationale System noch im Moment seines Durchbruchs um 1600 besessen hatte. An die Stelle des Universalismus und des Antagonismus der Konfessionsblöcke traten ab Mitte des 17. Jahrhunderts Konzepte kollektiver Sicherheit, die an Vorstellungen einer Kräftebalance zwischen den europäischen Herrschern und Völkern anknüpfen konnten, wie sie bereits seit dem späten Mittelalter von politischen Denkern wie Commynes, Erasmus, Botero oder Bacon entwickelt worden waren. Auf dieser Basis konnte sich dann die Gleichgewichts- oder Balance-of-Power-Idee entwickeln, die im 18. Jahrhundert gerade für die großen Akteure des internationalen Systems handlungsleitend wurde.[91]

Der Generalfrieden Europas war *viertens* auf das Recht als Instrument zur Regulierung inner- und zwischenstaatlicher Konflikte festgelegt. Aktuell und konkret kam das auch darin zum Ausdruck, dass die neue Staatenordnung keineswegs auf die großen Monarchien ausgerichtet war wie später dann im 18. und 19. Jahrhundert unter dem rasch um sich greifenden „Gesetz von Fläche und Zahl“[92], Größe des Staatsgebiets und der Bevölkerung. Im Gegenteil, sie berücksichtigte auch und gerade die Belange der kleineren und republikanischen Mitglieder, die wie Polen oder die Niederlande strukturell zu einer Militär- und Machtpolitik nicht willens waren. Denn sosehr das im Krieg und durch die Friedensschlüsse geborene Mächtesystem sich aus einer Vielzahl von Mächten zusammensetzte, die realpolitisch nach Größe, Macht, Ansehen, rechtlichem Status und Verfassung, religiöser Ausrichtung und wirtschaftlicher Stärke äußerst ungleich waren, so sehr galt zwischen ihnen die Rechtsgleichheit.

Die hinsichtlich ihrer militärischen und fiskalischen Möglichkeiten und des davon abhängigen realpolitischen Gewichts durchaus unterschiedlichen Mitglieder der frühneuzeitlichen Staatengesellschaft wurden durch das Völkerrecht in eine rechtliche Beziehung zueinander gebracht. Das auf dem antiken *ius gentium* und dem christlich-mittelalterlichen Menschen- und Völkerrechtsdenken aufbauende neuzeitliche Völkerrecht regelte fortan als *ius gentium*, *ius inter gentes* oder *droit publique de l'Europe* die Beziehungen zwischen Monarchen, Völkern und Staaten rechtlich im modernen Sinne,[93] und zwar im Falle des Krieges ebenso wie als Maxime der Friedensfindung. Das stärkte zugleich die Resistenz Europas gegen eine alle anderen Völker und Staaten unterdrückende Großreichbildung, die zwar immer wieder angestrebt wurde, aber stets an dem ihr entgegenstehenden Rechtsbewusstsein und Freiheitswillen der europäischen Staatengemeinschaft scheiterte.

Für das lateinische Europa bedeutete die neue Staatenordnung das definitive Ende der fundamentalistischen Verbindung von Religion und Politik und damit auch des Heiligen Krieges im alteuropäischen Sinne. So komplex und vielschichtig das Verhältnis zwischen Religion und Politik bzw. Religion und Gewalt auch blieb und auch konfessionelle Gegnerschaft weiterhin bestand, so erscheint doch die These plausibel, dass nach den Friedensschlüssen zu Mitte des 17. Jahrhunderts ein im alteuropäischen Sinn verstandener Religions- oder Heiliger Krieg innerhalb der europäischen Christenheit nicht mehr zu legitimieren war. Das ist die Voraussetzung dafür, dass heute in der „westlichen Wertegemeinschaft“[94] kaum etwas unumstrittener ist als die Ablehnung von Glaubenskriegen und Gewalt predigenden Religionsführern.

Mit Blick auf die Europa gegenwärtig auf den Nägeln brennende Frage – diese Perspektive auf Gegenwart und Zukunft sei dem Historiker an dieser Stelle erlaubt –, ob und wie eine solche Entwicklung auch im Islam möglich wäre, ist als Erstes nochmals herauszustellen, dass die Überwindung des alteuropäischen Heiligen Krieges und des christlichen Konfessionsfundamentalismus nicht durch agnostisches Zur-Disposition-Stellen der religiösen Wahrheitsfrage und Abwenden von der Religion erfolgte. Die universelle Wende vollzog sich vielmehr durch den für Alteuropäer typischen Prozess der Säkularisierung, der religiöse Emphase nicht abtötete, sondern in die Welt einspeiste – als Legitimation eines religiösen oder Heiligen Friedens. Die gerne zitierte Diagnose des großen Juristen und Rechtsdenkers Hugo Grotius: „Wer den Frieden unter den Christen sichern will, der ist verpflichtet, die Dogmen aufzugeben, die den politischen Frieden zerstören. Es ist wichtiger, ein guter Bürger als ein guter Christ zu sein“[95], ist zu modifizieren: 1648 wurde die religiöse Wahrheitsfrage gerade nicht zur Disposition gestellt. Sie wurde vielmehr entpolitisiert, so dass sie nicht mehr zur Legitimation politischer und weltlicher Ziele herangezogen werden konnte und folglich fortan ein Aufruf zum Heiligen Krieg oder auch nur die positiv gemeinte Deutung eines irdischen Krieges als notwendigem und von Gott gewolltem Krieg unmöglich geworden war.

Wenn gelegentlich auch für spätere Geschichtsepochen von „Heiligen Kriegen“ gesprochen wird,[96] ist eine typologische Unterscheidung unabdingbar, will man nicht entscheidende epochale Unterschiede verwischen: In Alteuropa waren „Heilige Kriege“ engstens verknüpft mit der heilsgeschichtlichen Deutung der Zeitgeschichte. Mit der Aufklärung ging diese heilsgeschichtliche Dimension verloren, jedenfalls in ihrem streng theologischen Sinn.

6. Ein anachronistischer Sonderfall – Diplomatie und Machtstaatspolitik der Päpste[97]

Protest gegen den europäischen Generalfrieden von 1648

Der Frieden, mit dem 1648 in Mitteleuropa endlich der Glaubens- und Staatenkrieg endete, hatte einen Makel, der die allgemeine Freude nicht trüben konnte, aber noch über Generationen hin Juristen und Historiker beschäftigen sollte: Rom weigerte sich, den Westfälischen Frieden anzuerkennen. Bereits im Vorfeld des Unterzeichnungsaktes hatte Papst Innozenz X. seinen Nuntius Fabio Chigi, wenig später als Alexander VIII. selbst Oberhaupt des Kirchenstaates, angewiesen, gegen die Verträge formell und notariell Protest einzulegen. Das geschah zuerst am 18. Mai 1648 gegen den Frieden von Münster zwischen Spanien und den Niederlanden. Es folgten weitere Proteste und schließlich das Breve *Zelo Domus Dei*, in dem Papst Innozenz X. das Friedenswerk insgesamt verurteilte und alle Vertragsbestimmungen für ungültig erklärte, die den Rechten der Kirche oder des Heiligen Stuhls zuwiderliefen.[98]

Rom sperrte sich, so urteilten bereits die Zeitgenossen, gegen einen Frieden, der der Christenheit nach 30 Jahren unmenschlicher Gewalt gegen Leib und Seele endlich Ruhe brachte und den die Nachwelt als „heiligen Frieden“ und „mühsames, teures und dauerndes Werk der Staatskunst, ... das interessanteste und charaktervollste Werk der menschlichen Weisheit und Leidenschaft“ feierte, so Friedrich Schiller in seiner „Geschichte des Dreißigjährigen Kriegs“.[99] Noch heute sieht mancher Historiker in diesem päpstlichen Protest einen fundamentalen Verrat an der Friedensbotschaft des Christentums. Dabei folgte die römische Diplomatie nur der über die Jahrhunderte gewachsenen Raison des lateinisch-christlichen Papsttums. Nachdem sich im Verlauf des Mittelalters der päpstliche Herrschaftsanspruch rechtlich und politisch zu einem italienischen Staatswesen verfestigt hatte, hatte dessen Oberhaupt eine Doppelnatur angenommen. Der Papst war zugleich höchster Pontifex und Staatsoberhaupt. Er war mit „zwei Seelen" begabt – einer geistlichen und einer weltlichen. Er hatte als „souveräner Pontifex" zu handeln,[100] im Innern des Kirchenstaates wie nach außen im Kreis der aufsteigenden europäischen Mächte.

Als sich in Münster der transkonfessionelle Friedensschluss abzeichnete, reagierte Papst Innozenz X. in seiner weltlich-geistlichen Doppelnatur: Als staatlicher Souverän sah er in den Verträgen die weltlichen Interessen des Kirchenstaates als europäische Mittelmacht verletzt, und als Pontifex fühlte er sich aufgerufen, dem Verlust der materiellen Unabhängigkeit der Reichskirche zu wehren, der mit den riesigen Gebietsverlusten der deutschen Fürstbischöfe drohte. Die materielle Basis der kirchlichen Unabhängigkeit musste Rom umso wichtiger erscheinen, als der Friedensschluss gezeigt hatte, dass die zunehmend säkular denkenden und handelnden Staatsoberhäupter, protestantische wie katholische, nicht mehr gewillt waren, durchgehend auf Sonderinteressen Roms einzugehen.

Aus der historischen Distanz und konfessionsneutral betrachtet, wird man zu dem Ergebnis kommen, dass der päpstliche Protest gegen den Westfälischen Frieden Rom nicht als einen prinzipiellen Feind des Friedens zeigt. Vielmehr erscheint er politisch wie juristisch „als angemessen, ja als vernünftig".[101] Im Übrigen gab es auch auf protestantischer Seite fundamentalen Widerspruch gegen den Frieden. So namentlich von den radikalen Calvinisten, die bis zuletzt das Abkommen mit Spanien zu verhindern suchten. Zur propagandistischen Untermauerung ihrer Position ließen sie 1644 die oben erwähnte Antifriedensflugschrift „Repraesentatio pacis generalis" von Pieter Cornelisz. Brederode neu drucken, der zufolge Frieden generell von Übel sei, da er dem Gegner nur Gelegenheit gebe, den Krieg unter für ihn günstigeren Bedingungen fortzusetzen.[102]

Auf der Basis des 1648 und 1650 eingelegten Widerspruchs gegen den ersten europäischen Generalfrieden gelang es der päpstlichen Außenpolitik trotz der im internationalen System um sich greifenden

Säkularisierung, für gut weitere zwei Jahrhunderte die weltliche Herrscherqualität des römischen Pontifex zu behaupten und den Kirchenstaat machtpolitisch abzusichern. Von Jahrzehnt zu Jahrzehnt wurde aber immer deutlicher, dass das mit dem Protest von 1648 noch einmal gerettete sazerdotal-monarchische Staatsgebilde der Päpste (die mächtepolitische Rolle der römischen Päpste) in der säkularen Staatenwelt Europas anachronistisch war – ein Relikt aus einer abgelegten Zeit, das in der Moderne keine Zukunft hatte.

Päpstliche Außenpolitik im Zeitalter von Renaissance, Reformation und Konfessionalisierung

Noch zu Beginn der Neuzeit war die politische Rolle Roms alles andere als anachronistisch. Im Gegenteil, die Kurie hatte ihre mittelalterliche Territorialisierungspolitik auf der historischen und rechtlichen Grundlage der *Konstantinischen Schenkung* entschieden vorangetrieben und früher als die weltlichen Mächte den Weg zu einer frühmodernen Staatlichkeit eingeschlagen. Anfang des 16. Jahrhunderts war Rom nicht nur aufstrebendes Zentrum der Künste und Wissenschaften. Es war auch Residenz- und Verwaltungszentrum eines der ersten frühmodernen Staaten Europas, zu dem das *Patrimonium Petri* im späten Mittelalter umgebaut worden war. Die Renaissancepäpste nahmen nicht nur weiterhin zusammen mit den Kaisern eine allgemeine Leitungsfunktion der Christenheit wahr. Sie traten zunehmend auch als Inhaber moderner souveräner Staatsgewalt auf, ohne allerdings auf den universellen geistigen Anspruch ihrer mittelalterlichen Position zu verzichten. Diese doppelte Begründung machte bis zum Ende des Kirchenstaates zu Mitte des 19. Jahrhunderts das Spezifikum ihrer internationalen Politik aus.

Traditionell erscheinen die Renaissancepäpste in historischen Darstellungen in erster Linie als Mäzene von Kunst und Kultur oder wegen ihrer sündhaften, exzessiven Lebensführung. Gleichrangig gilt es aber auch ihre Rolle als neuzeitliche, souveräne Staatsoberhäupter zu würdigen, und zwar vor allem als Außenpolitiker. Dabei verfuhren sie je nach historischer Situation und persönlichem Temperament vorwiegend diplomatisch oder betont militärisch und kriegerisch – im europäischen Staatensystem ebenso wie gegenüber der expansiven asiatischen Weltmacht der Osmanen oder weltweit in der europäischen Expansion.

Am Ringen mit der expansiven islamischen Weltmacht der Osmanen, die seit Mitte des 15. Jahrhunderts über den Balkan und im östlichen Mittelmeer das christliche Europa bedrohten, nahmen die Päpste in ihrer Doppelfunktion als universelles Oberhaupt der Christenheit und Souverän des Kirchenstaates teil. In der Frühphase, unter Pius II., Enea Silvio Piccolomini (1458–1464), als Reaktion auf den Fall Konstantinopels 1453 oder unter Leo X., Giovanni Medici (1513–1521), als Sultan Selim I. 1517 Ägypten eroberte und von dort die europäische Gegenküste Italiens bedrohte,[103] geschah das vorwiegend auf diplomatischem Wege – mit Reden, Aufrufen und Bündnisplänen –, mit dem Ziel, die christlichen Mächte zu einen und zur Verteidigung Europas zu bewegen. Später schloss sich Rom häufiger aktiv Militärbündnissen an, die wegen der Beteiligung eines Papstes dann „Heilige Liga" genannt wurden. Die wohl berühmteste, jedenfalls die erfolgreichste ging im Mai 1571 Pius V. (1566–1572) mit Spanien und Venedig ein und ermöglichte damit den spektakulären Seesieg vom 7. Oktober 1571 über die Türken bei Lepanto, der in der Christenheit über Jahrhunderte hin als große Tat des Papsttums und der katholischen Mächte gefeiert wurde.

Ein Beispiel früher päpstlicher Weltdiplomatie bietet just der am übelsten beleumundete Renaissancepapst Alexander VI., Rodrigo Borgia (1492–1503). 1494 vermittelte er den Vertrag von Tordesillas, der durch eine Demarkationslinie die Entdeckungs- und Eroberungszonen der Portugiesen und Spanier voneinander abgrenzte und so einer kriegerischen Selbstzerfleischung der Europäer vorbeugte. Damit war das Modell des päpstlichen Schiedsrichters und Friedensstifters geschaffen, das die Päpste des 17. Jahrhunderts zur Rolle des *padre commune* ausbauten, eines Vaters aller Herrscher, den sein Amt als geistliches Oberhaupt der Christenheit zur Schlichtung der Konflikte zwischen den weltlichen Mächten befähigte.

Führenden Anteil hatte die Kurie an der Ausbildung des modernen Gesandtenwesens.[104] Die päpstlichen Nuntien und Nuntiaturen, die seit Mitte des 16. Jahrhunderts die katholischen Länder Europas überspannten, waren vorbildhaft für den Ausbau des Gesandtschaftswesens der weltlichen Staaten. Die Nuntiaturberichte, die die Nuntien regelmäßig an die Kurie zu schicken hatten, sind neben den ebenfalls periodischen Relationen der venezianischen Gesandten die wichtigsten Quellen zur Frühphase der neuzeitlichen Außenpolitik in Europa. Sie geben tiefe Einblicke in das Zusammenspiel von Religion und Politik bei der Herausbildung des frühmodernen Staatensystems in Europa.[105]

Berühmt-berüchtigter Vertreter päpstlicher Machtstaatsinteressen in Italien war Julius II., Giuliano della Rovere (1503–1513), der kriegerischste der Nachfolger Petri, der sich persönlich ins Feldlager begab. Dafür haben ihn bereits die Zeitgenossen getadelt, und Historikern galt und gilt er als Inbegriff des Machtmenschen auf dem Papstthron, dem die Erhöhung des Kirchenstaates wichtiger war als seine priesterlichen Pflichten. Stellt man die zeitgeschichtliche Lage in Rechnung, wird man allerdings zu einer differenzierten Bewertung kommen. Denn wenn das Papsttum nach dem bodenlosen Borgiajahrzehnt wieder in die langfristige Entwicklungslinie innerer und äußerer Stabilität und Modernisierung einlenken wollte, bedurfte es neben den Reformen im Innern des zeitadäquaten, rational an der Staatsräson orientierten Handelns nach außen. Der Rovere-Papst verkörpert das in geradezu „majestätischer Größe". Jacob Burckhardt feiert ihn daher zu Recht als „Retter des Papsttums". Ohne die immer wieder kritisierten Militäraktionen, die der territorialen Arrondierung und der mächtepolitischen Selbstbehauptung des Kirchenstaates innerhalb des noch jungen italienischen Mächtesystems galten, war das nicht denkbar – es sei denn, man erwartete gerade in dieser Aufbruchsphase europäischer Staatenbildung vom Papsttum einen radikalen Bruch mit seiner jahrhundertealten Politik kurialer Staatsbildung. Wenige Jahre nach dem Tod des Rovere-Papstes sollte genau das der Augustinermönch Martin Luther tun. Indes, ihm schwebte ein ganz anderes Papsttum vor als das real existierende.

Da just in jenen Jahrzehnten die nordalpinen Mächte und Dynastien Frankreich/Valois, Deutschland/Haus Österreich, Spanien/Trastámara in Italien einfielen, um dort ihre Großmachtambitionen zu verfolgen, sahen sich Julius II. und seine Nachfolger auf dem Stuhle Petri zu einer europaweiten Außenpolitik gezwungen – diplomatisch, allianzpolitisch und militärisch. Dabei zeigte sich sogleich das strukturelle Dilemma frühmoderner Machtpolitik des souveränen Pontifex: Indem Julius II. in den Positionskämpfen zwischen den italienischen und europäischen Mächten mit eiserner Faust die Partikularinteressen des Kirchenstaates verfolgte, verstieß er eklatant gegen seine priesterlichen, vor allem aber gegen die universelle Aufgabe des Pontifex, den Frieden und die überstaatliche Einheit der *christianitas* zu sichern. Dem Zug der Zeit und dem Willen der weltlichen Akteure entsprechend, leistete Julius II. der Partikularisierung der *christianitas* in neuzeitliche Einzelstaaten Vorschub, die sich bald bis aufs Messer bekämpfen sollten. Indes, den säkularen Grundprinzipien, die diesem neuzeitlichen Staatensystem zugrunde lagen, konnte und wollte Rom langfristig nicht Folge leisten. In gewisser Weise steht die martialische Gestalt Papst Julius II. am Anfang jener Entwicklung, die – wie eingangs aufgezeigt – Mitte des 17. Jahrhunderts in die mächtepolitische Sackgasse und schließlich in die gezwungene Aufgabe des weltlichen Herrschaftsanspruchs führen sollte.

Fürs Erste aber verfiel Julius II. mit seiner Machtstaatspolitik der moralischen Kritik der Humanisten, die Erasmus mit spitzer Feder unerbittlich in die Öffentlichkeit brachte: Als Vertreter einer christlichen Friedenspolitik ermahnt der Rotterdamer die zerstrittenen neuzeitlichen Mächte, die Instrumentalisierung der Religion zu beenden und sich auf das gemeinsame Haus der Christenheit zurückzubesinnen.[106] Vom Papst als deren Oberhaupt verlangt er den strikten Verzicht auf partikulare Interessenpolitik, allzumal mit kriegerischen Mitteln. Da dieser aber der christlichen Friedensmaxime radikal zuwidergehandelt habe, sei – so verkündigte der Humanistenfürst mit beißendem Spott – „Julius exclusus e coelis", die Seele des Papstes von Petrus höchstpersönlich wegen der sündhaften Gewalthandlungen am verschlossenen Himmeltor zurückgewiesen worden.[107] Schon die vorreformatorische Kritik sah den Sündenfall des Papsttums darin, dass es in den Machtkämpfen der italienischen Staaten Frieden und Einheit der *christianitas* zugunsten der Partikularinteressen des Kirchenstaates verraten und so der verheerenden Selbstzerfleischung Europas in den Machtkämpfen der neuzeitlichen Staaten Vorschub geleistet hatte.

Konsequent weitergedacht, bedeutete diese Kritik nichts anderes als die radikale Zumutung an die Päpste, die seit längerem betriebene Fortentwicklung des *Patrimonium Petri* zu einem frühmodernen Staatswesen zu beenden und auf weltliche Herrschaft zu verzichten. Der Reformator Martin Luther spitzte den Angriff auf die äußere Pracht des „römischen Hofes" und den weltlich-staatlichen Herrschaftsanspruch der Päpste dann zu, indem er ihn theologisch-heilsgeschichtlich wendete und das Papsttum als solches für anti-, ja widerchristlich erklärte: Der römische Hof sei „ärger und schändlicher als Sodom, Gomorra oder Babylon" und gehöre abgeschafft. Leo X. solle sich von der sündhaften Herrschaft und den weltlichen Ehren des Papstamtes befreien und sich „etwa von einer (einfachen) Pfründe oder Deinem väterlichen Erbe erhalten".[108] Das Amt des Papstes dürfe nicht länger machtpolitischer oder gar militärischer Art sein. Die weltlich geistliche Doppelnatur müsse beseitigt werden zugunsten einer rein geistlichen Stellung des Papstes als Bischof von Rom oder auch als Kopf der Christenheit insgesamt. Nicht länger zwei, sondern nur eine, die geistliche Seele komme einem reformierten, neuzeitlichen Papst zu. Eine politische Rolle dürften die Päpste nur noch als Schlichter und Friedensbringer spielen, so wie Alexander VI. 1494 den Vertrag von Tordesillas zwischen Spanien und Portugal vermittelt hatte.

Die Päpste sind nicht auf den ihnen von Luther und Erasmus vorgezeigten Weg eingeschwenkt. Auch die weltlichen Herrscher dachten nicht daran, ihr egoistisches Streben nach partikularer Macht in scharfer, nicht selten verderblicher Konkurrenz zueinander einzustellen.

So entlarvte der weitere Verlauf der europäischen Staatengeschichte die christliche Einheitsvision des Erasmus rasch als Utopie, während das von ihm so bissig kritisierte außenpolitische Handeln des Rovere-Papstes Julius II. zum Modell bald allseitig verfolgter Realpolitik wurde. Hauptverantwortlich waren dafür die zwei Grundtendenzen des 16. Jahrhunderts: zum einen die trotz aller Kritik ungebremst voranschreitende politische Umwandlung der Christenheit zum frühneuzeitlichen Europa der Partikular- und Machtstaaten; zum anderen die zeitlich wie sachlich damit eng verzahnte religiös-kulturelle Differenzierung Europas im Zuge der Konfessionalisierung. Im Verlauf dieser beiden Fundamentalprozesse der Frühen Neuzeit wurde das „gemeinsame Haus" der lateinischen Christenheit umgebaut in die multipolaren, theologisch, spirituell und institutionell differenzierten Kirchenlandschaften des multikonfessionellen Europa der Frühen Neuzeit, in langer Sicht dann in die weltanschauliche Pluralität der Moderne.

Für die weltlichen Herrscher, Könige, Fürsten und Republiken bedeutete dieser Prozess eine Freisetzung dynamischer Kräfte, weil er sie im Innern wie nach außen zum partikularstaatlichen Handeln gemäß ihrer Staatsinteressen befähigte. Für die römische Kurie hingegen spitzte sich das Dilemma immer weiter zu. Die Päpste hatten fortan auf einer internationalen Bühne zu agieren, deren Bauprinzipien und Funktionsweisen sich rasch und radikal zu Ungunsten überstaatlicher, universeller Ansprüche veränderten. Dieser Wandel traf auch die zweite Spitze des mittelalterlichen Universalismus, das Kaisertum. Karl V. musste sich zu Mitte des 16. Jahrhunderts eingestehen, dass seine universelle Kaiseridee nicht als Lösungsmodell für die neuzeitliche Mächtekonkurrenz in Europa taugte. Gescheitert war es an dem inneren Widerspruch zwischen universellem Programm und partikularstaatlichen Interessen des Hauses Habsburg, denen der Kaiser im Konfliktfall stets den Vorrang gegeben hatte, hatte geben müssen, sollte sein Kaisertum nicht nur noch hohle Larve sein. Karl legte das Kaiseramt nieder – ein einmaliger Vorgang in der Geschichte des lateinischen Kaisertums. Die Habsburger setzten fortan auf ein bipolares Modell – die partikularstaatliche, hegemoniale Dominanz Spaniens in Europa einerseits und das Kaisertum der deutschen Habsburger andererseits, das realpolitisch nur noch ein partikulares Rumpfkaisertum sein konnte.[109] Diese Partikularisierung des Kaisertums versuchte nur ein römisch-deutscher Kaiser rückgängig zu machen, nämlich Ferdinand II. auf dem Höhepunkt des 30-jährigen Glaubenskrieges, scheiterte damit aber am geballten Widerstand der selbstbewussten Partikularstaaten, und zwar auch der katholischen.

Mitte des 16. Jahrhunderts war der Kaiser aus dem Ringen um die Vormacht in der Christenheit ausgeschieden. Die im Mittelalter so heftig ausgetragene Konkurrenz zwischen Kaiser und Papst war beendet. Indes, die Position der Kurie verbesserte sich dadurch keineswegs. Im Gegenteil, ihr Dilemma zwischen unvermeidlicher Realpolitik des Kirchenstaates und anachronistischem Universalanspruch trat nur noch deutlicher zutage. Das umso mehr, als die Päpste durch Reformation und anschließende konfessionelle Differenzierung auch als Kirchenoberhaupt nur noch über eine Teilkirche gebieten konnten. Auch der Papst und die römische Kirche waren partikulär geworden, sowenig der katholische Konfessionalismus auch bereit war, das anzuerkennen. Mit der Partikularisierung des Kaisertums war dem Papsttum der letzte Anker universeller politischer Handlungslegitimation weggebrochen.

Bei allen traditionellen Spannungen zwischen den beiden universellen Spitzen der Christenheit und der im Sacco di Roma, der Plünderung der Heiligen Stadt durch kaiserliche Truppen 1527[110], aller Welt vor Augen getretenen krisenhaften Zuspitzung im Verhältnis beider Universalkräfte bedeutete das Ende der universellen Kaiseridee zugleich eine weitere Niederlage, ja eine qualitative Degradierung Roms. Denn den Päpsten war damit das unverzichtbare weltliche Widerlager zu ihrem religiös-geistlichen Universalismus abhandengekommen, und das in einem Moment, in dem die Fortschritte der Konfessionalisierung allenthalben in Europa die gegenseitige Unterstützung von Kaiser- und Papsttum notwendiger denn je erscheinen ließen. Das Papsttum war auch hierfür blind und entschied sich für eine interessenspolitische, damit aber partikularistische Antwort: Statt in der

Frage der Kaisernachfolge auf Kontinuität und Stabilität zu setzen, sah die Kurie unter Paul IV. in dem Kaiserbruder Ferdinand, der durchaus an einer Kooperation mit dem Papsttum interessiert war, nur den habsburgischen Machtkonkurrenten. Sie tat daher alles, sein Kaisertum zu hintertreiben, schwächte damit aber letztlich nur sich selbst.[111]

Die Mitte des 16. Jahrhunderts in Europa aufgezogene frühmoderne Mächtekonstellation war für das Papsttum umso prekärer, als sich die weltliche Vormacht Spanien durchaus auf die neuen, nachuniversalistischen Rahmenbedingungen einzustellen vermochte. Philipp II. zog aus dem Scheitern des universellen Kaiserkonzeptes seines Vaters die Konsequenz und setzte fortan ausschließlich auf die Partikularinteressen seines Hauses und seiner Länder. Er versuchte Europa nicht mehr mit einem universellen Konzept, sondern ausschließlich mit dem partikularstaatlichen Modell spanischer Hegemonie zu „befrieden".[112] Die Katholizität seiner Politik entsprang nicht mehr universeller Verpflichtung eines Kaisers, sondern war Teil der partikularen spanischen Staatsräson, wie bereits ausgangs des 15. Jahrhunderts unter seinen Urgroßeltern, den Katholischen Königen Isabella und Ferdinand. Für das europäische Mächtesystem war damit das Zeitalter spanischer Vormacht und deren Bekämpfung durch die anderen Staaten aufgezogen, zunächst vor allem durch die protestantischen Seemächte, im zweiten Drittel des 17. Jahrhunderts auch wieder durch Frankreich. Dem Papsttum selbst aber brachte das angesichts der Hegemonie Spaniens in Italien eine Art zweite „babylonische Gefangenschaft der Kirche", natürlich ohne dass damit eine permanente und absolute Abhängigkeit Roms von Madrid eingetreten wäre.[113] Im Gegensatz zur ersten Gefangenschaft in Avignon war das kirchenpolitisch aber nur noch das Problem einer Rumpfkirche und mächtepolitisch dasjenige eines Teilkreises im europäischen Staatensystem, nämlich des südeuropäisch-katholischen.[114] Die Außenpolitik nahezu aller folgenden Päpste ist vor dem Hintergrund dieses komplizierten Spannungsfeldes zwischen Abhängigkeit und Befreiungswillen von der spanisch-habsburgischen Hegemonie einerseits und Universalpolitik andererseits zu beurteilen.

Das Papsttum zwischen Realpolitik und Utopie einer überstaatlichen Allzuständigkeit

Anders als Spanien und die übrigen weltlichen Mächte konnten die Päpste eine solche Grundsatzentscheidung zugunsten eines Monopoles der Realpolitik nicht treffen, wollten sie nicht ihren Anspruch auf geistlich-theologische Führerschaft in der lateinischen Christenheit aufgeben. Damit war Mitte des 16. Jahrhunderts eine Asymmetrie zwischen den politischen Zielen und Instrumenten der Päpste einerseits und denjenigen ihrer weltlichen Mit- und Gegenspieler, den katholischen wie den protestantischen, andererseits aufgezogen. Diese Asymmetrie blieb bis Mitte des 17. Jahrhunderts grundlegend für die Rolle der Päpste im internationalen System – bis ihnen dann mit den großen säkularen Friedensschlüssen von Westfalen, den Pyrenäen und Oliva die Entscheidung zwischen Real- und Universalpolitik endgültig abgenommen wurde. Denn fortan war es für das internationale System der Neuzeit ganz und gar unerheblich, wie sich die Päpste innerhalb des Spannungsfeldes von Realismus und Universalismus entschieden, war die Staatenpolitik doch endgültig säkular und autonom von Religion oder Konfession geworden.

Vor dem Hintergrund dieser längerfristigen Perspektive wirkt es fast wie eine Ironie der Geschichte, dass es just in dem Moment, in dem die „spanisch-babylonische Gefangenschaft der Kirche“ das realgeschichtliche Ende des römischen Universalismus eingeläutet hatte, die aus der Reformation hervorgewachsene Konfessionalisierung war, die im letzten Jahrhundertdrittel der päpstlichen Christenheits- oder Europapolitik nochmals den Weg zurück in eine universalistische Gesamtlegitimation zu eröffnen schien. Wie das konfessionelle Zeitalter generell, so wurde auch die Außenpolitik der sich herausbildenden frühmodernen Staaten wesentlich mitbestimmt vom absoluten, universellen Geltungsanspruch der Konfessionen, die kirchliche, kulturelle, politische und gesellschaftliche Systeme in einem waren. Diese Universalität des Konfessionalismus ermöglichte es den Päpsten, für ein weiteres Jahrhundert eine mächtepolitische Rolle zu spielen, die nach Maßstab der inzwischen aufgezogenen Vielgestaltigkeit der europäischen Staatenwelt einer italienischen Mittelmacht kaum noch angemessen war. Zudem lehnte die protestantische Hälfte der europäischen Staaten die politischen Aktivitäten des Papsttums prinzipiell ab, weil sie nicht anders als Erasmus in den weltlichen Ansprüchen der römischen Kirche einen Verrat am Wort Gottes, wenn nicht gar mit Luther ein Zeichen des Antichristen sah.

Die Außenpolitiker der Kurie nahmen diesen mit Reformation und Staatenpartikularität aufgezogenen Grundsatzwandel in der europäischen Beziehungsgeschichte nicht wahr oder wollten ihn nicht wahrnehmen. Sie hielten ihn für ein vorübergehendes Phänomen, das sich durch Allianz- und Machtpolitik, zu der man spätestens seit den 1560er Jahren auch militärische Gewalt einzusetzen bereit war,[115] beseitigen ließ und der Papst dann wieder in seine ihm zustehende universelle Ordnungsrolle innerhalb einer ungeteilten *christianitas* restituiert würde.

Die Epoche der konfessionellen Totalkonfrontation war zugleich die hohe Zeit der Nuntien-Diplomatie. Die Nuntiaturen gingen nicht nur den formellen Geschäften einer diplomatischen Vertretung nach. In ihrem Umkreis bildete sich ein weitgespanntes informelles Netz der Informationsbeschaffung und Beeinflussung der politischen Elite im Sinn des katholischen Internationalismus. Das für die Zeit typische, auch bei protestantischen Mächten zu beobachtende Zusammenspiel von nicht oder semistaatlichen Akteuren und offiziellen diplomatischen Vertretern[116] war bei den päpstlichen Nuntien besonders ausgeprägt, da diese einerseits an der Spitze der formellen Staatsdiplomatie Roms standen, andererseits aber engstens mit dem informellen Netz des nichtstaatlichen Katholizismus kooperierten, also mit den klerikalen oder laikalen Informanten und Akteuren aus dem Kreis der Weltgeistlichkeit, der Orden oder katholischen Laiengruppen.

Vor allem die im letzten Jahrhundertviertel von der römischen *Congregatio Germanica* neben die regulären Nuntiaturen platzierten sogenannten Reformnuntiaturen in Köln, Graz und Luzern nutzten entschieden die Territorialverfassung des Reiches, um die einzelnen Landesfürsten auf das tridentinische Reformprogramm zu verpflichten und in die machtpolitische Strategie des katholischen Internationalismus einzufügen. Den bis heute gültigen diplomatischen Gepflogenheiten entsprechend, suchte sich die *Congregatio Germanica* als Erstes durch Gutachten ein Bild über die Lage in den jeweiligen Reichsterritorien zu verschaffen, um auf dieser Basis sachgerechte Strategien entwickeln zu können. Die Anfragen richteten sich bezeichnenderweise seltener an die Nuntien selbst als an die Jesuiten, gelegentlich auch an andere Orden. Das hatte den Vorteil bürokratischer Effizienz, insofern die Informationsstränge reibungslos vom römischen Generalvikar über die Provinziale zu den Rektoren der einzelnen Kollegien und zurück liefen. Vor allem aber waren das geheime Kanäle, deren Tätigkeit anders als die offiziellen Demarchen der Nuntien den Gegnern verborgen blieb und die auch leichter Mittel wie Spionage und Bestechung einsetzen konnten. Neben Petrus Thyraeus und Johannes Rethius, die im Westen des Reichs, vor allem in Köln und im Rheinland, wirkten, übernahm insbesondere Petrus Canisius diplomatische Missionen, so nach Polen, Salzburg, Tirol und Bayern, wo er die Positionen der Fürsten und ihrer Regierungen sowohl hinsichtlich der religiösen als auch der machtpolitischen Festigung des Katholizismus im Reich in Erfahrung bringen und die Möglichkeiten für ein koordiniertes Vorgehen im internationalen System ausloten sollte. In Polen war zur selben Zeit der Abt Cyrus als Resident der Habsburger tätig und sorgte teils in Zusammenarbeit mit dem Warschauer Nuntius Vincenzo dal Portico, teils unabhängig von ihm für die Vorbereitung notwendiger Informationen über den Zarenhof im lateinischen Europa, vor allem in Wien, aber auch in Bayern.

Der Herrschaftsanspruch des konfessionalistischen, gegenreformatorischen Papsttums manifestierte sich kaum irgend anders so beeindruckend wie in der Repräsentation der päpstlichen Macht,[117] der geistlichen wie der weltlichen, in der Sala Regia des Vatikanpalastes.[118] Gedacht als „Schauraum für die weltlichen und geistlichen Herrschaftsansprüche des Papsttums“, speziell als „Schaufenster im diplomatischen Verkehr mit der katholischen Welt“ und „für den Empfang gekrönter Häupter und deren Gesandten im Rahmen öffentlicher Konsistorien“, entfaltete sich in Bildprogramm und Repräsentation dieses Audienz- und Thronsaales im Verlaufe mehrerer Jahrzehnte – von Paul III. bis Gregor XIII., also von den 1530er bis in die 1580er Jahre – eine „massive posttridentinische Selbstdarstellungskampagne des Papsttums“.[119] Nachdem anfänglich die Rechtfertigung und der Schutz des Kirchenstaates und die Friedenspolitik im Zentrum der Ausmalung standen, wurde die Ausmalung immer aggressiver und „konfessionsfundamentalistischer“. Der Kampf gegen Ungläubige und Häretiker trat in den Vordergrund und damit der päpstliche Anspruch auf ein Regelungsmonopol sowohl für die geistlich-religiöse als auch für die weltlich-politische Ordnung Europas. Das dokumentiert das triumphale Niedertreten des mittelalterlichen Erzfeindes über die Exkommunikation des Stauferkaisers Friedrich II. durch Papst Gregor IX. ebenso wie die Fresken zum Triumph über die Glaubensfeinde der Gegenwart, Türken und Protestanten.[120]

Wie verbreitet die Vernichtungsgeste des Niedertretens war, gibt die Cappella Altemps in S. Maria in Trastevere zu erkennen, wo im Vordergrund des berühmten Konzilsfreskos die dominant triumphierende weibliche, aber mit den päpstlichen Insignien versehene Ecclesiafigur mit dem Fuß und ihrem Kreuzstab ein Ungeheuer zermalmt, das durch Fledermäuse, Schlangen und weiteres Ungeziefer der Finsternis als Verkörperung der Häresie markiert ist. Im fernen Spanien wurden wieder die Darstellungen des Heiligen Jakobus als *matamoros,* als Maurentöter, beliebt, der den islamischen Feind der Christenheit unter den Hufen seines Streitrosses vernichtet.[121] In der römischen Sala Regia erreicht das visuelle Repräsentationsprogramm des konfessionalistischen Machtuniversalismus des gegenreformatorischen Papsttums seinen Höhepunkt in der fundamentalen „Unversöhnlichkeit und Brutalität“ der von Gregor XIII. in Auftrag gegebenen Trilogie Giorgio Vasaris, die das Bartholomäus-Massaker an den französischen Hugenotten als eschatologischen Triumph über den zur Teufelsfratze entstellten religiösen Gegner feiert.[122]

Auf dem Höhepunkt des Konfessionalismus trat auch bei der künstlerischen Ausgestaltung des Vatikanpalastes die Demonstration des Vernichtungswillen gegen alle Abweichler in den Vordergrund. In der hier gezeigten Anathema-Verfluchung des unbotmäßigen mittelalterlichen Stauferkaisers Friedrich II. durch Papst Gregor IX. ebenso wie in der Darstellung des zeitgenössischen Bartholomäus-Massakers (Fresken von Giorgio Vasari in der Sala Regia).

Wie im Kapitel zum christlichen Fundamentalismus (D.4) beschrieben, erreichte die von Erasmus diagnostizierte Verschränkung von religiösem und politischem Macht- und Herrschaftsanspruch im Zeichen des Konfessionalismus eine nicht mehr zu übertreffende Zuspitzung. Allerdings – auch das wurde bereits gezeigt – darf nicht übersehen werden, dass auch immer alternative Politik möglich war. Das gilt auch für das Papsttum, das sich außenpolitisch schon seit Generationen im Spannungsfeld zwischen universellen Interessen der Kirche und realpolitischen Interessen des italienischen Mittelstaates bewegte. Die in den Jahrzehnten der konfessionellen Totalkonfrontation regierenden Päpste, also Clemens VIII. (1592–1605), Paul V. (1605–1621) und Gregor XV. (1621–1623), betrieben keineswegs immer eine aggressive Kriegspolitik. Unverkennbar ist aber, dass Rom in dieser Zeit das Zentrum des katholischen Internationalismus ausmacht, der auf politische und militärische Aktionen setzte, um die konfessionelle und geopolitische Machtverteilung in Europa grundlegend zugunsten des Katholizismus zu verändern. Ziel war es, den religiösen Absolutheitsanspruch der römischen Kirche durchzusetzen und die protestantischen Staaten zu schwächen oder, wo möglich, ins katholische Lager zu führen, etwa durch Wechsel oder Konversion der Dynastie. Wenn die konkrete Außenpolitik der Kurie in spezifischen Momenten eher zögerlich erscheint, dann nicht, weil sie den Protestanten ein Existenzrecht einräumen wollte, sondern um im eigenen Lager eine Rom genehme Mächtebalance zu sichern, konkret, das drohende Übergewicht des Hauses Habsburg zu begrenzen oder zu beschneiden. Eine konfessionsneutrale Politik war das nicht. Grundlage der römischen Außenpolitik blieben sein religiöser Absolutheitsanspruch und die Maxime, die politische Ordnung Europas entsprechend zu gestalten.

Als Mitte der 1630er Jahre unübersehbar wurde, dass der Krieg für Europa den Höllensturz bringen werde, war die Überwindung der Fundamentalkonfrontation unausweichlich. Die weltlichen Mächte, Protestanten wie Katholiken, lenkten in einen politischen Pragmatismus ein und richteten die Außenpolitik nach ihrer säkularen Staatsräson aus. Die fortbestehenden divergierenden religiösen Interessen verloren ihre fundamentalistische Unabdingbarkeit und traten Schritt für Schritt in den Hintergrund. Die Grundlagen des inner- und zwischenstaatlichen Zusammenlebens wurden neu bestimmt. In der Religion traten irenische, undogmatische Züge in den Vordergrund, siegte die Herzensfrömmigkeit der einfachen Christenseele über die Reinheit der Lehre und die Unerbittlichkeit des Dogmas. In der Politik setzte sich eine emphatische Unterscheidung zwischen den säkular-staatlichen und den religiös-kirchlichen Bereichen und Interessen durch. Als Unterströmung war diese Position auch bereits auf dem Höhepunkt des Konfessionsfundamentalismus von Juristen und in Zirkeln unkonfessioneller, teils humanistischer Religiosität vertreten worden. Politisch wirksam wurde sie aber erst nach Durchgang durch das Chaos des Glaubenskrieges.

Das Pontifikat Urbans VIII. zwischen Willen zum Krieg und Hoffnung auf Frieden

In Rom regierte in diesen Jahrzehnten der Barberini-Papst Urban VIII.,[123] dessen außergewöhnlich langes Pontifikat (1623–1644) unterschiedliche Phasen des Mächteringens überspannte: Das erste Jahrzehnt war noch vom Willen zur konfessionellen Konfrontation geprägt, der an der Kurie allerdings durch den erwähnten innerkatholischen Gegensatz gebremst wurde: In der Geschichte des Dreißigjährigen Krieges war es das „Jahrzehnt des Kaisers", in dem Kaiser Ferdinand II. (1619–1637) in Deutschland Sieg um Sieg erkämpfte. Das kam zwar der erwünschten Machtausweitung des Katholizismus zugute, für jeden ersichtlich im *Restitutionsedikt* von 1629, das alle Veränderungen zugunsten der Protestanten aufhob und den territorialen Besitz der Katholiken auf den Stand von 1552 festlegte, also vor dem Augsburger Religionsfrieden mit den Lutheranern, den die katholischen Fundamentalisten so vehement ablehnten. Engstens verbunden mit diesem Triumph, ja seine innere Voraussetzung, war aber die für Rom prekäre Aufwertung des Kaisertums. Mit dem Triumph Ferdinands II. feierte der kaiserliche Universalismus Urstände, den die mittelalterlichen Päpste so erbittert bekämpft hatten, der mit dem Scheitern Kaiser Karls V. aber endgültig besiegt schien. Eine solche Revitalisierung (Renaissance) des kaiserlichen Universalismus war umso gefährlicher, als sie mit dem neuzeitlichen Machtanspruch des Staates einherging. Für Rom bedeutete das konkret die in Italien bedrückende Dominanz Spaniens und des Hauses Habsburg. Rettung konnte nur eine neue innerkatholische Machtbalance bringen, also die Stärkung Frankreichs.

Wenn man Urbans Annäherung an Frankreich als eine „pro-protestantische Politik" begreift,[124] so ist das objektiv gesehen richtig, also hinsichtlich der realpolitischen Folgen für das konfessionell polarisierte Mächtesystem. Das war aber nicht das intendierte Ziel der kurialen Politik, nicht einmal eine wissentlich in Kauf genommene Konsequenz. Die Stärkung der Protestanten sah man allenfalls als situativ-strategisch an, und sie werde langfristig in eine endgültige Schwächung umschlagen. Vor allem lässt sich aus dieser objektiven, mächtepolitischen Beobachtung nicht schließen, Urban habe auf den gegen die Häretiker gerichteten universellen Herrschafts- und Ordnungsanspruch verzichtet und das daraus resultierende fundamentalistische Grundprinzip einer direkten Verkoppelung von religiösen und kirchlichen Interessen mit Politik und Gewalt aufgegeben.

In der zweiten Hälfte des Barberini-Pontifikats stand dann die erwähnte Suche der weltlichen Mächte nach Frieden im Vordergrund. Friedenspolitik war den Päpsten nicht grundsätzlich zuwider. Seit Ausbruch des Krieges hatten sie sich immer aufs Neue um Friedensvermittlung bemüht – zunächst im katholischen Lager zwischen Spanien und Frankreich, so etwa Clemens VIII., später dann auch darüber hinaus. Wie die erwähnte Polemik des Calvinisten Brederode gegen einen päpstlich vermittelten Generalfrieden[125] belegt, war die kuriale Friedenspolitik allerdings wenig geeignet, ein breites, die konfessionellen Gegensätze überbrückendes Vertrauen zu gewinnen. Brisant wurde das Friedensproblem für Rom, als sich Mitte der 1630er Jahre die Politik der weltlichen Mächte im Kern veränderte, säkular autonom, also von kirchlichen Einflüssen unabhängig wurde und sich ein Frieden auf der Basis konfessionsneutraler völkerrechtlicher Abmachungen abzeichnete.

Bis zu den Verhandlungen in Münster und Osnabrück blieb der Apostolische Stuhl bei seiner konfessionell bestimmten Politik, die es den Nuntien ausdrücklich untersagte, direkt mit protestantischen Mächten zu verhandeln. Auf dem internationalen Gesandtenkongress 1636 in Köln wollte Papst Urban VIII. zwar die Chance nutzen, als unparteiischer *padre commune* zwischen den europäischen Mächten den Frieden zu vermitteln. So drängte er den Kaiser, die protestantischen Mächte, insbesondere Schweden, zu dem Kongress einzuladen.[126] Insofern hatte sich die Kurie auf die veränderte Realität eingestellt, die – wie ihren allzeit bestens unterrichteten Diplomaten nicht entgangen sein konnte – einen Friedensschluss gegen den Willen der Protestanten nicht mehr zuließ. Da Rom aber das Ketzerrecht beibehielt, brachte dieser Realismus in den konfessionalistischen Grundlagen der päpstlichen Außenpolitik *keine* Wende. Päpstliche Diplomaten haben sich immer vehement gegen den Vorwurf verwehrt, mit den „Häretikern“ gemeine Sache zu machen. Das war keineswegs „höchstens“ eine Formalität,[127] sondern markiert den unveränderten und noch lange unveränderbaren konfessionalistischen Kern päpstlicher Europapolitik.

So legte dann auch die päpstliche Instruktion für den Friedenslegaten zum Kölner Kongress, Kardinal Martio Ginetti, unverrückbar fest, dass nur ein Frieden zwischen den katholischen Mächten zu fördern und eine gleichberechtigte Einbindung „häretischer Fürsten“ nicht zuzulassen sei.[128] Damit stemmte sich der Apostolische Stuhl geradezu verzweifelt gegen die wachsende Einsicht der weltlichen Politiker des katholische Lagers, die just diese Einbindung für unvermeidlich hielten und konsequenterweise – allen voran Kardinal Richelieu – eine christliche Friedensordnung unter Einschluss der Protestanten ins Auge fassten. Indem diese halbherzige Politik das Dilemma der päpstlichen Europapolitik immer unverhüllter hervortreten ließ, bedeutete diese Art der qualitativ eingeschränkten Friedenspolitik zugleich eine weitere, gefährliche Neigung jener schiefen Ebene, auf der das frühneuzeitliche Papsttum immer rascher in die europapolitische Selbstisolierung und Bedeutungslosigkeit abglitt. Bereits unter Urban VIII. waren „die Bemühungen, als unparteiischer *padre commune* in den großen europäischen Konflikten zu vermitteln“, an den inneren Widersprüchen der päpstlichen Politik zerbrochen. Daher und weil „Urban seit Beginn seines Pontifikats konsequent alle wie auch immer gearteten Zugeständnisse an die Protestanten ablehnte“, sind „die zahlreichen päpstlichen Friedensmissionen der Jahre 1632 bis 1643“ ausnahmslos gescheitert.[129]

Der schöne, allumfassende Gestus des *padre commune* enthüllte sich als Utopie. Ganz ähnlich wie das ein Jahrhundert zuvor von Erasmus formulierte Konzept, den politisch wie religiös auseinanderstrebenden Kontinent mit der Verpflichtung auf das „gemeinsame christliche Haus“ zu befrieden, zur Utopie geworden war. Der Wandel von einer universalistisch-gradualistisch gegliederten *christianitas* – auch das häufig schon mehr Idee als Realität! – zum frühmodernen religiös wie politisch differenzierten Staateneuropa ließ sich auch von den Päpsten nicht mehr zurückdrehen.

Der Anachronismus päpstlicher Staatspolitik im säkularen Mächteeuropa

Mit dem Ende des Konfessionsfundamentalismus und seiner engen Verschränkung von Glauben und Politik war Mitte des 17. Jahrhunderts die Autonomie des Politischen etabliert. Die weltlichen Mächte stellten ihre Politik überraschend schnell darauf ab, so dass der fundamentalistische Wille zum Krieg einem pragmatischen Willen zum Frieden Raum gab, und zwar auch bei den katholischen Herrschern, allen voran bei Maximilian von Bayern, der zwei Jahrzehnte zuvor zu den eifrigsten Befürwortern der konfessionellen und staatenpolitischen Konfrontation gezählt hatte.[130]

Und die Kurie und das Papsttum? Wie stellten sie ihre Außenpolitik auf dieses moderne, von religiösen und kirchlichen Orientierungen weitgehend abgekoppelte Mächtespiel ein, in dem sich die Mitglieder nur noch nach der eigenen Staatsräson richteten? Wie reagierten sie auf die säkularen Allianzkonfigurationen und das wandelbare Spiel von Kriegen und Friedenskongressen, das seit Mitte des 17. Jahrhunderts die europäische Staatenordnung bestimmte, unabhängig von fortbestehenden konfessionellen Orientierungen oder gar von den religiösen oder kirchenpolitischen Interessen der Kurie? – Rom konnte den Weg in das neuzeitliche, säkulare Staateneuropa nicht gehen, solange seine Außenpolitik von der päpstlichen Doppelnatur bestimmt blieb, der Papst in unlösbarer Verschränkung politisch als Souverän des Kirchenstaates und als Oberhaupt einer Universalkirche handelte, die real längst zu einer konfessionellen Partikularkirche geworden war. Indem Rom den universellen Machtanspruch in geistlich-kirchlichen *und* weltlich-gesellschaftlichen Dingen nicht aufgab, wurde seine Rolle im internationalen Mächtesystem zunehmend anachronistisch.

Dass es Rom unmöglich war, die Wende zum überkonfessionellen Friedenswillen mit zu vollziehen, muss man wohl als die größte Tragik päpstlicher Europapolitik in der frühen Neuzeit ansehen. In gewisser Weise handelte es sich um eine „blinde Tragik". Denn aufgrund seiner ideologischen Fixierung auf den Universalitätsanspruch konnte das Papsttum die Tragweite und vor allem die Unumkehrbarkeit des Paradigmenwechsels in der europäischen Mächtepolitik nicht erkennen, obgleich davon keiner der internationalen Akteure so existentiell berührt war wie das Papsttum selbst. So blieb Rom bei den alten Strategien der Christenheits- und Europapolitik und vertraute darauf, dass durch Zuwarten die Verhältnisse sich wieder zu seinen Gunsten rückverändern würden. Indes, auch dem Papst zuliebe drehte sich das Rad der Geschichte nicht zurück. Die Folge war eine schleichende machtpolitische Marginalisierung Roms, allerdings mit einer grandiosen symbolischen Weltherrschaftsgeste.

Wie ein Jahrhundert zuvor das universelle Kaisertum, so war Mitte des 17. Jahrhunderts auch das Papsttum gescheitert am inneren Widerspruch zwischen universalistischem Programm, wie es die päpstlichen Kunstmäzene der Spätrenaissance so eindrucksvoll in der erwähnten bildlichen Repräsentation ihrer Sala Regia evoziert hatten, und den real- und partikularpolitischen Interessen ihres italienischen Mittelstaates, dem sie ganz ähnlich wie die Habsburger im Konfliktfall nur zu häufig den Vorrang gegeben hatten. Anders als Karl V. sahen sich die Päpste aber nicht in der Lage, dieses Scheitern objektiv zu analysieren und daraus ähnliche grundlegende Konsequenzen zu ziehen. Historisch realistisch wird man wohl zu konstatieren haben, dass sie im 17. Jahrhundert letztlich eine Alternative gar nicht hatten: Das Barock-Papsttum[131] als Vorreiter der Säkularisation, das ist doch eine gar zu unhistorische Vorstellung. Der Apostolische Stuhl konnte sich auf den Westfälischen Frieden nicht einlassen, solange er nicht bereit war, sich auf den Boden der neuen frühmodernen, partikularen Ordnungskonzepte zu stellen. Im Rahmen des alteuropäischen Staatensystems war das eine politische Fehleinschätzung – aber keine ethisch-moralische Verfehlung.

Die politische Fehleinschätzung hat das Papsttum mit nie mehr auszugleichender machtpolitischer Marginalisierung bezahlt. Allerdings wusste Alexander VII., der eben noch als Nuntius Chigi durch den wirkungslosen Protest gegen den Westfälischen Frieden die neue Machtlosigkeit des Papsttums selbst notariell hatte beurkunden lassen, diese Marginalisierung durch einen großen Repräsentationsgestus zu kompensieren. Gemeint ist die von ihm in Auftrag gegebene, uns allen vor Augen stehende monumentale Umgestaltung des Petersplatzes durch Gian Lorenzo Bernini (1598–1680): In dem Moment, als die Wirkungslosigkeit des Protestes gegen den Westfälischen Frieden die realpolitische Bedeutungslosigkeit des Papsttums bekundete, Rom vom *teatro del mondo* zum „Schattentheater" herabgesunken war, gelangte die kulturelle Repräsentation päpstlicher Universalität zu ihrer klassischen Ausdrucksform – dem Gestus offener (Kolonnaden-)Arme, mit dem das Papsttum „wie eine Mutter die Katholiken empfängt, um sie in ihrem Glauben zu bestärken, und die Häretiker, um sie in die Kirche zurückzuführen, und die Ungläubigen, um sie im wahren Glauben zu erleuchten". Mit ihrem Statuenschmuck westlicher und östlicher Heiliger und ihrer christlich adaptierten Architektur der römischen Kaiserzeit, die über den auferstandenen *Christus Rex* auf den Papst als seinen irdischen Stellvertreter hindeutet, repräsentieren Petersplatz und Petersdom als steingewordener *orbis sanctus* das Zentrum universeller Herrschaft der Kirche – geistlich-religiös begründet, aber mit weltumspannendem Anspruch auf politische Wirkung, auch und gerade bei der eben erneuerten Ordnung der europäischen Mächte.

Das war nicht die Machtrepräsentation, deren realpolitische Wirkung der zeitgenössische englische Politikphilosoph Thomas Hobbes in seiner Maxime „der Anschein von Macht *ist* (bereits) Macht"[132] zu Recht hoch ansetzte. Es war vielmehr die Machtrepräsentation kultureller, konkret geistlich-theologischer Autorität und Deutungshoheit von europäischem, ja globalem Zuschnitt.[133] Unter dieser symbolischen Repräsentation von Herrschaft und Macht gelang es den Päps-

Die unter Alexander VII. von Gian Lorenzo Bernini gestaltete Inszenierung des Petersplatzes als Weltherrschaft beanspruchender orbis sanctus *des römisch-päpstlichen Christentums.*

ten, für weitere Jahrhunderte den Kirchenstaat zu sichern und auch am internationalen Mächtespiel beteiligt zu bleiben, und zwar bis 1870, sieht man von den kurzen Unterbrechungen unter Napoleon und 1848/49 während der römisch-bürgerlichen Revolution ab. Am 20. September 1870 rückten italienische Truppen in Rom ein und setzten Papst Pius IX. als politisches Oberhaupt ab. In einer Volksabstimmung votierten seine Untertanen nahezu einheitlich für die Vereinigung des Kirchenstaates mit dem Königreich Italien, die am 6. Oktober per königlichem Dekret vollzogen wurde. Der duale Charakter des Papsttums, der über Jahrhunderte hin Europa mitgeprägt hatte, war damit beendet.

An die Stelle des alteuropäischen Zwei-Seelen-Papstes trat das Kirchenoberhaupt, das heute nur noch der *Sakerdos*-Seele des Hohenpriesters verpflichtet ist, sieht man von symbolischen Resten staatlicher Herrschaft in dem noch 44 Hektar messenden Vatikan ab, die den Päpsten 1929 in den Lateranverträgen wieder zugestanden wurden, betrieben von Mussolini, der sich davon internationalen Prestigegewinn erhoffte. Allein auf diese geistlich-seelsorgerliche Funktion kann sich die Autorität stützen, die gegenwärtig den Päpsten in den politischen Dingen der Welt zugebilligt wird. Von den machtpolitischen Zwängen befreit, kann auch der geistliche Repräsentationsgestus der Chigi-Bernini-Schöpfung des Petersplatzes eine neuzeitliche Wirkung entfalten, die das Papsttum auf seiner nicht mehr machtpolitischen Basis stabilisiert. Im Moment, als das Machtmonopol der weltlichen Staaten das Papsttum entpolitisiert hatte, generierte dieses einen qualitativ neuen universellen Macht- und Deutungsanspruch, dessen Kraft jenseits politischer Ambitionen auch in der postetatistischen, säkularen Gegenwart eher zu- als abnimmt.

Anachronistisch war der Kirchenstaat im 19. Jahrhundert nicht nur politisch, sondern auch gesellschaftlich, kulturell und mental. Vor allem der mentale Anachronismus sollte sich langfristig als verheerend erweisen. Anders als von der klassischen Religionssoziologie unterstellt, war das nicht aus Mittelalter oder Früher Neuzeit ererbt, sondern erst in ebenjenen Konflikten um die staatlich-gesellschaftliche Position des Papsttums während der zweiten Hälfte des 19. Jahrhunderts konstruiert. Es waren im Wesentlichen das Selbstverständnis Papst Pius IX. und seine daraus resultierende Theologie und Kirchenpolitik, konkret der antimodernistische Syllabus und das Unfehlbarkeitsdogma, die für diese Wende gegen die sich rasch ändernde Welt der Neuzeit verantwortlich waren und einen Katholizismus schufen, der erst in unseren Tagen versucht, an die große christliche Tradition des Wirkens in und für die Welt wieder anzuknüpfen.

Epilog: Die Christenheit im modernen Europa

Als Papst Pius IX., zermürbt und von Feinden umstellt, am 20. September 1870 um zehn Uhr morgens seinen Truppen den Befehl zur Kapitulation gab und sich damit in das unvermeidbare Ende des Kirchenstaates und der politischen Souveränität des Papsttums fügte, war Europa und mit ihm die in sich vielfältig differenzierte Christenheit längst in die Moderne eingetreten.

Aus dem frühneuzeitlichen Europa der christlichen Mächte war das moderne Staateneuropa geworden, in dem sich die Fürsten, zum Teil auch bereits die Völker, nach den säkularen Machtstaatsinteressen richteten. In diesem Spiel der politischen Kräfte war die Existenz des anachronistischen Kirchenstaates nur so lange gesichert, wie sich eine der großen Mächte davon einen bedeutenden Vorteil versprach. Im Sommer 1870 konnte davon keine Rede mehr sein. Frankreich, das hoffte, sich über den Kirchenstaat den stets begehrten Einfluss auf der Apenninenhalbinsel zu sichern, war durch die existentielle außenpolitische Krise gebunden, die kurz darauf den Deutsch-Französischen Krieg 1870/71 auslöste. Und in Österreich-Ungarn hatte das Ende der Restaurationsepoche das Interesse an der Legitimierung des kaiserlichen Gottesgnadentums durch den Papst in den Hintergrund treten lassen.

Religions- und geistesgeschichtlich war das Zeitalter des Konfessionalismus von Aufklärung, Liberalismus und Nationalismus abgelöst worden. Das detailliert nachzuzeichnen, wäre nur in einem weiteren

Buch möglich.[1] Im vorliegenden Zusammenhang ist die Beobachtung wichtig, dass ganz ähnlich wie in Teil C zum Verhältnis von Renaissance und Religion beschrieben sich auch die Aufklärung keineswegs ausschließlich als Gegen- oder Oppositionsbewegung zum Christentum entfaltete. Sosehr die Aufklärung jeglichen religiösen Dogmatismus verwarf und gerade die führenden Köpfe der Bewegung übermütigen Spott mit dem Christentum trieben, so sehr war sie selbst in vielem vorbereitet worden durch den bereits mit dem Beginn des Konfessionalismus einsetzenden Widerspruch der christlichen Heterodoxie gegen jede Form dogmatischen Autoritätsanspruchs. Dazu gehört auch die jüdische Heterodoxie Spinozas und des Spinozismus, die erst jüngst zum Kern und Angelpunkt des aufklärerischen Aufbruchs erklärt wurde.[2] Die heterodoxen Kräfte des 16. und 17. Jahrhunderts – Mystik, Täufertum, Pietismus, Jansenismus u. a. – bildeten eine nie versiegte Unterströmung im konfessionell dominierten lateinischen Christentum.[3] Nach dem Niedergang des Konfessionalismus zu Mitte des 17. Jahrhunderts traten sie an die Oberfläche und bahnten der Aufklärung den Weg, wie sie ihrerseits vom Geist der Aufklärung Kraft schöpften. Damit basiert die These, im 18. Jahrhundert sei Europa, zumindest Westeuropa, „auf jeden Fall sehr viel stärker durch die Aufklärung als durch das Christentum geprägt" worden,[4] auf einer Fehlkalkulation. Sicherlich – die Kirchenhierarchien haben sich immer wieder erbittert gegen den Zeitgeist gestemmt. Entscheidend war aber die Dynamik der christlichen Reformbewegungen, allen voran der Jansenisten auf katholischer und der Pietisten auf protestantischer Seite, die an politisch und gesellschaftlich entscheidenden Stellen „der Aufklärung vorangingen und sie durchzusetzen suchten".[5]

Die Wechselwirkung zwischen Aufklärung und Christentum war äußerst komplex und konfliktreich, und zwar insbesondere innerchristlich. Die einzelnen Konfessionen und Denominationen hatten unterschiedliche Kapazitäten, Wege und Instrumente, Ideen und Veränderungswillen der Aufklärung zu adaptieren. Dem Protestantismus fiel es leichter, wenn dort die Orthodoxie auch keineswegs bereit war, den Brückenschlag hin zur Aufklärung mitzuvollziehen, wie ihn Pietisten oder Herrnhuter vornahmen. Förderlich für die Reformkräfte war in der Regel die Allianz mit den Fürsten und Staaten, besonders ausgeprägt in Brandenburg-Preußen, zunächst durch die Nähe des Soldatenkönigs Friedrich Wilhelm I. zum Pietismus, deutlicher dann in der Aufklärungszeit selbst unter seinem Sohn Friedrich II., dem „roi philosophe". Auch der Katholizismus übernahm Ideen und Vorstellungen der Aufklärung – erinnert sei an das Gottesemblem der Aufklärung auf dem Hochaltar im katholischen Teil des Simultaneums in Bautzen.[6] In den katholischen Staaten waren die Abwehrkräfte aber weit stärker, weniger politisch oder gesellschaftlich, sondern innerkirchlich in Gestalt des bestens organisierten und zu jedem Mittel der Unterdrückung bereiten Jesuitenordens, der sich lange des Rückhalts in Rom und bei den Päpsten sicher sein konnte.

Im 18. Jahrhundert entbrannte allenthalben im katholischen Europa eine Grundkontroverse über das Verhältnis von Vernunft und Glauben, die zugleich das alte, seit der Reformation schwelende Problem einer grundlegenden Kirchenreform berührte. Den Reformkräften traten entschieden und radikal die Jesuiten entgegen, die ungeachtet der unbestreitbaren Zugehörigkeit einzelner Jesuiten wie des Universalgelehrten Athanasius Kircher (1602–1680) zur Gelehrtengesellschaft einen Wall gegen den neuen rationalistischen, liberalen Geist errichteten. Doch gerade die unermüdliche Agitation der Jesuiten zur Sicherung des konfessionalistischen Status quo ließ allenthalben im Innern des Katholizismus die Bereitschaft erstarken, sich der konfessionellen Orthodoxie zu widersetzen und im Geist der Aufklärung die überfällige geistige und institutionelle Erneuerung der römischen Kirche voranzutreiben. In der Reichskirche gingen die aufgeklärten Reformer schließlich so weit, dass sie sich dem Protestantismus annäherten und eine Kirchenreform nötigenfalls gegen oder gar ohne den Papst ins Auge fassten – so konkret zu Ende des 18. Jahrhunderts die Vorstellung des Trierer Weihbischofs Johann Nikolaus von Hontheim, der dem Papst lediglich einen Ehrenvorrang unter den Bischöfen einzuräumen bereit war.[7]

In Gegnerschaft zu den Jesuiten fand der Geist der Aufklärung gerade bei Mitgliedern der anderen Orden Verbreitung, besonders bei denen, die in der Tradition des Heiligen Augustinus standen. So bei den Augustinereremiten und den Prämonstratensern, aber auch bei den Dominikanern. Als Erste und am entschiedensten traten die Jansenisten dem Anspruch der Jesuiten entgegen. Das waren Anhänger einer heterodoxen Bewegung, die bereits zur Zeit des Konfessionalismus entstanden war, parallel zu den frühen Ansätzen des Pietismus bei den Protestanten. Begründet hatte sie der Niederländer Cornelius Jansen (1585–1638), der einer kleinen katholischen Minderheit aus der Provinz Geldern entstammte, im belgisch-katholischen Löwen studierte, dort eine theologische Professur bekleidete und kurz vor seinem Tod während einer Pestepidemie zum Bischof von Ypern ernannt wurde. In seiner 1640 posthum erschienenen Hauptschrift entwickelte er eine auf Augustinus fußende Theologie, die im Menschenbild wie in der Gnadenlehre Luther und in ihrer rigiden Moral- und Sittenlehre Calvin verwandt war. Vor allem aber schlug Jansen mit der Betonung der inneren Frömmigkeit denselben antidogmatischen Ton an wie auf protestantischer Seite die Pietisten in ihrem Widerspruch gegen die verkrustete protestantische Orthodoxie.

Der katholische Konfessionalismus reagierte mit einem bedingungslosen Vernichtungswillen, und zwar in Kirche wie im Staat: Von den Jesuiten in die Enge getrieben, verfiel der Jansenismus in Frankreich wie in Belgien und Spanien der Häretisierung. Seine Anhänger, vor allem im Klerus, mussten ins Ausland flüchten, vor allem in die niederländische Republik, aber auch nach Deutschland. Dort überlebte diese „katholische Häresie“ und erstarkte erneut zu Mitte des 18. Jahrhunderts im Zusammenhang mit der Aufklärung.[8] Als dann wenig später der Jesuitenorden in den Bourbonenmonarchien Frankreich und Spanien sowie in Portugal verboten und im Sommer 1773 von Papst Klemens XIV. aufgehoben wurde, konnten die Jansenisten wie die katholische Aufklärung allgemein fortan frei in Staat und Gesellschaft hineinwirken.

Titelblatt von Cornelius Jansens Augustinus-Schrift, die posthum 1640 in Löwen erschien und sogleich die heftige Ablehnung der katholischen Orthodoxie erfuhr. Nicht zuletzt, weil sie wie einst der Reformator Martin Luther die Autorität des Kirchenvaters Augustinus über diejenige der Römischen Päpste stellte.

Besonders ausgeprägt war die Verbindung von Staats- und Gesellschaftsreformen in den habsburgischen Ländern im Zeichen des Josephinismus, dessen Wurzeln in die Zeit Maria-Theresias und der barocken *pietas Austriaca* zurückreichen. Vor allem in Böhmen und der Oberlausitz, aber auch in Österreich und Belgien bildeten sich in der Beamtenschaft, unter den Priestern und in einzelnen Orden Reformkreise, die Staat, Gesellschaft und Kirche im Sinne der „jansenistisch-augustinischen Aufklärung" zu reformieren trachteten. Ihr Kopf und Protektor war der Aufklärer Gerhard van Swieten (1700–1772), der als Leibarzt der Kaiserin und Leiter der obersten Unterrichtsbehörde am Hof und in der Staatsverwaltung angesehen und einflussreich war. Der Josephinismus war nicht vorrangig ein staatskirchenrechtliches System, sondern eine umfassende Reformbewegung, in der christlicher und aufklärerischer Erneuerungswille zusammenwirkten.[9] Das Papsttum indes sah darin nur einen Eingriff in seine geistlichen wie politischen Vorrechte und blockierte diese Erneuerungsansätze ebenso wie diejenigen, die gut zweieinhalb Jahrhunderte zuvor von Wittenberg ausgegangen waren.

Zeitlich parallel erfolgten an den katholischen Universitäten des Reiches im selben aufgeklärten Geist grundlegende Reformen, die den Zeittrend einer „Verweltlichung aller Lebensbereiche ... auch in den – zunächst anderen – Traditionen verpflichteten katholischen Territorien" zur Geltung brachten. An die Stelle der Sicherung des ewigen Seelenheils der Untertanen als leitendes Prinzip staatlichen Handelns des Konfessionsstaates trat „die ‚salus publica' des Gemeinwesens" als höchste Pflicht des aufgeklärten Herrschers.[10] Wie zuvor an den protestantischen erfolgte nun auch an den katholischen Universitäten ein Wechsel der Leitwissenschaft von der Theologie zur Jurisprudenz und zu den Realwissenschaften, vor allem der Kameralistik. Erziehung und Schule wurden ins Zentrum öffentlicher Fürsorge gerückt, weil sie „allezeit ein politicum" (Maria-Theresia) seien und bleiben müssen. Das war eine Modernisierung, die der Aufklärung zu verdanken war, aber auch der in Deutschland weiterhin ausgeprägten Konkurrenz der Konfessionen, konkret dem Willen der katholischen Länder, mit den protestantischen gleichzuziehen: „Zum ersten Mal nach der Reformation wurde im Heiligen Römischen Reich die gleiche Sprache gesprochen, einheitlich gedacht. Über die bisherigen konfessionellen Grenzen hinweg kam es zu einer Annäherung im Wissen – das aufgeklärt als Tugend verstanden wurde – in den Wissenschaften, die einen Abbau der überfällig gewordenen gegenseitigen Vorurteile erlaubten."[11] Das eröffnete in Deutschland, das anders als Frankreich durch ein Nebeneinander der Konfessionskulturen geprägt war, den Aufklärern den Vergleich der Wissenschafts-, Bildungs- und selbst der sich zaghaft ausbildenden Freiheitskulturen.

„Die Berlinische Freiheit zu denken und zu schreiben, reduziere sich", hielt Lessing, der Spross lutherischer Pfarrhauskultur, 1769 der Kritik Nicolais an der Wiener Zensur entgegen, „einzig und allein auf die Freiheit, gegen die Religion so viel Sottisen zu Markt zu bringen, als man will. Lassen Sie einen in Berlin versuchen, über andere Dinge so frei zu schreiben als Sonnenfels in Wien geschrieben hat, ... lassen Sie einen in Berlin auftreten, der für die Rechte der Untertanen, der gegen Aussaugen und Despotismus seine Stimme erheben wollte, ... und Sie werden bald die Erfahrung haben, welches Land bis auf den heutigen Tag das sklavischste Land von Europa ist."[12]

Mit der Französischen Revolution von 1789 schien der Streit zwischen Vernunft und Glauben entschieden und dem lateinischen Europa der Weg in eine rein innerweltliche Seligkeit ohne Religion und Kirche gebahnt. Allerdings sollte sich bald zeigen, dass auch der un- oder antichristliche Staat nicht auf Religion verzichten wollte oder konnte und so eine starke Kontinuität zum vorrevolutionären christlichen Europa gewahrt blieb: Die den revolutionären Kalender bestimmenden Verehrungsfeste des Höchsten Wesens waren nicht „Ausdruck einer transzendenzlosen politischen Religion" (Mona Ozouf). Vielmehr war „der Bezug auf eine Gottheit für das Ordnungsverständnis der Revolutionäre konstitutiv" und stand unverkennbar in „Kontinuität zur christlichen Gottesverehrung des *Ancien Régime*". Die Revolutionäre „nutzten nicht nur Religion, um politische Zwecke zu erreichen, sondern setzten auch anders herum Politik zugunsten der Durchsetzung einer bestimmten Gottesidee ein“. Nicht anders als im voraufgeklärten Christentum „wurde behauptet, dass bestimmte Handlungen von der Gottheit mit ihrem Schutz belohnt würden. Gerade aber diese Vorstellung einer Kompensationslogik mag den Grund für eine revolutionäre Theopolitik zu verstehen helfen: Wenn bestimmte Handlungen nötig waren, um die Gottheit für sich zu gewinnen und ihren, aufgrund der militärischen Gefährdungslage notwendigen, Schutz zu verdienen, lag es nahe auf politische Mittel zurückzugreifen, um die Bürger zu eben diesen Handlungen zu veranlassen.“ Damit lässt sich – so jüngst das Ergebnis einer detaillierten Analyse der revolutionären Verehrung des Höchsten Wesens – „eine deutliche Kontinuität bezüglich der religiös-politischen Funktion der Feste feststellen. Zwar wurde in den revolutionären Festen des Höchsten Wesens teils gegen den katholischen Klerus polemisiert, jedoch wurde auch hier immer wieder Kommunikation mit dem transzendenten Wesen inszeniert, die Kompensationsvorstellungen einschließen konnte. In Analogie zum *Ancien Régime* zeichnete sich also die Revolution (wenigstens des Jahres II) *nicht durch* das Streichen jeglichen Transzendenzbezuges aus der Politik aus, sondern vielmehr durch die besondere Betonung der ursprünglichen gottgegebenen Ordnung und einer kollektiven Aufgabe zu ihrer Reformierung. Insofern verfolgten die Revolutionäre von 1794 zur Durchsetzung ihrer Vorstellungen eine dezidierte Theopolitik.“[13]

Damit ist, so die logische Konsequenz dieser grundstürzenden Umdeutung des revolutionären Bruchs, das rasche Wiedererstarken des Christentums in den Jahrzehnten der Restauration nicht in erster Linie eine Folge der militärischen Niederlage der Revolution und der damit verbundenen Vernichtung ihres säkularen, antikirchlichen Geistes, sondern Ausdruck der Sicherung von Religion und Gottesverehrung über den scheinbar radikalen Zivilisationsbruch hinweg. Die Wiederbelebung des Christentums im Zuge der politischen Restauration und des kulturellen Aufbruchs der Romantik entfaltete eine politische, gesellschaftliche und kulturelle Kraft, die in manchem an die geschilderte Situation im Übergang vom Mittelalter zur Neuzeit erinnert und manchen Historiker von einem „zweiten konfessionellen Zeitalter“[14] sprechen lässt. Dem mag man zustimmen, muss aber betonen, dass das Wiedererstarken von Religion und Konfession unter völlig anderen Rahmenbedingungen als in der frühen Neuzeit erfolgte und damit die Konfessionalisierung des 19. Jahrhunderts gesamtgeschichtlich einen ganz anderen Stellenwert besaß als im 16. und 17. Jahrhundert. Insbesondere im Verhältnis zwischen Staat und Konfession hatte sich eine radikale Verschiebung zugunsten der politischen Gewalt ergeben, die die Religion beziehungsweise die Konfessionen in einer ganz anderen, modernen Weise in die Pflicht nehmen konnte, als es ihre frühneuzeitlichen, erst in der Formierung begriffenen Vorgänger je vermocht hätten. Das betraf Schule und Bildung ebenso wie die Kranken- und Sozialfürsorge, vor allem aber die Indienstnahme für die militärischen und kriegerischen Ziele der modernen Nationalstaaten. Darauf ist zurückzukommen.

Das Wiedererstarken der Religion trug zu dem gewaltigen Aufbruch des 19. Jahrhunderts in Wissenschaft, Technik und Kultur bei, allerdings konfessionell außerordentlich unterschiedlich. Erst jetzt ergab sich der auf der Wende vom 19. zum 20. Jahrhundert von Max Weber und der klassischen Religionssoziologie diagnostizierte Gegensatz in der Welthaftigkeit von Protestantismus und Katholizismus. Das war nicht die Konsequenz von Unterschieden in der Weltzuwendung in der Zeit von Reformation und Konfessionalisierung. Vielmehr resultierte es aus der antiaufklärerischen, antimodernistischen Reaktion Roms auf die Französische Revolution. Vorbereitet durch Leo XII. (1823–1829) und Gregor XVI. (1831–1846) gipfelte diese Politik der Verweigerung gegenüber den aktuellen Weltläufen unter Papst Pius IX. (1846–1878), dem mit fast 32 Jahren am längsten regierenden Pontifex aller Zeiten, der sich nicht nur gegenüber den geistigen, politischen und gesellschaftlichen Entwicklungen der Zeit verschloss, sondern eine radikale Neuaufstellung, ja Neuerfindung des Katholizismus betrieb. Parallel zu seinem ebenso erbitterten wie diplomatisch und mächtepolitisch unfähigen Kampf um die politische

Macht und die Souveränität des Kirchenstaates, auf die er nie verzichtete, sich vielmehr von seiner Absetzung im September 1870 bis ans Lebensende als widerrechtlich Gefangener im Vatikan sah, trieb er einen tiefen Keil zwischen Katholizismus und real existierende Welt, den zu entfernen noch heute als gigantische Aufgabe vor der katholischen Kirche steht. Der 1864 verordnete *Syllabus errorum,* der in seiner „kämpferischen Schroffheit" an den mittelalterlichen Papst-Fundamentalisten Gregor VII. erinnert, erklärte alle Errungenschaften der Moderne – allen voran Naturwissenschaften, Demokratie und Liberalismus – für widergöttliche Machenschaften des Satans, die für jeden rechtgläubigen Katholiken Todsünde bedeuteten und daher „mit der Wucht eines ‚Aufklärungshammers' zu zertrümmern" waren.[15] Fünf Jahre später ließ er sich und alle folgenden Päpste durch das Erste Vatikanische Konzil (1869/70) in der Konstitution *pastor aeternus* (18. Juli 1870) in allen Fragen von Glauben, Lehre und Sitten für unfehlbar erklären, wenn sie *ex cathedra,* also mit der apostolischen Autorität des Papstes, verkündet werden. Eine Beteiligung von anderen Institutionen der Kirche war dabei nicht vorgesehen, weder der Kardinäle oder Bischöfe noch eines Konzils oder einer Synode und schon gar nicht der Konsens von Gemeinden oder den Gläubigen selbst. Zusammen mit dem bereits 1854 aufgestellten Mariendogma der *unbefleckten Empfängnis der Gottesmutter*, das Pius IX. zu einer ideologischen und propagandistischen Steigerung der bereits im Barock hochblühenden Marienverehrung nutzte, waren mit der päpstlichen *Infallibität* die geistig-theologischen Grundlagen für eine Erhebung des neuzeitlichen Papsttums in eine absolutistische, zu keiner Rückbindung an die Kirchenmitglieder verpflichtete Position erreicht. Und das in einem Moment, in dem – anders als etwa zur Zeit von Pius' Vorbild Gregor VII. – ungebundene Autorität allenthalben in Frage gestellt und Zug um Zug abgebaut wurde.

Anfang des 20. Jahrhunderts wurde die römische Selbstisolierung weiter ausgebaut, indem Papst Pius X. (1903–1914) im September 1910 alle Priester und Funktionsträger der römischen Kirche auf einen formellen „Antimodernisteneid" verpflichtete und damit zugleich ins-

1857 ließ Papst Pius IX. auf der Piazza di Spagna diese Mariensäule errichten. Eine demonstrative Befestigung des von ihm am 8. Dezember 1854 verkündeten Dogmas von der unbefleckten Empfängnis der Gottesmutter.

Noch Anfangs des 20. Jahrhunderts diente die geistliche Schulaufsicht dem antimodernistischen Papsttum als eine der wichtigsten Bastionen zur Abwehr des verhassten Geistes der Moderne. Karikatur einer deutschen Satirezeitschrift aus dem Jahr 1910.

besondere in Schul- und Erziehungsfragen die Konfrontation mit den weltlichen Staaten auf einen Höhepunkt trieb. Doch Exkommunikation und Anathema-Verfluchung, die einst die weltlichen Herrscher hatten erzittern lassen, waren längst stumpf geworden und dokumentierten nur noch die Hilfslosigkeit des römischen Pontifex.

In der Perspektive des Eintritts der christlichen Konfessionen in die moderne Welt des 19. und 20. Jahrhunderts waren nicht Luther und Papst Leo X. oder andere Renaissancepäpste die Kontrahenten, die den jeweiligen Kirchen und ihren Anhängern die Richtung vorgaben, sondern in diachroner Versetzung Luther und Pius IX., der Reformator des 16. und der Restaurator des 19. Jahrhunderts. Ohne die völlig anderen gesellschaftlichen, politischen und kulturellen Rahmenbedingungen detailliert in Anschlag zu bringen, soll eine Gegenüberstellung einige Schlaglichter auf die biographische und geschichtliche Situation samt den Folgen werfen[16]:

Der Reformator war in einer erfolgreichen Unternehmerfamilie aufgewachsen und hatte sowohl das unverzichtbare Arbeitsethos wie auch den Willen zum sozialen Aufstieg dieses frühen Wirtschaftsbürgertums erfahren. In dessen Umsetzung hatte er sich zwar dem Willen des Vaters widersetzt, den Aufstieg als Jurist zu sichern, war aber umso leidenschaftlicher dem Gelehrtenaufbruch der Humanisten gefolgt und hatte in der Theologie als damals unbestrittene Leitwissenschaft ein neues Weltverstehen gefunden. Papst Pius IX., 1792 als Giovanni Maria Battista Pietro Pellegrino Isidoro Graf Mastai Ferratti geboren, entstammte einer seit Generationen im Kirchenstaat begüterten und in der Adriastadt Senigallia politisch einflussreichen und wirtschaftlich blühenden Adelsfamilie, die eng mit den Interessen Roms und des Papsttums verflochten war. Von Herkunft und Herz her Vertreter der kirchlichen Feudalschicht, war der spätere Pius IX. in doppelter Weise der anachronistischen feudalen Welt des Kirchenstaates verhaftet. Trotz Behinderung durch häufige Epilepsieanfälle war er in seinen Jugendjahren eng der Welt verbunden – durch Bewunderung für Napoleon und das Militär ebenso wie durch altersgemäße Liebeleien.

Der Weg ins Kloster war für Luther eine frühe, existentiell tief verwurzelte Entscheidung, die einen lebenslänglichen radikalen Gottesbezug begründete und ihn auf den Weg wissenschaftlicher Wahrheitssuche in der Theologie verwies. Pius IX. dagegen wählte das Priestertum wohl nicht aus Überzeugung oder gar innerem Zwang, eher aus Melancholie und fehlender Lebensperspektive. Theologie und Wissenschaft waren für ihn kaum wichtig, wohl aber Seelsorge und Caritas, in den frühen Jahren auch die Mission indigener Völker in Südamerika, die der sächsische Reformator nie ernsthaft ins Blickfeld nahm. Wie Luther sich nach seinen Jahren als Universitätsprofessor in seinem Wittenberger Pfarramt und in den damit verbundenen europaweiten Verpflichtungen engagierte, so erfüllte Graf Mastai Ferretti als Bischof von Spoleto, später dann Imola ernsthaft seine Pflichten als Prediger, Seelsorger und Visitator. Eher vergleichbar als trennend oder gar antagonistisch war selbst die tiefe Marienfrömmigkeit, die das Leben des Grafen Mastai Ferretti von Anbeginn an prägte.[17] Auch Luther hat zeit seines Lebens die Gottesmutter verehrt, und selbst die aufblühende Marienfrömmigkeit des Barocks hat keine unüberwindbaren Gräben zwischen den Konfessionen hervorgebracht. Das geschah erst mit der von Pius IX. als Herausforderung der feindlichen Welt verstandenen mystischen Überhöhung Mariens und einem fast gottgleichen Heiligenkult, wie er den Protestanten seit der Reformation zuwider war.

Der entscheidende Unterschied in Anspruch und Selbstverständnis ergab sich erst mit der Erhebung Mastai Ferrettis, inzwischen Kardinal, 1846 in vergleichsweise jungem Alter von 54 Jahren auf den Stuhl Petri. Bereits zwei Jahre später unter dem Eindruck der Revolution von 1848 zu schmachvoller Flucht aus Rom ins südliche Gaeta gezwungen, legte er rasch alle – ihm eventuell nur angedichteten – Neigungen zu Liberalität und Reformen ab und entwickelte ein Sendungsbewusstsein und einen Autoritätsanspruch, die sein langes Pontifikat prägten und ihn zu den skizzierten päpstlichen Sakral- und Antimodernitätsverordnungen führten, die den Katholizismus als antiaufklärerisches und gegenmodernes Bollwerk neu erfunden haben.[18] Doch nicht der Absolutheits- und Autoritätsanspruch als solcher machte den entscheidenden Unterschied zum Reformator und den auf seiner Lehre fußenden Kirchen der Reformation aus. In der Radikalität des Gottesbezuges und dem objektiv-biblischen Autoritätsanspruch war Luther durchaus dem nervösen absoluten Willen zur Herrschaft von Religion und Kirche bei Pius IX. vergleichbar. Der Unterschied liegt in der Begründung der Autorität: Für Pius IX. lagen die Wurzeln seiner Autorität im Amt, das ihn gleichsam automatisch und ohne Gefahr der Unterbrechung in unmittelbare Verbindung zu Gott brachte – ganz ähnlich übrigens wie im Selbstbewusstsein der Kaiser des Heiligen Römischen Reiches, namentlich Karls V.[19] Vor allem aber sah sich der Mastai-Ferretti-Papst nach dem Ende des Heiligen Römischen Reiches und seiner Sakralkaiser, wie der Sakralität weltlicher Herrschaft generell, als alleinigen Vertreter christlicher Transzendenz in der Welt. Der einzige zeitgenössische Staat und der einzige Herrscher, der in der zunehmend heillosen Welt der Moderne noch das christliche Heil garantieren konnte, waren der Kirchenstaat und sein sazerdotaler Souverän: Pius IX. hat daher „nicht nur für die Kirche, sondern auch für seinen Staat einen Platz über der Geschichte beansprucht. Das eigene Herrschaftsgebiet war in seinen Augen nicht Anhängsel oder gar Ballast, sondern die vom Himmel verliehene Garantie für die Unabhängigkeit der Kirche und zudem ein dauerhaftes Demonstrationsobjekt dafür, wie eine wahrhaft christliche Herrschaft aussehen musste".[20] Die angemessene Weise, diesen Anspruch der Welt mitzuteilen, war die autoritative Verkündigung entsprechender Dogmen und Lehrsätze *ex cathedra* von dem mit der Autorität der Antike versehenen Lehrstuhl des römischen Bischofs.

Daraus resultierte jener, die Liberalen wie die Aufklärer irritierende objektivistische Herrschafts- und Gehorsamsanspruch, der sich auf dem Höhepunkt des papalistischen Umsturzes fast ins Pathologische steigerte, als er seinem Hauptkritiker im Kardinalskollegium entgegenschleuderte: „Ich, ich bin die Tradition, ich, ich bin die Kirche", und erwartete, dass dieser ob einer solchen Offenbarung fürderhin schweigen würde.[21] Diese Selbsterhebung Roms und des Papsttums über alle irdischen Grenzen hinweg haben die Zeitgenossen sogleich registriert und teils ironisch kommentiert, und zwar nicht nur im lateinischen, sondern auch im griechisch-orthodoxen Europa. Dostojewskis berühmtes Kapitel „Der Großinquisitor" in dem etwa zeitgleich entstandenen Roman „Die Brüder Karamasoff" liest sich streckenweise wie ein Kommentar zu dem neuen „Grundzug des römischen Katholizismus" mit seiner Inszenierung des päpstlichen Gottkönigs[22]: „Alles", so belehrt der greise Großinquisitor den bei seiner Wiederkunft in Sevilla von ihm in den Kerker geworfenen Christus, „ist von Dir dem Papst

Modernität à la Rom - ein unfehlbarer Papst. Pius IX. auf seinem Thronsessel.

übergeben worden, folglich ist jetzt alles beim Papst. Du aber komme jetzt lieber überhaupt nicht wieder, oder störe wenigstens nicht vor der Zeit", also vor dem Weltenende.[23]

Anders als dieser amtsbegründete Autoritäts- und Sakralanspruch des kirchlichen Hohepriesters und politischen Souveräns begründete Luther seine Autorität und den Wahrheitsanspruch seiner Lehre aus einem ihm wie jedem Christen, auch denjenigen ohne Amt und Weihen, eigenen radikalen Gottesbezug sowie aus der wissenschaftlichen Wahrheitssuche durch Erforschung der Bibel, zu der die ordinierten Pastoren ebenso verpflichtet waren, wie – je nach Kräften – jeder an-

Römisch-katholische Selbstpositionierung gegenüber der Moderne – Papst Pius IX. auf der Sedia gestatoria *hoch über dem Kirchenvolk erhoben (1870). Demonstration seines unerschütterlichen Autoritätsanspruchs.*

dere Christenmensch. Nicht Gehorsam gegenüber kirchlichen Autoritäten und deren Verordnungen war Luthers Maxime, sondern die Gebundenheit von Theologen wie Laien an die Bibel und ihre aus Gott entspringende Wahrheit. Bereits 1521 auf dem Wormser Reichstag wollte der Reformator die Wahrheit nicht autoritativ konstatieren, sondern in offener, freier Disputation unter Gelehrten herausfinden. Ort seiner Lehrverkündigung war die Kanzel, von der aus er die im Studium der Bibel erarbeitete christliche Wahrheit seiner Gemeinde und evangelischen Kirche vortrug. Dabei hatten er und die folgenden Generationen lutherischer Pfarrer ein doppeltes Ziel im Auge – die Reinheit der evangelischen Lehre gemäß wissenschaftlich-theologischer Erkenntnis und die Befähigung der Christen zu entsprechendem Handeln im Alltag, bei der Mit- und Umgestaltung der Welt nach Gottes Willen.

Luthers Anspruch auf freie Erörterung und Entscheidung von Lehr- und Wahrheitsfragen war ein im lateinischen Europa, und zwar

Protestantische Selbstpositionierung gegenüber der Moderne – der predigende Luther als Idealbild der Erklärung und Prägung der Welt durch zeitgemäße Auslegung der Bibel. Lucas Cranach d. Ä., zwischen 1547 und 1548.

auch und gerade im christlichen Umfeld, seit der Spätantike tief verwurzeltes Prinzip, das die Kirchenhierarchie zwar immer zu unterbinden versucht hatte, das mit der Reformation aber neue Legitimität und Kraft erhielt, in gewisser Weise auch im tridentinischen Katholizismus. In der Papstkirche wurde es erst durch die antimodernistische Konfrontationspolitik Pius IX. blockiert, bezeichnenderweise fundiert durch eine Neu- und Umdeutung des Tridentinums.[24] Damit verlor der Katholizismus auf Generationen hin die Anschlussfähigkeit an die modernen Wissenschaften und einen wesentlichen Teil seiner Weltwirksamkeit, während die protestantischen Konfessionen und Denominationen die Zusammenarbeit mit der Welt immer freier ausbauen konnten. Protestantischen Dichtern und Intellektuellen wie Jean Paul, Friedrich Nietzsche oder Gottfried Benn stand der Weg von der Sozialisation im lutherischen Pfarrhaus hin zu autonomem Denken und Handeln ungehindert offen. Das gilt selbst für die kultur- und modernitätsfernsten Pfarrelternhäuser wie im Falle Jean Pauls und Gottfried Benns. Der eine konnte in der „Rede des toten Christi vom Weltgebäude herab" den Tod Gottes erklären, der andere in Lyrik und Prosa die metaphysische Leere des Universums. Und das jeweils mit der Sprachgewalt und der Poesie, die aus dem frühen, existentiell gesicherten Umgang mit der Bibel resultierten.

Natürlich fanden die sprachgewaltigen Prediger und Dichter des katholischen Barockzeitalters auch im 19. und 20. Jahrhundert Nachfolger. Zu Vertretern der Moderne wurden sie aber kaum. In Deutschland haben katholische Schriftsteller wie Reinhold Schneider, Werner Bergengruen oder Gertrud von Le Fort – die beiden Letzteren Konvertiten – mutig der verbrecherischen, atheistischen Moderne des Nationalsozialismus widersprochen und ihr das christliche Gewissen und die Würde des Menschen jedweder Herkunft und jedweden Glaubens entgegengesetzt.[25] Reinhold Schneider ist nach dem Krieg im Moment der Debatte um die Wiederbewaffnung der Bundesrepublik sogar den einsamen, ihn politisch wie kirchlich isolierenden Weg in den radikalen Pazifismus gegangen. Der Moderne näherte er sich damit aber nicht an. Er wie andere katholische Schriftsteller blieben Vertreter „einer hierarchischen Welt". Ihre Werke beschäftigten sich mit den „geschichtlichen Formen, in denen noch das Heilige lebte, ... im Königtum, das Gottes Vatertum spiegelte und die Königsherrschaft Christi über das All".[26] Das „Prinzip der Autokratie wurde nicht in Frage gestellt. Es geht um ihre Bindung und um die Glaubensbindung jedes einzelnen Menschen".[27]

Auf dem Feld der Organisation und Verfassung war der von Pius IX. etablierte antimoderne Katholizismus auch von den erstarkenden partizipatorischen Bewegungen abgeschottet. Der Protestantismus dagegen, voran die Reformierten, Calvinisten und Freikirchen unter Leitung des frühen Wirtschaftsbürgertums und der bereits in der Frühen Neuzeit sich selbst regierenden Gemeinden und Synoden[28], konnte sich Zug um Zug die partizipatorischen, demokratischen Elemente moderner Verfassungen aneignen – durch die Einführung von Gemeindekirchenräten und Synoden auch im Luthertum oder durch die Gründung von Freikirchen auf dem Gebiet der Landeskirchen. Ein eindrückliches Beispiel bietet die pommersche Landadelsfamilie von Thadden auf Trieglaff, der zeitweilig Bismarck nahestand. Nach dem Zweiten Weltkrieg war es dieser Geist eines nicht landeskirchlich gebundenen, selbstbewussten Laienchristentums, der Reinhold von Thadden-Trieglaff mit dem Evangelischen Kirchentag ein bis heute erfolgreiches Modell breiter

Laienpartizipation begründen ließ.[29] Vergleichbare Wege der Selbstorganisation und des Hineinwirkens in die Welt von der Gemeindebasis her waren dem Katholizismus verschlossen, seit Pius IX. die Papstkirche in eine heroische Selbstisolation gezwungen hatte. Daher ist der „synodale Weg", den man gegenwärtig in Deutschland einschlägt, ein verspäteter und besonders schmerzhafter Versuch, die katholische Kirche in die moderne Welt zu führen. Es ist seine historische Aufgabe, endlich die auf dem Katholizismus lastende Asymmetrie zwischen dem sakralen Anspruch des Papsttums auf ein Monopol der kirchlichen Deutung und Gestaltung der Welt und der säkularen Realität der Moderne, in der auch die katholischen Christen leben, zu beseitigen.

Parallel zum Ringen um die Deutungshoheit über das christliche Leben in der Moderne spitzte sich jener Grundzug christlichen Wirkens in der Welt neu zu, der dem lateinischen Christentum mit der Konstantinischen Wende des 4. Jahrhunderts eingepflanzt und später von frommen Christen immer wieder kritisiert, aber nie beseitigt worden war: In der wirtschaftlich und politisch entfesselten Moderne des 19. und frühen 20. Jahrhunderts ergab sich nahezu zwangsläufig eine Erneuerung und Festigung der bereits von Erasmus kritisierten Verbindung zwischen Christentum, Nation und Krieg[30], und das mit noch verheerenderen Folgen als zu Beginn der Neuzeit. Denn die erneut auftretende Verbindung von innergesellschaftlicher Integrationsdynamik und aggressiver Abgrenzung nach außen gegenüber anderen Staaten und Nationen nahm deutlich schärfere, moderne Formen an. Das war zum einen der Steigerung des Nationenprinzips zum Nationalismus geschuldet und fußte zum anderen auf dem nationalistischen Prinzip der Volksbewaffnung, das der französische Wohlfahrtsausschuss am 23. August 1793 mit der Ausrufung der *Levée en masse* für Frankreich begründet hatte und das rasch von den anderen Staaten übernommen wurde.

Wo der Humanist in den Kriegen des 15. und 16. Jahrhunderts den Fürstenarmeen gesegnete Fahnen voranwehen und Christus gegen Christus streiten sah, da trafen in den Schlachten des Ersten Weltkriegs

Christliche Legitimation des Krieges – Koppelschloss deutscher Soldaten im Ersten Weltkrieg.

die Massen der Volksarmeen aufeinander, deren jede eine christliche Segnung erhalten hatte und wo jeder einzelne Soldat den Gottesbezug auf dem Koppelschloss trug.

Sicher, als Gegenbewegung wurde auch wieder der christliche Friedensgeist aktiviert, dokumentiert etwa in der eindrucksvollen Frauenfriedenskirche in Frankfurt-Bockenheim, die Hedwig Dransfeld, die Vorsitzende des Katholischen Deutschen Frauenbundes, bereits 1916 mitten im Grauen des Ersten Weltkrieges konzipierte und die dann zwischen 1927 und 1929 realisiert und ausschließlich von Frauen finanziert wurde. Im Zentrum des Bildprogramms steht die gewaltige Mosaikskulptur der *Regina Pacis*, der Frieden bringenden Gottesmutter, auf die ganz ähnlich wie am Ende des Dreißigjährigen Krieges[31] die Christen ihre Hoffnung auf eine Zukunft ohne Krieg setzten.

Doch bedurfte es noch eines weiteren Weltkriegs, ehe sich das christliche Friedensgebot tief in den Kirchen und Staaten verankerte. Noch der erwähnte radikale Pazifismus, mit dem sich der katholische Autor Reinhold Schneider in den 1950er Jahren gegen die Wieder-

Maria als Friedenskönigin – Sinnbild christlicher Friedensforderung nach dem Ersten Weltkrieg an der Fassade der Frauenfriedenskirche in Frankfurt-Bockenheim. Errichtet wurden Kirche und Großplastik auf Initiative des Katholischen Deutschen Frauenbunds Anfang der 1920er Jahre.

bewaffnung der Bundesrepublik stemmte, „entfremdete ihn der westdeutschen Öffentlichkeit und brachte ihn in schroffen Gegensatz zur katholischen Moraltheologie und ihrer Lehre vom ‚gerechten Krieg'".[32]

Zu Beginn des 21. Jahrhunderts sind in Europa sowohl die nationalen als auch die konfessionellen Fixierungen weitgehend eingehegt – durch den Zusammenschluss der Staaten zur Europäischen Union und durch das Aufblühen eines ökumenischen Bewusstseins, das die abgrundtiefe Feindseligkeit der Frühen Neuzeit überwunden hat und bemüht ist, in den fortbestehenden dogmatischen und spirituellen Unterschieden die gemeinsamen Wurzeln zu erkennen. Hinzu kommt, dass sich die stets vorhandene universelle Ausrichtung nahezu aller Varianten des Christentums im Zuge der jüngsten Kommunikations- und Informationsrevolutionen zu einem globalen Bewusstsein und einem globalen Rahmen des Handelns verdichtet hat. Damit wurde die vorherrschende Asymmetrie der Einflussrichtung zumindest teilweise zugunsten der Einflüsse von der globalisierten Welt auf das Christentum beseitigt.

Zugleich rückte das für die europäische Christenheit konstitutive Phänomen der Säkularisierung beziehungsweise der Säkularität in einen neuen Kontext. Im Verlauf des 19. Jahrhunderts wurde dieser christliche Strang der Säkularisation, auf den wir im Mittelalter wie in der Frühen Neuzeit immer wieder gestoßen sind, von Säkularisierungstendenzen überlagert, deren Dynamik nicht mehr primär dem Christentum zu verdanken war. So ist gerade gegenüber einer insbesondere im Protestantismus beliebten einlinigen Herleitung der „westlichen Werte" aus dem Christentum der Einwand zu beachten, dass „religiöse Toleranz, religiöser Pluralismus, Demokratie, Umweltschutz, Menschenwürde und viele andere Werte der modernen säkularen Gesellschaft nicht aus dem Christentum entsprungen" sind.[33] Wichtig ist aber die Ergänzung, dass sich in der alteuropäischen Christentumsgeschichte eine Disposition für solche säkularen Einstellungen herausgebildet hat, wenn auch in langem, durch Gewalt und Leid geprägtem Ringen.[34] Erst vor diesem, anderen Weltreligionen unbekannten Hintergrund konnte sich im 19. Jahrhundert die moderne

Säkularität entwickeln. Sie reicht weit über den christlichen, allemal über den kirchlichen Teil der Gesellschaft hinaus, war und ist aber gleichwohl der nahezu 2000-jährigen Geschichte des Christentums verpflichtet. Umgekehrt sorgte diese schwer lastende historische Erfahrung dafür, dass die Entfaltungen moderner Säkularität schließlich „in den Grundbestand neuzeitlichen Christentums übergegangen" sind – trotz der antimodernistischen Syllabus-Politik Papst Pius' IX. schließlich auch in den Katholizismus. In der Folge war spätestens seit Mitte des 19. Jahrhunderts „die schwierige Gratwanderung zwischen Öffnung zur und Verfallenheit an die ‚Welt' eine Daueraufgabe der Kirchen"[35], zunächst in den europäischen Gesellschaften, bald aber auch weltweit.

Mit dem modernen Globalismus und den mit ihm einhergehenden Migrationsströmen nach Europa hat diese Daueraufgabe Anfang des 21. Jahrhunderts eine neue, existentielle Brisanz gewonnen, existentiell gleichermaßen für das lateinische Christentum wie für die moderne säkulare Gesellschaft. Denn war – wie geschildert – in der Frühen Neuzeit der Islam in den Randzonen Europas wie der Iberischen Halbinsel, im Süden Italiens, auf dem Balkan sowie in Gestalt des Osmanischen Reiches als Teil des europäischen Staatssystems präsent, so wird man heute kaum der noch vor kurzem kontrovers diskutierten Feststellung widersprechen können, dass der Islam ein Teil Deutschlands beziehungsweise Europas ist.[36] Damit ist aber der über Jahrhunderte hin im christlichen Europa sich ankündigende Einklang von Säkularität und Religion in Frage gestellt. Denn von einzelnen Ansätzen abgesehen hat der Islam keine vergleichbare Tradition religiös-theologischen Mitwirkens an der Herausbildung der modernen säkularen Welt entwickelt, wie sie im Christentum von Anbeginn eingewurzelt und durch das Bündnis mit dem römischen Staat im 4. Jahrhundert infolge der Konstantinischen Wende virulent geworden war.

Religiöse Akzeptanz und rechtliche Legitimität der Säkularität sind in Europa als kollektive Einstellung neu zu verankern und für alle hier lebenden Menschen gleich welcher religiösen oder kulturellen Prägung plausibel zu machen. Was das für den Islam bedeutet, beschäftigt die Öffentlichkeit lebhaft und wird auch bereits konkret erprobt. Dabei ist allerdings fürs Erste ungewiss, ob die Beispiele säkular aufgeklärter Religiosität als Modell für die islamische Mehrheitskultur dienen können oder eher eine Überforderung darstellen, jedenfalls kurzfristig. Die in einigen Moscheen praktizierte Verbindung von Islam und Säkularität ist hoch ambitioniert. Denn sie erwartet von Muslimen aus nicht christlich geprägten Ländern, dass sie in weniger als einer Generation den Prozess der Säkularisierung durchlaufen, der im Christentum Jahrhunderte in Anspruch nahm.[37] Was indes konkret den Terror des islamischen Fundamentalismus anbelangt, der die zivilisierte Welt immer wieder in Angst und Schrecken versetzt, so lässt sich aus der vorgestellten historischen Erfahrung mit dem christlichen Fundamentalismus in der ersten Hälfte des 17. Jahrhunderts immerhin die Hoffnung formulieren, dass der Islam in ähnlicher Weise wie das frühneuzeitliche Christentum solche Entartungen religiöser Leidenschaft von innen heraus überwinden kann.

Und die Zukunft des Christentums? Die christlichen Kirchen und Gemeinschaften müssen sich in der modernen, pluralen und liberalen Welt behaupten, zu deren Entstehen sie maßgeblich beigetragen haben. Wie konkret sich die über zweitausendjährige Verwobenheit zwischen Christentum und Welt zukünftig gestalten wird, ist kaum zuverlässig vorherzusagen. Geschichte, auch die des Christentums, ist prinzipiell offen. In den Debatten über die Präsenz des Christentums in Gegenwart und Zukunft lassen sich hauptsächlich zwei Positionen erkennen – einerseits ein Plädoyer für die radikale Ausgliederung von Religion und Kirche aus dem säkularen Staat und der pluralen Gesellschaft, andererseits die These, dass die modernen Staaten und Gesellschaften längst vom Geist des Christentums durchtränkt seien und das Christentum somit per se auch die moderne Welt entscheidend mitpräge.

In der ersten Variante werden das Christentum und Religion generell zur Privatangelegenheit, so dass damit die bis ins frühe 20. Jahrhundert Europa prägende Symbiose zwischen christlicher Religion und Welt beendet wird. In Frankreich gilt wie eingangs erwähnt seit 1905 das Prinzip der *laïcité*, das allen Religionen die Teilhabe am politischen und öffentlichen Leben versagt und das Christentum auch nicht historisch-kulturell hervorhebt. In Deutschland wird eine entsprechende Position nachdrücklich von dem Juristen Horst Dreier vertreten.[38] Für den Staatsrechtler und Rechtsphilosophen steht fest, „dass der Staat in der modernen, säkularen Grundrechtsdemokratie auf jede Form religiöser Legitimation zu verzichten hat und sich mit keiner bestimmten Religion oder Weltanschauung identifizieren darf". Anders als für manchen seiner Rechtskollegen bedarf für ihn der „säkulare Staat der Moderne keiner sakralen Aura und keines Mythos", auch und gerade nicht in dem Sinne, dass die von ihm bedingungslos zu vertretenden Menschenrechte primär religiös-christlichen Ursprungs seien.[39]

Die Gegenposition repräsentiert – in Ablösung der zu Mitte des vorigen Jahrhunderts beliebten Bezeichnung „christliches Abendland" – die Beschreibung der modernen Gesellschaft als „der Westen", verstanden als ein von Christentum und Aufklärung hervorgebrachter Zivilisationstypus mit mondialem Geltungsanspruch. In der Perspektive unserer Christentumsgeschichte stellt sich dieses Konzept als „Christentum ohne Kirche" dar, insofern man in Fortschreibung einer auf den Philosophen des Weltgeistes Georg Wilhelm Friedrich Hegel zurückgehenden Linie die Kultur und den Staat als „Ort der Betätigung und Bewährung der Religion und des christlichen Lebens" ansetzt – zunächst neben den Kirchen und christlichen Gemeinschaften, mit zunehmender Säkularisierung aber primär ohne sie. Damit wäre die Weltwirkung des Christentums durch die christliche Substanz von Staat, Gesellschaft und Kultur der säkularen Moderne weiterhin garantiert: „Die vermeintlich säkulare westliche Moderne" habe, so die Gegenwartsanalyse eines in der Vermittlung christlicher Kultur führenden evangelischen Theologen, „christliche Werte in einem Ausmaß realisiert, von dem das christliche Mittelalter nur (habe) träumen" können. „Dem modernen Staat" gelinge es „besser als Rom, Wittenberg und Genf zusammen, die Ideale des Christentums zu verwirklichen. Die Moderne ist nur dann unchristlicher als frühere Epochen, wenn man das Christentum mit Kirchlichkeit identifiziert. Der göttliche Geist treibt jedoch das Christentum über seine ausschließliche Fixierung auf die Gestalt der Kirche hinaus.“ [40]

Gleichsam soziologisch sichergestellt, jedenfalls in Deutschland, war und ist das Wehen des Heiligen Geistes in Staat, Gesellschaft und Kultur der Moderne durch ein relativ weites Überschneidungsfeld kirchlicher und gesellschaftlich-politischer Aktivitäten. So beispielsweise auf den in breiten Kreisen beliebten Kirchentagen, protestantische wie katholische, an denen stets eine beträchtliche Zahl von Politikern nahezu aller Parteien sowie Vertreter gesellschaftlich relevanter Gruppen teilnehmen. Ähnlich der markante Anteil von Theologen an politisch-gesellschaftlichen Entscheidungen, insbesondere als „Theologen-Parlamentarier“, diese allerdings nahezu ausschließlich protestantischer Konfession.[41] Dabei muss allerdings einstweilen unentschieden bleiben, ob der „westliche“ Parlamentarismus in dieser Hinsicht ein Monopol christlicher Parlamentarier bleiben wird oder langfristig nicht auch Vertreter anderer Religionen, namentlich des Islams, einen ähnlichen Einfluss gewinnen werden. Dann würden sich auch andere als christliche Traditionen politisch, gesellschaftlich und kulturell in der „westlichen“ Moderne verankern und diese nicht unwesentlich verändern.

Unabhängig von diesen universellen Zukunftsfragen ist eins deutlich: Die christlichen Kirchen und Gemeinschaften können nicht in der modernen Welt aufgehen, ohne damit zugleich eine Schubumkehr zu erfahren, nämlich die Umkehr der gesellschaftlichen und kulturellen Dynamik von der Prägung der Welt durch das Christentum, die wir im Durchgang durch die Christentumsgeschichte beobachtet haben, hin zur Prägung des Christentums durch die Strömungen der säkularen Welt. Werden die christlichen Kirchen und Religionsgemeinschaften der erwähnten Gratwanderung müde und „die Verfallenheit an die Welt“ greift einseitig Raum, dann verschwindet mit der historischen Erfahrung auch der Wille, die Welt aus christlichem Geist mitzugestalten. Das Christentum verfiele dem bereits Mitte des

19. Jahrhunderts von Søren Kierkegaard formulierten Verdikt „Wer mit dem Zeitgeist geht, geht mit dem Zeitgeist“.[42]

Zu diesem Buch

Das vorliegende Buch geht auf Erfahrungen zurück, die ich nach dem Ende meiner universitären Tätigkeit im Jahr 2010 als Autor von wissenschaftlichen Sachbüchern gemacht habe: Sowohl „Martin Luther. Rebell in einer Zeit des Umbruchs" (2012 u. ö.) als auch „1517. Weltgeschichte eines Jahres" (2017) und „Karl V. Der Kaiser, dem die Welt zerbrach" (2020) fanden eine breite Resonanz und brachten mir viele Leserzuschriften. Das hat mich in der schon früher mit meinen Bänden zur deutschen beziehungsweise zur europäischen Geschichte der Frühen Neuzeit (1988/89 bzw. 1999) gewonnenen Ansicht bestärkt, dass wissenschaftlich fundierte historische Darstellungen eine breite Leserschaft außerhalb der Fachwissenschaft gewinnen können. Die nun vorgelegte *Geschichte des Christentums* in den Jahrhunderten des Aufbruchs in die Moderne will den Brückenschlag zwischen Geschichtswissenschaft und historisch interessierter Leserschaft weiter ausbauen, und zwar durch ein – wenn ich recht sehe – bislang noch nicht oder selten unternommenes Experiment.

Zu Grunde liegen meine in einem halben Jahrhundert akademischer Forschungstätigkeit entstandenen Abhandlungen zur Rolle von Religion und Kirchen bei der Entstehung der Neuzeit und der modernen Welt. Diese Beiträge werden aber nicht in der üblichen Form als „Gesammelte Schriften" vorgelegt. Sie wurden vielmehr inhaltlich und formal zu einer Synthese zusammengeführt, neu durchdacht und wo nötig erweitert. Das so entstandene Buch richtet sich nicht an die Fachwelt, sondern an die interessierte Öffentlichkeit. Möge es einen breiten Leserkreis gewinnen, der – gleichsam im Abendrot christlicher Lebens- und Kulturprägung Europas – neugierig ist auf den Anteil des westlichen oder präziser lateinischen Christentums an der Geschichte Europas, insbesondere in jenen Jahrhunderten der Neuzeit, in denen der Kontinent mit Reformation und Konfessionalisierung um die innere geistige Einheit rang und den Durchbruch in die Moderne vorbereitete.

Die thematische Zentrierung dieser Beiträge auf die neuzeitliche Christentumsgeschichte Europas ist einerseits Ausdruck früher lebensweltlicher Erfahrung und andererseits Ergebnis theoretisch-wissenschaftlicher Reflexion: Die lebensweltlichen Erfahrungen sind die eines Diasporaprotestanten, der in der katholisch geprägten Gesellschaft und Kultur Kölns aufwuchs und früh in Kindergarten und Schule die konfessionellen Unterschiede erlebte und neugierig nach ihren Ursachen fragte. Eine Neugier, die womöglich tiefenpsychologisch in einer Erfahrung des Kindergartenkindes verankert war, das von einer Erzieherin durch eine – damals kaum als außergewöhnlich empfundene – Ohrfeige darauf hingewiesen wurde, dass man in einem katholischen Kindergarten nicht mit „evangelisch" gefalteten, sondern mit „katholisch" zusammengelegten Händen zu beten hatte. Der davon ausgelöste Schock wurde dadurch gemildert, dass das protestantische Kind selbstverständlich an der Allerheiligenprozession teilnahm und kurzzeitig selbst das begehrte Fähnchen mit dem Lamm Christi tragen durfte. Im Gymnasium wurde dann der Schulalltag in der gemischtkonfessionell, aber mehrheitlich katholischen Klasse nicht durch Abgrenzung oder gar Separation, sondern durch Konvivialität geprägt, geleitet durch einen erkennbar katholischen Ordinarius, dessen Leitspruch „Christ ist man für andere" war.[1]

Zum wissenschaftlichen Thema wurde diese Neugier, die übrigens weniger von Separation als von der Konvivialität der Kölner Konfessionskulturen gespeist war, in den 1960er Jahren während meines Geschichtsstudiums in Freiburg und vor allem in den 1970er Jahren während meiner Assistentenzeit in Bielefeld. (Literaturliste I, 13, wo die folgende wissenschaftsgeschichtliche Skizze im Einleitungskapitel ausführlich entfaltet ist.) Prägend in den Freiburger Jahren war der europageschichtlich vergleichende Ansatz des Osteuropahistorikers Gottfried Schramm (1929–2017), der mit der Bedeutung der europäischen Konfessionskulturen durch Forschungen zur polnischen Geschichte des Reformationsjahrhunderts und durch die protestantische Tradition der Familien von Thadden und Schramm vertraut war. In diesem Umfeld ist die vergleichende Studie zur Migration der calvinistischen Exulanten und deren Stellung im religiösen, wirtschaftlichen und gesellschaftlichen Leben deutscher und englischer Städte des 16. und 17. Jahrhunderts entstanden (Literaturliste I, 1). In den 1970er Jahren war es für mein Habilitationsvorhaben an der gesellschaftsgeschichtlich ausgerichteten und betont theoretisch interessierten Bielefelder Fakultät für Geschichtswissenschaften unerlässlich, eine sachlich-inhaltliche und theoretische Begründung des lebensweltlich entstandenen Interesses an den kirchen- und kulturgeschichtlichen Zusammenhängen und von deren zentraler Berücksichtigung in allgemeingeschichtlichen Zusammenhängen zu erarbeiten. Das galt insbesondere für die meinen Forschungen zugrunde liegende These, dass entgegen der damals vorherrschenden Bewertung die frühneuzeitlichen Konfessionen nicht Hemmschuh, sondern Motor des gesamtgesellschaftlichen Wandels waren, der schließlich die Moderne hervorbrachte. Das Ergebnis ist in der 1981 erschienenen Druckfassung in einem umfangreichen Einleitungsteil niedergelegt (Literaturliste I, 2, S. 5–39), wo die zentrale Stellung von Religion und Konfession aus dem spezifischen Begriff des Politischen in der Frühen Neuzeit hergeleitet wird, der anders als in der Zeit nach der Aufklärung Religion und Kirche nicht aus-, sondern einschließt und sie als zentrale Achse der Vergesellschaftung begreift. Mit diesem Ansatz wurden in den folgenden Jahrzehnten nahezu alle relevanten Felder des öffentlichen und privaten Lebens untersucht und in Einzelbeiträgen dargestellt, von den Veränderungen innerhalb der Kirchen und ihres Personals über ihre Beiträge zur Formierung einer disziplinierten, rational gesteuerten Untertanengesellschaft als Voraussetzung für die moderne Industriegesellschaft sowie zur Festigung der frühneuzeitlichen Stadtbürgergesellschaft als Brückenglied zur bürgerlichen Gesellschaft des

19. Jahrhunderts bis hin zur Rolle der christlichen Konfessionen und Denominationen in der Außenpolitik und in dem frühmodernen europäischen Staatensystem. Schließlich ist diese spezifische Gewichtung der religiösen und kirchlichen Zusammenhänge auch in meine Gesamtdarstellungen der deutschen und europäischen Geschichte des Zeitalters eingegangen.

Entsprechend der angestrebten Leserschaft verzichtet das vorliegende Buch auf einen umfassenden wissenschaftlichen Apparat und bringt nur einige unverzichtbare Anmerkungen. Die daran interessierten Leser finden detaillierte Literatur- und Quellenhinweise in den Erstveröffentlichungen, die in einer ersten Literaturliste zusammengestellt sind. Die darauffolgenden Literatur- und Quellenhinweise verzeichnen Titel, die bei der Neuformulierung oder Ergänzung der älteren Texte herangezogen wurden oder denjenigen Lesern empfohlen werden, die die vorgetragenen historischen Sachverhalte und Interpretationen durch allgemeinverständliche Literatur vertiefen möchten.

Für erste kritische Lektüre und Kommentierung habe ich erneut meiner Frau Ursula zu danken, darüber hinaus meinem ehemaligen Studenten und jungen Kollegen Professor Dr. Alexander Jendorff, Universität Gießen, der dem Thema dieselbe wissenschaftlich-kritische Verbundenheit wie der Autor entgegenbringt – der eine primär von protestantischen, der andere von katholischen Erfahrungen her.

Ich widme das Buch mit Respekt und Dankbarkeit der Theologischen Fakultät der Georg-August-Universität Göttingen, die mir 2009 die theologische Ehrendoktorwürde verlieh, und dem Gedächtnis ihres langjährigen Mitglieds Professor Dr. Bernd Moeller (1931–2020), der wie kaum ein zweiter Theologe Kirchengeschichte als Teil der Allgemeingeschichte verstand und mich seit seiner Beteiligung an meinem Bielefelder Habilitationsverfahren im Wintersemester 1977/78 ermutigt hat, umgekehrt die allgemeine Geschichte des frühneuzeitlichen Europa stets mit der gebührenden und notwendigen Berücksichtigung der christlichen Religions- und Kirchengeschichte zu betreiben.

Anhang

Anmerkungen

Prolog: Religion, Kirche und Welt im lateinischen Europa (S. 9-21)

1 Thomas Mann, Gesammelte Werke in 12 Bdn., Frankfurt a. M., 1960 bis 1975, Bd. V,2 (1960), S. 1377. Zitiert aus der Taschenbuchausgabe Joseph und seine Brüder, Bd. 4, Joseph, der Ernährer, Frankfurt a. M. 1991, S. 105.

2 Grundlegend dazu die Abhandlungen des Staatskirchenrechtlers Martin Heckel, in: ders., Gesammelte Schriften, hrsg. v. Kurt Schlaich, Bde. I–VI, Tübingen 1989–2013.

3 Ebd., Bd. II, S. 1154 ff.; Hubert Wolf, Der Unfehlbare. Pius IX. und die Erfindung des Katholizismus im 19. Jahrhundert, München 2020.

4 Die Forschungen und Darstellungen, auf die sich das vorliegende Buch stützt, wurden in einer Zeit durchgeführt, als die Geschichte des Christentums noch ganz selbstverständlich als Grundlage von Gegenwart und Zukunft der Zivilisation Europas und der Welt galt. Zeitlich konzentrierten sie sich auf die Jahrhunderte des Aufbruchs in die Welt unserer Gegenwart, also das ausgehende Mittelalter und die ersten Jahrhunderte der Neuzeit, ca.1450–1750. Die Erstveröffentlichungen sind jeweils der Literaturliste zu entnehmen. Die Texte wurden durchgesehen, aktualisiert, ergänzt und in einen durchlaufenden und in sich kohärenten Argumentationszusammenhang gebracht.

5 Im Einzelnen allerdings recht unterschiedlich. Im Allgemeinen erscheint die katholische Kirche deutlich weniger geschichtsfern als die protestantischen Kirchen.

6 Wie die christlichen Werte, auch die Menschenrechte, bei Protestanten wie Katholiken bis zur Aufklärung „weltenweit“ von dem entfernt waren, was heute unter christlichen-westlichen Werten diskutiert wird, zeigt minutiös Martin Heckel in seiner Heidelberger Akademieabhandlung von 1987 „Die Menschenrechte im

Spiegel der reformatorischen Theologe", wiederabgedruckt in ders., Gesammelte Schriften, Bd. II, S. 1122–1193.

7 Von beiden liegen inzwischen ganze Bibliotheken vor. Ich nenne nur die mehrbändige Kriminalgeschichte des Christentums (Reinbek 1986 ff.) von Karlheinz Deschner einerseits und Manfred Lütz, Der Skandal der Skandale. Die geheime Geschichte des Christentums, Freiburg i. Br. 2018 andererseits. Dagegen jüngst nüchtern und abgewogen: Heinrich Natiesta, Eine verdrängte Erfolgsgeschichte. Das Christentum, Wien 2020.

8 Wolfgang Reinhard, Die lateinische Variante von Religion und ihre Bedeutung für die politische Kultur Europas, in: Saeculum 43 (1992), S. 231–255, hier S. 231.

9 Eine Leserzuschrift zu meiner Luther-Biographie klagte daher, dass dort das Eingreifen Gottes in die Geschichte nicht hinreichend Beachtung finde.

10 Reinhard Koselleck im Geleitwort zur 2002 von Johannes Altenberend und Reinhard Vogelsang herausgegebenen Festschrift „Kloster, Stadt, Region" für meinen frühen Bielefelder Kollegen Heinrich Rüthing (Bielefeld 2002).

11 Interview mit dem St. Galler Tagblatt vom 24. Dezember 2010, geführt von Daniel Klingenberg. Für den Hinweis danke ich Dr. Johann Hinrich Claussen.

12 Christoph Strohm, Lutherische und reformierte Kirchenordnungen im Vergleich, in: Sabine Arend/Gerald Dörner (Hrsg.), Ordnungen für die Kirche – Wirkungen auf die Welt. Evangelische Kirchenordnungen des 16. Jahrhunderts, Tübingen 2015, S. 4.

A. Das Erbe der Vormoderne (S. 23-66)

1 Basiert auf Schilling I, 9; Schilling III, 117, 151, 158 (siehe dazu auch im Folgenden die Liste der Erstveröffentlichungen von Heinz Schilling).

2 Vgl. Horst Dreier, Kirche ohne König. Das Ende des landesherrlichen Kirchenregiments („Bündnis von Thron und Altar") 1918/19 unter besonderer Berücksichtigung Preußens und Württembergs, Tübingen 2020; detailliert zum Kirchenrecht und Staatskirchenrecht der Weimarer und der Bundesrepublik die Beiträge von Martin Heckel in: ders., Gesammelte Schriften, hrsg. v. Kurt Schlaich, Bde. I–VI, Tübingen 1989–2013.

3 Schilling I, 9, S. 457 ff. u. a. Der politiktheoretischen Seite dieses Zusammenhangs hat Luise Schorn-Schütte eine Reihe von Studien zur „Politica Christiana" gewidmet. vgl. v. a. die Monographie Gottes Wort und Menschen Herrschaft, München 2015.

4 Wolfgang Reinhard, Die lateinische Variante von Religion und ihre Bedeutung für die politische Kultur Europas, in: Saeculum 43 (1992), S. 231–255.

5 Bernd Roeck, Der Morgen der Welt. Geschichte der Renaissance, München 2017, S. 23.

6 Nachdrücklich herausgestellt bei Michael Borgolte, Christen, Juden, Muselmanen. Die Erben der Antike und der Aufstieg des Abendlandes 300 bis 1400 n. Chr., Berlin 2006.

7 Zu ihm und seiner Anti-Moderne-Politik vgl. Hubert Wolf, Der Unfehlbare. Pius IX. und die Erfindung des Katholizismus im 19. Jahrhundert, München 2020.

8 Ausführlich dazu Werner Eck, Constantins Sieg an der Milvischen Brücke, in: Klaus Schreiner (Hrsg.), Heilige Kriege. Religiöse Begründungen militärischer Gewaltanwendung: Judentum, Christentum und Islam im Vergleich, Kolloquium des Historischen Kollegs und der Bayerischen Akademie der Wissenschaften, 7.–9. November 2007, München 2008, S. 71–91, v. a. S. 79 ff.

9 Vgl. Herbert Uerlings, „Eine freie Verbindung selbständiger, selbstbestimmter Wesen". Friedrich von Hardenbergs (Novalis) Europa-Rede, in: Kerstin Armborst/Wolf-Friedrich Schäufele (Hrsg.), Der Wert „Europa" und die Geschichte. Auf dem Weg zu einem europäischen Geschichtsbewusstsein, Mainz 2007-11-21 (Veröffentlichungen des Instituts für Europäische Geschichte Mainz, Beiheft online 2), Abschnitt 46–59, www.ieg-mainz.de/Beihefte-online_site.site..ls_dir._nav.72_index.1_supplement.1_likecms.html (abgerufen am 7.6.2021).

10 Notger Slenczka, Theologie der reformatorischen Bekenntnisschriften. Einheit und Anspruch, Leipzig 2020, S. 134.

11 Konrad Schmid/Jens Schröter, Die Entstehung der Bibel. Von den ersten Texten zu den heiligen Schriften, München 2019. Zitat aus Interview in DLF, „Tag für Tag", 29.11.2019, www.deutschlandfunk.de/wie-ist-die-bibel-entstanden-viel-mehr-als-ein-buch.886.de.html?dram:article_id=464497 (abgerufen am 7.6.2021).

12 Auf die Gegenseitigkeit der in den zentralen theologischen Vorbehalten begründeten Ablehnung weist Volker Herzner (Warum Martin Luther an Juden verzweifeln mußte und wie die Juden dennoch in Deutschland ihr Glück gefunden hatten, Ubstadt-Weiher/Heidelberg 2021) mit überzeugenden zeitgenössischen Belegen hin. Er widerlegt damit das bemerkenswerterweise im Zusammenhang mit dem 500. Reformationsjubiläum 2017 in Mode gekommene unhistorische Urteil (namentlich des prominenten Hebraisten Peter Schäfer, in dessen „Kurze Geschichte des Antisemitismus", München 2020), das Verhalten der Christen zu den Juden sei über die Jahrtausende hin rassistisch begründet gewesen, unabhängig von den in den unterschiedlichen Epochen dominanten Denkweisen und politisch-gesellschaftlichen Umständen. Zu dem kaiserlichen Privileg vom 11. Dezember 321, das Anlass zu den Gedenkveranstaltungen „1700 jüdisches Leben in Deutschland" gab, vgl. das ausführliche „ZeitZeichen" des Westdeutschen Rundfunks am 11.12.2021 von Marfa Heimbach, www1.wdr.de/mediathek/audio/zeitzeichen/audio-beweis-juedischen-lebens-auf-dem-gebiet-des-heutigen-deutschlands-100.html (abgerufen am 14.12.2021).

13 Ausführlich zum Edikt *Cunctos populos* Slenczka, Theologie der reformatorischen Bekenntnisschriften, S. 95 f., 125, 134.

14 Zur raschen, zuverlässigen Information Martina Hartmann/Wilfried Hartmann, Karl der Große und seine Zeit. Die 101 wichtigsten Fragen, München 2014. Zum Kaiserproblem S. 69–86, Titulatur dort S. 84.

15 Hans-Dietrich Kahl, Was bedeutet „Mittelalter", in: Saeculum 40 (1989), S. 15–38, v. a. S. 37 f.

16 Volker Reinhardt, Pontifex. Die Geschichte der Päpste. Von Petrus bis Franziskus, München 2017, S. 189.

17 Die Papstgeschichte ist ein eigener Zweig der Geschichtswissenschaften. Er kann im Folgenden nur insoweit Berücksichtigung finden, als es um die Vorgeschichte der im 15./16. Jahrhundert eröffneten Wege in Neuzeit und Moderne geht. Lesern, die detailliert in die Geschichte des Papsttums und der mittelalterlichen Kirche eindringen möchten, stehen als Einstieg zur Verfügung: Reinhardt, Pontifex; Walter Ullmann, Kurze Geschichte des Papsttums im Mittelalter, Berlin/New York 1978; Peter Heather, Die Wiedergeburt Roms. Päpste, Herrscher und die Welt des Mittelalters, Stuttgart 2013; Wilfried Hartmann, Der Investiturstreit, München 1993; Michael Borgolte, Die mittelalterliche Kirche, München 1992 u. a.

18 Reinhardt, Pontifex, S. 207; Heather, Wiedergeburt Roms, S. 419–430.

19 Auf die großen Linien Alfred Rosenstock-Husseys und seines Schülers Harold J. Berman zurückgreifend, übernehmen diese Interpretation Arnold Angenendt, Toleranz und Gewalt. Das Christentum zwischen Bibel und Schwert, Münster 2009, S. 393 ff. und Heinrich August Winkler, Geschichte des Westens. Band 1: Von den Anfängen in der Antike bis zum 20. Jahrhundert, München 2009, S. 52–61, Zitat S. 61.

20 Grundlegend zum Verhältnis von Kirche und Recht vgl. Paolo Prodi, Eine Geschichte der Gerechtigkeit. Vom Reich Gottes zum modernen Rechtsstaat, München 2003.

21 Ebd.

22 Heather, Wiedergeburt Roms, S. 408 ff., 475 ff., sieht in Innozenz III. den Urheber des „Römischen Reiches der Päpste".

23 Detailliert dazu Karl-Heinz Göttert, Weihnachten. Biographie eines Festes, Ditzingen 2020.

24 Schmid/Schröter, Entstehung der Bibel, S. 263.

25 Ebd., S. 277 f.

26 Erasmus von Rotterdam, Querela Pacis, in: Werner Welzig (Hrsg.), Erasmus, Ausgewählte Schriften in acht Bänden, lateinisch-deutsch, Bd. 5, Darmstadt 1990, S. 394.

27 Angenendt, Toleranz, S. 392; Zitat aus Georges Tugène, L'idée de nation chez Bède le Vénérable, Paris 2001, S. 336.

28 Kahl, Mittelalter; vgl. auch Jacques Le Goff, Das Alte Europa und die Welt der Moderne, München 1994.

29 Erasmus, Querela Pacis, S. 394 f.

30 Jochen Martin, Spätantike und Völkerwanderung, München 1987, S. 78.

31 Erster Korintherbrief 3,9 in der Übersetzung von Martin Luther.

32 Vgl. oben S. 32.

33 Einen Überblick dazu bei Hartmut Boockmann, Wissen und Widerstand. Geschichte der deutschen Universität, Berlin 1999, S. 29–73. Einzelstudien von Joachim Ehlers in seinen ausgewählten Aufsätzen, Berlin 1996 (v. a.: Die hohen Schulen, S. 115–142) sowie in dem von ihm herausgegebenen Sammelband „Deutschland und der Westen Europas im Mittelalter", Stuttgart 2002 (S. 177–209: Die Reform der Christenheit. Studium, Bildung und Wissenschaft als bestimmende Kräfte bei der Entstehung des mittelalterlichen Europas).

34 Giles Constable, Monarchisme et pélerinage au Moyen Age, in: Revue historique 258 (1977), S. 3–27.

35 Schilling I, 17.

36 Erinnert sei nur an Thomas Müntzer, die Täufer oder – auf reformierter Seite – an Michel Servet, der auf Veranlassung Calvins und Farels als Häretiker angeklagt und im Oktober 1553 in Genf verbrannt wurde. Abgeschwächt gilt das auch für die Verfolgung der Böhmischen Brüder und Johan Comenius', vgl. Manfred Richter, Johann Amos Comenius und das Colloquium Charitativum von Thorn 1645. Ein Beitrag zum Ökumenismus, Siedlce 2013. Als Beispiel für die überfällige sachgerechte Aufwertung dieser Gruppe mag die im Umkreis des Reformationsjubiläums erschienene neue Biographie Thomas Müntzers dienen: Siegfried Bräuer/Günter Vogler: Thomas Müntzer. Neu Ordnung machen in der Welt, Gütersloh 2016.

B. Renaissance und Reformationen – ein doppelter Aufbruch in die Neuzeit (S. 67-127)

1 Basiert auf Schilling I, 2, 7, 9, 10, 12 sowie Schilling III, 117, 151, 158.

2 John Huxtable Elliot, Spain, Europe and the Wider World. 1500–1800, New Haven 2009; „neues Weltwissen" nach Schilling I, 16.

3 Näheres bei Schilling I, 16, S. 231 ff.

4 Johan Huizinga, Burgund. Eine Krise des romanisch-germanischen Verhältnisses, Darmstadt 1952; ders., Herbst des Mittelalters, Stuttgart 1953; Bart Van Loo, Burgund. Das verschwundene Reich, München 2020.

5 Bernd Moeller, Frömmigkeit in Deutschland um 1500, in: ders., Die Reformation und das Mittelalter. Kirchenhistorische Aufsätze, Göttingen 1991, S. 73–85, Zitate S. 75, 81.

6 Adolf von Harnack, Die Reformation und ihre Vorstellung, in: ders., Erforschtes und Erlebtes, Gießen 1923, S. 72–140, hier S. 110.

7 Max Steinmetz (Hrsg.), Die frühbürgerliche Revolution in Deutschland, Berlin 1985.

8 Ausführlich dazu Jörg Traeger, Renaissance und Religion. Die Kunst des Glaubens im Zeitalter Raphaels, München 1997, S. 11 ff. Die Revision dieses Standpunkts belegen eindrucksvoll die Renaissancekapitel in der jüngst von dem protestantischen Theologen Jörg Lauster vorgelegten Kulturgeschichte des Christentums: Die Verzauberung der Welt. Eine Kulturgeschichte des Christentums, München 2014.

9 Umso bemerkenswerter, dass das nicht weniger protestantische Basel mit Jacob Burckhardt den Gelehrten hervorbrachte, der die Renaissance zu einer „Zivilisation" erklärt, „welche als nächstes Muster der unsrigen noch jetzt fortwirkt", und damit zugleich die „unbestimmten Klagen über modernes Heidentum" zurückweist. Ungeachtet eines weitgehenden Verlustes des Jenseitsgedankens sei in Italien immer „ein starker Trieb echter Religiosität lebendig" geblieben. (Jacob Burckhardt, Die Kultur der Renaissance in Italien, Stuttgart 1958, Einleitung, S. 3; Drittes Kapitel, S. 466.) Burckhardts „Die Kultur der Renaissance in Italien" begründete eine konfessionsübergreifende Renaissanceforschung. An dem protestantischen Argwohn gegenüber der unchristlich-paganen Renaissance änderte das aber zunächst wenig.

10 Bernd Roeck, Der Morgen der Welt. Geschichte der Renaissance, München 2017, Zitate, S. 20, 23.

11 Mit diesem Begriff operierten allerdings noch 2017 die drei nationalen Ausstellungen des Reformationsjubiläums in Wittenberg, Berlin und auf der Wartburg.

12 Schilling I, 4, S. 313 ff.

13 Volker Reinhardt, Die Macht der Schönheit. Kulturgeschichte Italiens, München 2019, S. 206.

14 Ebd., S. 183 ff., 189, 206.

15 Traeger, Renaissance und Religion, S. 11 ff.; Lauster, Verzauberung der Welt, S. 245 ff.

16 Marcello Gaeta, Giotto und die Croci dipinte des Trecento, Münster 2013; Lauster, Verzauberung der Welt, S. 263 f.

17 Schilling I, 15. S. 609 f. bzw. 618; Schilling I, 17, S. 365.

18 Giovanni Pico della Mirandola, De hominis dignitate – Über die Würde des Menschen, hrsg. u. eingeleitet von August Buck, übersetzt von Norbert Baumgarten, Hamburg 1990, S. 6 f.

19 Näheres dazu bei Klaus Ganzer, Die religiösen Bewegungen im Italien des 16. Jahrhunderts, Münster 2003, S. 3.

20 So Louis Châtellier, L'Europe des dévots, Paris 1987.

21 Die Allpräsenz von Madonnenbildern seit dem ausgehenden 15. Jahrhundert in Italien dokumentierten zuletzt mehrere Ausstellungen der Berliner Gemäldegalerie, etwa „Mantegna & Bellini. Meister der Renaissance", März bis Juni 2019, dazu der Ausstellungskatalog „Mantegna & Bellini. Meister der Renaissance", hrsg. v. Caroline Campbell/Dagmar Korbacher/Babette Hartwig/Katharina Weick-Joch, München 2019.

22 Giorgio Vasari, Das Leben der Bellini und des Mantegna, hrsg. v. Alessandro Nova, bearb. v. Rebecca Müller und neu ins Deutsche übers. v. Victoria Lorini, Berlin 2010, S. 29.

23 Wolfgang Braunfels (Hrsg.), Botticelli, Wiesbaden/Berlin 1962, Kommentar zu Botticelli, Blatt X, Geburt Christi.

24 Ich folge hier den Ausführungen von Adriano Prosperi bei einem Podiumsgespräch am 3. November 2015 in der italienischen Botschaft in Berlin.

25 Botticelli. Bildnis – Mythos – Andacht. Eine Ausstellung des Städel Museums, Frankfurt am Main vom 13. November 2009 bis 28. Februar 2010, hrsg. v. Andreas Schumacher, Frankfurt a. M. 2009, S. 354–357.

26 Überblick zum italienischen Evangelismo bei Ganzer, Religiöse Bewegungen, S. 25 ff.

27 Tamara Herzig, Savonarola's Women. Vision and Reform in Renaissance Italy, Chicago 2008, S. 252 ff.; vgl. Dizionario Biographico degli Italiani 80 (2014): Panigarola, Margherita (Arcangela).

28 Ganzer, Religiöse Bewegungen, S. 7.

29 Hugo Friedrich, Epochen der italienischen Lyrik, Frankfurt a. M. 1964, S. 369 f.; Ganzer, Religiöse Bewegungen, S. 21 f.

30 Friedrich, Epochen, S. 370.

31 Dieses und das folgende Zitat bei Bredekamp, Michelangelo, Berlin 2021, S. 502, 676 f.

32 Abb. ebd., S. 671.

33 Ausführlich nachgewiesen ebd., S. 660–672.

34 Zu den stilistischen und psychologischen Besonderheiten ausführlich ebd., S. 665 ff.

35 Die Forschung ist nicht einhellig. Ich folge Massimo Firpo, Lorenzo Lotto and the Reformation in Venice, in: Ronald Delph u. a. (Hrsg.), Heresy, Culture, and Religion in Early Modern Italy, Kirksville/Missouri 2006, S. 21–36.

36 Lotto erscheint daher auch nicht bei Manfred E. Welti, Kleine Geschichte der italienischen Reformation, Gütersloh 1985.

37 Thorsten Droste, DuMont Kunst-Reiseführer Venedig, Köln 1996, S. 231 f.

38 Firpo, Lorenzo Lotto, S. 29.

39 Ebd., S. 29 f.

40 Ganzer, Religiöse Bewegungen, S. 25–33, 69, 74.

41 Schilling I, 15, S. 71 f., 453 f., 534 f.

42 Bernd Roeck, „... die ersten Gemälde der Welt". Über die Entzauberung des Raumes in der europäischen Renaissance, in: Dirk Syndram u. a. (Hrsg.), Luther und die Fürsten. Selbstdarstellung und Selbstverständnis des Herrschers im Zeitalter der Reformation, Dresden 2015, S. 51.

43 Neubestimmung bei Karl Arndt/Bernd Moeller, Albrecht Dürers „Vier Apostel". Eine kirchen- und kunstgeschichtliche Überlegung, Gütersloh 2003, S. 57.

44 Ebd., S. 56, Anm. 245.

45 Vgl. Elke Anna Werner, Die Schleier der Venus. Zu einer Metapher des Sehens bei Lucas Cranach d. Ä., in: Bodo Brinkmann (Hrsg.), Cranach der Ältere, Ausstellungskatalog, Frankfurt a. M. 2007, S. 99–109.

46 Der Eintrag „Gnadenbild Mariahilf" bei Wikipedia verzeichnet rund 40 Kopien.

47 Roeck, „... die ersten Gemälde der Welt", S. 56 ff.

48 Ebd., S. 59.

49 Ersteres ebd.; Letzteres bei Lauster, Verzauberung der Welt.

50 Luther und die Reformation werden im Folgenden nur partiell in der Perspektive des vorliegenden Buches behandelt. Umfassende Darstellungen, die den Forschungsstand für ein größeres Publikum zusammenfassen, findet der Leser bei Thomas Kaufmann, Erlöste und Verdammte. Eine Geschichte der Reformation, München 2016 und Schilling I, 15.

51 Vgl. Uwe Wolff, Iserloh, Der Thesenanschlag fand nicht statt, Basel 2013.

52 Am 11. Oktober 1520 an Spalatin, Martin Luther, Weimarer Ausgabe, Briefe, Bd. 2, Nr. 341. Vgl. auch Schilling I, 15, S. 210 bzw. 212.

53 Träger ist der Altenberger Ökumenische Gesprächskreis, der vom Geist zisterziensisch-evangelischer Gemeinsamkeit nicht nur des Altenberger Simultaneums durchdrungen ist. Vgl. Hans-Georg Link/Josef Wohlmuth (Hrsg.), In alle Ewigkeit verdammt? Zum Konflikt zwischen Luther und Papst nach 500 Jahren, Ostfildern und Göttingen 2020.

54 Wilhelm Janssen, Landessherrschaft und Kirche am Niederrhein im späten Mittelalter, in: J. F. Gerhard Goeters/Jutta Prieur (Hrsg.), Der Niederrhein zwischen Mittelalter und Neuzeit, Stadtarchiv Wesel 1986, S. 31.

55 Geoffrey R. Elton, Reform and Reformation. England 1509–1558, London 1977, S. 56.

56 Ders., The Tudor Constitution, Documents and Commentary, Cambridge 1960, S. 355.

57 Ebd., S. 344, 355; ders., Reform and Reformation, passim, v. a. S. 132.

58 Ausführlich Schilling I, 17.

59 Schilling III, 101.

60 Johannes Burkhardt, Das Reformationsjahrhundert. Deutsche Geschichte zwischen Medienrevolution und Institutionenbildung 1517–1617, Stuttgart 2002.

61 Zitiert nach Schilling I, 15, S. 244.

62 Dieses Kapitel basiert auf meiner Antrittsvorlesung am 7. Juli 1992 an der Humboldt-Universität zu Berlin: Schilling III, 56, mit ausführlichen Quellen- und Literaturnachweisen.

63 Herbert Schöffler, Wirkungen der Reformation, Frankfurt a. M. 1960: „Wittenberg im kolonialen Vorgelände", S. 110 ff.; Schilling I, 17, S. 130.

64 Hierzu und zum Folgenden William Bouwsma, John Calvin, New York/Oxford, 1988.

65 Gottfried Maron, Ignatius von Loyola. Mystik, Theologie, Kirche, Darmstadt 2001.

66 Zitiert ebd., S. 412.

67 So Kaspar Elm in einem persönlichen Gespräch.

68 Volker Reinhardt, zitiert nach Schilling III, 62, S. 19.

69 Joseph Ratzinger/Papst Benedikt XVI., Jesus von Nazareth, 3 Bde., Sonderausgabe Freiburg i. Br. 2017. Dazu Bd. 6 der Gesamtausgabe: Joseph Ratzinger/Papst Benedikt XVI., Beiträge zur Christologie, Freiburg i. Br. 2014.

70 Das 500. Reformationsgedächtnis 2017 hat auf protestantischer Seite Ansätze einer Revision gebracht, zu zaghaft, wie Kenner meinen. Vgl. dazu etwa Manfred Richter, Oh sancta simplicitas! Über Wahrheit, die aus der Geschichte kommt, Siedlce 2017.

71 Text basiert auf Schlusspassagen aus Schilling III, 201.

72 Hans Maier, Nach dem Reformationsjahr. Was zu tun bleibt, in: Stimmen der Zeit 143 (2018), Heft 2, S. 79–84, hier S. 82.

73 Ausführlich Schilling I, 15, S. 153–156.

74 Zum Folgenden mit den nötigen Nachweisen Schilling I, 16.

75 Martin Wallraff/Silvana Seidel Menchi/Kaspar von Greyerz, Basel 1516: Erasmus' Edition of the New Testament, Tübingen 2016.

76 Schilling I, 15, S. 269.

77 Vgl. dazu die Untersuchung des protestantischen Theologen Christoph Burger, Marias Lied in der Deutung Luthers, Tübingen 2007.

78 Ausführlich dazu Schilling III, 101.

79 Châtellier, L'Europe des dévots, S. 127, 151.

80 Roeck, „... die ersten Gemälde der Welt".

81 Etwa Walter Kardinal Brandmüller, Zum Reformationsgedächtnis, in: Die Neue Ordnung, Institut für Gesellschaftsgeschichte Walberber, 67, August 2013, S. 269–274.

82 Das in den späten 1530er Jahren in Wittenberg entstandene Bild wurde von dem lutherischen Kurfürst von Sachsen Anfang des 17. Jahrhunderts Erzherzog Leopold V. geschenkt, der es zunächst nach Passau, dann in die Pfarrkirche St. Jakob (heute Dom) nach Innsbruck verbrachte.

C. Die Epoche der Konfessionen als „Vorsattelzeit" der Moderne (S. 129-209)

1 Basiert auf Schilling I, 2, 7, 10, 12; II, 3, 7; III, 30, 33, 62, 72, 95, 102, 137, 171.

2 So etwa noch die Philosophiegeschichte von Stephan Otto, Renaissance und frühe Neuzeit, Stuttgart 1986; dagegen Siegfried Wollgast, Philosophie in Deutschland zwischen Reformation und Aufklärung, 1550–1650, Berlin (Ost) 1988, wo der „theologischen" Philosophie des konfessionellen Zeitalters eine progressive Funktion zugewiesen ist.

3 So Abschnitt 61 in Nietzsches 1888 verfasstem, 1894 veröffentlichtem und heute online verfügbarem „Antichrist", www.zeno.org/Philosophie/M/Nietzsche,+Friedrich/Der+Antichrist/61-62 (abgerufen am 10.6.2021). Ähnlich am 20. November 1888 brieflich an Georg Brandes.

4 Neben Max Weber und Ernst Troeltsch war führend der Staatsrechtler Georg Jelinek beteiligt, indem er die verfassungs- und demokratiegeschichtlichen Folgen herausarbeitete.

5 Jüngst Mario Biagioni, The Radical Reformation and the Making of Modern Europe. A Lasting Heritage, Leiden 2017; vgl. dazu auch ältere Arbeiten wie etwa Hans-Jürgen Goertz, Religiöse Bewegungen in der frühen Neuzeit (Enzyklopädie Deutscher Geschichte, Band 20), München 1993; ders., Radikale Reformation – 21 biographische Skizzen von Thomas Müntzer bis Paracelsus, München 1978; Manfred Richter, Johann Amos Comenius und das Colloquium, Charitativum von Thorn 1645. Ein Beitrag zum Ökumenismus, Siedlce 2013 und jüngst Manfred Richter, Oh sancta simplicitas! Über Wahrheit, die aus der Geschichte kommt, Siedlce 2017.

6 Wenn Olaf Mörke diese Formulierung als eine „allzu forsche Begriffshierarchisierung" begreift (Olaf Mörke, Die politische Bedeutung des Konfessionellen im Deutschen Reich und in der Republik der Vereinigten Niederlande. Oder: War die Konfessionalisierung ein „Fundamentalvorgang"?, in: Roland G. Asch und Heinz Duchhardt (Hrsg.): Der Absolutismus – ein Mythos?, Köln, Weimar, Wien 1996, S. 125–164, S. 164), dann übersieht er, dass es mir nicht um eine Hierarchisierung von historischen Prozessen ging. Vielmehr meint in dieser Begriffsbildung „fundamental", dass die Differenzierung und Pluralisierung des Christentums im 16. und 17. Jahrhundert den Weg dafür bahnen musste, dass sich das „ideologisch" geschlossene System Alteuropas öffnete (oder „pluralisier-

te“) und so den anderen Wandlungsprozessen eine Entfaltungsmöglichkeit gegeben war. Vgl. dazu auch die Passagen S. 162 ff. zu den parallel verlaufenden frühneuzeitlichen „Fundamentalprozessen“ Staatsbildung und Konfessionalisierung.

7 Etwa bei Heinrich August Winkler, Geschichte des Westens. Band 1: Von den Anfängen in der Antike bis zum 20. Jahrhundert, München 2009.

8 Eine methodisch und inhaltlich abwägende Gewichtung des „Konfessionalisierungsansatzes“ findet sich bei Cornel Zwierlein, ‚Konfessionalisierung‘ europäisch, global als epistemischer Prozess. Zu den Folgen der Reformation und zur Methodendiskussion, in: Christoph Strohm (Hrsg.), Reformation und Recht. Ein Beitrag zur Kontroverse um die Kulturwirkungen der Reformation, Tübingen 2017, S. 1–52; die staatsrechtlichen Zusammenhänge hat wiederholt Horst Dreier erörtert, zuletzt Horst Dreier, Staatsbildung als Vorgang der Konfessionalisierung, in: Merkur 64, Heft 732, Mai 2016, S. 429–433. Aus der umfangreichen Forschungsliteratur seien genannt Schilling III, 206 (mit einschlägiger Literatur); Stefan Ehrenpreis/Ute Lotz-Heumann, Reformation und konfessionelles Zeitalter, Darmstadt 2002; Ute Lotz-Heumann/Matthias Pohlig, Confessionalization und Literature in the Empire, 1555–1700, in: Central European History 40 (2007), S. 35–61; Anna Ohlidal, „Konfessionalisierung“: Ein historisches Paradigma auf dem Weg von der Sozialgeschichte zur Kulturwissenschaft?, in: Acta Comeniana 15/16 (2002), 327–342.

9 Dazu jüngst Romedio Schmitz-Esser, Buddhistische Mönche und der franziskanische Armutsstreit: Wie die Ostasienmission das spätmittelalterliche Lateineuropa beeinflusste, in: Zeitschrift für Historische Forschung 48 (2021), Heft 4.

10 Caroline Warda, Sklaverei im Namen der Bibel, in: Christ in der Gegenwart, Jg. 72, Nr. 38, 2020, S. 416; Horst Gründer, Welteroberung und Christentum, Gütersloh 1992, S. 122.

11 Vgl. Teil D, Kap. 6.

12 Den Zusammenhang zwischen Konfession/Konfessionskonflikt und Staatsbildung habe ich erstmals in den 1970er Jahren untersucht und ausführlich theoretisch begründet: Schilling I, 2, S. 15–44, Zitate dort S. 34 f.

13 Johannes Burkhardt, Der Dreißigjährige Krieg, Frankfurt a. M. 1992, v. a. S. 63–89; ders., Der Krieg der Kriege, Stuttgart 2018; Georg Schmidt, Die Reiter der Apokalypse, München 2018; Schilling III, 207.

14 Ausführlich dazu Schilling I, 17.

15 Näher beleuchtet bei Thomas Maissen, Pourquoi y a-t-il eu la Réformation?, in: Francia 42 (2015), S. 93–110.

16 Schilling II, 132 und 154.

17 Ausführlich behandelt bei Béatrice Nicollier-De Weck, Hubert Languet (1518–1581). Un réseau politique international de Melanchthon à Guilliaume d'Orange, Genf 1995.

18 Zum Folgenden konkrete personengeschichtliche Details bei Peter Arnold Heuser, Jean Matal. Humanistischer Jurist und europäischer Friedensdenker (um

1517–1597), Köln 2003, v. a. S. 188 ff., 362 ff., 411 ff., 421 ff.; Thomas Klein, Der Kampf um die Zweite Reformation in Kursachsen 1586–1591, Köln 1962; Nicollier-De Weck, Languet.

19 Albrecht Luttenberger, Glaubenseinheit und Reichsfrieden. Konzeptionen und Wege konfessionsneutraler Reichspolitik 1530–1552, Göttingen 1982.

20 Dresdener Geschichtsverein (Hrsg.), Um die Vormacht im Reich. Christian I., Sächsischer Kurfürst, Dresdener Hefte 29, 1/1992; auch Schilling III, 25, 78.

21 Zuletzt mit weiterführender Literatur: Eike Wolgast, Konfessionelle und politische Absichten der Irenik von David Pareus (1606/1614), in: Blätter für pfälzische Kirchengeschichte und religiöse Volkskunde 87 (2020), S. 25–40; Christoph Strohm/Joseph Freedman/Herman Selderhuis (Hrsg.), Späthumanismus und reformierte Konfession. Theologie, Jurisprudenz und Philosophie in Heidelberg an der Wende zum 17. Jahrhundert, Tübingen 2006, darin v. a. der einleitende Beitrag von Eike Wolgast, Geistiges Profil und politische Ziele des Heidelberger Späthumanismus, S. 1–26.

22 So das Fazit der das Problem in ein neues Licht rückenden Studie von Martin Friedrich, Johann III. von Schweden. Ein König im Spannungsfeld von Gegenreformation und Konfessionalisierung, in: Zeitschrift für Kirchengeschichte 109 (1998), S. 215.

23 Schilling III, 54.

24 Natalia Nowakowska, King Sigismund of Poland and Martin Luther. The Reformation before Confessionalization, Oxford 2018, S. 219.

25 Martin Heckel, Deutschland im konfessionellen Zeitalter, Göttingen 1983, S. 37, 44.

26 Notger Slenczka, Theologie der reformatorischen Bekenntnisschriften. Einheit und Anspruch, Leipzig 2020, S. 139. Diese Analyse der deutschen Bekenntnisschriften ist wegweisend für die theologisch-kirchengeschichtliche Seite der europäischen Konfessionalisierung.

27 Eine vorzügliche Fallstudie dazu bietet Antje Flüchter, Der Zölibat zwischen Devianz und Norm, Köln 2006.

28 Aus der umfangreichen Literatur seien genannt: Bernd Moeller, Kleriker als Bürger, in: ders. Die Reformation und das Mittelalter. Kirchenhistorische Aufsätze, Göttingen 1991, S. 35–52.; ders., Frömmigkeit in Deutschland um 1500, in: ders., Die Reformation und das Mittelalter, S. 73–85; Luise Schorn-Schütte, Evangelische Geistlichkeit der Frühneuzeit: deren Anteil an der Entfaltung frühmoderner Staatlichkeit und Gesellschaft, dargestellt am Beispiel des Fürstentums Braunschweig-Wolfenbüttel, der Landgrafschaft Hessen-Kassel und der Stadt Braunschweig, Gütersloh 1996; Luise Schorn-Schütte/Walter Sparn (Hrsg.), Evangelische Pfarrer. Zur sozialen und politischen Rolle einer bürgerlichen Gruppe in der deutschen Gesellschaft des 18. bis 20. Jahrhunderts, Stuttgart 1997; Rosemary O'Day, The English Clergy: The Emergence and Consolidation of a Profession, 1558–1642, London/New York 1979.

29 So speziell für den anglikanischen Klerus gezeigt von Rosemary O'Day, Debate on the English Reformation, London/New York 1986.

30 Johannes Calvin, Institutio Christianae Religionis, übersetzt von Otto Weber, 2. Aufl., Neukirchen-Vluyn 1963, IV/3–4, S. 714–735.

31 Aus der umfangreichen Forschungsliteratur sei genannt Wolfgang Reinhard, Herkunft und Karriere der Päpste 1417–1963. Beiträge zu einer historischen Soziologie der römischen Kurie, in: Mededelingen van het Nederlands Instituut te Rome 38 (1978), S. 87–108; ders., Kirche als Mobilitätskanal frühneuzeitlicher Gesellschaft, in: Winfried Schule (Hrsg.), Ständische Gesellschaft und soziale Mobilität, München 1988, S. 333–351. Zwei grundlegende Publikationen zur katholischen Konfessionalisierung: Albrecht P. Luttenberger, Katholische Reform und Konfessionalisierung, Darmstadt 2006 (umfangreiche Quellenedition); Andreas Holzem, Religion und Lebensformen. Katholische Konfessionalisierung im Sendgericht des Fürstbistums Münster 1570–1800, Paderborn 2000.

32 Vgl. etwa Wolfgang Sommer, Gottesfurcht und Fürstenherrschaft. Studien zum Obrigkeitsverständnis Johann Arndts und lutherischer Hofprediger zur Zeit der altprotestantischen Orthodoxie, Göttingen 1988.

33 Zur protestantischen Seite: Schorn-Schütte, Luise, „Gefährtin" und „Mitregentin". Zur Sozialgeschichte der Evangelischen Pfarrfrau, in: Heide Wunder/Christina Vanja (Hrsg.), Wandel der Geschlechterbeziehungen zu Beginn der Neuzeit, Frankfurt a. M. 1991, S. 109–153; Friedhelm Jürgensmeier/Regina Elisabeth Schwerdtfeger (Hrsg.), Orden und Klöster im Zeitalter von Reformation und katholischer Reform, 1500–1700, 3 Bde., Münster 2005–2007; darin die Artikel zu Benediktinerinnen, Zisterzienserinnen, Brigitten, Ursulinen, Klarissen, Maria-Ward-Schwestern, Augustiner-Chorfrauen sowie auch der Artikel „Chorfrauen und evangelische Damenstifte".

34 Schilling II, 14 und 18.

35 Anne Conrad, Die weiblichen „Devoten" als Instrument der konfessionellen Erziehung in Frankreich und Deutschland, in: Schilling II, 13, S. 196.

36 Ludwig Fertig, Obrigkeit und Schule. Die Schulreform unter Herzog Ernst dem Frommen, Karlsruhe 1971; Andreas Klinger, Der Gothaer Fürstenstaat. Herrschaft, Konfession und Dynastie unter Herzog Ernst dem Frommen, Husum 2002.

37 Gerhard Menk, Das Bildungswesen in den deutschen protestantischen Territorien der Frühen Neuzeit, in: Schilling II, 14, v. a. S. 98; Hugh Trevor-Roper, Religion, Reformation und sozialer Umbruch, Frankfurt a. M. 1970, S. 221–272; Howard Hotson, Johann Heinrich Alsted 1588–1638: Between Renaissance, Reformation, and Universal Reform, Oxford 2000.

38 Stefan Ehrenpreis, Erziehungs- und Schulwesen zwischen Konfessionalisierung und Säkularisierung. Forschungsprobleme und methodische Innovationen, in: Schilling II, 14, S. 19–33; zur Alphabetisierung in Deutschland und der Schweiz

vgl. Hans Erich Bödeker/Ernst Hinrichs (Hrsg.), Alphabetisierung und Literalisierung in Deutschland in der frühen Neuzeit, Tübingen 1999.

39 Norbert Elias, Über den Prozeß der Zivilisation, 2 Bde., Frankfurt a. M. 1997, S. 142 ff.

40 Ausführlicher dazu Schilling I, 2, S. 365 f.

41 So der Aachener Kanoniker Petrus a Beeck in seiner Chronik „Aquisgranum sive historica narratio ...“, Aachen 1620 (deutsche Übersetzung von P. St. Käntzeler, Aachen 1874).

42 Geoffrey R. Elton, Lex terrae victrix: Der Rechtsstreit in der englischen Frühreformation, in: Zeitschrift der Savigny-Stiftung für Rechtsgeschichte. Kan. Abt. 70, 1984, S. 217–236.

43 Ausführlich dazu Thomas Kaufmann, Das Ende der Reformation. Magdeburgs „Herrgotts Kanzlei“ (1548–1551/2), Tübingen 2003.

44 Wolfgang Reinhard, Vom italienischen Humanismus bis zur Französischen Revolution, in: Hans Fenske (u. a.) (Hrsg.), Geschichte der politischen Ideen. Von der Antike bis zur Gegenwart, Frankfurt a. M. 1996, S. 281.

45 Horst Dreitzel, Grundrechtskonzeptionen in der protestantischen Rechts- und Staatslehre im Zeitalter der Glaubenskämpfe, in: Günter Birtsch (Hrsg.), Grund- und Freiheitsrechte von der ständischen zur spätbürgerlichen Gesellschaft, Göttingen 1987, S. 214.

46 Ausführlich dazu Schilling I, 17, Kapitel 9: „Leyes Nuevas 1542 – oder der Streit um die Seelen und das Gold der Indios“, S. 261–284.

47 Näheres bei Horst Pietschmann, Staat und staatliche Entwicklung am Beginn der spanischen Kolonisation Amerikas, Münster 1980, § II, 1. Die Kirche, S. 39 ff.; allgemein zu Kirche und Kolonialisierung: Gründer, Welteroberung und Christentum; Alain Milhou, Lateinamerika, in: Marc Venard/Heribert Smolinsky u. a. (Hrsg.), Die Geschichte des Christentums – Religion, Politik, Kultur, Bd. 9: Das Zeitalter der Vernunft (1620/30–1750), Freiburg i. Br./Basel/Wien 1997, S. 772–874; Wolfgang Reinhard, Globalisierung des Christentums? Heidelberg 2007; ders., Die Unterwerfung der Welt, München 2016.

48 So noch in dem durchgehend katholisch-apologetischen Zusammenschnitt von Manfred Lütz, Der Skandal der Skandale. Die geheime Geschichte des Christentums, Freiburg i. Br. 2018, S. 166. Vgl. demgegenüber Johann Hellwege, Frontier und Conquista, in: Ibero-Amerikanisches Archiv, NF 2 (1976), S. 1–37, wo überzeugend darlegt ist, dass der klischeehafte Gegensatz von „katholischem Konquistador“ und „protestantischem Pionierfarmer“ nicht geeignet ist, die Entwicklungsdivergenz zwischen Nord- und Südamerika zu erklären. Dazu auch Reinhard, Unterwerfung der Welt, S. 312, 384 u. a.

49 Vgl. oben Teil C, 2.

50 Horst Bienek, Die erste Polka, 2. Aufl., München 1975, S. 112 f.

51 Schilling III, 164 mit weiterführenden Literaturangaben.

52 Geprägt von Gerhard Oestreich, vgl. Winfried Schulze: Gerhard Oestreichs Begriff „Sozialdisziplinierung in der frühen Neuzeit“, in: Zeitschrift für Historische Forschung 14 (1987), S. 265–302.

53 Louis Châtellier, L'Europe des dévots, Paris 1987, S. 127, 151.

54 Heide Wunder, „Er ist die Sonn', sie ist der Mond“. Frauen in der Frühen Neuzeit, München 1992, S. 67.

55 Châtellier, L'Europe des dévots, S. 163.

56 „By the view that uncontrolled women were dangerous to themselves and society“, Susan Karant-Nunn, Kinder, Küche, Kirche, in: Andrew Fix/Dies. (Hrsg.), Germania illustrata. Essays in Early Modern Germany presented to Gerald Strauss, Kirksville/Missouri 1992, S. 121.

57 Gerta Scharffenorth: Im Geiste Freunde werden. Mann und Frau im Glauben Martin Luthers, in: Heide Wunder/Christina Vanja (Hrsg.), Wandel der Geschlechterbeziehungen zu Beginn der Neuzeit, Frankfurt a. M. 1991, S. 106 f.

58 Lyndal Roper, Das fromme Haus. Frauen und Moral in der Reformation, Frankfurt a. M. 1995, S. 226 f.

59 Schorn-Schütte, „Gefährtin“ und „Mitregentin“, S. 109.

60 Siegrid Westphal, Frau und lutherische Konfessionalisierung. Eine Untersuchung zum Fürstentum Pfalz-Neuburg, 1542–1614, Frankfurt a M. u. a. 1994, S. 366.

61 Schilling I, 6, S. 62, 63.

62 Roper, Das fromme Haus, S. 225.

63 Anne Conrad, „Katechismusjungfrauen“ und „Scholastikerinnen“. Katholische Mädchenbildung in der Frühen Neuzeit, in: Heide Wunder/Christina Vanja (Hrsg.), Wandel der Geschlechterbeziehungen, S. 156. Vgl. auch die vorzügliche Langzeit-Fallstudie zur katholischen Mädchenbildung im Rheinland von Andreas Rutz, Bildung – Konfession – Geschlecht. Religiöse Frauengemeinschaften und die katholische Mädchenbildung im Rheinland (16.–18. Jahrhundert), Mainz 2006. Neuere feministische Untersuchungen wurden namentlich im Zusammenhang mit dem 500-jährigen Reformationsjubiläum 2017 vorgelegt, etwa Eva Labouvie (Hrsg.), Glaube und Geschlecht – Gender Reformation, Köln 2019 (v. a. die kontrovers wertenden Beiträge von Heide Wunder und Claudia Opitz-Belakhal); Dagmar Freist, Glaube – Liebe – Zwietracht, Religiös-konfessionell gemischte Ehen in der Frühen Neuzeit, Berlin 2017.

64 Das Folgende nach Hermann Hörger, Dorfreligion und bäuerliche Mentalité im Wandel ihrer ideologischen Grundlagen, in: Zeitschrift für bayerische Landesgeschichte 38 (1975), S. 244–316.

65 Châtellier, L'Europe des dévots, S. 163.

66 Conrad, „Katechismusjungfrauen“ und „Scholastikerinnen“, S. 178; Scharffenorth, Im Geiste Freunde werden, S. 107.

67 Ausführlich dazu Schilling I, 4, S. 267–312.

68 Knapp dazu Schilling I, 4, S. 306–310; ausführlich Dieter Breuer, u. a. (Hrsg.), Religion und Religiosität im Zeitalter des Barock, 2 Bde., Wiesbaden 1995; Klaus Garber, Literatur und Kultur im Deutschland der Frühen Neuzeit, Paderborn 2017; Wolfgang Brückner, u. a. (Hrsg.), Literatur und Volk im 17. Jahrhundert, 2 Bde., Wiesbaden 1985; Jean-Marie Valentin (Hrsg.), Gegenreformation und Literatur. Beiträge zur interdisziplinären Erforschung der katholischen Reformbewegung, Amsterdam 1979.

69 Eine jesuitische Schreibstube und eine Vitrine mit Dutzenden von dort entstandenen Publikationen machte augenfällig die Ausstellung „Rom in Bayern" des Bayerischen Nationalmuseums München, 30. April bis 20. Juli 1997, Bayerisches Nationalmuseum, was der von Reinhold Baumstark herausgegebene Ausstellungskatalog: Rom in Bayern: Kunst und Spiritualität der ersten Jesuiten, München 1997, leider nur unvollkommen dokumentiert, vgl. Nr. 204–235, S. 540–563.

70 Auf breiter Basis zuletzt dargestellt im Rahmen des 500. Reformationsjubiläums 2017 in der Ausstellung „Bibel, Sprache, Wahrhaftigkeit". Luthers Einfluss auf Goethe, Düsseldorf, Goethe-Museum Schloss Jägerhof.

71 Ausführlicher dazu Schilling I, 15, S. 532–550 mit Angabe von Spezialliteratur.

72 So der polnische Germanist Marian Szyrocki, zitiert bei Garber, Literatur und Kultur, S. 945.

73 Ebd., S. 953 f.

74 Valentin, Gegenreformation und Literatur; Dieter Breuer, Deutsche Nationalliteratur und katholischer Kulturkreis, in: Klaus Garber (Hrsg.), Nation und Literatur im Europa der Frühen Neuzeit, Tübingen 1989, S. 701–715.

75 Vgl. etwa Brückner, Literatur und Volk, S. 579 ff.

76 Gründungs- und Baugeschichte der Münchener Jesuitenniederlassung sind jetzt ausführlich dokumentiert in Baumstark, Rom in Bayern, Nr. 124, S. 429 ff., allgemein dort S. 412–434.

77 Maria Bogucka, Die Städte Polens an der Schwelle zur Neuzeit. Abriß der soziotopographischen Entwicklung, in: Wilhelm Rausch (Hrsg.), Die Stadt an der Schwelle zur Neuzeit, Linz/Donau 1980 (= Beiträge zur Geschichte der Städte Mitteleuropas, IV), S. 284.

78 Anna Coreth, Pietas Austriaca. Österreichische Frömmigkeit im Barock, 2. Aufl., Wien 1982.

79 Instrumentum Pacis Osnabrugense (IPO), Art. V, §§ 38–40, in: Konrad Müller (hrsg. und bearb.), Instrumenta Pacis Westphalicae, 3. Aufl., Bern 1975 (Quellen zur neueren Geschichte, Heft 12/13); Fritz Dickmann, Der Westfälische Frieden, 5. Aufl., Münster 1985, S. 462 f.; ausführlich zur Vorgeschichte Christine van Eickels, Schlesien im böhmischen Ständestaat, Köln 1994, S. 480 zu den Friedenskirchen.

80 So in diversen kulturgeschichtlichen Prospekten oder Beschriftungstafeln des Oberlausitzer Touristenbüros, namentlich auch zu den Fastentüchern in Zittau.

81 Überblick bei Joachim Bahlcke (Hrsg.), Geschichte der Oberlausitz. Herrschaft, Gesellschaft und Kultur vom Mittelalter bis zum Ende des 20. Jahrhunderts, Leipzig 2001.

82 Zur Kirchen- und Reformationsgeschichte vgl. Karlheinz Blaschke, Lausitzen, in: Anton Schindling/Walter Ziegler (Hrsg.), Die Territorien des Alten Reiches im Zeitalter der Reformation und Konfessionalisierung, Bd. 6, Münster, 1996, S. 92–113; Norbert Kersken, Die Oberlausitz von der Gründung des Sechsstädtebundes bis zum Übergang an das Kurfürstentum Sachsen (1346–1635), in: Bahlcke, Geschichte der Oberlausitz, S. 99–142, hier: S. 124–131.

83 Siegfried Seifert, Leisentrit, Johan, in: Erwin Gatz (Hrsg.), Die Bischöfe des Heiligen Römischen Reiches 1448–1648. Ein biographisches Lexikon, Berlin 1996, S. 413 f.; Blaschke, Lausitzen, S. 106 ff.

84 So Blaschke, ebd., S. 109.

85 Schilling III, 59; zur Oberlausitz: Kersken, Die Oberlausitz, S. 130; Petr Hrachovec, Die Zittauer und ihre Kirchen (1300–1600). Zum Wandel religiöser Stiftungen während der Reformation, Leipzig 2019, S. 367.

86 Hrachovec, Die Zittauer und ihre Kirchen, S. 384.

87 Bahlcke, Geschichte der Oberlausitz, S. 26 f., 162.

88 Ebd., S. 285.

89 Dietrich Meyer, Zinzendorf und die Herrnhuter Brüdergemeine. 1700–2000, Göttingen 2009; Alexander Schunka, Die Oberlausitz zwischen Prager Frieden und Wiener Kongreß, in: Bahlcke, Geschichte der Oberlausitz, S. 143–179, v. a. S. 155 ff.

90 Vgl. Teil C, 1.

91 Artikel „Herrnhut“ und „Niesky“ in: Walter Schlesinger (Hrsg.), Handbuch der historischen Stätten Deutschlands, Bd. 8, Sachsen, Stuttgart 1965/1990, S. 144 ff., 250 f.

92 Leszek Kołakowski, Chrétiens sans Église: La conscience religieuse et le lien confessionnel au XVIIe siècle, Paris 1969.

93 Zitiert nach Venard/Smolinsky u. a. (Hrsg.), Die Geschichte des Christentums, Bd. 9, S. 877.

94 Richter, Johann Amos Comenius, S. 67, Anm. 281, S. 69, Anm. 293.

95 Ausführliche Würdigung Böhmes und seiner Rezeption bei Wollgast, Philosophie in Deutschland, v. a. S. 677–741, u. a. gegen den Versuch von Kirchenhistorikern, Böhme dem orthodoxen Luthertum anzunähern.

96 So explizit in der Tourismuswerbung.

D. Erfahrungsfelder christlichen Lebens in der Frühen Neuzeit (S. 211-352)

1 Basiert auf Schilling I, 8; III, 5, 7, 8, 22, 49, 120, 123, 146, 156, 193. Vgl. auch die Beiträge in: Vera Isaiasz/Ute Lotz-Heumann/Monika Mommertz/Matthias Pohlig (Hrsg.), Stadt und Religion in der frühen Neuzeit. Soziale Ordnungen und ihre Repräsentationen, Frankfurt a. M. 2007.

2 Lewis Mumford, The City in History. Its Origins, Its Transformations, and Its Prospects, New York 1961, S. 15.

3 Arthur Geoffrey Dickens, The German Nation and Martin Luther, Glasgow 1976, S. 182.

4 Richtungsweisend dazu Bernd Moeller, Reichsstadt und Reformation, Gütersloh 1962; zur „Hansestadt in der Reformation" vgl. Schilling I, 8; III, 8, 18.

5 Bernd Moeller, Kleriker als Bürger, in: ders., Die Reformation und das Mittelalter. Kirchenhistorische Aufsätze, Göttingen 1991, S. 35–52.

6 Maria Bogucka, Das alte Polen, Leipzig 1983; dies., Das alte Danzig, Leipzig 1980; dies., The lost world of the „sarmatins", Warschau 1996.

7 Grandiose Beispiele dieses Bildtypus finden sich in der Antwerpener Sint-Pauluskerk, vgl. Aloïs Janssen, De Sint-Pauluskerk te Antwerpen en Haar kunstbezit, Antwerpen 1971, sowie Mark Martens, Werken von barmhartigheid te Middelburg en Antwerpen, in: Sint-Paulus-Info. Speciale editie, Antwerpen 1993, S. 1012–1022.

8 So Giorgio Chittolini im Ausblick seiner mediävistischen Untersuchung „Civic Religion and Countryside in Late Medieval Italy", in: Trevor Dean/Chris Wickham (Hrsg.), City and Countryside in Late Medieval and Renaissance Italy, London 1990, S. 80 (vgl. Schilling III, 120, S. 73, Anm. 16).

9 Vgl. Teil C, 4, Anm. 40.

10 Detailliert nachgewiesen u. a. aus der Graphik Albrecht Dürers bei David Price, Continuities in Anti-Judaism: Reassessing the Nürnberg Banishment from the Perspective of Albrecht Dürer and His Generation, in: Matthias Pohlig (Hrsg.), Juden, Christen und Muslime im Zeitalter der Reformation, Gütersloh 2020, S. 157–179.

11 Vgl. Schilling III, 54.

12 Louis Châtellier, L'Europe des dévots, Paris 1987, S. 127, 151.

13 Berndt Hamm, Bürgertum und Glaube. Konturen der städtischen Reformation, Göttingen 1996, S. 133 f.

14 André Sanfaçon, Mythes et représentation: L'identité de Chartres aux 16e et 17e siècles. Vortrag auf dem 29. Colloque international d'Etudes Humanités, Tours 1996.

15 Schilling I, 6.

16 Vgl. Paul Warmbrunn, Zwei Konfessionen in einer Stadt. Das Zusammenleben von Katholiken und Protestanten in den paritätischen Reichsstädten Augsburg, Biberach, Ravensburg und Dinkelsbühl von 1548 bis 1648, Wiesbaden 1983.

17 Ausführliche Darstellung der konfessionellen Perspektiven des frühneuzeitlichen Kalenderstreits bei Christoph Duhamelle, En quoi, le calendrier julirn état-il „protestant"?, in: Bulletin annuel de l' Institut d'histoire de la Réformation de Genève, Bd. XXXIX (2017/2018), S. 25–46, Zitat S. 44.

18 Warmbrunn, Zwei Konfessionen in einer Stadt, S. 404 f.

19 Dies und das Folgende bei Etienne François, Die unsichtbare Grenze. Protestanten und Katholiken in Augsburg, 1648–1806, Sigmaringen 1991, S. 221–230.

20 Ebd., S. 229, Willy Brandt zitierend.

21 Basiert auf Schilling I, 1, 12; III, 174, 181. Dort auch ausführliche Literaturangaben. Dankbar weise ich darauf hin, dass ich den Vergleich zwischen christlicher und sephardischer „Konfessionsmigration" der Zusammenarbeit mit meinem Jerusalemer Kollegen Yosef Kaplan verdanke, dem derzeit wohl besten Kenner der sephardischen Migration. Vgl. u. a. Yosef Kaplan, An Alternative Path to Modernity. The Sephardi Diaspora in Western Europe, Leiden 2000; ders., Between Christianity and Judaism in Early Modern Europe: The Confessionalization Process of Western Sephardi Diaspora, in: Lothar Gall/Dietmar Willoweit (Hrsg.), Judaism, Christianity, and Islam in the Course of History: Exchange and Conflicts, München 2011, S. 307–342.

22 So der Aachener Chronist Petrus a Beeck, vgl. Teil C, Anm. 41.

23 Vgl. oben Teil A, S. 12 ff.

24 Horst Pietschmann, Spanische Sepharden, in: Klaus Bade/Pieter Emmer u. a. (Hrsg.), Enzyklopädie. Migration in Europa vom 17. Jahrhundert bis zur Gegenwart, Zürich 2007, S. 229.

25 Vgl. oben Teil A, 2.

26 Hierzu jüngst die Quellensammlung von Irene Dingel, (Hrsg.), Antitrinitarische Streitigkeiten. Die tritheistische Phase (1560–1568), Göttingen 2013, mit der historischen Einleitung von Kestutis Daugirdas und Irene Dingel, S. 3–18.

27 Georg Bossong, Die Sepharden. Geschichte und Kultur der spanischen Juden, 2. Aufl., München 2016, S. 57 f., 70 ff., Karte, S. 129.

28 Zu den Judengemeinden in Italien vgl. Frank Jung, Aufnahme trotz des Glaubens, in: Anette Baumann/Alexander Jendorff/Frank Theisen (Hrsg.), Religion – Migration – Integration, Tübingen 2019, S. 259–285.

29 Das Folgende nach Hiltrud Wallenborn, Bekenntniseifer, Judenangst und Handelsinteressen. Amsterdam, London und Hamburg als Ziele sefardischer Migration im 17. Jahrhundert, Hildesheim 2003, S. 11, 49, 152, 335 ff.; Hermann Kellenbenz, Sephardim an der unteren Elbe. Ihre wirtschaftliche und politische Bedeutung vom Ende des 16. bis zum Beginn des 18. Jahrhunderts, Wiesbaden 1958, S. 27 ff.

30 Zusammenfassend zum Folgenden auch Pietschmann, in: Bade/Emmer u. a. (Hrsg.), Enzyklopädie.

31 JewishEncyclopedia.com mit Literaturangaben.

32 Vgl. Kunst, Kommerz und Glaubenskampf – Frankenthal um 1600 [eine Ausstellung der Stadt Frankenthal (Pfalz) und des Landes Rheinland-Pfalz aus Anlass des Rheinland-Pfalz-Tages 1995 in Frankenthal (Pfalz); Erkenbert-Museum, 27. Mai bis 6. August 1995], hrsg. v. Edgar J. Hürkey, Worms 1995.

33 JewishEncyclopedia.com, Artikel „Teixeira".

34 Ausführlich bei Wallenborn, Bekenntniseifer, S. 427 ff.

35 Ausführlich am Beispiel Hamburgs: Ben-Zion Ornan Pinkus, Die Portugiesische Gemeinde in Hamburg und ihre Führung im 17. Jahrhundert, in: Michael Studemund-Halévy (Hrsg.), Die Sefarden in Hamburg, 2 Bde., Hamburg 1994, hier Teil I, S. 3–36.

36 Zitiert nach Ornan Pinkus, Die Portugiesische Gemeinde in Hamburg, S. 14. Das Folgende ebd., S. 4–12.

37 Ebd., S. 4.

38 Schilling II, 4 und III, 41.

39 Beispiel Wallenborn, Bekenntniseifer, S. 353, Anm. 78. Ein eindringliches Beispiel aus der aschkenasischen Judengemeinde Frankfurt ist im Haus zum Roten Widder der Frankfurter Judengasse dokumentiert, vgl. Fritz Backhaus u. a. (Hrsg.) Die Frankfurter Judengasse, Katalog zur Dauerausstellung, München 2016, S. 221.

40 Das Folgende bei Ornan Pinkus, Die Portugiesische Gemeinde in Hamburg, S. 19–23.

41 Belege bei Kaplan, An Alternative Path to Modernity, v. a. S. 280 ff. Zur calvinistischen Sexualzucht in Emden, Groningen, Leiden vgl. Schilling III, 16, 41, 57, 61.

42 Kaplan, An Alternative Path to Modernity, S. 26.

43 Zum Folgenden ausführlich Schilling III, 15, 51, 60, 63, 68, 129.

44 Menno Smid, Reisen und Aufenthaltsorte a Lascos, in: Christoph Strohm (Hrsg.), Johannes a Lasco (1499–1560). Polnischer Baron, Humanist und europäischer Reformator, Tübingen 2000, S. 194.

45 So Heiko Oberman, Die Reformation. Von Wittenberg nach Genf, Göttingen 1986, S. 283–299; ders., John Calvin and the Reformation of the Refugees, Genf 2009.

46 Diese Gedanken sind weiterentwickelt in der in Schilling III, 181, Anm. 46 angegebenen Literatur.

47 Basiert auf Schilling III, 95, 171 sowie I, 12; II, 6, 11; III, 16, 26, 41, 57, 61, 81 – jeweils mit ausführlichen Literatur- und Quellenangaben. Vgl. auch oben Kap. C, 3 und 6 sowie D, 1.

48 Begriff nach Gerhard Oestreich, Strukturprobleme des europäischen Absolutismus, in: ders., Geist und Gestalt des frühmodernen Staates. Ausgewählte Aufsätze, Berlin 1969, S. 179–197.

49 Wolfgang Brückner. Konfessionalisierung über den Katechismusunterricht, in: Würzburger Diözesan-Geschichtsblätter 69 (2007), S. 35–48, Zitat S. 48.

50 Vgl. oben C, 6.

51 Vgl. oben D, 1.

52 Vgl. oben C, 6.

53 Zum Folgenden die Statistiken und Graphiken bei Schilling III, 16, 57.

54 Doris Lessing, Our Friend Judith, in: The Temptation of Jack Orkney. Collected Stories, Bd. II, London 1979, S. 7–26, hier S. 18.

55 Basiert auf Schilling I, 11; II, 19; III, 55, 124, 143, 152, 165, 195, jeweils mit ausführlichen Literatur- und Quellenangaben.

56 Zitiert nach Schilling I, 11, S. 396.

57 Zitiert nach Holger Th. Gräf, Interterritoriale Politik und Konfessionalisierung. Die Hessen-Kasseler Reaktionen auf die Rekatholisierung in den benachbarten geistlichen Territorien, in: Zeitschrift des Vereins für hessische Geschichte und Kunst 107 (2002), S. 106.

58 Vgl. die Äußerung des Kardinalpremiers Richelieu, oben Kap. C, 5, S. 177, 281.

59 Zitiert nach Schilling I, 11, S. 510.

60 So der britische Außenminister Edward Grey am 3. August 1914, kurz nach Ausbruch des Ersten Weltkriegs.

61 Zitiert nach Schilling I, 11, S. 508.

62 Andreas Edel, Auf dem Weg in den Krieg. Zur Vorgeschichte der Intervention Herzog Maximilians I. von Bayern in Böhmen 1620, in: Zeitschrift für bayerische Landesgeschichte 65 (2002), S. 157–253; ders., Politik und Macht bei Herzog Maximilian von Bayern. Die Jahre vor dem Ausbruch des Dreißigjährigen Krieges, in: Winfried Schulze (Hrsg,), Friedliche Intentionen – kriegerische Effekte: War der Ausbruch des Dreißigjährigen Krieges unvermeidlich?, St. Katharinen 2002, S. 107–139.

63 In einer mehr launigen als zeitadäquat begründeten Bemerkung schickt Johannes Burkhardt „einen laientheologischen Brief auf die Zeitreise", der den Theologen des frühen 17. Jahrhunderts den Rat gibt, „den Krieg als Teufelswerk gegen das christliche Friedensgebot" zu dämonisieren. Johannes Burkhardt, Kriegsschuld und Religion? Eine Einführung in den Dreißigjährigen Krieg unter dem Vorzeichen historischer Friedensforschung, in: Blätter für pfälzische Kirchengeschichte und religiöse Volkskunde 87 (2020), S. 21. Das lässt in wohlgemeinter Perspektive moderner christlicher Friedensforschung bewusst außer Acht, dass im Konfessionalismus nicht der Frieden, sondern die Glaubensreinheit als Garant des Ewigen Lebens höchstes Gut der Theologen und vieler Laien war.

64 Ausführlich dazu Georg Schmidt, Die Reiter der Apokalypse, München 2018; Johannes Burkhardt, Der Krieg der Kriege, Stuttgart 2018; Herfried Münkler, Der Dreißigjährige Krieg, Hamburg 2017; Peter Wilson, Der Dreißigjährige Krieg, Stuttgart 2017. Zu den dort weniger beachteten religiösen und kirchenpolitischen Zusammenhängen vgl. Schilling I, 11.

65 Vgl. oben C, 2.

66 Matthias Pohlig, Konfessionelle Deutungsmuster internationaler Konflikte um 1600 – Kreuzzug, Antichrist, Tausendjähriges Reich, in: Archiv für Reformationsgeschichte 93 (2002), S. 287 f.

67 Vgl. etwa Philip Marnix van St. Aldegonde, Trouwe Vermaninge aende Christelijcke Gemeijneten van Brabant, Leiden 1598; ders., Het Boeck der Psalmen Davids, Middelburg, 1591, Vorrede zur 2. Auflage.

68 Adrianus Cornelis Den Besten, Wilhelmus van Nassouwe. Het gedicht en zijn dichter, Diss., Leiden 1983. Zur niederrheinisch-niederländischen Konfessionskultur vgl. auch oben Teil C, 2.

69 Uwe Sibeth, Gesandter einer aufständischen Macht. Die ersten Jahre der Mission von Dr. Pieter Cornelisz. Brederode im Reich (1602–09), in: Zeitschrift für Historische Forschung 30 (2003), S. 19–52.

70 Uwe Sibeth, Der „Friede" als Fortsetzung des Krieges mit anderen Mitteln: Zur *Repraesentatio pacis generalis* (1607) des Pieter Cornelisz. Brederode, in: Stefan Ehrenpreis/Ute Lotz-Heumann/Olaf Mörke/Luise Schorn-Schütte (Hrsg.): Wege der Neuzeit, Berlin 2007, S. 501 f.

71 Basierend auf Schilling I, 11; II, 9, 10; III, 55, 76, 87, 108, 125, 136, 165, 185, jeweils mit ausführlichen Quellen- und Literaturangaben.

72 Schreiner, Heilige Kriege, S. VII–XXIII, v. a. S. XX; Jean-Paul Cahn, Françoise Knopper, Anne-Marie Saint-Gille (Hrsg.), De la guerre juste à la paix juste, Villeneuve d'Ascq 2008.

73 Horst Bredekamp, Bild – Akt – Geschichte, in: Clemens Wischermann u. a. (Hrsg.), Geschichtsbilder. 26. Deutscher Historikertag in Konstanz 2006, Konstanz 2007, S. 289–309, hier S. 309.

74 Erasmus von Rotterdam, Querela Pacis, S. 428.

75 Ebd, S. 410, 412.

76 Vgl. oben C, 5.

77 Thomas Hobbes, Leviathan, hrsg. v. Michael Oakshott, Oxford 1960, S. 56. Zu den Konsequenzen Schilling I, 11, S. 176 ff.

78 Aus der umfangreichen Literatur zur Marienrepräsentation seien exemplarisch genannt Klaus Schreiner, Maria: Jungfrau, Mutter, Herrscherin, München 1994 und Andreas Holzem, „... zum seufzen und wainen also bewegt worden": Maria im Krieg – das Beispiel Rottweil 1618–1648, in: Franz Brendle und Anton Schindling (Hrsg.), Religionskriege im Alten Reich und in Alteuropa, Münster 2006, S. 191–216.

79 Zur Frömmigkeit Maximilians vgl. Dieter Albrecht, Maximilian I. von Bayern 1563–1651, München 1998, Kap. XI: Pietas Maximilianaea

80 Vgl. Schilling I, 11, S. 331–345 und 448–456.

81 Detaillierte Interpretation des Kriegsmanifestes in Schilling III, 148.

82 Schilling I, 11, S. 260 ff., 401 ff.

83 Faksimile des Pamphlets „Vray discours de la miraculeuse deliverance envoyee de Dieu à la ville de Geneve, le 12 jour de Decembre 1602", in: C'était en 1602. Genève et l'Escalade: album publié à l'occasion du 400e anniversaire de l'Escalade, Genève 2002 (Genava, nouvelle série, L), S. 7–33, hier S. 25.

84 Ebd., S. 27. Weitere Beispiele aus dem reformierten Kreis würden das Bild differenzieren. So die Repräsentation des Kampfes um das Béarn und La Rochelle in Frankreich, vgl. Jan-Friedrich Mißfelder, Das Andere der Monarchie: La Rochelle und die Idee der „monarchie absolue" in Frankreich, 1568–1630, München/Berlin 2012. Ebenso die Volk-Israel-Repräsentation in den Niederlanden und im puritanischen England.

85 Dieser Zusammenhang wurde bereits 1998 im Katalog der Friedensausstellung von Münster und Osnabrück ausführlich dargestellt (Klaus Bußmann und Heinz Schilling (Hrsg.), „1648 – Krieg und Frieden in Europa", Aufsatzband I zur Europaratsausstellung zum 350. Jahrestag des Westfälischen Friedens, München 1998, u. a. S. 19 ff.) Das widerlegt die apodiktische Aussage: „Die Religion hat den Krieg nicht verursacht, aber sie hat dann auch nichts zu seiner Beendigung beigetragen." (Burkhardt, Kriegsschuld und Religion?, S. 24)

86 Johannes Rist, Sämtliche Werke, hrsg. v. Eberhard Mannack, Band 2: Dramatische Dichtungen, Berlin 1972. Zu Paul Gerhardt vgl. Dorothea Wendebourg (Hrsg.): Paul Gerhardt – Dichtung, Theologie, Musik: Wissenschaftliche Beiträge zum 400. Geburtstag, Tübingen 2008.

87 Friedrich Polleroß u. a. (Hrsg.), Federschmuck und Kaiserkrone. Das barocke Amerikabild in den habsburgischen Ländern. Ausstellungskatalog, Schloßhof im Marchfeld 1992, S. 175, 291 ff.

88 Lucien Bély u. a. (Hrsg.), La Paix des Pyeénées (1659), Paris 2015; Heinz Duchhardt (Hrsg.), Der Westfälische Friede. Diplomatie, politische Zäsur, kulturelles Umfeld, Rezeptionsgeschichte, München 1998; Schilling II, 9.

89 Johannes Burkhardt, Die entgipfelte Pyramide. Kriegsgrund und Friedenskompromiß der europäischen Universalmächte, in: „1648 – Krieg und Frieden in Europa", Europaratsausstellung zum 350. Jahrestag des Westfälischen Friedens, 3 Bde., hrsg. v. Klaus Bußmann und Heinz Schilling, Bd. 1: Politik, Religion, Recht und Gesellschaft, Münster/Osnabrück 1998, S. 51–60.

90 Heinhard Steiger, Konkreter Friede und Allgemeine Ordnung – Zur rechtlichen Bedeutung der Verträge vom 24. Oktober 1648, in: ebd., S. 437–446.

91 Heinz Duchhardt, „Balance of Power" und Pentarchie. Internationale Beziehungen 1700–1785. Paderborn 1997; einen weit ausgreifenden, systematischen

Überblick bietet Arno Strohmeyer, Theorie der Interaktion. Das europäische Gleichgewicht der Kräfte in der frühen Neuzeit. Wien/Köln/Weimar 1994.

92 Schilling I, 5, S. 47 f., 194.

93 Heinhard Steiger, Konkreter Frieden; ders. Von der Staatengesellschaft zur Weltrepublik? Aufsätze zur Geschichte des Völkerrechts, Baden-Baden 2009.

94 Heinrich August Winkler, Was heißt westliche Wertegemeinschaft? – Abschiedsvorlesung an der Humboldt-Universität im Februar 2007, in: ders., Auf ewig in Hitlers Schatten? Über die Deutschen und ihre Geschichte, München 2007, S. 180–201.

95 Riv. Apol. Disc., OT IV, 701b: *„Paci Christianorum studentis officium et hoc est, demoliri dogmata,, quae pacem civilem perturbant. Prius est, bonum civem esse, quam bonum Christianum"*. Zitiert nach Guillaume H. M. Posthumus Meyjes, Hugo Grotius as an Irenicist, in: The World of Hugo Grotius (1583–1645), Amsterdam 1984, S. 43–63, hier 63.

96 Vgl. dazu die Beiträge von Hans-Christof Kraus, Freiheitskriege als heilige Kriege. 1792–1815, und Hans Günter Hockerts, Kreuzzugsrhetorik, Vorsehungsglaube, Kriegstheologie. Spuren religiöser Deutung in Hitlers ‚Weltanschauungskrieg', in: Klaus Schreiner (Hrsg.), Heilige Kriege. Religiöse Begründungen militärischer Gewaltanwendung: Judentum, Christentum und Islam im Vergleich, Kolloquium des Historischen Kollegs und der Bayerischen Akademie der Wissenschaften, 7.–9. November 2007, München 2008, S. 193–218 bzw. S. 229–250.

97 Basiert auf Schilling I, 11; III, 188, 190 sowie ders., Das Papsttum und das Ringen um die machtpolitische Neugestaltung Europas, in: Zur Debatte, Sonderheft zu I/2014: Julius II. und Leo X., München 2014, S. 15–17.

98 Zum historischen Hintergrund vgl. Schilling I, 11, S. 583 ff. mit Literaturhinweisen. Die historisch, rechtlich und theologisch profundesten Darstellungen zum Vorgehen Chigis und der römischen Kurie finden sich bei Konrad Repgen, Dreißigjähriger Krieg und Westfälischer Frieden. Studien und Quellen, hrsg. v. Franz Bosbach und Christoph Kampmann, Paderborn 1998, S. 353–642.

99 Friedrich Schiller, Geschichte des Dreißigjährigen Kriegs, Ausgabe Zürich 1985, S. 557 f.

100 So die verfassungs- und strukturgeschichtliche Qualifizierung des frühmodernen Papsttums in der bahnbrechenden Untersuchung „Il soverano pontifice" von Paolo Prodi (Bologna 1982).

101 So der evangelische Kirchenrechtler und Historiker Martin Heckel, Konfessionalisierung in Koexistenznöten, in: Historische Zeitschrift 280 (2005), S. 647–690, hier S. 682, Wiederabdruck in Martin Heckel, Gesammelte Schriften, hrsg. v. Kurt Schlaich, Bde. I–VI, Tübingen 1989–2013, hier Bd. VI, S. 632–670.

102 Sibeth, Der „Friede" als Fortsetzung des Krieges mit anderen Mitteln, S. 501 f.

103 Ausführlich dazu Schilling I, 16.

104 Ausführlicher bei Schilling I, 11, S. 120–138, dort ist auch die einschlägige Literatur dazu notiert.

105 Überblick ebd. Ausführlich Alexander Koller (Hrsg.): Kurie und Politik. Stand und Perspektiven der Nuntiaturberichtsforschung, Tübingen 1998; ders., Imperator und Pontifex. Forschungen zum Verhältnis von Kaiserhof und römischer Kurie im Zeitalter der Konfessionalisierung (1255–1648), Münster 2012.

106 Vgl. oben Teil A, 3, Anm. 26, 29.

107 Grundlegend dazu Einleitung und Text in: Silvana Seidel Menchi (Bearbeiterin), Julius Exclusus, Opera Omnia Desiderii Erasmi, Band I, 8, Leiden und Bosten 2013, S. 1–298.

108 Zitate aus „Ein Sendbrief an den Papst Leo", den Luther 1520 zusammen mit der Flugschrift „Von der Freiheit eines Christenmenschen" veröffentlichte; deutsche Übersetzung bei Kurt Aland (Hrsg.), Luther Deutsch. Die Werke Martin Luthers in neuer Auswahl für die Gegenwart, Bd. 2, Göttingen 1962, S. 241 f.

109 Näher ausgeführt bei Schilling I, 11, S. 346 ff. und I, 17, S. 331 ff.

110 Näheres dazu bei Schilling I, 17, S. 164 ff.

111 Ernst Laubach, Politik und Selbstverständnis Kaiser Ferdinands I., in: Martina Fuchs/Alfred Kohler (Hrsg.), Kaiser Ferdinand I. Aspekte eines Herrscherlebens, Münster 2003, S. 128 ff.

112 Schilling I, 11, S. 216–233.

113 Ebd., S. 244–253; dazu Maria Antonietta Visceglia (Hrsg.), Diplomazia e Politica della Spagna a Roma. Figure di ambasciatori, Rom 2007; dies., Roma papale e Spagna: diplomatici, nobili e religiosi tra due corti, Rom 2010.

114 Näheres zu den Teilkreisen und ihrer Verschmelzung zu einem gesamteuropäischen Mächtesystem bei Schilling I, 11.

115 Laubach, Politik und Selbstverständnis Kaiser Ferdinands I., S. 140 f.

116 Ausführlich Schilling I, 11, S. 100–119. Speziell zur diplomatischen Funktion von Kardinallegaten im Verhältnis zu den Nuntien vgl. Alexander Koller, Cardinals, Legates and Nuncios, in: Mary Hollingsworth u. a. (Hrsg.), A Companion to the Early Modern Cardinal, Leiden 2020, S. 175–197.

117 Allgemein zur Visualisierung und Repräsentation von Macht in jener Epoche vgl. Schilling III, 194; Michael Rohrschneider, Reputation als Leitfaktor in den internationalen Beziehungen der Frühen Neuzeit, in: Historische Zeitschrift 292 (2010), S. 331–352.

118 Folgendes nach Angela Böck, Die Sala Regia im Vatikan als Beispiel der Selbstdarstellung des Papsttums in der zweiten Hälfte des 16. Jahrhunderts, Hildesheim u. a. 1977, und Christian Jaser, Ecclesia maledicens. Rituelle und zeremonielle Exkommunikationsformen im Mittelalter, Tübingen 2013.

119 Zitate Jaser, Ecclesia maledicens, S. 2 ff., 9.

120 Zu den Vasari-Fresken ebd., S. 3 ff.; Volker Reinhardt, Rom. Kunst und Geschichte. 1480–1650, Würzburg 1992, S. 166–175 mit Abb. 51–53.

121 Helmut Friedel, Die Cappella Altemps in S. Maria Trastevere, in: Römisches Jahrbuch für Kunstgeschichte 17 (1978), S. 89–124, v. a. S. 110 ff. Zu Jakobus/

San Jago vgl. Klaus Schreiner, Märtyrer, Schlachtenhelfer, Friedensstifter. Krieg und Frieden im Spiegel mittelalterlicher und frühneuzeitlicher Heiligenverehrung, Opladen 2000, S. 71 ff.

122 Jaser, Ecclesia maledicens, S. 19, 22 f.; Reinhardt, Rom, S. 166 ff.

123 Näheres bei Koller, Imperator und Pontifex, namentlich in dem Beitrag „Quam bene pavit apes, tam male pavit oves. Urban VIII. und die Kritik an seinem Pontifikat", S. 185–194. Für die folgenden Überlegungen des Weiteren einschlägig Konrad Repgen, Die Römische Kurie und der Westfälische Friede, 1. Teil, Tübingen 1962; ders. Dreißigjähriger Krieg; Georg Lutz, Urbano VIII., in: Enciclopedia dei papi, hrsg. v. Istituto della Enciclopedia Italiana, Roma 2000, S. 298–321; ders., Rom und Europa während des Pontifikats Urbans VIII., in: Reinhard Elze u. a. (Hrsg.), Rom in der Neuzeit, Wien/Rom 1976, S. 72–167, sowie seine große Monographie: Kardinal Giovanni Francesco Guidi di Bagno. Politik und Religion im Zeitalter Richelieus und Urban VIII., Tübingen 1971. Dazu auch Andreas Kraus, Die auswärtige Politik Urbans VIII. Grundzüge und Wendepunkte, in: Mélanges Eugène Tisserant, Bd. 4: Archives Vaticanes. Histoire ecclésiastique, Tl. 1, Città del Vaticano 1964 (Studi e testi 234), S. 407–426.

124 Konrad Repgen, Die Römische Kurie, S. 398; Schilling I, 11, S. 252.

125 Vgl. oben S. 346.

126 Ausführlich dazu Repgen, Die Römische Kurie.

127 So ebd., S. 395 ff., 399, ein Urteil, dem ich mich nicht anschließen kann.

128 Konrad Repgen, Die Hauptinstruktion Ginettis für den Kölner Kongress (1636), in: ders., Dreißigjähriger Krieg, S. 425–457, hier S. 457.

129 Koller, Imperator und Pontifex, S. 193f.

130 Vgl. Schilling II, 9.

131 Ausführlich entwickelt ist die These einer spezifischen Verbindung von Barock und römischem Katholizismus bei Peter Hersche, Muße und Verschwendung. Europäische Gesellschaft und Kultur im Barockzeitalter, 2 Bde., Freiburg i. Br. 2006. Vgl. auch Wolfgang Reinhard, Schwäche und schöner Schein. Das Rom der Päpste im Europa des Barock 1572–1676, in: Historische Zeitschrift 283 (2006), S. 281–318.

132 Hobbes, Leviathan, Teil I, Kap. 10, S. 56: „Reputation of power is power".

133 Die künstlerischen Bauprinzipien des Berninischen Petersplatzes und deren rational kalkulierte Wirkung scheinen mir ein gewichtiger Gegenbeweis gegen die von Hersche vehement vertretene These, „Barock" sei „Nichtmodernisierung und intendierte Rückständigkeit" (Hersche, Muße und Verschwendung, Bd. 2, S. 947).

Epilog: Die Christenheit im modernen Europa (S. 353-380)

1 Überblicke zu Aufklärung: Marc Venard/Heribert Smolinsky u. a. (Hrsg.), Die Geschichte des Christentums – Religion, Politik, Kultur, Bd. 9: Das Zeitalter der Vernunft (1620/30–1750), Freiburg i. Br./Basel/Wien 1997; allgemein zum 17. und 18. Jahrhundert Michael Maurer, Kirche, Staat und Gesellschaft im 17. und 18. Jahrhundert, München 1999. Zum komplexen Verhältnis von Politik und Religion von der Französischen Revolution bis in die Gegenwart bietet Michael Burleigh, Irdische Mächte, göttliches Heil, München 2008, eine faszinierende Analyse mit vielen einprägsamen konkreten Beispielen. Für die deutsche Geschichte unübertroffen die für Religion und Kirchen einschlägigen Kapitel in Thomas Nipperdey, Deutsche Geschichte 1800–1866 (v. a. S. 403–594) bzw. 1866–1918 (v. a. S. 396 ff. und S. 428 ff.), Sonderausgabe München 1998; dazu Thomas Nipperdey, Religion und Gesellschaft: Deutschland um 1900, München 1988.

2 Jonathan Israel, Radical Enlightenment. Philosophy and the Making of Modernity. 1650–1750, Oxford 2001.

3 Jüngst nochmal zusammenfassend Mario Biagioni, The Radical Reformation and the Making of Modern Europe. A Lasting Heritage, Leiden/Boston 2017.

4 Terence James Reed, Mehr Licht in Deutschland. Eine kleine Geschichte der Aufklärung, München 2009, S. 9 (Satzstellung wurde aus stilistischen Gründen variiert).

5 Eduard Winter, Der Josephinismus. Die Geschichte des österreichischen Reformkatholizismus 1740–1848, Berlin (Ost) 1962, S. 18.

6 Vgl. oben Teil C, 8.

7 Otmar Freiherr von Aretin, Heiliges Römisches Reich 1776–1806. Reichsverfassung und Staatssouveränität, Wiesbaden 1967, S. 40 ff.

8 Ausführlich Monique Cottret, Der Jansenistenstreit, in: Venard/Smolinsky u. a. (Hrsg.), Die Geschichte des Christentums, Bd. 9, Freiburg i. Br. 1998, S. 348–407.

9 Detailliert zu diesen religionsgeschichtlichen Zusammenhängen Winter, Der Josephinismus, (Zitate dort S. 21, 55). Allgemein dazu Helmut Reinalter (Hrsg.), Josephinismus als Aufgeklärter Absolutismus, Wien 2008.

10 Zitate und das Folgende bei Notker Hammerstein, Aufklärung und katholisches Reich. Untersuchungen zur Universitätsreform und Politik katholischer Territorien des Heiligen Römischen Reiches deutscher Nation im 18. Jahrhundert, Berlin 1977, S. 244 ff.

11 Ebd., S. 265 f.

12 Aus dem Briefwechsel Nicolai/Lessing zitiert bei Hammerstein, Aufklärung und katholisches Reich, S. 256, Anm. 17.

13 Vgl. Mathias Sonnleithner, „auf Erden kein anderes Reich als deines anerkennen"– Soziale Hierarchie als göttliche Ordnung in der „egalitären" Gesellschaft des revolutionären Frankreichs, in: Zeitschrift für Historische Forschung 48 (2021), Heft 3, dort alle Zitate.

14 Olaf Blaschke: Das 19. Jahrhundert. Ein zweites konfessionelles Zeitalter?, in: Geschichte und Gesellschaft 26 (2000) S. 38–75. Vgl. dazu auch Carsten Kretschmann/Henning Pahl, Ein „Zweites Konfessionelles Zeitalter"? Vom Nutzen und Nachteil einer neuen Epochensignatur, in: Historische Zeitschrift 276 (2003), S. 369–392.

15 Zitate bei Volker Reinhardt, Pontifex. Die Geschichte der Päpste. Von Petrus bis Franziskus, München 2017, S. 790.

16 Zur Vertiefung vgl. die beiden Biographien Schilling I, 15 und Hubert Wolf, Der Unfehlbare. Pius IX. und die Erfindung des Katholizismus im 19. Jahrhundert, München 2020.

17 Ausführlich dazu Wolf, Der Unfehlbare.

18 Vgl. den Untertitel der Wolf-Biographie: Pius IX. und die Erfindung des Katholizismus.

19 Schilling I, 17.

20 Reinhardt, Pontifex, S. 787.

21 Zitiert bei Wolf, Der Unfehlbare, S. 13.

22 Fjodor Dostojewski, Die Brüder Karamasoff, München 1985, S. 408. „Gottkönig": Wolf, Der Unfehlbare, S. 332.

23 Fjodor Dostojewski, Die Brüder Karamasoff, S. 408.

24 Detailliert dargelegt bei Wolf, Der Unfehlbare, S. 119–152.

25 So namentlich in Werner Bergengruens „Der Großtyrann und das Gericht", beziehungsweise in Reinhold Schneiders „Las Casas vor Karl V.".

26 Reinhold Schneider im Nachwort seiner ausgewählten Werke von 1953, zitiert nach Wilfried Barner, Geschichte der deutschen Literatur von 1945 bis zur Gegenwart, 2. Aufl., München 2006, S. 41.

27 Manfred Karnicke, Krieg und Nachkrieg: Erzählprosa im Westen, in: Wilfried Barner (Hrsg.): Geschichte der deutschen Literatur von 1945 bis zur Gegenwart, München 2006, S. 42.

28 Vgl. oben das Erfahrungsfeld D, 2.

29 Vgl. Rudolf von Thadden, Trieglaff: Eine pommersche Lebenswelt zwischen Kirche und Politik. 1807–1948, Göttingen 2010.

30 Oben Erfahrungsfeld D, 5.

31 Vgl. oben. Kapitel D, 5.

32 Wolfgang Frühwald, in: Walter Killy (Hrsg.), Literaturlexikon, München 1991, Bd. 10, S. 338. Umso bemerkenswerter, dass dieser pazifistische Widerstand Reinhold Schneiders in der ausführlichen kritischen Würdigung anlässlich des

100. Geburtstags des Autors durch Hermann Kurzke (Die Welt, 17.5.2003) keinerlei Erwähnung fand. Ist das ein Zeichen von Missachtung oder dokumentiert sich darin die inzwischen erreichte allgemeine Akzeptanz pazifistischer Positionen in Kirche und Gesellschaft, die eine Erwähnung der pazifistischen Einstellung Schneiders überflüssig macht?

33 Zu „Säkularisierung"/„Säkularität" gibt es eine breite, die wissenschaftlichen Disziplinen übergreifende Diskussion. Ich beziehe mich hier auf Lucian Hölscher, Protestantische Frömmigkeit in Deutschland – zwischen Reformation und säkularer Gesellschaft, Freiburg i. Br. 2017, S. 104–126, Zitat dort S. 110. Zur Begriffs- und Bedeutungsschwelle um 1850 vgl. S. 113 ff. Die frühneuzeitliche Vorbereitungsphase moderner Säkularität ist kenntnisreich und vielperspektivisch dargestellt bei Matthias Pohlig/Ute Lotz-Heumann/Vera Isaiasz/Ruth Schilling/Heike Bock/Stefan Ehrenpreis, Säkularisierung in der Frühen Neuzeit. Methodische Probleme und empirische Fallstudien, Berlin 2008.

34 Auf die auch nach der Reformation fortbestehende kulturelle Prägekraft Europas durch das Christentum und das Zusammenspiel von säkularen und christlich-sakralen Elementen in der neuzeitlichen Politikkultur Europas machen jüngst nachdrücklich aufmerksam Niels Grüne/Stefan Ehrenpreis, Liberty and Participation: Governance. Ideals in Self-Fashioning of Sixteenth- to Early-Eighteenth-Century Europe, in: Nicolas Detering/Clementina Marsico/Isabella Walser-Bürgler (Hrsg.): Contesting Europe. Comparative Perspectives on Early Modern Discourses on Europe (1400–1800), Leiden 2020, S. 275–316, v. a. S. 277 f., 295 ff.

35 Hölscher, Protestantische Frömmigkeit in Deutschland, S. 125.

36 Erstmals öffentlich ausgesprochen von dem damaligen Innenminister Wolfgang Schäuble 2006. Eine breitere, kritische Resonanz erfuhr er 2010, als Bundespräsident Christian Wulff ihn am 3. Oktober in seiner Rede zum 20. Jahrestag der deutschen Einheit vor dem Bundestag vortrug. (Vgl. Stephan Detjen, Geschichte eines Satzes, www.deutschlandfunkkultur.de/die-geschichte-eines-satzes-der-islam-gehoert-zu-deutschland-100.html, abgerufen am 29.11.2021).

37 Beispiel eines säkularisationsfähigen Islams ist etwa die Ibn-Rushd-Goethe-Moschee in Berlin-Moabit, die in Toleranz, Frauenemanzipation und Diversifikation ein Experiment wagt, das Muslime, die in der aufgeklärt christlichen Tradition Europas groß geworden sind, anzusprechen vermag. Auf die rechtlichen Grenzen der Integration islamischer Rechts- und Kulturnormen in die moderne deutsche und europäische Gesellschaft weist nachdrücklich hin Wolfgang Bock, Islam, islamisches Recht und Demokratie, in: JuristenZeitung 67 (2012), S. 60–66; ders., (Hrsg.), Islamischer Religionsunterricht? Rechtsfragen, Länderberichte, Hintergründe, Tübingen 2007, insbesondere S. 3 ff. und 93 ff.

38 Horst Dreier, Staat ohne Gott, Religion in der säkularen Moderne, München 2018.

39 Ebd., S. 9, 127 ff., 167 ff., u. a. gegen entsprechende Thesen des Religionssoziologen Hans Joas.

40 Jörg Lauster, Der Heilige Geist. Eine Biographie, München 2021, S. 277 f., dort auch die Zitate. Kulturell repräsentiert sieht Lauster „die Aufhebung der Kirche in der Kultur“ in Nebel- und Dampfbildern der Romantik, allen voran von Kaspar David Friedrich, Ernst Ferdinand Oehme oder William Turner. Abgebildet ebd., Tafel VII, zwischen S. 192 und 193.

41 Vgl. Der Heilige Volksgeist. Abgeordnetenkarrieren von Theologen, Bericht über eine Tagung des Münsteraner Exzellenzclusters „Religion und Politika“, in: Frankfurter Allgemeine Zeitung, 27.10.2021, Nr. 250, S. N 3, wo Wilhelm Liebknecht und Katrin Göring-Eckardt namentlich genannt werden.

42 Kierkegaards aphoristische Formulierung lautete zeitgemäß: „Wer sich dem Zeitgeist vermählt, wird rasch Witwer“. In Predigten und öffentlichen Verlautbarungen bekennen sich Pastoren und Kirchenleiter immer wieder zu dieser Maxime. Dagegen war sich der prominente SPD-Politiker Hans Apel bereits Ende des vorigen Jahrhunderts sicher, dass vor allem die „Kirchenführer des deutschen Protestantismus“ längst den „Kotau vor dem Zeitgeist“ vorgenommen und damit die – wie er sie verstand – Vermittlung christlichen Geistes in Politik und Gesellschaft verraten hätten. Hans Apel, Volkskirche ohne Volk. Der Niedergang der Landeskirchen, Gießen 2004, S. 105 f., 169, 192, 215 ff.

Zu diesem Buch (S. 381-384)

1 Traueranzeige für Dr. Helmut Lobeck (23.7.1924–5.10.2009), in: Aachener Zeitung/Aachener Nachrichten, 24.10.2009.

Liste der Erstveröffentlichungen von Heinz Schilling

I. Monographien

1. Niederländische Exulanten im 16. Jahrhundert. Ihre Stellung im Sozialgefüge und im religiösen Leben deutscher und englischer Städte, Gütersloh 1972 (= Schriften des Vereins für Reformationsgeschichte, 187).
2. Konfessionskonflikt und Staatsbildung. Eine Fallstudie über das Verhältnis von religiösem und sozialem Wandel in der Frühneuzeit am Beispiel der Grafschaft Lippe, Gütersloh 1981 (= Quellen und Forschungen zur Reformationsgeschichte, hrsg. im Auftrag des Vereins für Reformationsgeschichte von G. A. Benrath, Bd. 48).
3. Mitten in Europa – Deutsche Geschichte, Berlin 1984 (zusammen mit H. Boockmann/H. Schulze/M. Stürmer; 2007).
4. Aufbruch und Krise. Deutsche Geschichte von 1517 bis 1648, Berlin 1988 (= Siedler Deutsche Geschichte, Bd. 4 (2. Aufl. 1994, Tb 1998).
5. Höfe und Allianzen. Deutsche Geschichte von 1648 bis 1763, Berlin 1989, (= Siedler Deutsche Geschichte, Bd. 5), (Tb 1998).
6. Civic Calvinism in Northwestern Germany and the Netherlands, Sixteenth to Nineteenth Centuries, Kirksville/Missouri 1991 (= Sixteenth Century Essays and Studies, Bd. 17).
7. Religion, Political Culture, and the Emergence of Early Modern Society. Essays in German and Dutch History, Leiden 1992.
8. Die Stadt in der Frühen Neuzeit, München 1993 (= Enzyklopädie Deutscher Geschichte, Bd. 24.), 2. Aufl., München 2004.
9. Die neue Zeit. Vom Christenheitseuropa zum Europa der Staaten. 1250 bis 1750, Berlin 1999 (= Siedler Geschichte Europas, Bd. 3).

10. Ausgewählte Abhandlungen zur europäischen Reformations- und Konfessionsgeschichte, hrsg. v. Luise Schorn-Schütte/Olaf Mörke (= Historische Forschungen, Bd. 75), Berlin 2002.
11. Konfessionalisierung und Staatsinteressen. Internationale Beziehungen 1559–1660 (= Handbuch der Geschichte der Internationalen Beziehungen), hrsg. v. Heinz Duchhardt/Franz Knipping, Bd. 2, Paderborn 2007.
12. Early modern European Civilization and its political and cultural dynamics. The Menahem Stern Jerusalem Lectures 2006, Hanover und London 2008.
13. Konfesjonalizacja. Kościoł i państwo w Europie doby przednowoczesnej, Poznań (Wydawnictwo Poznańskie) 2010.
14. Jednośc i różnorodnośź Europy we wczesnej epoce nowożytnej: religia – społeczeństwo – państwo, Warschau (Wydawnictwo Neriton) 2010 (= Klio w Niemzcech, Niemiecki Instytut Historyczny (15).
15. Martin Luther. Rebell in einer Zeit des Umbruchs. Eine Biographie, München 2012 (4. Aufl. 2017). (Übersetzungen ins Französische, Italienische, Englische, Dänische, Norwegische, Slowakische, Polnische, Russische, Türkische).
16. 1517 – Weltgeschichte eines Jahres, München 2017.
17. Karl V. Der Kaiser, dem die Welt zerbrach, München 2020.

II. Herausgegebene Sammelbände

1. Niederlande und Nordwestdeutschland. Studien zur Regional- und Stadtgeschichte Nordwestkontinentaleuropas im Mittelalter und in der Neuzeit. Franz Petri zum 80. Geburtstag, Köln/Wien 1983 (= Städteforschung, Reihe A, Bd. 15) (hrsg. zusammen mit W. Ehbrecht).
2. Bürgerliche Eliten in den Niederlanden und in Nordwestdeutschland. Studien zur Sozialgeschichte des europäischen Bürgertums im Mittelalter und in der Neuzeit, Köln/Wien 1985 (= Städteforschung, Reihe A, Bd. 23) (hrsg. zusammen mit H. Diederiks).
3. Die reformierte Konfessionalisierung in Deutschland. Das Problem der „Zweiten Reformation“. Wissenschaftliches Symposion des Vereins für Reformationsgeschichte 1985, Gütersloh 1986 (= Schriften des Vereins für Reformationsgeschichte, Bd. 195).
4. Die Kirchenratsprotokolle der reformierten Gemeinde Emden, 1557–1620; Teil 1: 1557–1574, Köln/Wien 1989 (= Städteforschung, Reihe C, Bd. 3, Teil 1); Teil 2: 1575–1620, Köln/Wien 1992.

5. Wes Geistes Wissenschaften? Zur Stellung der Geisteswissenschaften in Universität und Gesellschaft, Gießen 1989 (= Gießener Diskurse, Bd. 1) (hrsg. zusammen mit C. Wiedemann).
6. Kirchenzucht und Sozialdisziplinierung im frühneuzeitlichen Europa, Berlin 1994 (= Zeitschrift für Historische Forschung, Beiheft 16).
7. Katholische Konfessionalisierung. Wissenschaftliches Symposion der Gesellschaft zur Herausgabe des Corpus Catholicorum und des Vereins für Reformationsgeschichte, Gütersloh/Münster 1995 (hrsg. zusammen mit W. Reinhard).
8. Religion und Religiosität im Zeitalter des Barock, 2 Bde., Wiesbaden 1995 (= Wolfenbüttler Arbeiten zur Barockforschung, Bd. 25) (hrsg. zusammen mit Dieter Breuer/Barbara Becker-Cantarino/Walter Sparn).
9. „1648 – Krieg und Frieden in Europa", Europaratsausstellung zum 350. Jahrestag des Westfälischen Friedens, 3 Bde., München 1998 (hrsg. zusammen mit K. Bußmann).
10. Die Kunst des Friedensschlusses in Vergangenheit und Gegenwart, Hannover 1998 (hrsg. zusammen mit Michael Behnen/Wilfried von Bredow/ Marie-Janine Calic).
11. Institutionen, Instrumente und Akteure sozialer Kontrolle und Disziplinierung im frühneuzeitlichen Europa (Institutions, Instruments and Agents of Social Control and Discipline in Early Modern Europe), unter red. Mitarb. v. Lars Behrisch, Frankfurt a. M. 1999, IUS Commune Sonderheft 127.
12. Jansenismus, Quietismus, Pietismus, Göttingen 2002 (hrsg. zusammen mit Hartmut Lehmann/Hans-Jürgen Schrader. Im Auftrag der Historischen Kommission zur Erforschung des Pietismus, Bd. 38).
13. Im Spannungsfeld von Staat und Kirche. „Minderheiten" und „Erziehung" im deutsch-französischen Gesellschaftsvergleich. 16.–18. Jahrhundert, Berlin 2003.
14. Erziehung und Schulwesen zwischen Konfessionalisierung und Säkularisierung. Forschungsperspektiven, europäische Fallbeispiele und Hilfsmittel, Münster 2003 (hrsg. zusammen mit Stefan Ehrenpreis/Christian Jaser).
15. Jurisprudenz, politische Theorie und politische Theologie. Beiträge des Herborner Symposions zum 400. Jahrestag der Politica des Johannes Althusius. 1603–2003, Berlin 2004 (hrsg. zusammen mit Frederick S. Carney/Dieter Wyduckel).
16. Heiliges Römisches Reich Deutscher Nation 962 bis 1806. Altes Reich und Neue Staaten 1495 bis 1806. Essayband zur 29. Ausstellung des Europarats im Deutschen Historischen Museum Berlin, i. A. des DHM Berlin, Dresden 2006 (hrsg. zusammen mit Werner Heun/Jutta Götzmann).

17. Religion and Cultural Exchange in Europe, 1400–1700 (Cultural Exchange in Early Modern Europe, Bd. I), Cambridge 2006 (hrsg. zusammen mit István György Tóth).
18. Frühneuzeitliche Bildungsgeschichte der Reformierten in konfessionsvergleichender Perspektive. Schulwesen, Lesekultur und Wissenschaft, Berlin 2007 (hrsg. zusammen mit Stefan Ehrenpreis).
19. Konfessioneller Fundamentalismus. Religion als politischer Faktor im europäischen Mächtesystem um 1600, München 2007 (hrsg. unter Mitarbeit von Elisabeth Müller-Luckner).
20. Der Augsburger Religionsfrieden 1555. Wissenschaftliches Symposion aus Anlass des 450. Jahrestages des Friedensschlusses, Augsburg 21.–25. September 2005, Gütersloh 2007 (hrsg. zusammen mit Heribert Smolinsky).
21. Reformationsforschung in Europa und Nordamerika. Eine historiographische Bilanz anlässlich des 100. Bandes des Archivs für Reformationsgeschichte, Gütersloh: 2009 (hrsg. zusammen mit Susan C. Karant-Nunn/ Anne Jacobsons Schutte).
22. Der Reformator Martin Luther 2017. Eine wissenschaftliche und gedenkpolitische Bestandsaufnahme, München 2014.
23. The Protestant Reformation in a Context of Global History. Religious Reforms and World Civilizations, Bologna/Berlin 2017 (hrsg. zusammen mit Silvana Seidel Menchi).

III. Aufsätze und Beiträge

1. Bürgerkämpfe in Aachen zu Beginn des 17. Jahrhunderts. Konflikte im Rahmen der alteuropäischen Stadtgesellschaft oder im Umkreis der frühbürgerlichen Revolution?, in: Zeitschrift für Historische Forschung 1 (1974), S. 175–231.
2. Aufstandsbewegungen in der Stadtbürgerlichen Gesellschaft des Alten Reiches. Die Vorgeschichte des Münsteraner Täuferreichs, 1525–1534, in: Der Deutsche Bauernkrieg 1524–1526, hrsg. von H.-U. Wehler, Göttingen 1975 (= Geschichte und Gesellschaft, 1. Sonderheft), S. 193–238.
3. Neue Gesichtspunkte zur ostfriesischen Ständegeschichte, in: Emder Jahrbuch 55 (1975), S. 80–89.
4. Der Aufstand der Niederlande: Bürgerliche Revolution oder Elitenkonflikt?, in: Hans-Ulrich Wehler (Hrsg.), 200 Jahre amerikanische Revolution und moderne Revolutionsforschung, Göttingen 1976 (= Geschichte und Gesellschaft, 2. Sonderheft), S. 177–231.

5. Reformation und Bürgerfreiheit. Emdens Weg zur calvinistischen Stadtrepublik, in: Bernd Moeller (Hrsg.), Stadt und Kirche im 16. Jahrhundert, Gütersloh 1978 (= Schriften des Vereins für Reformationsgeschichte, Nr. 190), S. 128–161.
6. Ausgearbeitete Diskussionsbeiträge zu W. Schulze, Theoretische Probleme bei der Untersuchung vorrevolutionärer Gesellschaften, und P. Hüttenberger, Vorüberlegungen zum „Widerstandsbegriff", in: Jürgen Kocka (Hrsg.), Theorien in der Praxis des Historikers. Forschungsbeispiele und ihre Diskussion, Göttingen 1977 (= Geschichte und Gesellschaft, 3. Sonderheft), S. 55–85 und S. 134–136.
7. Die politische Elite nordwestdeutscher Städte in den religiösen Auseinandersetzungen des 16. Jahrhunderts, in: Wolfgang J. Mommsen (Hrsg.), Stadtbürgertum und Adel in der Reformation, Stuttgart 1979, S. 232–308.
8. Konfessionskonflikte und hansestädtische Freiheit im 16. und frühen 17. Jahrhundert, in: Hansische Geschichtsblätter 97 (1979), S. 36–59.
9. Calvinistische Presbyterien in Städten der Frühneuzeit – eine kirchliche Alternativform zur bürgerlichen Repräsentation? (Mit einer quantifizierenden Untersuchung zur holländischen Stadt Leiden), in: Wolfgang Ehbrecht (Hrsg.), Städtische Führungsgruppen und Gemeinden in der werdenden Neuzeit, Köln/Wien 1980 (= Städteforschung, Reihe A, Bd. 9), S. 385–444.
10. Religion und Gesellschaft in der calvinistischen Republik der Vereinigten Niederlande – „Öffentlichkeitskirche" und Säkularisation; Ehe und Hebammenwesen; Presbyterien und politische Partizipation, in: Franz Petri (Hrsg.), Kirche und gesellschaftlicher Wandel in deutschen und niederländischen Städten der werdenden Neuzeit, Köln/Wien 1980 (= Städteforschung, Reihe A, Bd. 10), S. 197–250.
11. Dortmund im 16. und 17. Jahrhundert – Reichstädtische Gesellschaft, Reformation und Konfessionalisierung, in: Gustav Luntowski/Norbert Reimann (Hrsg.), Dortmund – 1100 Jahre Stadtgeschichte, Dortmund 1982, S. 151–202.
12. Die Geschichte der nördlichen Niederlande und die Modernisierungstheorie, in: Geschichte und Gesellschaft 8 (1982), S. 475–517.
13. Konfessionalisierung als gesellschaftlicher Umbruch. Inhaltliche Perspektiven und massenmediale Darstellung, in: Siegfried Quandt (Hrsg.), Luther, die Reformation und die Deutschen. – Wie erzählen wir unsere Geschichte?, Paderborn 1982 (= Geschichte, Politik und Massenmedien, Bd. 1), S. 35–51.
14. Wandlungs- und Differenzierungsprozesse innerhalb der bürgerlichen Oberschichten West- und Nordwestdeutschlands im 16. und 17. Jahrhundert, in: Marian Biskup/Klaus Zernack (Hrsg.), Schichtung und Entwicklung

der Gesellschaft in Polen und Deutschland im 16. und 17. Jahrhundert. Parallelen, Verknüpfungen, Vergleiche (Referate der Zweiten Konferenz des Verbandes der Historiker Deutschlands und der Polnischen Historikergesellschaft in Thorn vom 16.–21. März 1981), Wiesbaden 1983 (= Vierteljahresschrift für Sozial- und Wirtschaftsgeschichte, Beiheft 74), S. 121–173.

15. Innovation through Migration: The Settlements of Calvinistic Netherlanders in Sixteenth- and Seventeenth-Century Central and Western Europe, in: Histoire sociale – Social History 16 (1983), S. 7–33.
16. Reformierte Kirchenzucht als Sozialdisziplinierung? – Die Tätigkeit des Emder Presbyteriums in den Jahren 1557–1562 (Mit vergleichenden Betrachtungen über die Kirchenräte in Groningen und Leiden sowie mit einem Ausblick ins 17. Jahrhundert), in: Wolfgang Ehbrecht/Heinz Schilling (Hrsg.), Niederlande und Nordwestdeutschland, Köln/Wien 1983 (= Städteforschung, Reihe A, Bd. 15), S. 261–327.
17. Das Luther-Bild der anderen: Aus der Sicht der Geschichtswissenschaft, in: Martin Luther 1483–1983, Loccumer Protokolle 6 (1983), S. 110–117.
18. The Reformation in the Hanseatic Cities, in: The Sixteenth Century Journal 14 (1983), S. 443–456.
19. Nederlandse vluchtelingen in het buitenland, in: Republiek tussen Vorsten – Oranje, Opstand, Vrijheid, Geloof, Amstderdam 1984, S. 131–138.
20. Der libertär-radikale Republikanismus der holländischen Regenten. Ein Beitrag zur Geschichte des politischen Radikalismus in der frühen Neuzeit, in: Geschichte und Gesellschaft 10 (1984), S. 498–533.
21. The European Crisis of the 1590s: the Situation in German Towns, in: Peter Clark (Hrsg.), The Crisis of the 1590s, London 1985, S. 135–156.
22. Vergleichende Betrachtungen zur Geschichte der bürgerlichen Eliten in Nordwestdeutschland und in den Niederlanden, in: Heinz Schilling/Herman Diederiks (Hrsg.), Bürgerliche Eliten in den Niederlanden und in Nordwestdeutschland, Köln/Wien 1985 (= Städteforschung, Reihe A, Bd. 23), S. 1–32.
23. Das calvinistische Presbyterium in der Stadt Groningen während der frühen Neuzeit und im ersten Viertel des 19. Jahrhunderts. Verfassung und Sozialprofil, in: Heinz Schilling/Herman Diederiks (Hrsg.), Bürgerliche Eliten in den Niederlanden und in Nordwestdeutschland, Köln/Wien 1985 (= Städteforschung, Reihe A, Bd. 23), S. 195–273.
24. The Reformation and the Rise of the Early Modern State, in: James D. Tracy (Hrsg.), Luther and the Modern State in Germany, Kirksville/Missouri 1986 (= Sixteenth Century Essays and Studies, Bd. 7), S. 21–30.
25. Die „Zweite Reformation“ als Kategorie der Geschichtswissenschaft, in: Heinz Schilling (Hrsg.), Die reformierte Konfessionalisierung in Deutsch-

land. Das Problem der „Zweiten Reformation", Gütersloh 1986 (= Schriften des Vereins für Reformationsgeschichte, Bd. 195), S. 387–437.

26. „Geschichte der Sünde" oder „Geschichte des Verbrechens"? – Überlegungen zur Gesellschaftsgeschichte der frühneuzeitlichen Kirchenzucht, in: Annali dell'Istituto storico italo-germanico in Trento, 12 (1986), S. 169–192.
27. „History of Crime" or „History of Sin"? – Some Reflections on the Social History of Early Modern Church Discipline, in: E. I. Kouri/Tom Scott (Hrsg.), Politics and Society in Reformation Europe. Essays for Sir Geoffrey Elton on his 65th Birthday, London 1987, S. 289–310.
28. Calvinismus und Freiheitsrechte. Die politisch-theologische Pamphletistik der ostfriesisch-groningischen „Patriotenpartei" und die politische Kultur in Deutschland und in den Niederlanden, in: Bijdragen en Mededelingen betreffende de Geschiedenis der Nederlanden 102 (1987), S. 403–434.
29. Die deutsche Gemeindereformation. Ein oberdeutsch-zwinglianisches Ereignis vor der „reformatorischen Wende" des Jahres 1525?, in: Zeitschrift für Historische Forschung 14 (1987), S. 325–333.
30. Die Konfessionalisierung im Reich – Religiöser und gesellschaftlicher Wandel in Deutschland zwischen 1555 und 1620, in: Historische Zeitschrift 246 (1988), S. 1–45.
31. Friedrich Wilhelm und die Dialektik der Rückständigkeit. Wie der Große Kurfürst die Kräfte seines Zeitalters erkannte und nutzte. Zu seinem 300. Todestag, in: Frankfurter Allgemeine Zeitung, Bilder und Zeiten (Tiefdruckbeilage), Nr. 107, 7.5.1988, S. 1–2.
32. Between the Territorial State and Urban Liberty: Lutheranism and Calvinism in the County of Lippe, in: Ronnie Po-chia Hsia (Hrsg.), The German People and the Reformation, Ithaca 1988, S. 263–283.
33. Reformation und Konfessionalisierung in Deutschland und die neue deutsche Geschichte, in: Franz-Xaver Kaufmann/Bernhard Schäfers (Hrsg.), Religion, Kirche und Gesellschaft in Deutschland, Opladen 1988 (= Gegenwartskunde, Sonderheft 5), S. 11–29.
34. Reformation and Confessionalization in Germany and Modern German History, in: Secularization and Religion: The Persisting Tension. Acts of the XIVth International Conference for the Sociology of Religion, Tübingen 25.–29. August 1987, Lausanne o. J., S. 201–212.
35. Gab es im späten Mittelalter und zu Beginn der Neuzeit in Deutschland einen städtischen „Republikanismus"? Zur politischen Kultur des alteuropäischen Stadtbürgertums, in: Helmut Koenigsberger (Hrsg.), Republiken und Republikanismus im Europa der Frühen Neuzeit, München 1988 (= Schriften des Historischen Kollegs, Kolloquien Bd. 11), S. 101–143. Wiederabdruck in: Oliver Volckart (Hrsg.), Frühneuzeitliche Obrigkeiten im

Wettbewerb: Institutioneller und wirtschaftlicher Wandel zwischen dem 16. und 18. Jahrhundert, (Contributiones Jenenses, Bd. 5), Baden-Baden 1997, S. 45–81.

36. Die Republik der Vereinigten Niederlande – ein bewunderter und beargwöhnter Nachbar, in: Heinz Duchhardt (Hrsg.), In Europas Mitte. Deutschland und seine Nachbarn, Bonn 1988, S. 20–28.
37. Politik und Gesellschaft – die Renaissance des historischen Interesses am Politischen, in: Bijdragen en Mededelingen betreffende de Geschiedenis der Nederlanden 104 (1989), S. 56–65.
38. Das Alte Reich. Einzelstaaten und übergreifende Instanzen, in: „Dokumente" 45 (1989) S. 102–106 (= Beitrag zu einem deutsch-französischen Kolloquium vom 19.–21. Okt. 1988 in Paris mit dem Titel „Nationale Identitäten und europäisches Bewußtsein"). Eine französische Übersetzung erschienen unter dem Titel „Préfiguration d'une Europe intégrée", in: Documents 1/89, S. 38–45.
39. Vom Aschenbrödel zum Märchenprinzen – Geschichtswissenschaft und historisch-politische Kultur in Deutschland, in: Heinz Schilling/Conrad Wiedemann (Hrsg.), Wes Geistes Wissenschaft? Zur Stellung der Geisteswissenschaften in Universität und Gesellschaft, Gießen 1989 (= Gießener Diskurse, Bd.1), S. 35–49.
40. Das Alte Reich und Europa. Der deutsche Weg in die Neuzeit, in: Damals. Das Geschichtsmagazin 21 (1989), S. 855–866.
41. Sündenzucht und frühneuzeitliche Sozialdisziplinierung. Die calvinistische, presbyteriale Kirchenzucht in Emden vom 16. bis 19. Jahrhundert, in: Georg Schmidt (Hrsg.), Stände und Gesellschaft im Alten Reich, Stuttgart 1989 (= Veröffentlichungen des Instituts für Europäische Geschichte Mainz, Abteilung für Universalgeschichte, Beiheft 29, S. 265–302.
42. Nation und Konfession in der frühneuzeitlichen Geschichte Europas. Zu den konfessionsgeschichtlichen Voraussetzungen der frühmodernen Staatsbildung, in: Klaus Garber (Hrsg.), Nation und Literatur im Europa der frühen Neuzeit, Tübingen 1989 (= Frühe Neuzeit. Studien und Dokumente zur deutschen Literatur und Kultur im europäischen Kontext, Bd. 1), S. 87–107.
43. In der Fremde. Das Asylantenproblem am Beispiel der niederländischen Glaubensflüchtlinge, in: DAMALS. Das Geschichtsmagazin 11 (1990), S. 922–947.
44. The Orange Court. The Configuration of the Court in an Old European Republic, in: Ronald Asch/Adolf M. Birke (Hrsg.), Princes, Patronage, and the Nobility. The Court at the Beginning of the Modern Age (c. 1450–1650), Oxford 1991, S. 441–454.

45. Die Reformation und die Einheit Europas – die konfessionellen Identitäten als Wegbereiter von Partikularstaatlichkeit, in: Heiner Faulenbach (Hrsg.), Standfester Glaube. Festschrift für Johann Friedrich Gerhard Goeters, Bonn 1991, S. 37–46.
46. Nationale Identität und Konfession in der europäischen Neuzeit, in: Bernhard Giesen (Hrsg.), Nationale und kulturelle Identität. Studien zur Entwicklung des kollektiven Bewußtseins in der Neuzeit, Frankfurt a. M. 1991, S. 192–252.
47. „Konfessionsbildung" und „Konfessionalisierung" – ein Literaturbericht, in: Geschichte in Wissenschaft und Unterricht 42 (1991), S. 447–463, 779–794.
48. Formung und Gestalt des Internationalen Systems in der werdenden Neuzeit – Phasen und bewegende Kräfte, in: Peter Krüger (Hrsg.), Kontinuität und Wandel in der Staatenordnung der Neuzeit. Beiträge zur Geschichte des internationalen Systems, Marburg 1991, S. 19–45.
49. Stadt und frühmoderner Territorialstaat: Stadtrepublikanismus versus Fürstensouveränität. Die politische Kultur des deutschen Stadtbürgertums in der Konfrontation mit dem frühmodernen Staatsprinzip, in: Michael Stolleis (Hrsg.), Recht, Verfassung und Verwaltung in der frühneuzeitlichen Stadt, Köln/Wien 1991 (= Städteforschung, Reihe A, Bd. 31), S. 19–39.
50. Der „Gemeine Pfennig" von 1495. Vorgeschichte und Entstehung, verfassungsgeschichtliche, politische und finanzielle Bedeutung, in: Göttingische Gelehrte Anzeigen 243 (1991), S. 245–261.
51. Die niederländischen Exulanten des 16. Jahrhunderts. Ein Beitrag zum Typus der frühneuzeitlichen Konfessionsmigration, in: Geschichte in Wissenschaft und Unterricht 43 (1992), S. 67–78.
52. Alternatives to the Lutheran Reformation and the Rise of Lutheran Identity, in: Susan Karant-Nunn/Andrew C. Fix (Hrsg.), Germania Illustrata: Essays on Early Modern Germany, Presented to Gerald Strauss, Kirksville/Missouri 1992, S. 99–120.
53. Nationale Identität und Konfession in Deutschland und den Niederlanden, in: Jörg Albertz (Hrsg.), Was ist das mit Volk und Nation? Nationale Fragen in Europas Geschichte und Gegenwart, Berlin 1992, S. 149–160.
54. Afkeer van domineesheerschappij: Ein neuzeitlicher Typus von Antiklerikalismus, in: Peter A. Dykema/Heiko A. Oberman (Hrsg.), Anticlericalism in Late Medieval and Early Modern Europe, Leiden 1993, S. 655–668.
55. Konfessionalisierung und Formierung eines internationalen Systems während der frühen Neuzeit, in: Hans Guggisberg/Gottfried Krodel (Hrsg.), Die Reformation in Deutschland und Europa: Interpretationen und Debatten, Gütersloh 1993, S. 597–613.

56. Am Anfang waren Luther, Loyola und Calvin – ein religionssoziologisch-entwicklungsgeschichtlicher Vergleich. Antrittsvorlesung 7.7.1992 an der Humboldt-Universität zu Berlin, Berlin 1993 (= Öffentliche Vorlesungen, Bd. 6).

57. Frühneuzeitliche Formierung und Disziplinierung von Ehe, Familie und Erziehung im Spiegel calvinistischer Kirchenratsprotokolle, in: Paolo Prodi (Hrsg.), Glaube und Eid. Treueformeln, Glaubensbekenntnisse und Sozialdisziplinierung zwischen Mittelalter und Neuzeit, München 1993 (= Schriften des Historischen Kollegs, Bd. 28), S. 199–235.

58. „Ruhe im Sturm" – der historische Hintergrund der Augsburger Jahreszeiten-Bilder, in: „Kurzweil viel ohn' Maß und Ziel". Alltag und Festtag auf den Augsburger Monatsbildern der Renaissance, hrsg. v. Deutschen Historischen Museum Berlin, München 1994, S. 10–32.

59. Alternative Konzepte der Reformation und Zwang zur lutherischen Identität. Möglichkeit und Grenzen religiöser und gesellschaftlicher Differenzierung zu Beginn der Neuzeit, in: Günter Vogler (Hrsg.), Wegscheiden der Reformation. Alternatives Denken vom 16. bis zum 18. Jahrhundert, Weimar 1994, S. 277–308.

60. Confessional Migration as a Distinct Type of Old European Longdistance Migration, in: Simonetta Cavaciocchi (Hrsg.), Le migrazioni in Europa, Secc. XIII–XVIII, Prato 1994 (= Istituto internazionale di storia economica „F. Datini", Prato, Serie II – Atti delle „Settimane di Studi", Bd. 25), S. 175–189.

61. Die Kirchenzucht im frühneuzeitlichen Europa in interkonfessionell vergleichender und interdisziplinärer Perspektive – eine Zwischenbilanz, in: Heinz Schilling (Hrsg.), Kirchenzucht und Sozialdisziplinierung im frühneuzeitlichen Europa, Berlin 1994 (= Zeitschrift für Historische Forschung, Beiheft 16), S. 11–40.

62. Luther, Loyola, Calvin und die europäische Neuzeit, in: Archiv für Reformationsgeschichte 85 (1994), S. 5–31.

63. Confessional Migration and Social Change – The Case of the Dutch Refugees of the Sixteenth Century, in: Paul Klep/Eddy Van Cauwenberghe (Hrsg.), Entrepreneurship and the Transformation of the Economy (10th bis 20th Centuries). Essays in Honour of Herman Van der Wee, Löwen 1994, S. 321–334.

64. Chiese confessionali e disciplinamento sociale. Un bilancio provvisorio della ricerca storica, in: Paolo Prodi (Hrsg.), Disciplina dell'anima, disciplina del corpo e disciplina della società tra medioevo ed età moderna, Bologna 1994, S. 125–160.

65. Konfessionelle und politische Identität im frühneuzeitlichen Europa, in: Antoni Czacharowski (Hrsg.), Nationale, ethnische Minderheiten und regionale Identitäten in Mittelalter und Neuzeit. Akten einer internationalen Historikerkonferenz vom 02.–04.06.1993 in Torun, Torun 1994, S. 103–124.
66. Reform and Supervision of Family Life in Germany and the Netherlands, in: Raymond A. Mentzer (Hrsg.), Sin and the Calvinists. Morals Control and the Consistory in the Reformed Tradition, Kirksville/Missouri, 1994, S. 15–61.
67. Europa und der Norden auf dem Weg in die Neuzeit, in: Europa und der Norden. Bericht über das 7. deutsch-norwegische Historikertreffen in Tromsö vom 02.–04.06.1994, hrsg. v. Stifterverband für die Deutsche Wissenschaft, Oslo 1995, S. 51–71.
68. Religion, Politik und Kommerz. Die europäische Konfessionsmigration des 16. Jahrhunderts und ihre Folgen, in: Edgar J. Hürkey (Hrsg.), Kunst, Kommerz und Glaubenskampf – Frankenthal um 1600 [eine Ausstellung der Stadt Frankenthal (Pfalz) und des Landes Rheinland-Pfalz aus Anlass des Rheinland-Pfalz-Tages 1995 in Frankenthal (Pfalz); Erkenbert-Museum, 27. Mai bis 6. August 1995], Worms 1995, S. 29–36.
69. Die Reformation in Deutschland, in: Hans-Ulrich Wehler (Hrsg.), Scheidewege der deutschen Geschichte. Von der Reformation bis zur Wende 1517–1989, München 1995, S. 15–27.
70. Confessional Europe: Bureaucrats, La Bonne Police, Civilizations, in: Thomas A. Brady/Heiko A. Oberman/James D. Tracy (Hrsg.), Handbook of European History 1400–1600. Late Middle Ages, Renaissance and Reformation, Bd. II, Leiden 1995, S. 641–681.
71. Die Konfessionalisierung von Kirche, Staat und Gesellschaft – Profil, Leistung, Defizite und Perspektiven eines geschichtswissenschaftlichen Paradigmas, in: Wolfgang Reinhard/Heinz Schilling (Hrsg.), Katholische Konfessionalisierung. Wissenschaftliches Symposion der Gesellschaft zur Herausgabe des Corpus Catholicorum und des Vereins für Reformationsgeschichte, Gütersloh/Münster 1995, S. 1–49.
72. Die Reformation – ein revolutionärer Umbruch oder Hauptetappe eines langfristigen reformierenden Wandels? in: Winfried Speitkamp/Hans-Peter Ullmann (Hrsg.), Konflikt und Reform. Festschrift für Helmut Berding, Göttingen 1995, S. 26–40.
73. Die konfessionelle Entwicklung im Reich zwischen 1555 und 1600, in: Rolf-Dieter Kluge (Hrsg.), Ein Leben zwischen Laibach und Tübingen. Primus Truber und seine Zeit, München 1995, S. 37–45.

74. Die „Emder Revolution“ als europäisches Ereignis, in: Hajo van Lengen (Hrsg.), Die „Emder Revolution“ von 1595, Kolloquium der Ostfriesland-Stiftung am 17. März 1995, Aurich 1995, S. 113–136.
75. Confessione e identità politica in Europa agli inizi dell'età moderna, in: Concilium – rivista internazionale di teologia 6 (1995), S. 970–983 (dt.: Konfession und politische Identität im Europa der werdenden Neuzeit, in: Concilium – Internationale Zeitschrift für Theologie 6 (1995), S. 480–486).
76. Die konfessionellen Glaubenskriege und die Formierung des frühmodernen Europa, in: Peter Herrmann (Hrsg.), Glaubenskriege in Vergangenheit und Gegenwart, Göttingen 1996 (= Veröffentlichungen der Joachim-Jungius-Gesellschaft der Wissenschaften e.V. Hamburg 83), S. 123–137.
77. Protestant Confessionalization in Rural Parts of Northwestern and Northern Europe: General Considerations and Some Remarks on the Results of Case Studies, in: Jean-Pierre Massaut/M.-E. Hanneau (Hrsg.), La christianisation des campagnes, Actes du colloque du C.I.H.E.C. (25.–27. August 1994), Brüssel 1996, S. 249–269.
78. Nochmals „Zweite Reformation“ in Deutschland. Der Fall Brandenburg in mehrperspektivischer Sicht von Konfessionalisierungsforschung, historischer Anthropologie und Kunstgeschichte, in: Zeitschrift für Historische Forschung 23 (1996), S. 501–524.
79. Literaturbericht „Konfessionelles Zeitalter“, in: Geschichte in Wissenschaft und Unterricht 48 (1997) S. 350–370, 618–627, 682–694, 748–766.
80. Kaiser Maximilian II., in: Walther Killy/Rudolf Vierhaus (Hrsg.), Deutsche Biographische Enzyklopädie, Bd. 6, München 1997, S. 676–677.
81. Disziplinierung oder „Selbstregulierung der Untertanen“? – Ein Plädoyer für die Doppelperspektive von Makro- und Mikrohistorie bei der Erforschung der frühmodernen Kirchenzucht, in: Historische Zeitschrift 264 (1997), S. 675–692.
82. Das neuzeitliche Profil Europas, in: 350 Jahre Westfälischer Friede – Entscheidungsprozesse, Weichenstellungen und Widerhall eines europäischen Ereignisses, Historikerkongress, Münster 1996, hrsg. v. Veranstaltungsgesellschaft 350 Jahre Westfälischer Friede mbH, Lengerich 1997, S. 37–58.
83. Der religionssoziologische Typus Europa als Bezugspunkt inner- und interzivilisatorischer Gesellschaftsvergleiche, in: Hartmut Kaelble/Jürgen Schriewer (Hrsg.), Gesellschaften im Vergleich, Frankfurt/M./Berlin 1998, S. 41–52.
84. Reformation – Umbruch oder Gipfelpunkt eines *Temps des Réformes*? in: Bernd Moeller (Hrsg.), Die frühe Reformation in Deutschland als Umbruch, Gütersloh 1998 (= Schriften des Vereins für Reformationsgeschichte (SchVRG 199)), S. 13–34.

85. Profiles of a „New Grand Narrative“ in Reformation History? Comments on Thomas A. Brady Jr.'s Lecture „The Protestant Reformation in German History“, 13. Nov 1997, in: Annual Lecture 1997, GHI Washington, Occasional Paper No. 22, Washington, D.C., 1998, S. 35–47.
86. Der Westfälische Friede und das neuzeitliche Profil Europas, in: Die Kunst des Friedensschlusses in Vergangenheit und Gegenwart, hrsg. v. der Niedersächsischen Landeszentrale für politische Bildung, Hannover 1998, S. 6–32.
87. Krieg und Frieden in der werdenden Neuzeit – Europa zwischen Staatenbellizität, Glaubenskrieg und Friedensbereitschaft, in: Klaus Bußmann/Heinz Schilling (Hrsg.), 1648 – Krieg und Frieden in Europa, Aufsatzband I zur Europaratsausstellung zum 350. Jahrestag des Westfälischen Friedens, München 1998, S. 13–22.
88. Die Konfessionalisierung Europas – Ursachen und Folgen für Kirche, Staat, Gesellschaft und Kultur, in: Klaus Bußmann/Heinz Schilling (Hrsg.), 1648 – Krieg und Frieden in Europa, Aufsatzband I zur Europaratsausstellung zum 350. Jahrestag des Westfälischen Friedens, München 1998, S. 219–228.
89. War and Peace at the Emergence of Modernity: Europe between state belligerence, religious war and the desire for peace, in: Klaus Bußmann/Heinz Schilling (Hrsg.), 1648 – War and Peace in Europe, Politics, Religion, Law and Society, englischsprachige Ausgabe des Aufsatzbandes I zur Europaratsausstellung zum 350. Jahrestag des Westfälischen Friedens, Münster: Veranstaltungsges. 350 Jahre Westfälischer Friede 1998, S. 13–22.
90. Confessionalization in Europe: Causes and Effects for Church, State, Society, and Culture, in: Klaus Bußmann/Heinz Schilling (Hrsg.), 1648 – War and Peace in Europe, Politics, Religion, Law and Society, englischsprachige Ausgabe des Aufsatzbandes I zur Europaratsausstellung zum 350. Jahrestag des Westfälischen Friedens, Münster: Veranstaltungsges. 350 Jahre Westfälischer Friede 1998, S. 219–228.
91. Objektbeschreibungen: Flugblatt „Zwo warhafftige ... Zeitungen“ (1616); Flugblatt „Geistlicher Raufhandel“ (um 1619); Einblattdruck Nossenius, „Weltreiche-Figur“ (1611); Spottblatt „Das Testament des Friedens“ (1615); Flugblatt „Warhafftige Zeitung...“/Prager Fenstersturz (1618). Gruppentexte zu: Predigtkultur der protestantischen Konfessionskirchen; Protestantische Kirchenordnungen; Diakonie und Sozialfürsorge; Konfessionelle Pluralität in den Niederlanden, in: 1648 – Krieg und Frieden in Europa, Ausstellungskatalog der gleichnamigen Europaratsausstellung, 24. Oktober 1998–17. Januar 1999, München 1998.

92. Veni, vidi, Deus vicit – Karl V. zwischen Religionskrieg und Religionsfrieden, in: Archiv für Reformationsgeschichte 89 (1998), S. 144–166.

93. Der Westfälische Friede und das neuzeitliche Profil Europas, in: Heinz Duchhardt (Hrsg.), Der Westfälische Friede. Diplomatie, politische Zäsur, kulturelles Umfeld, Rezeptionsgeschichte, München 1998, S. 1–32.

94. Was heißt und zu welchem Ende studiert man europäisch vergleichende Geschichte? Überlegungen aus gegebenem Anlaß, in: BMGN 113 (1998), S. 490–494.

95. Das konfessionelle Europa. Die Konfessionalisierung der europäischen Länder seit Mitte des 16. Jahrhunderts und ihre Folgen für Kirche, Staat, Gesellschaft und Kultur, in: Joachim Bahlcke/Arno Strohmeyer (Hrsg.), Konfessionalisierung in Ostmitteleuropa. Wirkungen des religiösen Wandels im 16. und 17. Jahrhundert in Staat, Gesellschaft und Kultur, Stuttgart 1999, S. 13–62.

96. Die „acceptation de la diversité“ im Europa der frühen Neuzeit und im Rahmen der Europäischen Union – die deutschen Religionsvergleiche von 1555 und 1648 in europäisch vergleichender Perspektive, in: Peter Schöller/Patrice Veit/Michael Werner (Hrsg.), Plurales Deutschland – Allemagne Plurielle. Festschrift für Etienne François, Göttingen 1999, S. 77–92.

97. Das 16. Jahrhundert – die Konfessionalisierung als Geburtszange der Neuzeit, in: Frankfurter Allgemeine Zeitung, 31.7.1999.

98. Neue Welten und die Spaltung der Kirche – die „Zeit der Reformationen“, in: Lothar Gall (Hrsg.), Das Jahrtausend im Spiegel der Jahrhundertwenden, Berlin 1999, S. 205–240.

99. Vita religiosa des Spätmittelalters und frühneuzeitliche Differenzierung der christianitas – Beobachtungen zu Wegen und Früchten eines Gesprächs zwischen Spätmittelalter- und Frühneuzeithistorikern, in: Franz F. Felten/Nikolas Jaspert (Hrsg.), Vita Religiosa im Mittelalter. Festschrift für Kaspar Elm zum 70. Geburtstag, Berlin 1999, S. 785–796.

100. Profil und Perspektiven einer interdisziplinären und komparatistischen Disziplinierungsforschung jenseits einer Dichotomie von Gesellschaft- und Kulturgeschichte, in: Heinz Schilling (Hrsg.), Institutionen, Instrumente und Akteure sozialer Kontrolle und Disziplinierung im frühneuzeitlichen Europa (Institutions, Instruments and Agents of Social Control and Discipline in Early Modern Europe), unter red. Mitarb. v. Lars Behrisch, = IUS Commune. Veröffentlichungen des Max-Planck-Instituts für Europäische Rechtsgeschichte, Sonderhefte, Studien zur Europäischen Rechtsgeschichte 127, Frankfurt a. M. 1999, S. 3–36.

101. Karel V en de religie. De worsteling om zuiverheid end eenheid van het christendom, in: Hugo Soly (Hrsg.), Karel V, 1500–1558, Antwerpen 1999,

S. 285–363 (deutsch: Karl V. und die Religion, in: Hugo Soly (Hrsg.), Karl V. und seine Zeit, Köln 2000, S. 285–363).

102. Zeit der Bekenntnisse. Die Konfessionalisierung als Geburtszange der Neuzeit, in: Michael Jeismann (Hrsg.), Das 16. Jahrhundert. Freiheit und Glauben, München 1999, S. 44–48.

103. Den Wandel begreifen. Die frühe Neuzeit (1250–1750) in makrohistorischer Sicht, in: Praxis Geschichte 1 (2000), S. 8–14.

104. La situation religieuse en Allemagne: conflits confessionnels et paix juridiques, in: Jean Delumeau (Hrsg.), L'acceptation de l'autre. De l'édit de Nantes à nos jours, Paris 2000, S. 72–85.

105. Nürnberg, der Westfälische Friede, das Reich und Europa, in: Oscar Schneider (Hrsg.), Nürnbergs große Zeit. Reichsstädtische Renaissance, europäischer Humanismus, Cadolzburg 2000, S. 165–191.

106. Konfessionalität und europäische Identität, in: Waltraud Schreiber und Hans-Michael Körner (Hrsg.), Die religiöse Dimension im Geschichtsunterricht an Europas Schulen, Neuried 2000, S. 121–138.

107. Wider den Mythos vom Sonderweg – die Bedingungen des deutschen Weges in die Neuzeit, in: Paul-Joachim Heinig/Sigrid Jahns/Hans-Joachim Schmidt/Rainer Christoph Schwinges/Sabine Wefers (Hrsg.), Reich, Regionen und Europa. Festschrift für Peter Moraw, Berlin 2000, S. 699–714.

108. La confessionalisation et le système international, in: Lucien Bély (Hrsg.), L'Europe des traités de Westphalie. Esprit de la diplomatie et diplomatie de l'esprit, Paris 2000, S. 411–428.

109. Johannes a Lasco und Ostfriesland. Eine europäische Beziehungsgeschichte am Vorabend der Konfessionalisierung, in: Christoph Strohm (Hrsg.), Johannes a Lasco (1499–1560). Polnischer Baron, Humanist und europäischer Reformator (= Spätmittelalter und Reformation. Neue Reihe 14), Tübingen 2000, S. 1–20.

110. Karl V., das Heilige Römische Reich Deutscher Nation und die Reformation Martin Luthers, in: Acto academico con motivo de la Commemoración del V Centenarios del Nacimiento del Emperador Carlos V, Toledo 5. Oktober 2000, S. 18–24.

111. The Cold Hero of the Retreat, in: JEMH (Journal of European Modern History) 4 (2000), S. 431–441.

112. Reichs-Staat und frühneuzeitliche Nation der Deutschen oder teilmodernisiertes Reichssystem. Überlegungen zu Charakter und Aktualität des Alten Reiches, in: Historische Zeitschrift 272 (2001), S. 377–396.

113. Literaturbericht: Konfessionelles Zeitalter, in: Geschichte in Wissenschaft und Unterricht 52 (2001), S. 346–371; 53 (2002), S. 538–558, 625–640, 691–702.

114. Confessionalism and the Rise of Religious and Cultural Frontiers in Early Modern Europe, in: Eszter Andor/István György Tóth (Hrsg.), Frontiers of Faith. Religious Exchange and the Constitution of Religious Identities 1400–1750, Budapest (CEU/ESF) 2001, S. 21–35.
115. Europa um 1700. Eine Welt der Höfe und Allianzen und eine Hierarchie der Dynastien, in: Preußen 1701. Eine europäische Geschichte. Essayband zur Ausstellung Preußen 1701, hrsg. v. Deutschen Historischen Museum und Stiftung Preußische Schlösser und Gärten Berlin-Brandenburg, Berlin 2001, S. 12–30.
116. Karl V. und die Szenarien seiner Herrschaft – ein deutsches Mosaik, in: Carlos V. Europeísmo y Universalidad. Los Escenarios del Imperio, hrsg. v. Sociedad Estatal para la Conmemoración de los Centenarios de Felipe II y Carlos V, vol III, Madrid 2001 S. 475–484.
117. The Europe of Churches and Confessions, in: Eric Bussière/Michel Dumoulin/Gilbert Trausch (Hrsg.), Europa. The European Idea and Identity, from Ancient Greece to the 21st Century, Antwerpen 2001, S. 79–108.
118. Föderalismus und Multikonfessionalismus als ungewolltes Erbe Kaiser Karls V. in deutscher Perspektive, in: Helmut Neuhaus/Barbara Stollberg-Rilinger (Hrsg.), Menschen und Strukturen in der Geschichte Alteuropas. Festschrift für Johannes Kunisch zum 65. Geburtstag, Berlin 2002, S. 91–102.
119. Beitrag „Reformation“, in: International Encyclopedia of the Social and Behavior Sciences, London 2001, S. 12891–12895.
120. Die konfessionelle Stadt – eine Problemskizze, in: Peter Burschel/Mark Häberlein/Volker Reinhardt/Wolfgang Weber/Reinhardt Wendt (Hrsg.), Historische Anstöße. Festschrift für Wolfgang Reinhard zum 65. Geburtstag, Berlin 2002, S. 60–83.
121. Guerra y paz en la emergencia de la modernidad: Europa entre la belicosidad de los estados, las guerras de religión y el deseo de paz, in: Pedralbes (Revista d'história moderna) 19 (1999). (Span. Übersetzung des Katalogbeitrages „Krieg und Frieden in der werdenden Neuzeit“ (wie 88.) von Ib Schumacher und Fernando Sánchez Marcos), S. 53–70.
122. Del Imperio común a la leyenda negra: la imagen de España en la Alemania del siglo XVI y comienzos del XVII, in: Miguel Àngel Vega Cernuda/Henning Wegener (Hrsg.), España y Alemania. Percepciones mutuas de cinco siglos de Historia, Madrid 2002, S. 37–61.
123. Urban Architecture and Ritual in Confessional Europe, in: Jose Paiva (Hrsg.), Coimbra Religious Ceremonials and Images: Power and social meaning (1400–1750), Coimbra 2002, S. 7–25.
124. Die Konfessionalisierung und die Entstehung eines internationalen Systems in Europa, in: Irene Dingel/Volker Leppin/Christoph Strohm (Hrsg.), Re-

formation und Recht. Festschrift für Gottfried Seebaß, Gütersloh 2002, S. 127–144.

125. Zwang zum Krieg und Fähigkeit zum Frieden. Europa zwischen Staatenbellizität, Glaubenskrieg und Friedensfähigkeit, in: Annali dell'Istituto storico italo-germanico in Trento, XXVII (2001), S.187–203.
126. Identità repubblicane nell'Europa della prima età moderna. L'esempio della Germania e dei Paesi Bassi, in: Paolo Prodi/Wolfgang Reinhard (Hrsg.), Identità collettive tra Medioeva et Età Moderna, Bologna 2002, S. 241–264.
127. La „confessionnalisation", un paradigme comparatif et interdisciplinaire. Historiographie et perspectives de recherche, in: Études Germaniques 57 (2002), S. 401–420.
128. Das Alte Reich – ein teilmodernisiertes System als Ergebnis der partiellen Anpassung an die frühmoderne Staatsbildung der europäischen Nachbarn und Territorien, in: Matthias Schnettger (Hrsg.), Imperium Romanum – irregulare corpus – teutscher Reichs-Staat. Das Alte Reich im Verständnis der Zeitgenossen und der Historiographie, Mainz 2002, S. 279–291.
129. Die frühneuzeitliche Konfessionsmigration, in: Klaus J. Bade (Hrsg.), Migration in der europäischen Geschichte seit dem späten Mittelalter. Vorträge auf dem Deutschen Historikertag in Halle a. d. Saale, 11. Sept. 2002, Osnabrück 2002 (= IMIS-Beiträge 20), S. 67–89.
130. Frühmoderne Staatsbildung und das frühneuzeitliche Mächteeuropa. Beitrag zum Sammelband des internationalen Symposions „Rußland, Polen und Deutschland in der Europa- und Weltpolitik des 16.–20. Jahrhunderts", Juli 2001 in Smolensk, hrsg. v. B. V. Nossov und E. E. Ivonin, Moskau 2002, S. 19–38.
131. Der geeichte Eichpunkt – niederländische Kultur um 1650 europäisch kontextualisiert: „Bevochten eendracht" von Willem Frijhoff und Marijke Spies, in: BMGN 117 (2002), S. 453–466.
132. Erasmo y las fuerzas politicas de su época, in: Erasmo en España. – La Recepción del humanismo en el primer renacimiento Español (Ausstellungskatalog Universidad de Salamanca), Salamanca 2002, S. 70–79.
133. „Minderheiten und Erziehung" im Spannungsfeld von Staat und Kirche – zum Versuch eines deutsch-französischen Gesellschaftsvergleichs, in: Marie-Antoinette Gross/Heinz Schilling (Hrsg.), Im Spannungsfeld von Staat und Kirche. „Minderheiten" und „Erziehung" im deutsch-französischen Gesellschaftsvergleich. 16.–18. Jahrhundert, Berlin 2003 (= Zeitschrift für Historische Forschung, Beiheft 31), S. 9–26.
134. El disciplinamiento social en la Edad Moderna: propuesta de indagación interdisciplinar y comparativa, in: José I. Fortea/Juan E. Gelabert/Tomás A.

Mantecón (Hrsg.), Furor et Rabies. Violencia, conflicto y marginación en la Edad Moderna, Universidad de Cantabria, Santander 2002, S. 17–45.

135. Kultureller Austausch und zwischenkonfessionelle Beziehungen in Ost- und Mittelosteuropa in der werdenden Neuzeit 14.–17. Jahrhundert – Ansätze, Wege und erste Ergebnisse ihrer Erforschung, in: Marian Dygo/Sławomir Gawlas/Hieronim Grala (Hrsg.), Stosunki międzywyznaniowe w Europie Środkowej i Wschodniej w XIV-XVII wieku, Warschau 2002, S. 5–24.

136. Europa zwischen Krieg und Frieden, Beitrag zum Ausstellungskatalog Idee Europa. Entwürfe zum „Ewigen Frieden“, hrsg. v. Marie-Louise von Plessen, Berlin 2003, S. 23–32.

137. Die Konfessionalisierung des lateinischen Christentums und das Werden des frühmodernen Europa – Modernisierung durch Differenzierung, Integration und Abgrenzung, in: Richard Schröder/Johannes Zachhuber (Hrsg.), Was hat uns das Christentum gebracht? Versuch einer Bilanz nach zwei Jahrtausenden, Münster/Hamburg/London 2003, S. 97–115.

138. Europa in der werdenden Neuzeit – oder: Was heißt und zu welchem Ende studiert man europäische Geschichte? In: Royal Netherlands Academy of Arts and Sciences. Heineken Lectures 2002, Amsterdam 2003, S. 62–81.

139. Der Gesellschaftsvergleich in der Frühneuzeitforschung – ein Erfahrungsbericht und einige (methodisch-theoretische) Schlussfolgerungen, in: Hartmut Kaelble/Jürgen Schriewer (Hrsg.), Vergleich und Transfer. Komparatistik in den Sozial-, Geschichts- und Kulturwissenschaften, Frankfurt a. M./ New York 2003, S. 283–304.

140. Bildungs- und Erziehungsgeschichte der Frühen Neuzeit in europa- und konfessionsgeschichtlich vergleichender Perspektive, in: Heinz Schilling/ Stefan Ehrenpreis (Hrsg.), Erziehung und Schulwesen zwischen Konfessionalisierung und Säkularisierung. Forschungsperspektiven, europäische Fallbeispiele und Hilfsmittel, unter redaktioneller Mitarbeit von Christian Jaser, Münster 2003, S. 9–16.

141. Die Konfessionalisierung des lateinischen Christentums und das Werden des frühmodernen Europa – Modernisierung durch Differenzierung, Integration und Abgrenzung, in: Ludwig Mödl/Jan Rohls/Gunther Wenz (Hrsg.), Das Wesen des Christentums, Göttingen 2003, S. 209–229.

142. Europa oder die Christenheit zur Zeit der Reformation, in: „Glaube und Macht. Sachsen im Europa der Reformationszeit“, Katalog zur 2. Sächsischen Landesausstellung Torgau, Schloß Hartenfels, Dresden 2004, S. 27–39.

143. Johannes Althusius und die Konfessionalisierung der Außenpolitik – oder: Warum gibt es in der *Politica* keine Theorie der internationalen Beziehungen, in: Frederick S. Carney/Heinz Schilling/Dieter Wyduckel (Hrsg.), Ju-

risprudenz, politische Theorie und politische Theologie. Beiträge des Herborner Symposions zum 400. Jahrestag der Politica des Johannes Althusius 1603–2003, Berlin 2004, S. 47–69.

144. Confessionalization: Historical and Scholarly Perspectives of a Comparative and Interdisciplinary Paradigm, in: John M. Headley, Hans J. Hillerbrand und Anthony J. Papalas (Hrsg.), Confessionalization in Europe, 1555–1700: Essays in Honor and Memory of Bodo Nischan, Aldershot 2004, S. 21–35.
145. Discipline: The State and the Churches in Early Modern Europe, in: Herman Roodenburg/Pieter Spierenburg (Hrsg.), Social Control in Europe, 1500–1800, Columbus 2004, S. 25–36.
146. Calvinist and Catholic Cities – Urban Architecture and Rituals in Confessional Europe, in: European Review, Vol 12, Nr. 3 (2004), S. 293–312.
147. Az európai hatalmi rendszer 1600 körül a kora újkori felekezeti fundamentalizmus és annak meghaladása, in: Torténelmi Szemle XLV (2003) 3–4, S. 201–212.
148. Das schwedische Kriegsmanifest vom Juli 1630 und die Frage nach dem Charakter des Dreißigjährigen Krieges, in: Rüdiger Hohls/Iris Schröder/Hannes Siegrist (Hrsg.), Europa und die Europäer. Quellen und Essays zur modernen europäischen Geschichte. Festschrift für Hartmut Kaelble zum 65. Geburtstag, Stuttgart 2005, S. 370–377.
149. Stadtrepublikanismus und Interimskrise, in: Luise Schorn-Schütte (Hrsg.), Das Interim 1548/50. Herrschaftskrise und Glaubenskonflikt (= Schriften des Vereins für Reformationsgeschichte 203), Gütersloh 2005, S. 205–232.
150. Das lange 16. Jahrhundert – der Augsburger Religionsfrieden zwischen Reformation und Konfessionalisierung, in: Carl A. Hoffmann/Markus Johanns/Annette Kranz u. a. (Hrsg.), Als Frieden möglich war. 450 Jahre Augsburger Religionsfrieden. Begleitband zur Ausstellung im Maximilianmuseum Augsburg, Regensburg 2005, S. 19–34.
151. Riforma e affermazione delle chiese nazionali, in: Giuseppe Alberigo/Giuseppe Ruggieri/Roberto Rusconi (Hrsg.), Il Cristianesimo. Grande Atlante, vol. I: Delle origini alle chiese contemporanee, Turin 2006, S. 184–202.
152. Gab es um 1600 in Europa einen Konfessionsfundamentalismus? Die Geburt des internationalen Systems in der Krise des konfessionellen Zeitalters, in: Jahrbuch des Historischen Kollegs 2005, München 2006, S. 69–93.
153. Das Reich als Verteidigungs- und Friedensorganisation, in: Heinz Schilling/Werner Heun/Jutta Götzmann (Hrsg.), Heiliges Römisches Reich Deutscher Nation 962 bis 1806. Altes Reich und Neue Staaten 1495 bis 1806. Essayband zur 29. Ausstellung des Europarats im Deutschen Historischen Museum Berlin, i. A. des DHM Berlin, Dresden 2006, S. 119–133.

154. Erasmus und die politischen Kräfte seines Zeitalters, in: Dieter Hein/ Klaus Hildebrand/Andreas Schulz (Hrsg.), Historie und Leben. Der Historiker als Wissenschaftler und Zeitgenosse. Festschrift für Lothar Gall zum 70. Geburtstag, München 2006, S. 379–390.
155. Frühe Einhegung der Glaubensgegensätze in Deutschland, in: Ernst Öffner (Hrsg.), Friedensreden. Reden und Predigten aus Anlass der 450. Wiederkehr des Augsburger Religionsfriedens am 25. September 2005, Augsburg 2006, S. 59–67.
156. Urban Architecture and Ritual in Confessional Europe, in: Heinz Schilling/István G. Tóth (Hrsg.), Religion and Cultural Exchange in Europe, 1400–1700, Cambridge 2006 (= Cultural Exchange in Early Modern Europe, Bd. 1), S. 116–137.
157. From empires to family circles: religious and cultural borderlines in the age of confessionalisation (mit István György Tóth), in: Heinz Schilling/ István György Tóth (Hrsg.), Religion and Cultural Exchange in Europa, 1400–1700, Cambridge 2006 (= Cultural Exchange in Early Modern Europe, Bd. 1), S. 25–46.
158. L'Europa delle chiese e delle confessioni, in: Maria Antonietta Visceglia (Hrsg.), Le radici storiche dell'Europa . L'età moderna, Rom 2007, S. 69–80.
159. Der Augsburger Religionsfriede als deutsches und europäisches Ereignis. Festvortrag am 25. September 2005 in Augsburg, in: Archiv für Reformationsgeschichte 98 (2007), S. 244–250.
160. Frühmoderne Staatsbildung und die Entstehung des neuzeitlichen Mächte-Europa, in: Christopher Ocker/Michael Printy/Peter Starenko/Peter Wallace (Hrsg.), Politics and Reformations: Communities, Polities, Nations, and Empires. Essays in Honor of Thomas A. Brady, Jr., Leiden/Boston 2007, S. 551–569.
161. War Booty, Representation of Power and the Early Modern State, in: Biblis (Kwartalstidskrift för Bokvänner) 38 (2007), S. 31–36.
162. Kriegsbeute im Rahmen symbolischer Repräsentation in der frühneuzeitlichen Staatenwelt – Schweden als Beispiel, in: Wolfgang E. J. Weber/Regina Dauser (Hrsg.), Faszinierende Frühneuzeit. Reich, Frieden, Kultur und Kommunikation 1500–1800. Festschrift für Johannes Burkhardt zum 65. Geburtstag, Berlin 2008, S. 61–73.
163. Der Augsburger Religionsfriede als deutsches und europäisches Ereignis, in: Friedrich Edelmayer/Martina Fuchs/Georg Heilingsetzer/Peter Rauscher (Hrsg.), Plus ultra. Die Welt der Neuzeit. Festschrift für Alfred Kohler zum 65. Geburtstag, Münster 2008, S. 145–154.

164. Deutschland zur Zeit Paul Gerhardts, in: Dorothea Wendebourg (Hrsg.), Paul Gerhardt – Dichtung, Theologie, Musik. Wissenschaftliche Beiträge zum 400. Geburtstag, Tübingen 2008, S. 1–13.
165. Konfessionelle Religionskriege in politisch-militärischen Konflikten der Frühen Neuzeit, in: Klaus Schreiner (Hrsg.), Heilige Kriege. Religiöse Begründungen militärischer Gewaltanwendung: Judentum, Christentum und Islam im Vergleich, Kolloquium des Historischen Kollegs und der Bayerischen Akademie der Wissenschaften, 7.–9. November 2007 München, München 2008, S. 127–149.
166. Literaturbericht Konfessionalisierung Teil I: Allgemeines – epochal und sachlich übergreifende Darstellungen, in: Geschichte in Wissenschaft und Unterricht 60 (2009), S. 183–192.
167. Literaturbericht Konfessionalisierung Teil II: Veröffentlichungen zur ersten Hälfte des 16. Jahrhunderts, in: Geschichte in Wissenschaft und Unterricht 60 (2009), S. 240–258.
168. The Confessionalization of European Churches and Societies – an engine for Modernizing and for Social and Cultural Change, in: Norsk Teologisk Tidsskrift, 1 (2009), S. 3–22.
169. Peregrini und Schiffchen Gottes, Flüchtlingserfahrung und Exulantentheologie des frühneuzeitlichen Calvinismus, in: Calvinismus. Die Reformierten in Deutschland und Europa, Dresden 2009, S. 160–168.
170. Literaturbericht Konfessionalisierung Teil III: Interim, Augsburger Religionsfrieden, Reichsgeschichte zu Mitte des 16. Jahrhunderts, in: Geschichte in Wissenschaft und Unterricht 60 (2009), S. 348–359.
171. Das konfessionelle Europa, in: Hans G. Kippenberg/Jörg Rüpke/Kocku von Stuckrad (Hrsg.), Europäische Religionsgeschichte. Ein mehrfacher Pluralismus, Göttingen 2009, S. 298–338.
172. Literaturbericht Konfessionalisierung Teil III, Forts.: Interim, Augsburger Religionsfrieden und die Konfessionalisierungsforschung zur zweiten Hälfte des 16. Jahrhunderts und zum 17. Jahrhundert, in: Geschichte in Wissenschaft und Unterricht 60 (2009), S. 433–455.
173. Calvin und die calvinistische Konfessionskultur. Fremdheitserfahrung und Modernität, in: Geschichte in Wissenschaft und Unterricht 60 (2009), S. 372–386.
174. Christliche und jüdische Minderheitengemeinden im Vergleich. Calvinistische Exulanten und westliche Diaspora der Sephardim im 16. und 17. Jahrhundert, in: Zeitschrift für Historische Forschung 36 (2009), S. 407–444.
175. Vizualizazija vlasti v systeme gosudarstv rannego novogo vremeni (na primere Švecii) (Visualisierung der Macht im Staatensystem der Frühen Neuzeit (am Beispiel Schwedens)), in: B. N. Florja u. a. (Hrsg.), Rossija, Pol'ša,

Germanija: istorija i sovremmenost' evropejskogo edinstva v ideologii, politike i kulture (Russland, Polen, Deutschland: Geschichte und Gegenwart der europäischen Einheit in Ideologie, Politik und Kultur), Moskau 2009, S. 252–263.

176. Calvin und Calvinismus in europageschichtlicher Perspektive, in: Márta Fata/Anton Schindling (Hrsg.), Calvin und Reformiertentum in Ungarn und Siebenbürgen. Helvetisches Bekenntnis, Ethnie und Politik vom 16. Jahrhundert bis 1918 (= Reformationsgeschichtliche Studien und Texte, Bd. 155), Münster 2010, S. 1–21.

177. Die deutschen Städte in den politischen und religiösen Umbrüchen des „langen 16. Jahrhunderts". Überlegungen auf den Spuren von Wilfried Ehbrecht, in: Werner Freitag/Peter Johanek (Hrsg.), Bünde – Städte – Gemeinden. Bilanz und Perspektiven der vergleichenden Landes- und Stadtgeschichte, Köln u. a. 2009, S. 319–338.

178. Przeciwko mitowi drogi odrębnej – uwarunkowania drohi niemieckiej w czasach nowożytnych, in: Hubert Orłowski/Jerzy Kałążny (Hrsg.), Sonderweg. Spory o „niemiecką drogę odrębną (Poznańska biblioteka niemiecka, Bd. 28), Poznań 2008, S. 462–478.

179. The Religious Borderlines of the Confessionalization and Secularization of European Culture and Societies: Results and Perspectives of my Cooperation with István György Tóth, in: Jaroslav Miller/László Kontler (Hrsg.), Friars, Nobles and Burghers – Sermons, Images and Prints. Studies of Culture and Society in Early Modern Europe. In Memoriam István György Tóth, Budapest/New York 2010, S. 3–10.

180. 31. Oktober 1517: Reflexionen eines Historikers am Vorabend des Reformationsjubiläums, in: Etienne François/Uwe Puschner (Hrsg.), Erinnerungstage. Wendepunkte der Geschichte von der Antike bis zur Gegenwart, München 2010, S. 79–92.

181. Die frühneuzeitliche Konfessionsmigration. Calvinisten und sephardische Juden im Vergleich, in: Henning P. Jürgens/Thomas Weller (Hrsg.), Religion und Mobilität. Zum Verhältnis von raumbezogener Mobilität und religiöser Identitätsbildung im frühneuzeitlichen Europa, Göttingen 2010, S. 113–136.

182. Literaturbericht Konfessionalisierung Teil IV: Veröffentlichungen zum 17. und 18. Jahrhundert; Varia und Nachträge, in: Geschichte in Wissenschaft und Unterricht 61 (2010), S. 594–611.

183. Literaturbericht Konfessionalisierung Teil V: Veröffentlichungen zum 17. und 18. Jahrhundert; Varia und Nachträge, in: Geschichte in Wissenschaft und Unterricht 61 (2010), S. 663–680.

184. Einführung in die Sektion „Austausch und Konflikt I“, in: Judaism, Christianity and Islam, München 2011, S. 283–286.
185. Staatenfrieden und Christenheitsfrieden – Entstehung und Struktur des frühneuzeitlichen Friedenssystems (Beitrag zu Les traités de paix, des tournants historiques?, in: Revue d'Allemagne et des Pays de langue allemande 43 (2011), S. 277–291.
186. Religion und Konfessionalität in Alteuropa – historische und historiographische Reflexionen, in: Imre Mihály (Hrsg.), Festschrift für István Bitskey, Debrecen 2011.
187. Calvinism as an Actor in the Early Modern State System around 1600: Struggle for Alliances, Patterns of Eschatological Interpretation, Symbolic Representation, in: Irina Backhus/Philip Benedict (Hrsg.), Calvin and his Influence, 1509–2009, Oxford u. a. 2011, S. 159–181.
188. The two Papal Souls and the Rise of an Early Modern State System, in: Maria Antonietta Visceglia (Hrsg.), Papato e politica internationale nell prima età moderna, Rom 2013, S. 103–116.
189. Religion und Konfessionalität in Alteuropa – Historische und historiographische Reflexionen, in: Thomas Heiler u. a. (Hrsg.), „Der Weise lese und erweitere sein Wissen“. Beiträge zu Geschichte und Theologie, Festgabe für Berthold Jäger zum 65. Geburtstag, Freiburg i. Br. 2013, S. 292–297.
190. La politica del papato e la formazione degli stati territoriali in Europa nell'età della confessionalizzazione, in: Papato e impero nel pontificato di Urbano VIII (1623–1644), a cura di Irene Fosi e Alexander Koller, Collectanea Archivi Vaticani 89, Città del Vaticano 2013, S. 1–16.
191. Symbolische Kommunikation und Realpolitik der Macht, in: Barbara Stollberg-Rilinger u. a. (Hrsg.), Alles nur symbolisch? Bilanz und Perspektiven der Erforschung symbolischer Kommunikation, Köln 2013, S. 187–200.
192. Lutero 2017 – Problemi con la sua biografia, in: Quellen und Forschungen aus italienischen Archiven und Bibliotheken 93 (2013), S. 211–225.
193. Alteuropäischer Stadtrepublikanismus in Magdeburger Perspektive, in: Sachsen und Anhalt 26 (2014), S. 179–199.
194. La représentation du pouvoir à l'époque de l'émergence d'un système européen d'états souverains, in: L. Bely (Hrsg.), La Paix des Pyrénées (1659), Paris 2015, S. 73–90.
195. Protestantische Netzwerke und politische Außenbeziehungen im Europa des 16. und 17. Jahrhunderts, in: Gerlinde Huber-Rebenich (Hrsg.), Jacques Bongars (1554–1612). Gelehrter und Diplomat im Zeitalter des Konfessionalismus, Tübingen 2015, S. 19–34.
196. Religion und Konfessionalität in Alteuropa – Historische und historiographische Reflexionen, in: Thomas Heiler/Alessandra Sorbello Staub/Bernd

Willmes (Hrsg.), „Der Weise lese und erweitere sein Wissen". Beiträge zu Geschichte und Theologie, Festgabe für Berthold Jäger zum 65. Geburtstag, Freiburg i. Br. 2015, S. 292–299.

197. Die neue Welthaftigkeit des Glaubens, in: Schweizerisches Nationalmuseum (Hrsg.), Europa in der Renaissance. Metamorphosen 1400–1600, Zürich 2016, S. 35–42.

198 Reformation und Luthers Hexenbild, in: Ausstellungskatalog Kriminalgeschichtliches Museum Rothenburg ob der Tauber 2017.

199. Reform, Reformation, Confessionalization. The Latin Christian Experience, in: Heinz Schilling/Silvana Seidel Menchi (Hrsg.), The Protestant Reformation in a Context of Global History, Religious Reforms and World Civilizations, Berlin/Bologna 2017, S. 211–224.

200. La cultura politica della Riforma. Sulle tradizioni comunal-repubblicane nel luteranesimo, in: Ricerche di storia politica, Fascicolo 3, dicembre 2017, S. 313–320.

201. Reformation, konfessionelle Antagonisierung, religiöse und kulturelle Differenzierung. Überlegungen eines Historikers zur Bedeutung der frühneuzeitlichen Kirchengeschichte für Gegenwart und Zukunft, in: Concilium. Internationale Zeitschrift für Theologie 52, Mai 2017, S. 128–137.

202 Von „Maria vom Sieg" zur Friedenskönigin, in: Herder Korrespondenz 5 (2018), S. 27–31.

203. Erasmus und Luther – Einheit und Differenzierung Europas, in: Christian Jaser/Harald Müller/Thomas Woelki (Hrsg.), Eleganz und Performanz. Johannes Helmrath zum 65. Geburtstag, Wien/Köln u. a. 2018, S. 313–320.

204. Luther and the Jews: The Perplexities and Potentials of the 500th Anniversary of the Reformation. Festschrift für Yosef Kaplan, Jerusalem 2018.

205. 1517 – ein Wendejahr in der Weltgeschichte? in: Archiv für Reformationsgeschichte 108 (2017), S. 91–103.

206. Konfessionalisierung, in: Staatslexikon der Görres-Gesellschaft, 8. Aufl., Bd. 3, Freiburg i. Br. 2019, Spalte 974–977.

207. Zur Konfessionsgeschichte Mitteleuropas: Die Entstehung der neuzeitlichen Konfessionskirchen auf der Basis formeller Bekenntnisschriften, in: Bellum et Artes. Katalog der Ausstellung in Dresden und Prag 2021 zum 500jährigen Gedächtnis an die Schlacht am Weißen Berg, S. 39–53.

Literatur- und Quellenhinweise

Aland, Kurt (Hrsg.), Luther Deutsch. Die Werke Martin Luthers in neuer Auswahl für die Gegenwart, Bd. 2, Göttingen 1962.

Albrecht, Dieter, Maximilian I. von Bayern 1563–1651, München 1998.

Altenberend, Johannes/Reinhard Vogelsang (Hrsg.), Kloster, Stadt, Region. Festschrift für Heinrich Rüthing, Bielefeld 2002.

Angenendt, Arnold, Toleranz und Gewalt. Das Christentum zwischen Bibel und Schwert, Münster 2009.

Apel, Hans, Volkskirche ohne Volk. Niedergang der Landeskirchen, Basel und Gießen, 2003.

Aretin, Otmar Freiherr von, Heiliges Römisches Reich 1776–1806. Reichsverfassung und Staatssouveränität, Wiesbaden 1967.

Arndt, Karl/Bernd Moeller, Albrecht Dürers „Vier Apostel". Eine kirchen- und kunstgeschichtliche Überlegung, Gütersloh 2003.

Backhaus, Fritz u. a. (Hrsg.), Die Frankfurter Judengasse, Katalog zur Dauerausstellung, München 2016.

Bade, Klaus/Pieter Emmer u. a. (Hrsg.), Enzyklopädie. Migration in Europa vom 17. Jahrhundert bis zur Gegenwart, Zürich 2007.

Bahlcke, Joachim (Hrsg.), Geschichte der Oberlausitz. Herrschaft, Gesellschaft und Kultur vom Mittelalter bis zum Ende des 20. Jahrhunderts, Leipzig 2001.

Barner, Wilfried, Geschichte der deutschen Literatur von 1945 bis zur Gegenwart, 2. Aufl., München 2006.

Baumann, Anette/Alexander Jendorff/Frank Theisen (Hrsg.), Religion – Migration – Integration, Tübingen 2019.

Baumstark, Reinhold (Hrsg.), Rom in Bayern: Kunst und Spiritualität der ersten Jesuiten (Katalog zur Ausstellung des Bayerischen Nationalmuseums München, 30. April bis 20. Juli 1997), München 1997.

Bély, Lucien u. a. (Hrsg.), La Paix des Pyrénées (1659), Paris 2015.

Biagioni, Mario, The Radical Reformation and the Making of Modern Europe. A Lasting Heritage, Leiden/Boston 2017.

Bienek, Horst, Die erste Polka, 2. Aufl., München 1975.

Blaschke, Karlheinz, Lausitzen, in: Anton Schindling/Walter Ziegler (Hrsg.), Die Territorien des Alten Reiches im Zeitalter der Reformation und Konfessionalisierung, Bd. 6, Münster, 1996, S. 92–113.

Blaschke, Olaf, Das 19. Jahrhundert. Ein zweites konfessionelles Zeitalter?, in: Geschichte und Gesellschaft 26 (2000) S. 38–75.

Böck, Angela, Die Sala Regia im Vatikan als Beispiel der Selbstdarstellung des Papsttums in der zweiten Hälfte des 16. Jahrhunderts, Hildesheim u. a. 1977.

Bock, Wolfgang (Hrsg.), Islamischer Religionsunterricht? Rechtsfragen, Länderberichte, Hintergründe, Tübingen 2007.

Bock, Wolfgang, Islam, islamisches Recht und Demokratie, in: JuristenZeitung 67 (2012), S. 60–66.

Bödeker, Hans Erich/Ernst Hinrichs (Hrsg.), Alphabetisierung und Literalisierung in Deutschland in der frühen Neuzeit, Tübingen 1999.

Bogucka, Maria, Die Städte Polens an der Schwelle zur Neuzeit. Abriß der soziotopographischen Entwicklung, in: Wilhelm Rausch (Hrsg.), Die Stadt an der Schwelle zur Neuzeit, Linz/Donau 1980 (= Beiträge zur Geschichte der Städte Mitteleuropas, IV), S. 275–291.

Bogucka, Maria, Das alte Danzig, Leipzig 1980.

Bogucka, Maria, Das alte Polen, Leipzig 1983.

Bogucka, Maria, The lost world of the „sarmatins", Warschau 1996.

Boockmann, Hartmut, Wissen und Widerstand. Geschichte der deutschen Universität, Berlin 1999.

Borgolte, Michael, Die mittelalterliche Kirche, München 1992.

Borgolte, Michael, Christen, Juden, Muselmanen. Die Erben der Antike und der Aufstieg des Abendlandes 300 bis 1400 n. Chr., Berlin 2006.

Bossong, Georg, Die Sepharden. Geschichte und Kultur der spanischen Juden, 2. Aufl., München 2016.

Bouwsma, William, John Calvin, New York/Oxford 1988.

Brandmüller, Walter Kardinal, Zum Reformationsgedächtnis, in: Die Neue Ordnung. Institut für Gesellschaftsgeschichte Walberber, 67, August 2013, S. 269–274.

Bräuer, Siegfried/Günter Vogler, Thomas Müntzer. Neu Ordnung machen in der Welt, Gütersloh 2016.

Braunfels, Wolfgang (Hrsg.), Botticelli, Wiesbaden/Berlin 1962.

Bredekamp, Horst, Bild – Akt – Geschichte, in: Clemens Wischermann u. a. (Hrsg.), Geschichtsbilder. 26. Deutscher Historikertag in Konstanz 2006, Konstanz 2007, S. 289–309.

Bredekamp, Horst, Michelangelo, Berlin 2021.

Brendle, Franz/Anton Schindling (Hrsg.), Religionskriege im Alten Reich und in Alteuropa, Münster 2006.

Breuer, Dieter u. a. (Hrsg.), Religion und Religiosität im Zeitalter des Barock, 2 Bde., Wiesbaden 1995.

Brinkmann, Bodo (Hrsg.), Cranach der Ältere, Ausstellungskatalog, Frankfurt a. M. 2007.

Brückner, Wolfgang u. a. (Hrsg.), Literatur und Volk im 17. Jahrhundert, 2 Bde., Wiesbaden 1985.

Brückner, Wolfgang, Konfessionalisierung über den Katechismusunterricht, in: Würzburger Diözesan-Geschichtsblätter 69 (2007), S. 35–48.

Burckhardt, Jakob, Die Kultur der Renaissance in Italien, Stuttgart 1958.

Burger, Christoph, Marias Lied in der Deutung Luthers, Tübingen 2007.

Burkhardt, Johannes, Der Dreißigjährige Krieg, Frankfurt a. M. 1992.

Burkhardt, Johannes, Die entgipfelte Pyramide. Kriegsgrund und Friedenskompromiß der europäischen Universalmächte, in: 1648. Krieg und Frieden in Europa, 3 Bde., hrsg. v. Klaus Bußmann und Heinz Schilling, Bd. 1: Politik, Religion, Recht und Gesellschaft, Münster/Osnabrück 1998, S. 51–60.

Burkhardt, Johannes, Das Reformationsjahrhundert. Deutsche Geschichte zwischen Medienrevolution und Institutionenbildung 1517–1617, Stuttgart 2002.

Burkhardt, Johannes, Der Krieg der Kriege, Stuttgart 2018.

Burkhardt, Johannes, Kriegsschuld und Religion? Eine Einführung in den Dreißigjährigen Krieg unter dem Vorzeichen historischer Friedensforschung, in: Blätter für pfälzische Kirchengeschichte und religiöse Volkskunde 87 (2020), S. 13–24.

Burleigh, Michael, Irdische Mächte, göttliches Heil. Die Geschichte des Kampfes zwischen Politik und Religion von der Französischen Revolution bis in die Gegenwart, München 2008.

Campbell, Caroline/Dagmar Korbacher/Babette Hartwig/Katharina Weick-Joch (Hrsg.), Mantegna & Bellini. Meister der Renaissance, Ausstellungskatalog, München 2019.

Cahn, Jean-Paul/Françoise Knopper/Anne-Marie Saint-Gille (Hrsg.), De la guerre juste à la paix juste, Villeneuve d'Ascq 2008.

Calvin, Johannes, Institutio Christianae Religionis, übersetzt von Otto Weber, 2. Aufl., Neukirchen-Vluyn 1963, IV/3–4.

Châtellier, Louis, L'Europe des dévots, Paris 1987.

Chittolini, Giorgio, Civic Religion and Countryside in Late Medieval Italy, in: Trevor Dean/Chris Wickham (Hrsg.), City and Countryside in Late Medieval and Renaissance Italy, London 1990, S. 69–80.

Conrad, Anne (Hrsg.), Welt-geistliche Frauen. Studien zum weiblichen Semireligiosentum, Münster 2013.

Conrad, Anne, „Katechismusjungfrauen" und „Scholastikerinnen". Katholische Mädchenbildung in der Frühen Neuzeit, in: Heide Wunder/Christina Vanja (Hrsg.), Wandel der Geschlechterbeziehungen zu Beginn der Neuzeit, Frankfurt a. M. 1991, S. 154–179.

Constable, Giles, Monarchisme et pèlerinage au Moyen Age, in: Revue historique 258 (1977), S. 3–27.

Den Besten, Adrianus Cornelis, Wilhelmus van Nassouwe. Het gedicht en zijn dichter, Diss., Leiden 1983.

Dickmann, Fritz, Der Westfälische Frieden, 5. Aufl., Münster 1985.

Dickens, Arthur Geoffrey, The German Nation and Martin Luther, Glasgow 1976.

Dingel, Irene (Hrsg.), Antitrinitarische Streitigkeiten. Die tritheistische Phase (1560–1568), Göttingen 2013.

Dreier, Horst, Staatsbildung als Vorgang der Konfessionalisierung, in: Merkur 64, Heft 732, Mai 2016, S. 429–433.

Dreier, Horst, Staat ohne Gott. Religion in der säkularen Moderne, München 2018.

Dreier, Horst, Kirche ohne König. Das Ende des landesherrlichen Kirchenregiments („Bündnis von Thron und Altar") 1918/19 unter besonderer Berücksichtigung Preußens und Württembergs, Tübingen 2020.

Dreitzel, Horst, Grundrechtskonzeptionen in der protestantischen Rechts- und Staatslehre im Zeitalter der Glaubenskämpfe, in: Günter Birtsch (Hrsg.), Grund- und Freiheitsrechte von der ständischen zur spätbürgerlichen Gesellschaft, Göttingen 1987, S. 180–214.

Dresdener Geschichtsverein (Hrsg.), Um die Vormacht im Reich. Christian I., Sächsischer Kurfürst, Dresdener Hefte 29, 1/1992.

Droste, Thorsten, DuMont Kunst-Reiseführer Venedig, Köln 1996.

Duchhardt, Heinz, „Balance of Power" und Pentarchie. Internationale Beziehungen 1700–1785. Paderborn 1997.

Duchhardt, Heinz (Hrsg.), Der Westfälische Friede. Diplomatie, politische Zäsur, kulturelles Umfeld, Rezeptionsgeschichte, München 1998.

Duhamelle, Christoph, En quoi,le calendrier julirn état-il „protestant“?, in: Bulletin annuel de l‘ Institut d’histoire de la Réformation de Genève, Bd. XXXIX (2017/2018), S. 25–46.

Edel, Andreas, Auf dem Weg in den Krieg. Zur Vorgeschichte der Intervention Herzog Maximilians I. von Bayern in Böhmen 1620, in: Zeitschrift für bayerische Landesgeschichte 65 (2002), S. 157–253.

Edel, Andreas, Politik und Macht bei Herzog Maximilian von Bayern. Die Jahre vor dem Ausbruch des Dreißigjährigen Krieges, in: Winfried Schulze (Hrsg.), Friedliche Intentionen – kriegerische Effekte: War der Ausbruch des Dreißigjährigen Krieges unvermeidlich?, St. Katharinen 2002, S. 107–139.

Ehlers, Joachim, Die hohen Schulen, in: ders., Gesammelte Aufsätze, hg. von Martin Kintzinger und Bernd Schneidmüller, Berlin 1996, S. 115–142.

Ehlers, Joachim, Die Reform der Christenheit. Studium, Bildung und Wissenschaft als bestimmende Kräfte bei der Entstehung des mittelalterlichen Europas, in: ders. (Hrsg.), Deutschland und der Westen Europas im Mittelalter, Stuttgart 2002, S. 177–209.

Ehrenpreis, Stefan/Ute Lotz-Heumann, Reformation und konfessionelles Zeitalter, Darmstadt 2002.

Ehrenpreis, Stefan/Ute Lotz-Heumann/Olaf Mörke/Luise Schorn-Schütte (Hrsg.), Wege der Neuzeit, Berlin 2007.

Eickels, Christine van, Schlesien im böhmischen Ständestaat, Köln 1994.

Elias, Norbert, Über den Prozeß der Zivilisation, 2 Bde., Frankfurt a. M. 1997.

Elliot, John Huxtable, Spain, Europe and the Wider World.1500–1800, New Haven 2009.

Elton, Geoffrey R., The Tudor Constitution, Documents and Commentary, Cambridge 1960.

Elton, Geoffrey R., Reform and Reformation. England 1509–1558, London 1977.

Elton, Geoffrey R., Lex terrae victrix: Der Rechtsstreit in der englischen Frühreformation, in: Zeitschrift der Savigny-Stiftung für Rechtsgeschichte. Kan. Abt. 70, 1984, S. 217–236.

Erasmus von Rotterdam, Querela Pacis, in: Werner Welzig (Hrsg.), Erasmus, Ausgewählte Schriften in acht Bänden, Lateinisch-deutsch, Bd. 5, Darmstadt 1990.

Erasmus von Rotterdam, Julius Exclusus, hg. und bearb. von Silvana Seidel Menchi, Opera Omnia Desiderii Erasmi, Band I, 8, Leiden/Boston 2013, S. 1–298.

Fertig, Ludwig, Obrigkeit und Schule. Die Schulreform unter Herzog Ernst dem Frommen, Karlsruhe 1971.

Firpo, Massimo, Lorenzo Lotto and the Reformation in Venice, in: Ronald Delph, u. a. (Hrsg.), Heresy, Culture, and Religion in Early Modern Italy, Kirksville/Missouri, 2006, S. 21–36.

Flüchter, Antje, Der Zölibat zwischen Devianz und Norm, Köln 2006.

Fosi, Irene/Alexander Koller (Hrsg.), Papato e imperio nel pontificato di Urbano VIII (1623–1644), Citta del Vaticano 2013.

François, Etienne, Die unsichtbare Grenze. Protestanten und Katholiken in Augsburg, 1648–1806, Sigmaringen 1991.

Freist, Dagmar, Glaube – Liebe – Zwietracht, Religiös-konfessionell gemischte Ehen in der Frühen Neuzeit, Berlin 2017.

Friedel, Helmut, Die Cappella Altemps in S. Maria Trastevere, in: Römisches Jahrbuch für Kunstgeschichte 17 (1978), S. 89–124.

Friedrich, Hugo, Epochen der italienischen Lyrik, Frankfurt a. M. 1964.

Friedrich, Martin, Johann III. von Schweden. Ein König im Spannungsfeld von Gegenreformation und Konfessionalisierung, in: Zeitschrift für Kirchengeschichte 109 (1998), S. 200–215.

Gaeta, Marcello, Giotto und die Croci dipinte des Trecento, Münster 2013.

Gall, Lothar/Dietmar Willoweit (Hrsg.), Judaism, Christianity, and Islam in the Course of History: Exchange and Conflicts, München 2011.

Ganzer, Klaus, Die religiösen Bewegungen im Italien des 16. Jahrhunderts, Münster 2003.

Garber, Klaus (Hrsg.), Nation und Literatur im Europa der Frühen Neuzeit, Tübingen 1989.

Garber, Klaus, Literatur und Kultur im Deutschland der Frühen Neuzeit, Paderborn 2017.

Goertz, Hans-Jürgen (Hrsg.), Radikale Reformation – 21 biographische Skizzen von Thomas Müntzer bis Paracelsus, München 1978.

Goertz, Hans-Jürgen, Die Täufer, 2. Aufl., München 1988.

Goertz, Hans-Jürgen, Religiöse Bewegungen in der frühen Neuzeit (Enzyklopädie Deutscher Geschichte Band 20), München 1993.

Göttert, Karl-Heinz, Weihnachten. Biographie eines Festes, Ditzingen 2020.

Gräf, Holger Th., Interterritoriale Politik und Konfessionalisierung. Die Hessen-Kasseler Reaktionen auf die Rekatholisierung in den benachbarten geistlichen Territorien, in: Zeitschrift des Vereins für hessische Geschichte und Kunst 107 (2002), S. 105–129.

Gründer, Horst, Welteroberung und Christentum, Gütersloh 1992.

Grüne, Niels/Stefan Ehrenpreis, Liberty and Participation, Governance. Ideals in Self-Fashioning of Sixteenth- to Early-Eighteenth-Century Europe, in: Nicolas Detering/Clementina Marsico/Isabella Walser-Bürgler (Hrsg.) Contesting Europe. Comparative Perspectives on Early Modern Discourses on Europe (1400–1800), Leiden 2020, S. 275–316, v. a. S. 277 f., 295 ff.

Hamm, Berndt, Bürgertum und Glaube. Konturen der städtischen Reformation, Göttingen 1996.

Hammerstein, Notker, Aufklärung und katholisches Reich. Untersuchungen zur Universitätsreform und Politik katholischer Territorien des Heiligen Römischen Reiches deutscher Nation im 18. Jahrhundert, Berlin 1977.

Hammerstein, Notker (Hrsg.), Handbuch der deutschen Bildungsgeschichte. Bd. 1: 15.–17. Jahrhundert, München 1996.

Harnack, Adolf von, Die Reformation und ihre Vorstellung, in: ders., Erforschtes und Erlebtes, Gießen 1923, S. 72–140.

Hartmann, Martina und Wilfried Hartmann, Karl der Große und seine Zeit. Die 101 wichtigsten Fragen, München 2014.

Hartmann, Wilfried, Der Investiturstreit, München 1993.

Heather, Peter, Die Wiedergeburt Roms. Päpste, Herrscher und die Welt des Mittelalters, Stuttgart 2013.

Heckel, Martin, Deutschland im konfessionellen Zeitalter, Göttingen 1983.

Heckel, Martin, Gesammelte Schriften, hrsg. v. Kurt Schlaich, Bde. I–VI, Tübingen 1989–2013.

Heckel, Martin, Konfessionalisierung in Koexistenznöten, in: Historische Zeitschrift 280 (2005), S. 647–690.

Heckel, Martin, Martin Luthers Reformation und das Recht, Tübingen 2016.

Hellwege, Johann, Frontier und Conquista, in: Ibero-Amerikanisches Archiv, NF 2 (1976), S. 1–37.

Hersche, Peter, Muße und Verschwendung. Europäische Gesellschaft und Kultur im Barockzeitalter, 2 Bde., Freiburg i. Br. 2006.

Herzig, Tamara, Savonarola's Women. Vision and Reform in Renaissance Italy, Chicago 2008.

Herzner, Volker, Warum Martin Luther an Juden verzweifeln mußte und wie die Juden dennoch in Deutschland ihr Glück gefunden hatten, Ubstadt-Weiher/Heidelberg 2021.

Heuser, Peter Arnold, Ideengeschichtliche Dimensionen humanistischer Politikberatung: Jean Matal, Pedro Ximénez und der Kölner Friedenskongress (Pazifikationstag) 1579, in: Michael Rohrschneider (Hrsg.), Frühneuzeitliche Friedensstiftung in landesgeschichtlicher Perspektive, Köln 2020, S. 119–136.

Heuser, Peter Arnold, Jean Matal. Humanistischer Jurist und europäischer Friedensdenker (um 1517–1597), Köln 2003.

Hobbes, Thomas, Leviathan, hrsg. v. Michael Oakshott, Oxford 1960.

Hölscher, Lucian, Protestantische Frömmigkeit in Deutschland – zwischen Reformation und säkularer Gesellschaft, Freiburg i. Br. 2017 (= Blumenberg-Vorlesung, Bd. 1).

Holzem, Andreas, „... zum seufzen und wainen also bewegt worden“: Maria im Krieg – das Beispiel Rottweil 1618–1648, in: Franz Brendle/Anton Schindling, Religionskriege im Alten Reich, Münster 2006, S. 191–216.

Hollingsworth, Mary/Miles Pattenden/Arnold Witte (Hrsg.), A Companion to the Early Modern Cardinals, Leiden/Boston 2020.

Holzem, Andreas, Religion und Lebensformen. Katholische Konfessionalisierung im Sendgericht des Fürstbistums Münster 1570–1800, Paderborn 2000.

Hölscher, Lucian, Protestantische Frömmigkeit in Deutschland – zwischen Reformation und säkularer Gesellschaft, Freiburg i. Br. 2017 (= Blumenberg-Vorlesung, Bd. 1).

Hörger, Hermann, Kirche, Dorfreligion und bäuerliche Gesellschaft: Strukturanalysen zur gesellschaftsgebundenen Religiosität ländlicher Unterschichten des 17. bis 19. Jahrhunderts aufgezeigt an bayerischen Beispielen, 2 Bde., München 1978–1983.

Hörger, Herrmann, Dorfreligion und bäuerliche Mentalité im Wandel ihrer ideologischen Grundlagen, in: Zeitschrift für bayerische Landesgeschichte 38 (1975), S. 244–316.

Hotson, Howard, Johann Heinrich Alsted 1588–1638: Between Renaissance, Reformation, and Universal Reform, Oxford 2000.

Hrachovec, Petr, Die Zittauer und ihre Kirchen (1300–1600). Zum Wandel religiöser Stiftungen während der Reformation, Leipzig 2019.

Huizinga, Johan, Burgund. Eine Krise des romanisch-germanischen Verhältnisses, Darmstadt 1952.

Huizinga, Johan, Herbst des Mittelalters, Stuttgart 1953.

Isaiasz, Vera/Ute Lotz-Heumann/Monika Mommertz/Matthias Pohlig (Hrsg.), Stadt und Religion in der frühen Neuzeit. Soziale Ordnungen und ihre Repräsentationen, Frankfurt a. M. 2007.

Israel, Jonathan, Radical Enlightenment. Philosophy and the Making of Modernity. 1650–1750, Oxford 2001.

Janssen, Aloïs, De Sint-Pauluskerk te Antwerpen en Haar kunstbezit, Antwerpen 1971.

Janssen, Wilhelm, Landesherrschaft und Kirche am Niederrhein im späten Mittelalter, in: J. F. G. Goeters/J. Prieur (Hrsg.), Der Niederrhein zwischen Mittelalter und Neuzeit, Stadtarchiv Wesel 1986, S. 9–42.

Jaser, Christian, Ecclesia maledicens. Rituelle und zeremonielle Exkommunikationsformen im Mittelalter, Tübingen 2013.

Joas, Hans/Klaus Wiegandt (Hrsg.), Säkularisierung und die Weltreligionen, Frankfurt a. M. 2007.

Jürgensmeier, Friedhelm/Regina Elisabeth Schwerdtfeger (Hrsg.), Orden und Klöster im Zeitalter von Reformation und katholischer Reform, 1500–1700, 3 Bde., Münster 2005–2007.

Kahl, Hans-Dietrich, Was bedeutet „Mittelalter“, in: Saeculum 40 (1989), S. 15–38.

Kaplan, Yosef, An Alternative Path to Modernity. The Sephardi Diaspora in Western Europe, Leiden 2000.

Karant-Nunn, Susan, Kinder, Küche, Kirche, in: Andrew Fix/Dies. (Hrsg.), Germania illustrata. Essays in Early Modern Germany presented to Gerald Strauss, Kirksville/Missouri 1992, S. 121–140.

Karnicke, Manfred, Krieg und Nachkrieg: Erzählprosa im Westen, in: Wilfried Barner (Hrsg.), Geschichte der deutschen Literatur von 1945 bis zur Gegenwart, München 2006, S. 42.

Kaufmann, Thomas, Dreißigjähriger Krieg und Westfälischer Friede. Kirchengeschichtliche Studien zur lutherischen Konfessionskultur, Tübingen 1998.

Kaufmann, Thomas, Das Ende der Reformation. Magdeburgs „Herrgotts Kanzlei“ (1548–1551/2), Tübingen 2003.

Kaufmann, Thomas, Erlöste und Verdammte. Eine Geschichte der Reformation, München 2016.

Kellenbenz, Hermann, Sephardim an der unteren Elbe. Ihre wirtschaftliche und politische Bedeutung vom Ende des 16. bis zum Beginn des 18. Jahrhunderts, Wiesbaden 1958.

Kersken, Norbert, Die Oberlausitz von der Gründung des Sechsstädtebundes bis zum Übergang an das Kurfürstentum Sachsen (1346–1635), in: Joachim Bahlcke (Hrsg.), Geschichte der Oberlausitz, Herrschaft, Gesellschaft und Kultur vom Mittelalter bis zum Ende des 20. Jahrhunderts, Leipzig 2001, S. 99–142.

Kirchner, Thomas, Katholiken, Lutheraner und Reformierte in Aachen 1555–1618, Tübingen 2013.

Klein, Thomas, Der Kampf um die Zweite Reformation in Kursachsen 1586–1591, Köln 1962.

Klinger, Andreas, Der Gothaer Fürstenstaat. Herrschaft, Konfession und Dynastie unter Herzog Ernst dem Frommen, Husum 2002.

Kohls, Katrin M., Poetologische Metaphern: Formen und Funktionen in der deutschen Literatur, Berlin/New York 2007.

Kołakowski, Leszek, Chrétiens sans Église: La conscience religieuse et le lien confessionnel au XVIIe siècle, Paris 1969.

Koller, Alexander (Hrsg.), Kurie und Politik. Stand und Perspektiven der Nuntiaturberichtsforschung, Tübingen 1998.

Koller, Alexander, Imperator und Pontifex. Forschungen zum Verhältnis von Kaiserhof und römischer Kurie im Zeitalter der Konfessionalisierung (1255–1648), Münster 2012.

Koller, Alexander, Cardinals, Legates and Nuncios, in: Mary Hollingsworth u. a. (Hrsg.), A Companion to the Early Modern Cardinal, Leiden 2020, S. 175–197.

Kraus, Andreas, Die auswärtige Politik Urbans VIII. Grundzüge und Wendepunkte, in: Mélanges Eugène Tisserant, Bd. 4: Archives Vaticanes. Histoire ecclésiastique, Tl. 1, Città del Vaticano 1964 (Studi e testi 234), S. 407–426.

Kretschmann, Carsten/Henning Pahl, Ein „Zweites Konfessionelles Zeitalter"? Vom Nutzen und Nachteil einer neuen Epochensignatur, in: Historische Zeitschrift 276 (2003), S. 369–392.

Labouvie, Eva (Hrsg.), Glaube und Geschlecht – Gender Reformation, Köln 2019.

Laubach, Ernst, Politik und Selbstverständnis Kaiser Ferdinands I., in: Martina Fuchs/Alfred Kohler (Hrsg.), Kaiser Ferdinand I. – Aspekte eines Herrscherlebens, Münster 2003, S. 123–145.

Lauster, Jörg, Die Verzauberung der Welt. Eine Kulturgeschichte des Christentums, München 2014.

Le Goff, Jacques, Das Alte Europa und die Welt der Moderne, München 1994.

Lessing, Doris, Our Friend Judith, in: The Temptation of Jack Orkney. Collected Stories, Bd. II, London 1979, S. 7– 26.

Link, Hans-Georg/Josef Wohlmuth, In alle Ewigkeit verdammt? Zum Konflikt zwischen Luther und Papst nach 500 Jahren, Ostfildern/Göttingen 2010.

Lotz-Heumann, Ute/Matthias Pohlig, Confessionalization und Literature in the Empire, 1555–1700, in: Central European History 40 (2007), S. 35–61.

Luttenberger, Albrecht P., Glaubenseinheit und Reichsfrieden. Konzeptionen und Wege konfessionsneutraler Reichspolitik 1530–1552, Göttingen 1982.

Luttenberger, Albrecht P., Katholische Reform und Konfessionalisierung, Darmstadt 2006.

Lutz, Georg, Kardinal Giovanni Francesco Guidi di Bagno. Politik und Religion im Zeitalter Richelieus und Urbans VIII., Tübingen 1971.

Lutz, Georg, Rom und Europa während des Pontifikats Urbans VIII., in: Reinhard Elze u. a. (Hrsg.), Rom in der Neuzeit, Wien/Rom 1976, S. 72–167.

Lutz, Georg: Urbano VIII., in: Enciclopedia dei papi, hrsg. v. Istituto della Enciclopedia Italiana, Roma 2000, S. 298–321.

Lütz, Manfred, Der Skandal der Skandale. Die geheime Geschichte des Christentums, Freiburg i. Br. 2018.

Maier, Hans, Nach dem Reformationsjahr. Was zu tun bleibt, in: Stimmen der Zeit, 143 (2018), Heft 2, S. 79–84.

Maissen, Thomas, Die Bedeutung christlicher Bildsprache für die Legitimation frühneuzeitlicher Staatlichkeit, in: Georg Pfleiderer/Alexander Heit (Hrsg.), Zur historischen Semantik europäischer Legitimationsdiskurse, Baden-Baden 2013, S. 75–192.

Maissen, Thomas, Pourquoi y a-t-il eu la Réformation?, in: Francia 42 (2015), S. 93–110.

Martin, Jochen, Spätantike und Völkerwanderung, München 1987.

Maron, Gottfried, Ignatius von Loyola. Mystik, Theologie, Kirche, Darmstadt 2001.

Martens, Mark, Werken von barmhartigheid te Middelburg en Antwerpen, in: Sint-Paulus-Info. Speciale editie, Antwerpen 1993, S. 1012–1022.

Maurer, Michael, Kirche, Staat und Gesellschaft im 17. und 18. Jahrhundert, München 1999.

Meyer, Dietrich, Zinzendorf und die Herrnhuter Brüdergemeine. 1700–2000, Göttingen 2009.

Mißfelder, Jan-Friedrich, Das Andere der Monarchie: La Rochelle und die Idee der „monarchie absolue“ in Frankreich, 1568–1630, München/Berlin 2012.

Moeller, Bernd, Reichsstadt und Reformation, Gütersloh 1962.

Moeller, Bernd, Die Reformation und das Mittelalter. Kirchenhistorische Aufsätze, Göttingen 1991.

Mörke, Olaf, Die politische Bedeutung des Konfessionellen im Deutschen Reich und in der Republik der Vereinigten Niederlande. Oder: War die Konfessionalisierung ein „Fundamentalvorgang“?, in: Roland G. Asch/Heinz Duchhardt (Hrsg.), Der Absolutismus – ein Mythos?, Köln, Weimar, Wien 1996, S. 125–164.

Mumford, Lewis, The City in History. Its Origins, Its Transformations, and Its Prospect, New York 1961.

Münkler, Herfried, Der Dreißigjährige Krieg, Hamburg 2017.

Natiesta, Heinrich, Eine verdrängte Erfolgsgeschichte. Das Christentum, Wien 2020.

Nicollier-De Weck, Béatrice, Hubert Languet (1518–1581). Un réseau politique international de Melanchthon à Guilliaume d'Orange, Genf 1995.

Nipperdey, Thomas, Religion und Gesellschaft: Deutschland um 1900, München 1988.

Nipperdey, Thomas, Deutsche Geschichte 1800–1866 und 1866–1918, Sonderausgabe München 1998.

Nowakowska, Natalia, King Sigismund of Poland and Martin Luther. The Reformation before Confessionalization, Oxford 2018.

Oberman, Heiko, Die Reformation. Von Wittenberg nach Genf, Göttingen 1986.

Oberman, Heiko, John Calvin and the Reformation of the Refugees, Genf 2009.

O'Day, Rosemary, The English Clergy: The Emergence and Consolidation of a Profession, 1558–1642, London/New York 1979.

O'Day, Rosemary, Debate on the English Reformation, London/New York 1986.

Oestreich, Gerhard, Geist und Gestalt des frühmodernen Staates. Ausgewählte Aufsätze, Berlin 1969.

Ohlidal, Anna, „Konfessionalisierung": Ein historisches Paradigma auf dem Weg von der Sozialgeschichte zur Kulturwissenschaft?, in: Acta Comeniana 15/16 (2002), S. 327–342.

Ornan Pinkus, Ben-Zion, Die Portugiesische Gemeinde in Hamburg und ihre Führung im 17. Jahrhundert, in: Michael Studemund-Halévy (Hrsg.), Die Sefarden in Hamburg, 2 Bde., Hamburg 1994, hier Teil I, S. 3–36.

Otto, Stephan, Renaissance und frühe Neuzeit, Stuttgart 1986.

Pico della Mirandola, Giovanni, De hominis dignitate – Über die Würde des Menschen, hrsg. u. eingeleitet von August Buck, übersetzt von Norbert Baumgarten, Hamburg 1990.

Pietschmann, Horst, Staat und staatliche Entwicklung am Beginn der spanischen Kolonisation Amerikas, Münster 1980.

Pohlig, Matthias, Konfessionelle Deutungsmuster internationaler Konflikte um 1600 – Kreuzzug, Antichrist, Tausendjähriges Reich, in: Archiv für Reformationsgeschichte 93 (2002), S. 278–316.

Pohlig, Matthias/Ute Lotz-Heumann/Vera Isaiasz/Ruth Schilling/Heike Bock/Stefan Ehrenpreis, Säkularisierung in der Frühen Neuzeit. Methodische Probleme und empirische Fallstudien, Berlin 2008.

Pohlig, Matthias (Hrsg.), Juden, Christen und Muslime im Zeitalter der Reformation, Gütersloh 2020.

Polleroß, Friedrich u. a. (Hrsg.), Federschmuck und Kaiserkrone. Das barocke Amerikabild in den habsburgischen Ländern. Ausstellungskatalog, Schloßhof im Marchfeld 1992.

Posthumus Meyjes, Guillaume H. M., Hugo Grotius as an Irenicist, in: The World of Hugo Grotius (1583–1645), Amsterdam 1984, S. 43–63.

Prodi, Paolo, Il soverano pontifice, Bologna 1982.

Prodi, Paolo, Das Sakrament der Herrschaft. Der politische Eid in der Verfassungsgeschichte des Okzidents, Berlin 1997.

Prodi, Paolo, Eine Geschichte der Gerechtigkeit. Vom Reich Gottes zum modernen Rechtsstaat, München 2003.

Prosperi, Adriano, 1498. Savonarola dal falò delle vanità al rogo, Rom 2013.

Reed, Terence James, Mehr Licht in Deutschland. Eine kleine Geschichte der Aufklärung, München 2009.

Reinalter, Helmut (Hrsg.), Josephinismus als Aufgeklärter Absolutismus, Wien 2008.

Reinhard, Wolfgang, Herkunft und Karriere der Päpste 1417–1963. Beiträge zu einer historischen Soziologie der römischen Kurie, in: Mededelingen van het Nederlands Instituut te Rome 38 (1978), S. 87–108.

Reinhard, Wolfgang, Kirche als Mobilitätskanal frühneuzeitlicher Gesellschaft, in: Winfried Schulze (Hrsg.), Ständische Gesellschaft und soziale Mobilität, München 1988, S. 333–351.

Reinhard, Wolfgang, Die lateinische Variante von Religion und ihre Bedeutung für die politische Kultur Europas. Ein Versuch in historischer Anthropologie, in: Saeculum 43 (1992), S. 231–255.

Reinhard, Wolfgang, Vom italienischen Humanismus bis zur Französischen Revolution, in: Hans Fenske u. a. (Hrsg.), Geschichte der politischen Ideen. Von der Antike bis zur Gegenwart, Frankfurt a. M. 1996, S. 241–377.

Reinhard, Wolfgang, Ausgewählte Abhandlungen, Berlin 1997.

Reinhard, Wolfgang, Schwäche und schöner Schein. Das Rom der Päpste im Europa des Barock 1572–1676, in: Historische Zeitschrift 283 (2006), S. 281–318.

Reinhard, Wolfgang, Globalisierung des Christentums? Heidelberg 2007.

Reinhard, Wolfgang, Die Unterwerfung der Welt, München 2016.

Reinhardt, Volker, Rom. Kunst und Geschichte 1480–1650, Würzburg 1992.

Reinhardt, Volker, Die Macht der Schönheit. Kulturgeschichte Italiens, München 2019.

Reinhardt, Volker, Pontifex. Die Geschichte der Päpste. Von Petrus bis Franziskus, München 2017.

Repgen, Konrad, Die Römische Kurie und der Westfälische Friede, 1. Teil, Tübingen 1962.

Repgen, Konrad, Dreißigjähriger Krieg und Westfälischer Frieden. Studien und Quellen, hrsg. v. Franz Bosbach und Christoph Kampmann, Paderborn 1998.

Richter, Manfred, Johann Amos Comenius und das Colloquium Charitativum von Thorn 1645. Ein Beitrag zum Ökumenismus, Siedlce 2013.

Richter, Manfred, Oh sancta simplicitas! Über Wahrheit, die aus der Geschichte kommt, Siedlce 2017.

Rist, Johannes, Sämtliche Werke, hrsg. v. Eberhard Mannack, Band 2: Dramatische Dichtungen, Berlin 1972.

Roeck, Bernd, „... die ersten Gemälde der Welt". Über die Entzauberung des Raumes in der europäischen Renaissance, in: Dirk Syndram u. a. (Hrsg.), Luther und die Fürsten. Selbstdarstellung und Selbstverständnis des Herrschers im Zeitalter der Reformation, Dresden 2015, S. 47–63.

Roeck, Bernd, Der Morgen der Welt. Geschichte der Renaissance, München 2017.

Rohrschneider, Michael, Reputation als Leitfaktor in den internationalen Beziehungen der Frühen Neuzeit, in: Historischen Zeitschrift 292 (2010), S. 331–352.

Roper, Lyndal, Das fromme Haus. Frauen und Moral in der Reformation, Frankfurt a. M. 1995.

Rutz, Andreas, Bildung – Konfession – Geschlecht. Religiöse Frauengemeinschaften und die katholische Mädchenbildung im Rheinland (16.–18. Jahrhundert), Mainz 2006.

Sanfaçon, André, Mythes et représentation: L'identité de Chartres aux 16e et 17e siècles, Vortrag auf dem 29. Colloque international d'Etudes Humanités, Tours 1996.

Scharffenorth, Gerta, Im Geiste Freunde werden. Mann und Frau im Glauben Martin Luthers, in: Heide Wunder/Christina Vanja (Hrsg.), Wandel der Geschlechterbeziehungen zu Beginn der Neuzeit, Frankfurt a. M. 1991, S. 97–108.

Schlesinger, Walter (Hrsg.), Handbuch der historischen Stätten Deutschlands, Bd. 8, Sachsen, Stuttgart 1965/1990.

Schmid, Konrad/Jens Schröter, Die Entstehung der Bibel. Von den ersten Texten zu den heiligen Schriften, München 2019.

Schmidt, Georg, Die Reiter der Apokalypse, München 2018.

Schöffler, Herbert, Wirkungen der Reformation, Frankfurt a. M. 1960.

Schorn-Schütte, Luise, „Gefährtin" und „Mitregentin". Zur Sozialgeschichte der Evangelischen Pfarrfrau, in: Heide Wunder/Christina Vanja (Hrsg.), Wandel der Geschlechterbeziehungen zu Beginn der Neuzeit, Frankfurt a. M. 1991, S. 109–153.

Schorn-Schütte, Luise, Evangelische Geistlichkeit der Frühneuzeit: deren Anteil an der Entfaltung frühmoderner Staatlichkeit und Gesellschaft, dargestellt am Beispiel des Fürstentums Braunschweig-Wolfenbüttel, der Landgrafschaft Hessen-Kassel und der Stadt Braunschweig, Gütersloh 1996.

Schorn-Schütte, Luise/Walter Sparn (Hrsg.), Evangelische Pfarrer. Zur sozialen und politischen Rolle einer bürgerlichen Gruppe in der deutschen Gesellschaft des 18. bis 20. Jahrhunderts, Stuttgart 1997.

Schorn-Schütte, Luise, Politica Christiana in the sixteenth and seventeenth Centuries, in: Robert von Friedeburg (Hrsg.), Politics, Law, Society. History and Religion in the Politica (1590s-1650s) Hildesheim 2013, S. 59–85.

Schorn-Schütte, Luise, Gottes Wort und Menschenherrschaft. Politisch-theologische Sprachen im Europa der Frühen Neuzeit, München 2015.

Schreiner, Klaus, Maria: Jungfrau, Mutter, Herrscherin, München 1994.

Schreiner, Klaus, Märtyrer, Schlachtenhelfer, Friedensstifter. Krieg und Frieden im Spiegel mittelalterlicher und frühneuzeitlicher Heiligenverehrung, Opladen 2000.

Schreiner, Klaus (Hrsg.), Heilige Kriege. Religiöse Begründungen militärischer Gewaltanwendung: Judentum, Christentum und Islam im Vergleich. Kolloquium des Historischen Kollegs und der Bayerischen Akademie der Wissenschaften, 7.–9. November 2007, München 2008.

Schulze, Winfried, Gerhard Oestreichs Begriff „Sozialdisziplinierung in der frühen Neuzeit“, in: Zeitschrift für Historische Forschung 14 (1987), S. 265–302.

Schumacher, Andreas (Hrsg.), Botticelli – Bildnis – Mythos, Andacht. Eine Ausstellung des Städel Museums, Frankfurt am Main vom 13. November 2009 bis 28. Februar 2010, Frankfurt a. M. 2009.

Schunka, Alexander, Die Oberlausitz zwischen Prager Frieden und Wiener Kongreß, in: Joachim Bahlcke (Hrsg.), Geschichte der Oberlausitz, Herrschaft, Gesellschaft und Kultur vom Mittelalter bis zum Ende des 20. Jahrhunderts, Leipzig 2001, S. 143–179.

Seifert, Siegfried, Leisentrit, Johan, in: Erwin Gatz (Hrsg.), Die Bischöfe des Heiligen Römischen Reiches 1448–1648. Ein biographisches Lexikon, Berlin 1996, S. 413 f.

Sibeth, Uwe, Gesandter einer aufständischen Macht. Die ersten Jahre der Mission von Dr. Pieter Cornelisz. Brederode im Reich (1602–1609), in: Zeitschrift für Historische Forschung 30 (2003), S. 19–52.

Sibeth, Uwe, Der „Friede als Fortsetzung des Krieges mit anderen Mitteln: Zur *Repraesentatio pacis generalis* (1607) des Pieter Cornelisz. Brederode, in: Stefan Ehrenpreis/Ute Lotz-Heumann/Olaf Mörke/Luise Schorn-Schütte (Hrsg.), Wege der Neuzeit, Berlin 2007, S. 479–502.

Slenczka, Notger, Theologie der reformatorischen Bekenntnisschriften. Einheit und Anspruch, Leipzig 2020.

Smid, Menno, Reisen und Aufenthaltsorte a Lascos, in: Christoph Strohm (Hrsg.), Johannes a Lasco (1499–1560). Polnischer Baron, Humanist und europäischer Reformator, Tübingen 2000, S. 187–198.

Sommer, Wolfgang, Gottesfurcht und Fürstenherrschaft. Studien zum Obrigkeitsverständnis Johann Arndts und lutherischer Hofprediger zur Zeit der altprotestantischen Orthodoxie, Göttingen 1988.

Sonnleithner, Mathias, „auf Erden kein anderes Reich als deines anerkennen“– Soziale Hierarchie als göttliche Ordnung in der „egalitären“ Gesellschaft des revolutionären Frankreichs, in: Zeitschrift für Historische Forschung 48 (2021), Heft 3.

Steiger, Heinhard, Konkreter Friede und Allgemeine Ordnung – Zur rechtlichen Bedeutung der Verträge vom 24. Oktober 1648, in: 1648. Krieg und Frieden in Europa, 3 Bde., hrsg. v. Klaus Bußmann und Heinz Schilling, Bd. 1: Politik, Religion, Recht und Gesellschaft, Münster/Osnabrück 1998, S. 437–446.

Steiger, Heinhard, Von der Staatengesellschaft zur Weltrepublik? Aufsätze zur Geschichte des Völkerrechts, Baden-Baden 2009.

Steinmetz, Max (Hrsg.), Die frühbürgerliche Revolution in Deutschland, Berlin 1985.

Strohm, Christoph (Hrsg.), Johannes a Lasco (1499–1560). Polnischer Baron, Humanist und europäischer Reformator, Tübingen 2000.

Strohm, Christoph/Joseph Freedman/Herman Selderhuis (Hrsg.), Späthumanismus und reformierte Konfession. Theologie, Jurisprudenz und Philosophie in Heidelberg an der Wende zum 17. Jahrhundert, Tübingen 2006.

Strohmeyer, Arno, Theorie der Interaktion. Das europäische Gleichgewicht der Kräfte in der frühen Neuzeit. Wien/Köln/Weimar 1994.

Thadden, Rudolf von, Trieglaff: Eine pommersche Lebenswelt zwischen Kirche und Politik. 1807–1948, Göttingen 2010.

Traeger, Jörg, Renaissance und Religion. Die Kunst des Glaubens im Zeitalter Raphaels, München 1997.

Trevor-Roper, Hugh, Religion, Reformation und sozialer Umbruch, Frankfurt a. M. 1970.

Tugène, Georges, L'idée de nation chez Bède le Vénérable, Paris 2001.

Uerlings, Herbert, „Eine freie Verbindung selbständiger, selbstbestimmter Wesen“. Friedrich von Hardenbergs (Novalis) Europa-Rede, in: Kerstin Armborst/Wolf-Friedrich Schäufele (Hrsg.), Der Wert „Europa“ und die Geschichte. Auf dem Weg zu einem europäischen Geschichtsbewusstsein,

Mainz 2007-11-21 (Veröffentlichungen des Instituts für Europäische Geschichte Mainz, Beiheft online 2), Abschnitt 46–59, www.ieg-mainz.de/Beihefte-online_site.site..ls_dir._nav.72_index.1_supplement.1_likecms.html (abgerufen am 7.6.2021).

Ullmann, Walter, Kurze Geschichte des Papsttums im Mittelalter, Berlin/New York 1978.

Valentin, Jean-Marie (Hrsg.), Gegenreformation und Literatur. Beiträge zur interdisziplinären Erforschung der katholischen Reformbewegung, Amsterdam 1979.

Van Loo, Bart, Burgund. Das verschwundene Reich, München 2020.

Van St. Aldegonde, Philip Marnix, Trouwe Vermaninge aende Christelijcke Gemeijneten van Brabant, Leiden 1598.

Van St. Aldegonde, Philip Marnix, Het Boeck der Psalmen Davids, Middelburg, 1591.

Vasari, Giorgio, Das Leben der Bellini und des Mantegna, hrsg. v. Alessandro Nova, bearb. v. Rebecca Müller und neu ins Deutsche übers. v. Victoria Lorini, Berlin 2010.

Venard, Marc/Heribert Smolinsky u. a. (Hrsg.), Die Geschichte des Christentums – Religion, Politik, Kultur, Bd. 8: Die Zeit der Konfessionen (1530–1620/30), Freiburg i. Br./Basel/Wien 1992.

Venard, Marc/Heribert Smolinsky u. a. (Hrsg.), Die Geschichte des Christentums – Religion, Politik, Kultur, Bd. 9: Das Zeitalter der Vernunft (1620/30–1750), Freiburg i. Br./Basel/Wien 1997.

Visceglia, Maria Antonietta (Hrsg.), Diplomazia e Politica della Spagna a Roma. Figure di ambasciatori, Rom 2007.

Visceglia, Maria Antonietta, Roma papale e Spagna: diplomatici, nobili e religiosi tra due corti, Rom 2010.

Vogler, Günter (Hrsg.), Wegscheiden der Reformation, Weimar 1994.

Wallenborn, Hiltrud, Bekenntniseifer, Judenangst und Handelsinteressen. Amsterdam, London und Hamburg als Ziele sefardischer Migration im 17. Jahrhundert, Hildesheim 2003.

Wallraff, Martin/Silvana Seidel Menchi/Kaspar von Greyerz, (Hrsg.), Basel 1516: Erasmus' Edition of the New Testament, Tübingen 2016.

Warmbrunn, Paul, Zwei Konfessionen in einer Stadt. Das Zusammenleben von Katholiken und Protestanten in den paritätischen Reichsstädten Augsburg, Biberach, Ravensburg und Dinkelsbühl von 1548 bis 1648, Wiesbaden 1983.

Welti, Manfred E., Kleine Geschichte der italienischen Reformation, Gütersloh 1985.

Westphal, Siegrid, Frau und lutherische Konfessionalisierung. Eine Untersuchung zum Fürstentum Pfalz-Neuburg, 1542–1614, Frankfurt a. M. u. a. 1994.

Wilson, Peter, Der Dreißigjährige Krieg, Stuttgart 2017.

Winkler, Heinrich August, Was heißt westliche Wertegemeinschaft? – Abschiedsvorlesung an der Humboldt-Universität im Februar 2007, in: ders., Auf ewig in Hitlers Schatten? Über die Deutschen und ihre Geschichte, München 2007, S. 180–201.

Winkler, Heinrich August, Geschichte des Westens. Band 1: Von den Anfängen in der Antike bis zum 20. Jahrhundert, München 2009.

Winter, Eduard, Der Josephinismus. Die Geschichte des österreichischen Reformkatholizismus 1740–1848, Berlin (Ost) 1962.

Wischermann, Clemens u. a. (Hrsg.), Geschichtsbilder. 26. Deutscher Historikertag in Konstanz 2006, Konstanz 2007.

Wolff, Uwe, Iserloh, Der Thesenanschlag fand nicht statt, Basel 2013.

Wolf, Hubert, Der Unfehlbare. Pius IX. und die Erfindung des Katholizismus im 19. Jahrhundert, München 2020.

Wolgast, Eike, Geistiges Profil und politische Ziele des Heidelberger Späthumanismus, in: Christoph Strohm/Joseph Freedman/Herman Selderhuis (Hrsg.), Späthumanismus und reformierte Konfession. Theologie, Jurisprudenz und Philosophie in Heidelberg an der Wende zum 17. Jahrhundert, Tübingen 2006, S. 1–26.

Wolgast, Eike, Konfessionelle und politische Absichten der Irenik von David Pareus (1606/1614), in: Blätter für pfälzische Kirchengeschichte und religiöse Volkskunde 87 (2020), S. 25–40.

Wollgast, Siegfried, Philosophie in Deutschland zwischen Reformation und Aufklärung, 1550–1650, Berlin (Ost) 1988.

Wunder, Heide, „Er ist die Sonn', sie ist der Mond". Frauen in der Frühen Neuzeit, München 1992.

Zwierlein, Cornel, Discorso und Lex Dei. Die Entstehung neuer Denkrahmen und die Wahrnehmung der französischen Religionskriege in Italien und Deutschland, 1559–1598, Göttingen 2006.

Zwierlein, Cornel, „Konfessionalisierung" europäisch, global als epistemischer Prozess. Zu den Folgen der Reformation und zur Methodendiskussion, in: Christopn Strohm (Hrsg.), Reformation und Recht, Ein Beitrag zur Kontroverse um die Kulturwirkung der Reformation, Tübingen 2017, S. 1–52.

Orts- und Personenregister

Ortsregister

Personenregister

Abbildungsverzeichnis

Karte 1 (vorne): Religionszugehörigkeit in Europa um 1600, aus: Der Grosse Ploetz Atlas zur Weltgeschichte, Göttingen 2009, S. 112 (© Verlag Herder)
Karte 2 (hinten): Religionszugehörigkeit in Europa um 1800, © Peter Palm, Berlin

S. 29r.: mauritius images (DGYB49)
S. 30: Wikimedia/Anthony Majanlahti (CC BY 2.0, beschnitten)
S. 31: Martina Wisotzki, Kassel
S. 33: Biblioteca Apostolica Vaticana, Reginensi latini 886, Folio 435v
S. 47: Der Grosse Ploetz Atlas zur Weltgeschichte, S. 54.
S. 95: AKG images (AKG178333)
S. 97: AKG images (AKG7968)
S. 196: Wikimedia/Wisniowy (CC BY-SA 4.0)
S. 207: Unitätsarchiv, Herrnhut (LBS.07778)
S. 263: Wikimedia/Matthias Süßen (CC BY 3.0)
S. 299: Kunsthistorisches Museum Wien, Hofjagd- und Rüstkammer (Inv. A 546)
S. 302: Bayerische Staatsbibliothek, München (Einbl. VI, 66)
S. 304: Staatsarchiv München (StAM, Kartensammlung 227)
S. 307: Bayerische Staatsbibliothek, München (Einbl. V,8 ls)
S. 308: Kulturstiftung Sachsen-Anhalt, Kunstmuseum Moritzburg Halle (Saale)

S. 310: Chronologische Sammlung der Dänischen Könige, Schloß Rosenborg, Kopenhagen (Inv. I.144)
S. 313: Herzog August Bibliothek Wolfenbüttel: Dep. 4.9 FM 36 (CC BY-SA)
S. 316: Bayerische Staatsbibliothek, München (Einbl. V,8 a-98)
S. 319: Bayerische Staatsbibliothek, München (Einbl. V,8 a-101)
S. 320: AKG images (AKG238677)
S. 324: LWL-Landesmuseum für Kunst und Kulturgeschichte, Münster (Inv. 26248 Mz)
S. 343: Wikimedia/Sailko (CC BY 3.0)
S. 351: Wikimedia/Diliff (CC BY-SA 3.0)
S. 357: mauritius images (TXE1P6)
S. 363 : Wikimedia/Chabe01 (CC BY-SA 4.0)
S. 364 : Universitätsbibliothek Heidelberg (Der wahre Jakob, Jg. 1910, S. 6740)
S. 369: AKG images (AKG7012554)
S. 373: Sigrid Schwamberger, Bad Dürrheim
S. 374: Wikimedia/Frank Behnsen (CC BY-SA 3.0)

WOLFGANG BENZ
VOM VORURTEIL ZUR GEWALT
Politische und soziale Feindbilder in Geschichte und Gegenwart
HERDER

Religionszugehörigkeit in Europa um 1800

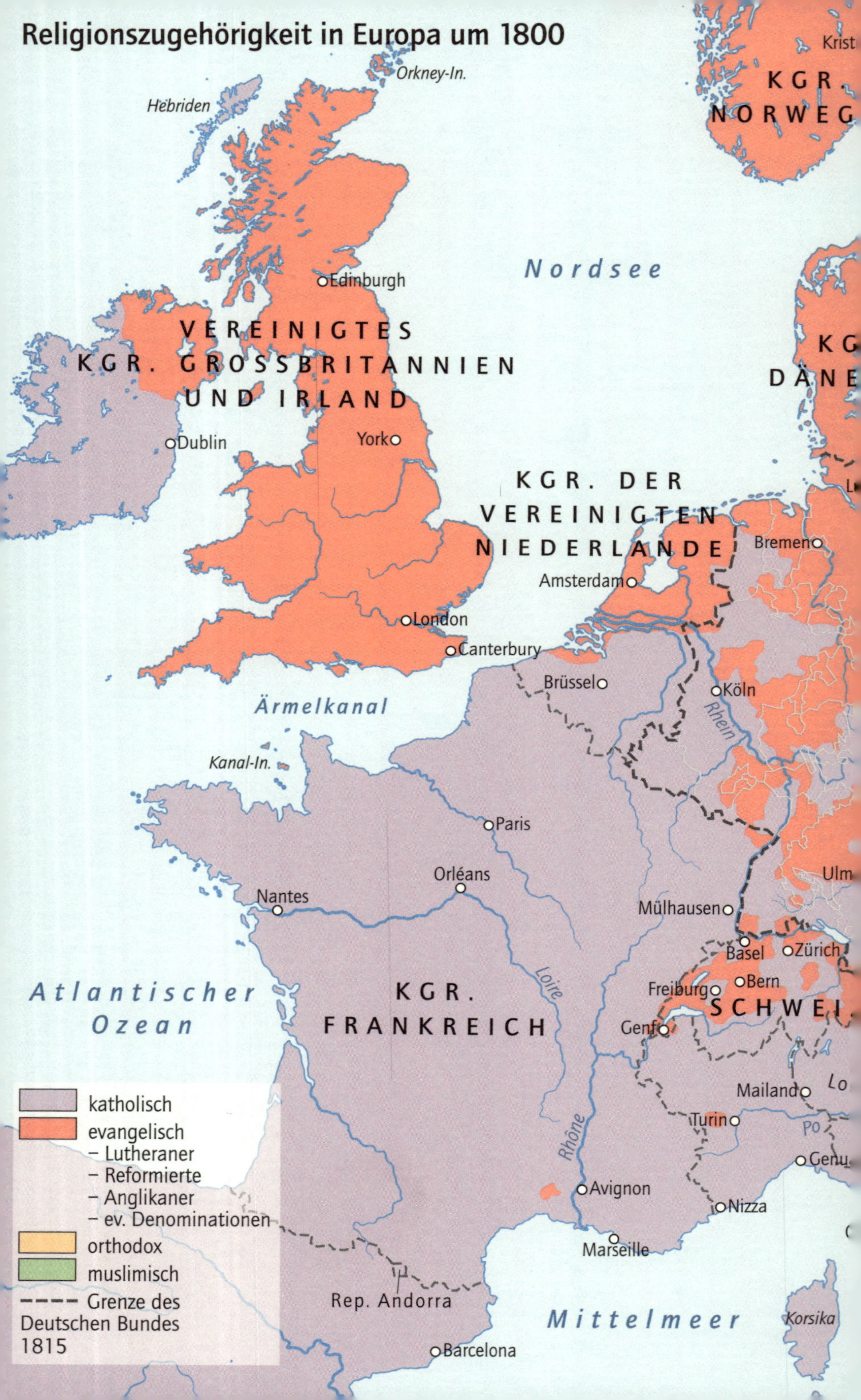